JN411394

우초신지 3

虞初新志

The New Selections of 'Yú-Chú'

옮긴이 이민숙(李玟淑)은 중국 문언소설과 필기문헌을 전공했다. 한국외국어대학교에서 「기윤의 『열미초당필기』 연구」로 박사학위를 받았으며, 현재 한국외국어대학교와 경희대 등에서 강의를 하고 있다. 쓰고 번역한 책으로는 『한자콘서트』(공저), 『열미초당필기』, 『태평광기』(전21권, 공역)가 있고, 기윤과 『열미초당필기』에 관련된 연구논문이 있다.

옮긴이 이주해(李珠海)는 중국 唐宋時代의 고전 산문과 문체이론을 전공했다. 國立臺灣大學에서 『唐代古文家의 문체혁신 연구'로 박사학위를 받았다. 논문으로는 「雜文과 唐代古文運動과의 관계」, 「悲士不遇 문학전통과 韓愈의 設論體 辭賦」 등이 있고, 옮긴 책으로는 『태평광기』 권9~21(공역) 『한유문집』 1~2 및 조선문인 홍길주 문집(『현수갑고』, 『표롱을첨』, 『항해병함』, 공역) 등이 있다.

옮긴이 박계화(朴桂花)는 중국문언소설과 필기문헌을 전공했다. 연세대학교에서 『청초문언소설의 서사특징 연구』로 박사학위를 받았으며, 현재 성균관대학교 동아시아학술원 대동문화연구소의 연구원으로 있다. 논문으로는 「18세기 조선 문인이 본 중국염정소설 – 『欽英』을 중심으로」, 「소송사회의 필요악 訟師 – 명청대 문언소설 속에 나타난 訟師의 형상과 법률문화」 등이 있고, 번역서로 『역사에서 허구로』, 『태평광기』가 있다.

옮긴이 정민경(鄭暋暻)은 중국 문언소설과 필기문헌을 전공했다. 중국사회과학원에서 「단성식의 『유양잡조』 연구」로 박사학위를 받았으며, 현재 이화여자대학교 중국문화연구소 전임연구원으로 있다. 쓰고 옮긴 책으로는 『청 모종강본 삼국지』(상 · 하), 『태평광기』, 『옛이야기와 에듀테인먼트 콘텐츠』가 있고, 이외에도 唐代소설과 明代문학에 관한 연구논문이 있다.

우초신지虞初新志 **3**

1판 1쇄 인쇄 2011년 7월 20일 **1판 1쇄 발행** 2011년 7월 25일

옮긴이 이민숙 · 이주해 · 박계화 · 정민경 **펴낸이** 박성모 **펴낸곳** 소명출판
등록 제13-522호 **주소** 137-878 서울시 서초구 서초동 1621-18 (란빌딩 1층)
대표전화 (02) 585-7840 **팩시밀리** (02) 585-7848
이메일 somyong@korea.com **홈페이지** www.somyong.co.kr

ISBN 978-89-5626-603-9 94820 값 21,000원,
ISBN 978-89-5626-600-8 (전4권)

이 번역도서는 2005년도 정부재원(교육인적자원부 학술연구조성사업비)으로 한국연구재단의 지원에 의하여 연구되었음.

우초신지 3

이민숙 · 이주해 · 박계화 · 정민경 옮김

虞初新志

소명출판

◆ 일러두기

1. 본 번역은 필기소설대관본(筆記小說大觀本; 上海 進步書局의 『우초신지』)을 저본으로 하여 역주하였다.
2. 참고서목
   ① 『우초신지』, 신안(新安) 사람 산래(山來) 장조(張潮)가 집(輯)하고, 경해(瓊海) 사람 양호번부(梁湖樊夫) 황국정(黃國政)이 교점(校點)한, 인민일보출판사(人民日報出版社) 출판본.(민국24년 上海 開明書店 鉛印本을 排印함)
   ② 『우초신지』, 문학고적간행사(文學古籍刊行社), 1954.
   ③ 『우초신지』, 하북인민출판사(河北人民出版社), 1985.(민국24년 상해개명서점 연배본을 배인)
3. 『우초신지』는 다음의 원칙에 의해 번역되었다.
   ① 작가 소개는 일괄적으로 모아서 수록한다.
   ② 처음 나오는 고유명사는 괄호 안에 한자를 넣어주고, 그 뒤로는 가급적 생략한다.
   ③ 연호는 흥국연간(興國年間 : 976~983)과 같이 표기한다.
   ④ 원문에는 없으나, 번역의 필요로 인해 첨가한 문장은 [ ] 안에 넣는다.
   ⑤ 작품 제목은 풀어주는 것을 원칙으로 한다.
   예) '記老神仙傳'의 경우 '노신선의 일을 기록하다[記老神仙傳]'
   ⑥ 각주에서는 표제어를 제시한다. 각주의 내용이 길 경우 "……"를 이용해 어디부터 어디까지에 관련된 주석인지를 밝힌다.
   ⑦ 책이름은 『 』로, 작품명은 「 」로 표기한다.
   ⑧【 】안에 작은 글씨로 되어 있는 것은 『우초신지』에 실려 있는 원주(原註)다.
   ⑨ 원문과 번역문의 부호는 통일을 원칙으로 한다.

1

『우초신지(虞初新志)』는 명말청초(明末清初) 시기의 문학가인 장조(張潮)가 편찬한 책으로, 출판 당시 집집마다 한 부씩 가지고 있을 정도로 인기가 있던 중국 강남문사들의 애독물이었다. 특히 이민족인 청조(清朝)의 지배를 받게 된 한족에게는 울분과 향수의 대상으로 널리 애독되었다.

『우초신지』는 조선과 일본에도 전래되었는데, 특히 조선후기 문인들의 『우초신지』에 대한 관심은 대단했다. 먼저 유만주(兪晚柱 : 1755~1788)는 자신의 독서일기 『흠영(欽英)』에서 『우초신지』를 1755년 처음 접한 이래로 향후 5년 남짓 동안 틈틈이 이 책을 읽었고, 1784년에는 『우초신지』의 신간본(新刊本)을 또 접했다고 밝혔다. 유득공(柳得恭 : 1748~1807)은 1776년 연경(燕京)에 사신 가는 사람에게 '절묘한 문장'으로 이루어진 『우초신지』를 꼭 구해줄 것을 당부했으며, 김려(金鑢 : 1766~1821)와 김조순(金祖淳 : 1765~1832)은 『우초신지』를 몹시 애호하여 이와 유사한 작품들을 짓고 그 작품들을 모아 1792년 무렵 『우초속지(虞初續志)』를 만들기도 했다. 대학자인 정약용(丁若鏞)도 『우초신지』를 접한 바 있다고 하였다. 19세기의 유명한 여항시인인 유최진(柳最鎭 : 1791~1869)은 1846년에 자신이 평소 애호하던 명청시대의 글을 뽑아 『학산수초(學山手抄)』라는 제목으로 필사해 놓았는데, 이 책의 가장 많은 편수를 차지하는 것이 바로 『우초신지』의 작품들이었다.

2

장조는 자가 산래(山來), 호가 심재(心齋)이며 안휘성(安徽省) 흡현(歙縣) 사람이다. 여러 차례 과거에 응시했으나 모두 낙방하여 청초 문인인 공상임(孔尙任), 모벽강(毛辟疆), 진유숭(陳維崧) 등과 교유하면서 벼슬길에 나가지 않은 채 독서와 저술에 매진했으며 서적 출판을 낙으로 삼았다. 그 결과 많은 책들을 간행했는데, 그가 편집한 책으로는 명말 작가들의 소품문(小品文)을 모아놓은 『단궤총서(檀几叢書)』, 청초 학자들의 저작들을 모아놓은 『소대총서(昭代叢書)』 그리고 친구들이 장조에게 보낸 편지들을 모아놓은 『우성집(友聲集)』 등이 있다. 장조는 이들 책을 편찬하면서 실생활에 도움이 되는 쓸모 있는 문장만을 수록하고자 했다. 이러한 그의 출판 경향은 『우초신지』 편찬에도 그대로 드러난다. 그는 '새로움(新)'이라는 가치를 표방하며 이전의 우초 시리즈와 차별화되는 새로운 내용을 첨가했는데, 「자서(自敍)」에서도 밝히고 있듯이 그는 당시 명사(名士)들의 이야기를 직접 채록하여 명말청초에 살았던 인물들이 직접 겪은 기이한 이야기 위주로 기록하였다.

『우초신지』「범례」에서 장조는 자신이 그윽하고 기이한 것을 좋아하며, 가슴속에 감정과 울분이 많아, 신선과 영웅호걸 고사를 통해 자신이 품은 뜻을 기탁했고, 외사씨(外史氏)가 지은 기이한 문장을 통해 자신의 마음을 적었다고 밝혔다. 실의한 채 혼란의 시대를 살아야 했던 장조는 시대의 변화에 부응하여 출세와 영달을 꿈꾸기 보다는, 체제 반항적인 지식인들과 의식을 공유하며 자신의 분(憤)을 발산했던 것이다. 이 점은 장조가 편집 대상으로 삼은 작가들의 성향을 보아도 알 수 있다. 이들의 경력과 처세 등을 살펴보면, 대부분이 청대에 들어와 관직에 나가지 않고 은거하거나, 세상에 구속됨 없이 뜻 맞는 사람과 교유하며 자유분방하게 살았던 자들이다. 관직에 나갔더라도 주양공(周亮工)과 왕사정(王士禎) 등은 명나라 유민들과 교유하는 것을 좋아했고, 전겸익과 오위업(吳偉業) 등은 관직에 나갔다가 후에 자신의 행동을 후회하며 고국지정(故國之情)을 토로했다. 오위업, 후방역(侯方域), 장명필(張明弼)과 같은 이들은 명대 복사(復社)의 일원으로 정치적 비판에 적극적이었는데, 특히 후방역은 엄당(閹黨)의 완대성(阮大鋮)을 비판하다가 심한 탄압을 받은 것으로 유명하다. 그가 지은 「마령전(馬伶傳)」도 위충현(魏忠賢)과 한 패인 재상 고병겸(顧秉謙)을 빗대어 비판한 작품이다. 또 이들 문인들은 청조의 박학홍유 정책 등 유화책에도 동조하지 않았으며, 강압책 하에서는 저서가 금서조치 당하거나 과장안(科場案), 주소안(奏銷案), 남산집안(南山集案) 등 문자옥에 연루되는 수난을 당했다. 이러한 상황으로 볼 때, 장조는 정치적, 사회적으로 평탄치 않은 삶을 산 이들의 작품 속에서 자신이 느끼는 곤궁함과 근심, 분노를 읽어냈다고 할 수 있다.

한편 장조는 「범례」에서 "[나의 이 선집은] 책을 읽은 여가에 펼쳐보면 머리를 식힐 수 있을 것이고, 휴식을 취한 여가에 뒤적이다 보면 눈이 저절로 뻥 뚫릴 것이다"라 하면서 자신의 작품을 '소일거리로서의 소설'로 위치 지우고 있다. 이것은 『점교우초지(點校虞初志)』「서(序)」에서 소설의 오락적 가치를 인정한 탕현조(湯顯祖)의 소설관(小說觀)을 계승한 것이라고도 할 수 있다.

> 기이하고도 황당하고, 사라질 것도 같고 없어질 것도 같고, 재밌기도 하고 놀랍기도 한 이야기들로 읽는 사람의 마음을 열어주고 머리를 맑게 해주어 몸이 날아갈 듯, 눈썹이 춤을 출 듯 만든다. 비록 웅장하고 고상한 맛은 『사기』나 『한서』보다 못하고, 간략하고 담박한 맛은 『세설신어』보다 못하지만, 아름답고 매끄러운 것이 진실로 소설가의 보물선이다.
>
> 以奇僻荒誕, 若滅若沒, 可喜可愕之事, 讀之使人心開神釋, 骨飛眉舞. 雖雄高不如『史』·『漢』, 簡澹不如『世說』, 而婉縟流麗, 洵小說家之珍珠船也.

소설의 미적 기능이 독자들을 즐겁게 해주는 데 있으며, 딱딱한 고문(古文)보다 더 큰 감동과 영향을 줄 수 있다는 탕현조의 관점은 이전 소설가와 비평가들이 소설의 기능을 도(道)와 연결시켜 교화적 측면에서 오락성을 언급한 것과는 차별화 된다. 탕현조와 장조는 모두 소설의 오락적 기능을 문학적 가치로 인정하였던 것이다. 이와 같은 소설관은 『우초신지』의 편집 의도와 직접적으로 연결된다. 즉 "기뻐할 만하고, 놀랄 만하고, 노래할 만하고, 눈물 흘릴 만한" 일사(軼事)들은 옛날에만 있었던 것이 아니라 지금 세상에도 널리 존재하므로, 이처럼 "사람의 마음을 사로잡는 농담과 우스갯소리, 기이하고 괴상한 이야기들"을 일종의 소일거리로써 독자들에게 제공하고자 했던 것이다.

장조는 「원서(原敍)」에서 『우초신지』에 수록된 문장들을 소개하면서 대부분 "기이하고 상세하고 훌륭하고 정교하다"고 평하였다. 형상의 묘사가 생동감 있고 핍진하기 때문에 독자들에게 더 큰 "재미"를 부여할 수 있다는 것이다. 그러나 기교적 측면을 강조함과 동시에, 내용적으로도 생활의 진실성을 담아내야 한다고 주장했다. 기존의 패관소설들은 "즐겁지도 않은데 억지로 웃고, 슬프지도 않은데 억지로 울며, 말을 어지러이 늘어놓고 이어 붙였을 뿐"인데 반해, 『우초신지』의 글들은 우리네 삶 속에 "있을 법도 하고, 그럴 리가 없을 것 같은데 실제로는 존재하는" 그런 내용들로 점철되어 있기 때문에 읽으면 "괜히 즐겁고 괜히 놀라고 괜히 노래하고 싶고 괜히 울고 싶어진다"는 것이다. 이러한 일련의 견해들을 통해, 장조는 작가의 감정과 현실을 반영함과 동시에 오락적 기능을 지닌 소설의 미감을 자각하고 있었음을 알 수 있다.

3

『우초신지』는 '우초'라는 제목에서 알 수 있듯이 우초시리즈 중의 하나이다. 우초시리즈는 『우초주설(虞初周說)』에서부터 시작되는데, 한나라 무제(武帝) 때의 방사(方士)인 우초가 『주서(周書)』에 근거해서 『주설』 즉 『우초주설』을 지은 데서 비롯되었다. 『우초주설』은 반고(班固)의 『한서(漢書)·예문지(藝文志)』에 소설 15가(家) 중 하나로 기록되어 있고 장형(張衡)의 「서경부(西京賦)」에도 소설이 우초에서 시작되었다고 언급하고 있다. 그러나 장조 자신이 「범례」에서 밝히고 있듯, "우초의 이름으로 책 이름을 삼은 것은, 지괴류의 책이 늘 『제해(齊諧)』라고 이름 붙이고, 기이한 것을 모아 놓은 책이 늘 『이견(夷堅)』이라 이름 붙이는 것과 같은 맥락"에서이다. 즉 우초 시리즈에서의 '우초'는 이미 방사의 이름이 아닌 소설의 대명사가 되어 하나의 소설 체재를 상징하고 있는 것이다.

우초 시리즈가 등장한 것은 중국 고대 문언소설의 총집이 왕성하게 편찬되던 명대부터이다. 우초시리즈는 당시 이지(李贄), 탕현조(湯顯祖), 풍몽룡(馮夢龍), 원굉도(袁宏道) 등 문인들이 문학방면의 문헌들을 점교(點校)하거나 선별하여 편찬하는 분위기 속에서 출현하게 되었다. 우초시리즈의 문을 연 작품이 바로 『우초지(虞初志)』인데, 『우초지』는 당대(唐代)의 유명한 전기(傳奇)나 지괴(志怪) 작품 등을 선별하여 수록해 놓은 선집이다. 『우초지』가 나온 이후에 『우초지』에서의 소설 선별 기준과 체제에 근거하여 이를 모방한 속작들이 대량 쏟아져 나오면서 우초시리즈를 형성하기에 이르렀다. 대표적인 작품으로는 육씨(陸氏)의 『우초지(虞初志)』, 탕현조의 『속우초지(續虞初志)』, 등교림(鄧喬林)의 『광우초지(廣虞初志)』 등이다. 『우초지』 계열은 『우초주설』과는 다르게 개인의 소설집이 아니라 유명한 작가의 소설들을 선별하여 만든 소설총집이라고 할 수 있다.

명대에 유행했던 『우초지』 계열이 청대에 들어오면 새로운 체제로 다시 태어나게 되는데, 이것이 바로 『우초신지』이다. 『우초지』가 명대 이전의 유명한 소설 작품들을 선별하여 수록했다면 『우초신지』는 청대 당시 사람들의 전기(傳奇)나 전기(傳記) 작품을 선별하여 수록했다고 할 수 있다. 바로 장조가 중시했던 현실 중시 사상이 반영된 것이다. 『우초신지』는 명말청초의 문인들의 필기(筆記)와 시문집에 들어 있는 전기(傳奇), 지괴(志怪), 지인(志人) 등 당시 80여 명의 작품 150여 편을 수록하고 있다. 이렇게 『우초신지』는 『우초지』의 틀을 깨뜨리고 새로운 체제와 내용을 추구함으로써 당시 사회에서 반향을 일으켰다. 『우초신지』의 출현 이후 계속해서 속작들이 만들어졌는데, 청대 정성우(鄭醒愚)의 『우초속지(虞初續志)』, 황승증(黃承增)의 『광우초신지(廣虞初新志)』는 물론이고, 근대에도 『우초근지(虞初近志)』, 『우초지지(虞初支志)』, 『증광우초지(增廣虞初志)』 등이 계속해서 나와 그 영향력을 과시하고 있다.

4

『우초신지』「자서」와 「총발(總跋)」 및 장조의 서신 모음집 『척독우성(尺牘友聲)』과 『척독우존(尺牘偶存)』 등의 자료에 의하면, 『우초신지』는 대략 강희(康熙) 22년(1683)에 편집되기 시작해 1684년 무렵 8권의 형태로 간행되고, 이후 4권 씩 증간하여 「총발」을 쓴 강희 39년(1700) 이후 1704년 무렵 현재의 20권 분량으로 완결 간행된 것으로 보인다. 「범례」에서 본인 스스로 밝히고 있듯, 먼저 입수하는 순서대로 그때그때 간행했기 때문에 그 안에서 일관된 체례(體例)를 찾아보기는 어렵다.

출판된 이후 매우 유행했던 것으로 보아 그 판본 역시 다양해 보이는데, 함께 수록된 작가 중의 한 사람인 전겸익(錢謙益 : 1582~1664)의 문집이 1769년 청조로부터 공식 훼판(毁板)당하는 사건 등으로 인해 『우초신지』의 이후 출간은 복잡한 양태를 띄게 되었다.

현재 중국에 남아있는 판본으로는 강희 39년(1700)각본, 건륭(乾隆) 병신(1760) 이청당중간수진본(詒清堂重刊袖珍本) 등이 있고, 현재 통행되는 것으로는 필기소설대관본(筆記小說大觀本) 등이 있다. 최근에 나온 것으로는 민국24년 상해개명서점(上海開明書店)의 연인본(鉛印本)을 배인(排印)한 인민일보출판사(人民日報出版社) 간행본 『우초신지』, 1954년 문학고적간행사(文學古籍刊行社) 간행본 『우초신지』, 1985년 민국24년 상해개명서점(上海開明書店)의 연배본(鉛排本)을 배인(排印)한 하북인민출판사(河北人民出版社) 간행본 『우초신지』, 그리고 민국57년(1968) 대만 광문서국(廣文書局)에서 간행한 『우초신지』 등이 있다. 각 판본마다 작품의 출입이 있고, 같은 작품 내에서도 문자의 출입이 보이는데, 이번 번역본은 필기소설대관본을 기본 텍스트로 하되 기타 판본들까지 널리 참고하여 오자를 고치고 내용을 추가하는 등, 보다 완전한 모습을 재현해내고자 심혈을 기울였다.

5

『우초신지』의 내용과 특징에 관해 간략히 소개하고자 한다.

『우초신지』에 가장 많이 보이는 것은 편찬자 장조가 직접 밝혔듯이 황당하고 기이한 이야기들이다. 따라서 귀신 이야기, 영험한 짐승 이야기, 불가사의한 현상에 대한 이야기, 도인들에 관한 이야기, 예언에 관한 이야기가 주류를 이룬다. 하지만 이러한 것들 이외에도 『우초신지』에는 의미심장한 내용의 글들이 다수 실려 있는데, 그 대략을 나누어보면 다음과 같다.

앞에서도 밝혔듯이 『우초신지』는 명말청초라는 시대를 배경으로 하기 때문에 그 시대를 들여다보는 훌륭한 창구(窓口)가 되어준다. 특히 강남 문사들의 교유와 그들이 형성했던 문화, 위충현(魏忠賢)과 완대성(阮大鋮)을 위시한 엄당(閹黨)의 핍박하에서 지식인들이 겪었던 고초, 이자성(李自成)의 난과 청군(淸軍)의 남하 등 시대의 동란으로 인해 신음하고 유리되었던 민초들의 삶 등이 『우초신지』라는 한 권의 책 속에 고스란히 녹아있다. 따라서 이 책은 흥미와 고도의 기교를 지닌 문학작품일 뿐만 아니라 한 시대사를 읽어내는 고귀한 사료로서의 의미도 지닌다. 「강정의선생전(姜貞毅先生傳)」이나 「손문정, 황석재의 일사[孫文正黃石齋兩逸事]」, 「척삼랑의 일을 적다[書戚三郞事]」, 「주시어의 일을 기록하다[紀周侍御事]」 등의 작품이 대표적이다.

그 다음으로 흥미로운 것은 기인들에 관한 기록이다. 『우초신지』에 등장하는 기인들은 그 기이함의 내면에 시대의 아픔이 서려있다. 그들이 '정상인'의 삶을 버리고 기행(奇行)을 일삼는 '기인'의 길을 선택한 데는 나라를 잃은 울분이 잠재해 있다는 것이다. 일표자(一瓢子), 팔대산인(八大山人), 애철도인(愛鐵道人), 구피도사(狗皮道士), 소옹(嘯翁), 유주(劉酒). 이들은 시대와 타협하기 싫어 기행을 일삼았고, 또 그 기행을 통해 정상인을 비웃고 시대를 비웃었다. 이는 개인의 아픔이자 곧 시대의 아픔이었던 것이다.

『우초신지』에는 금릉(金陵)을 중심으로 발달했던 기루(妓樓) 문화가 많이 소개되어 있다. 특히 권20의 「판교잡기(板橋雜記)」는 그것의 집대성이라 이를 만하다. 남조의 땅 금릉 진회하(秦淮河), 진(晉)나라 왕헌지(王獻之)와 애첩 도엽(桃葉)이 애틋한 사랑을 나누던 도엽나루 일대를 중심으로 펼쳐지는 명사(名士)와 기녀들의 사랑 이야기를 통해, 강남 풍류사(風流事)를 간접 체험할 수 있다. 뿐만 아니라 기녀들에 의해 형성된 음식과 의복과 장식과 기물 등, 독특한 기방 문화가 다양하게 소개되어 있어 당시의 금릉의 사치스럽던 단면을 읽어내는 데 많은 도움을 준다. 또 한 가지 주목할 점은 남성의 부용(附庸)으로 등장하던 기녀들이 여기서는 주체성을 지닌 인격체로 묘사된다는 점이다. 「모희 동소완전(毛姬董小宛傳)」에 나오는 모벽강(毛辟疆)의 애첩 동소완, 「유부인 소전(柳夫人小傳)」에 나오는 전겸익(錢謙益)의 애첩 유여시(柳如是), 「이희전(李姬傳)」에 나오는 후방역(侯方域)의 애첩 이향군(李香君) 등은 시를 지어 남편과 창화하고, 먹을 갈아 남편을 시중들며, 남편이 정치적 지조를 잃지 않도록 조언해준다. 때에 맞춰 술을 담그고, 매화 필 때면 꽃꽂이를 하며, 금을 뜯으며 노래를 한다. 한 사람 한 사람 서로 다른 개성과 아름다움을 지닌 인격체로 묘사된다. 생동감 있고 핍진한 묘사에, 그들의 그림자가 지면에 어른거리는 듯한 느낌을 받을 수 있다.

『우초신지』에는 「남유기(南遊記)」라는 장편의 유기(遊記)가 수록되어 있다. 실의한 마음을 달래려 여행을 시작한 작가는 중원 일대를 몇 달에 걸쳐 유람하면서, 중국 각지의 풍물을 접하고 사람을 접하고, 그러는 과정 속에서 자신의 정체성을 찾는다. 「서하객전(徐霞客傳)」은 비록 유기의 형태를 띠고 있지는 않지만 중국이 낳은 위대한 여행가 서하객의 일생을 통해, 그가 체험했던 '여행'과 그것이 지니고 있는 문화적 함의가 무엇인지 우리에게 보여주고 있다. 부득이한 '이동'으로 인해 여정을 기록한 것이 아니라, 목적의식을 갖고 여행을 시작한 이들의 자아 탐색 과정이, 장편의 여정 속에 잘 드러나 있다.

『우초신지』에서 가장 많이 다루고 있는 문체는 주지하다시피 전(傳)이다. 그만큼 '사람'을 대상으로 한 글이 많다는 이야기이다. 앞에서 이야기했던 '기인'이나 '명사'들 이외에 『우초신지』에 소개되어 있는 인물들은 다양함의 극치를 보여준다. 그중 가장 두드러진 것은 "개장수나 술파는 사람 사이에 섞여 지내던" 현자(賢者)들이다. 이들은 술을 팔기도 하고(賣酒者傳), 꽃을 팔기도 하며(「賣花老人傳」, 「花隱道人傳」), 남의 종살이를 하기도 하고(郭老僕墓誌銘), 나무꾼 노릇을 하기도 한다(「髯樵傳」). 이들은 어리석게 우직하게 한 세상을 살아갔지만, 그들의 삶속에는 지극히 고귀한 존엄과 인생철학이 있다. 장조는 이러한 이들의 전기를 통해 세속에 묻힌 사람들에게 삶의 지표를 제시하고자 한 것이다.

현자들 못지않게 많이 등장하는 것이 바로 회재불우(懷才不遇)한 재자(才子)들이다. 고금을 막론하고 재주를 품고도 세상에 쓰이지 못하는 자가 얼마나 많겠는가? 『우초신지』에 등장하는 탕비파(湯琵琶)와 성차공(盛此公)의 일생은 독자들의 심금을 울리기에 족하다. 회재불우와는 유형이 좀 다르지만 고귀한 품성을 지니고 자신을 몸을 깨끗이 지켰으나, 끝내 박복하여 요절하고 만 가인(佳人)들에 대한 내용도 「소청전(小青傳)」이나 「산산전(姍姍傳)」 등에서 볼 수 있다.

『우초신지』를 통해 가장 두드러지게 읽을 수 있는 것은 바로 명말청초의 문화 양태일 것이다. 『우초신지』에는 매우 다양한 문화 형태가 소개되어 있다. 과학자로서 수많은 기구를 발명한 황이장(黃履莊)을 통해 당시에 고도로 발달했던 과학 수준을 짐작할 수 있고, 「구우 제방에서 각저희 구경한 것을 기록하다[九牛壩觀牴戲記]」를 통해서는 당시에도 오늘날의 서커스와 흡사한 공연이 펼쳐졌음을 알 수 있으며, 「장남원전(張南垣傳)」을 통해서는 당시 성행했던 정원(庭園) 문화, 가산(假山) 축조기법 등을 알 수 있다. 「복숭아씨 염주에 대해 기록하다[記桃核念珠]」 및 「핵공기(核

工記)」의 세밀한 묘사를 통해서는 당시 고도로 발달했던 조각 예술의 극치를 맛볼 수 있다. 이밖에도 민간에서 유행했던 설서(說書), 구기(口技), 부계점(扶乩占) 및 바둑, 전각(篆刻), 악기 등 다양한 문화 양태가 소개되어 있어서 한 시대 문화를 이해하는 보고라 가히 칭할 만하다.

6

마지막으로 『우초신지』 번역이 지니는 의의에 대해 설명하겠다.

첫째, 『우초신지』 연구에 기초자료를 제공할 수 있다. 특히 『우초신지』 작품 말미에는 "장산래가 말한다[張山來曰]"로 시작하는 장조의 평점이 있다. 이것은 "태사공왈(太史公曰)"에서 비롯된 사찬어(史贊) 혹은 사평(史評)의 전통이 전(傳)으로 이어지고 전기(傳奇)의 의론으로 이어지고, 이것이 다시 소설로 이어져 정착된 것인데, 여기에 당시 유행하던 평점의 특징이 가미되면서 장조만의 독특한 평어 체제를 형성하고 있다. 장조, 즉 장산래는 한 작품을 기록하고 난 뒤 자신의 감상이나 비평을 짤막하게 적기도 하였고, 이와 비슷한 다른 이야기가 있으면 첨부하여 소개하기도 하였으며, 때론 문학 평론의 관점에서 그 글의 묘미를 가장 잘 나타낸 글자 혹은 구절이 무엇인지를 지적해내기도 하였다. 때론 역사적 맥락에서 윗대의 어느 글과 비슷하다거나 참조하여 읽을 만하다고 설명하기도 하였다. 특히 주목할 점은 장조의 거침없고 분방한 성격을 여과 없이 보여주었다는 것인데, 사지(四肢) 없이 태어났지만 멀쩡히 남자 구실을 하고 살았던 기인에 관한 이야기 뒤에, "누가 시집왔을지 모르겠다"고 평을 단 것이나, "방구들에서 남편이나 잡을 줄 알았지, 가서 도둑 잡을 줄은 모른다"는 남편의 핀잔에 어쩔 수 없이 뛰쳐나가 도둑을 처치하고 돌아온 협객 아내 이야기를 기록한 뒤에, "이 여자가 도둑 잡는 것은 보았으니, 방구들에서 남편 잡는 모습을 보고 싶다"고 평을 단 것이나, 시커먼 털보와 서생처럼 얼굴 뽀얀 남자가 몸뚱이가 서로 바뀐 채 죽었다 다시 살아온 이야기를 적은 뒤, "뽀얀 남편과 살던 여자가 시커먼 털보랑 자고 싶었을까?"라고 평을 단 것이나, 지극히 대담하고 거침없다. 음식남녀(飮食男女)에 대해 관대하기 이를 데 없던 시대적 분위기와 장조의 사상이 고스란히 배어 나오는 평어를 통해 『우초신지』의 문학성은 한 층 더 고조되었다.

둘째, 『우초신지』의 작가들은 명말 청초의 혼란한 시기에 생활하며 청나라 조정에 응하지 않던 명의 유민이 대다수이고, 유민은 아니더라도 이들과 주로 교류했던 인사들이 대부분이다. 지금까지 유민문학(遺民文學)에 대한 연구는 주로 유민시(遺民詩)에 치중되어 있으며 대부분 역사학에서 잠시 거론하고 있는 정도인데, 『청시기사초편(淸詩紀事初編)』 등에 실린 명 유민으로서 『우초신지』에 작품이 실린 문인은 18명이나 된다. 이들과 교유관계가 있던 문인들까지 포함하면 더 많은 수의 사람이 유민과 관련이 있으므로 『우초신지』의 대체적인 경향으로 명 유민의식을 간과할 수 없다. 따라서 『우초신지』의 번역은 유민문학 연구에도 일조할 수 있을 것이다.

셋째, 『우초신지』의 문학적 장르 경계의 불명확성에 대한 고찰을 시도해 볼 수 있을 것이다. 다양한 산문 형태들, 즉 우언(寓言), 소품(小品), 유기(遊記), 필기(筆記) 등과 소설인 전기(傳奇)와 필기소설이 뒤섞여 있는데, 이것을 고문의 소설화라는 특징과 장르의 한계를 극복하고자 하는 시도로서 설명할 수 있을 것이다.

넷째, 『우초신지』와 조선 후기 소품문 유행과의 관계이다. 조선의 많은 학자 문인들은 명청의 교체를 보면서, 만명(晩明) 문학을 망국(亡國)을 초래한 문학이라 하여 의도적으로 접하기를 꺼려했다. 특히 청의 문학은 오랑캐의 것이라 하여 수용을 거부했다. 그러다 18세기 초 김창협(金昌協)

일파를 비롯한 서울 경기 지역의 문인들을 중심으로 만명 문학의 수용이 본격화되었고, 18세기 중엽 이후로는 청대 문학과 문화가 적극 수용되기 시작해 조선의 문학은 다양한 양태로 변모해갔는데, 그 가운데 『우초신지』가 자리 잡고 있었다. 『우초신지』는 명말청초 인물 기사 소품문의 근원이자 후대 이런 성향의 글들의 표준 역할을 한 중요한 책으로, 여기에 실린 다양한 인물들의 기이한 형상은 조선후기 인물 전(傳)이나 기사문(記事文)의 발달에 적지 않은 영향을 끼쳤다. 따라서 『우초신지』의 번역은 중국 필기소설과는 또 다른 형태의 소품문 필기에 대한 이해를 높이고, 동시에 조선 후기 소품문의 많은 산재한 문제들을 해결하는 데 실마리를 제공할 수 있을 것이다.

우초신지 3_ 차례

우초신지 권14

우초신지 권15

우초신지 전체 차례

우초신지 권11

과백령전(過百齡傳)

유선(留仙) **진송령**(秦松齡)

무석(無錫 : 江蘇省 無錫市)은 참으로 산수가 수려하다. 또한 간간이 빼어나고 기이한 선비들이 나오기도 하여, 도(道)와 예(藝)의 고장으로 일컬어진다. 예컨대 징군(徵君) 예운림(倪雲林)[1]은 그림으로, 학사(學士) 화홍산(華鴻山)[2]은 시로, 첨사(僉事) 왕중산(王仲山)[3]은 글씨로 일컬어졌으며, 지금에 와서는 처사(處士) 과백령이란 자가 바둑으로 일컬어지고 있다. 서로 가는

1 예운림(倪雲林) : '징군'은 학문과 덕행이 높아 조정의 부름을 받고도 나아가지 않는 은사를 높여 부르는 말이다. 운림은 예찬(倪瓚 : 1301~1374)의 호다. 예찬은 원대(元代) 4대 화가 중 한 명으로 무석 사람이다.

2 화홍산(華鴻山) : 홍산은 화찰(華察 : 1497~1574)의 호다. 화찰은 자가 자잠(子潛)이며, 무석 사람으로 어려서부터 총명하여 열두 살 때 이미 시문을 지었다. 가정(嘉靖) 5년(1526)에 진사가 되어 한림원수찬(翰林院修撰) · 시독학사(侍讀學士) 등을 지냈고, 퇴직 후 혜산(惠山)에서 자주 벽산음사(碧山吟社) 활동에 참여하여 문사들과 화답시 짓기를 즐겼다.

3 왕중산(王仲山) : 중산은 왕문(王問 : 1497~1576)의 호. 왕문은 자가 자유(子裕)며, 역시 무석 사람이다. 시문(詩文) · 그림 · 서예에 두루 능했으며 특히 행서(行書)에 뛰어났다.

길은 다르지만 그 명성이 족히 한 시대를 뒤흔들 만하다는 점에 있어서는 한가지다.

과백령은 이름이 문년(文年)으로 마을 명문가의 자손이다. 그는 나서부터 총명하였고 독서를 좋아했다. 열한 살 때 사람들이 바둑 두고 있는 것을 보다가 비우고 채우고 먼저 두고 나중 두고 나아가 치고 물러나 지키는 법 등을 터득하더니 "어렵지 않구나"라고 말했다. 그 후 다른 사람들과 바둑을 두었는데, 두었다 하면 번번이 이겼다. 이에 마을에서는 과백령을 기이하게 여기지 않는 자가 없었다. 당시 내각대학사(內閣大學士)[4]로 있던 복청(福淸 : 지금의 福建省 福淸縣) 사람 섭대산(葉臺山) 선생은 바둑 품계로 당시 이인자였다. 그가 석산(錫山 : 무석시 서쪽 교외에 있는 산)을 찾아와 대국할 만한 사람을 찾으니 마을 선생들은 과백령을 불러와 응수하게 했다. 보았더니 아직도 어린 아이인지라 섭공(葉公 : 섭대산)은 그를 기특하게 여겼다. 그런데 막상 바둑을 두어보니 섭공이 번번이 졌다. 마을 선생들이 과백령의 귀에 대고 말했다.

"섭공은 높은 분이니, 네가 마땅히 일부러라도 져줘야 하거늘, 어찌하여 번번이 이기느냐?"

그러자 과백령이 화를 내며 말했다.

"바둑은 그저 보잘것없는 재주에 불과합니다. 그런 걸 가지고 도리를 왜곡하면서까지 남에게 아첨해야한다면 이는 부끄럽기 짝이 없는 노릇입니다. 하물며 섭공처럼 어지신 분이 설마한들 이런 것 때문에 어린 아이를 벌주시겠습니까?"

섭공은 그를 크게 될 재목이라 여겨 데리고 북쪽으로 가길 원했지만, 과백령은 아직 학업을 마치지 못했다며 사양했다. 이때부터 과백령의 명성이 강남에 자자했다.

과백령은 더욱 바둑에 정진했다. 그로부터 몇 년 지나지 않아 배움이

4 내각대학사(內閣大學士) : 원문은 '각학(閣學)'으로, 명청시대 때 내각대학사를 부르던 호칭이다.

완성되자 "이제 세상에 나아갈 만하구나!"라고 말했다. 마침 도성의 공경들 사이에 그의 명성이 퍼졌는데, 그중 한 공경대부가 서찰을 보내 그를 초대하여 마침내 도성으로 들어가게 되었다. 임부경(林符卿)이라는 국수(國手)는 늘 공경대부들 사이에서 노닐었는데, 과백령이 나이 어린 것을 보고는 속으로 그를 무시했다. 하루는 여러 공경대부들이 모여 술 마시는 자리에서 임군(林君 : 林符卿)이 과백령에게 말했다.

"너와 도성에서 같이 지내면서도 한 번도 서로 기예를 겨뤄보지 못했구나. 이와 같다면 여러 선생들에게 우리가 대체 무슨 쓸모 있겠느냐? 각자의 재주를 모두 드러내어 선생들께 기쁨을 한번 선사했으면 한다."

공경대부들도 모두 "그렇게 하시오!" 하더니 다투어 내기를 걸면서 내기 값을 100민(緡 : 1緡은 1000文)으로 정했다. 과백령이 한사코 사양하며 감히 대국하지 않으려하자 임군은 더욱 교만해져서 한사코 하자고 했다. 이에 하는 수 없이 대국을 벌이게 되었는데, 채 반도 두지 않아 임군은 얼굴과 목이 벌개졌으나, 과백령은 주위에 아무도 없는 듯 그저 손 가는 대로 둘 뿐이었다. 모두 세 번 대국했는데, 임군이 세 번 모두 졌다. 이를 본 관리들이 떠들어대며 말했다.

"임군이야말로 줄곧 바둑계의 패자였는데, 오늘 과생(過生 : 過百齡)을 만나 그 자리를 빼앗겼구려!"

그리고는 모두 한바탕 크게 웃었다. 이때부터 과백령은 바둑계의 일인자가 되었으며, 명성이 온 도성에 자자했다.

그때 그가 살고 있던 집 주인인 금의위(錦衣衛) 아무개가 사건에 연루되어 옥사에 갇히자 어떤 사람이 과백령에게 이렇게 말했다.

"그대는 금의위의 빈객으로 있었으니, 몸을 피하는 것이 좋을 겁니다. 그렇지 않으면 화가 미칠 테니까요."

그러나 과백령은 의연하게 말했다.

"금의위께서는 저를 후하게 대해주셨습니다. 지금 금의위에게 어려움이 생겼다고 해서 떠나간다면 이것은 의롭지 못한 일입니다. 더구나 그와 사귈 때 사사로운 청탁을 드린 일도 없으니, 화가 내게까지 미치지는 않을 겁니다."

당시 과백령과 함께 금의위의 빈객으로 있었던 사람들은 모두 구속되었지만, 과백령만은 끝까지 구속되지 않았다.

얼마 뒤 천하에 변고가 많아지자 과백령은 더 이상 도성에 머물고 싶지 않아 돌아와 석산에 은거했다. 그는 날마다 술꾼 한 두 명과 어울려 미친 듯 고함치고 늘어지게 술을 마셨으며, 남과 바둑 두는 일 따위는 거들떠보지도 않고 오로지 씨름판 따라다니며 노는 것을 낙으로 삼았다. 과백령은 본디 가난했지만 출타했다 하면 수 백금을 벌어왔는데, 그러면 또 도박을 해서 번번이 돈을 모두 날려버렸다. 그의 친척이 과백령을 나무라자, 과백령이 이렇게 말했다.

"이전에 나는 집에 오직 벽만 덩그러니 있을 정도로 가난했습니다. 지금 모은 돈은 모두 바둑 덕분입니다. 바둑으로 모은 돈을 도박으로 잃는데, 뭐 그리 안타까울 게 있겠습니까? 인생에 있어 중요한 것은 만족하며 사는 것이니, 구차하게 이익 따위를 좇아 무엇 하겠습니까?"

아! 과백령 같은 사람이라면 정말 기이하다 할 만하구나! 상국(相國)이 불러도 가지 않고, 금오(金吾)[5]에게 화가 미쳐도 피하지 않다가 나라가 뒤집힐 위기에 놓인 것을 알고 급히 고향으로 돌아왔으니 말이다. 또 공경대부의 문하에서 빈객으로 지내온 지가 40년에 가까운데, 그간 한 번도 청탁을 하지 않았으니 말이다. 과백령 같은 사람을 그저 바둑 두는 사람이라고만 말할 수 있겠는가?

장산래가 말한다.

바둑을 잘 두는 사람 중에는 어린아이가 많은데, 그들은 종종 장수하지 못하는 경우가 많다. 지금 과군(過君)만은 마흔이 넘었으니, 백령이라

5 금오(金吾) : 청대 황제의 신변을 보호하던 금의위의 장관을 말한다.

는 이름이 그 징조였던가?

錫固多佳山水. 間生瑰閎奇特之士, 常以道藝爲世稱述. 若倪徵君雲林以畫, 華學士鴻山以詩, 王僉事仲山以書, 乃今過處士百齡者, 則以奕. 其爲道不同, 而其聲稱足以動當世則一也.

百齡名文年, 爲邑名家子. 生而穎慧, 好讀書. 十一歲時, 見人奕, 則知虛實先後, 進擊退守之法. 曰: "是無難也." 與人奕, 奕輒勝. 於是閭黨間無不奇百齡者. 時福淸葉閣學臺山先生, 奕品居第二. 過錫山, 求可與敵者, 諸鄕先生以百齡應召. 至則尙童子也, 葉公已奇之. 及與奕, 葉公輒負. 諸鄕先生耳語百齡曰: "葉公顯者, 若當陽負, 何屢勝?" 百齡艴然曰: "奕固小技. 然枉道媚人, 吾恥焉. 況葉公賢者也, 豈以此罪童子耶?" 葉公果益器之, 與欲俱北, 以學未竟辭. 自是百齡之名, 噪江以南.

遂益殫精於奕. 不幾年, 學成, 曰: "可以應當世矣!" 會京師諸公卿聞其名, 有以書邀致者, 遂至京師. 有國手曰林符卿, 老游公卿間, 見百齡年少, 意輕之. 一日, 諸公卿會飮, 林君謂百齡曰: "吾與若同游京師, 未嘗一爭道角技. 卽諸先生何所用吾與若耶? 今願畢其所長, 博諸先生歡." 諸公卿皆曰: "諾!" 遂爭出注, 約百緡. 百齡固謝不敢, 林君益驕, 益强之. 遂對奕, 枰未半, 林君面頸發赤熱, 而百齡信手以應, 旁若無人. 凡三戰, 林君三北. 諸公卿譁然, 曰: "林君向固稱覇, 今得過生, 乃奪之矣!" 復皆大笑. 於是百齡碁品遂第一, 名噪京師.

當是時, 居停主某錦衣者, 以事繫獄, 或謂百齡曰: "君爲錦衣客, 須謹避. 不然, 禍將及." 百齡毅然曰: "錦衣遇我厚. 今有難而去之, 不義. 且吾與之交, 未嘗干以私, 禍必不及." 時同客錦衣者悉被繫, 百齡竟免.

已天下多故, 百齡不欲久留, 遂歸隱錫山. 日與一二酒徒狂嘯縱飮, 不屑屑與人奕, 獨徵逐角戲以爲樂. 百齡素貧, 出遊輒得數百金, 輒盡之博賽. 其戚黨譙訶百齡, 百齡曰: "吾曏者家徒壁立. 今所得貲, 俱以奕耳. 得之奕, 失之博, 夫復何憾? 且人生貴適志, 區區逐利者何爲?" 噫!

若百齡者, 可謂奇矣! 以相國之招而不去, 以金吾之禍而不避, 至知國家之傾覆而急歸. 爲公卿門下客者垂四十年, 而未嘗有干請. 若百齡者, 僅謂之奕人乎哉?

張山來曰 : 善奕者多在垂髫, 然其人往往嗇於壽. 今過君獨歷四十餘載, 豈其命名百齡果爲之兆也?

팔대산인전(八大山人傳)

정구(定九) **진정**(陳鼎)

팔대산인은 명나라 주신호(朱宸濠)[1]의 종실로, 호는 인옥(人屋)이다. 인옥이란 흉중에 고대광실 천만 칸을 가지고 있다는 뜻이다. 그는 성품이 고고하고 강직했으며, 남달리 총명했다. 여덟 살이 되자 시를 지을 수 있었고, 서법과 전각에 뛰어났으며 특히 그림에 능했다. 한번은 연꽃봉우리 하나를 그렸는데, 연못에 반쯤 핀 꽃봉오리와 어지러이 떨어진 꽃잎이 수면에 비스듬히 비치는 모습이 생생하기 그지없었다. 그 그림을 방안에 펼쳐놓으면 맑은 바람이 천천히 불어와 향기가 방안에 가득했다. 또 용을 그리면 그 큰 화폭 속에서 용이 꿈틀대며 아래위로 움직이는 모습이 곧 날아 움직일 것 같았다. 만약 섭공(葉公)[2]에게 그 그림을 보여주

1 주신호(朱宸濠) : 원문은 '영번(寧藩)'으로, 명나라의 종실 주신호를 말한다. 봉지(封地)는 강남에 있으며 국호가 '영번'이다. 특히 병서(兵書)를 즐겨 읽었으며 큰 뜻을 품고 있었다. 번(藩)은 봉건제후의 영토를 말한다.

2 섭공(葉公) : 한나라 유향(劉向)의 『신서(新序)』「잡사(雜事)」 5에 보면 다음 이야기가 있다. "섭공 자고(子高)는 용을 좋아해 허리띠 장식에도 용을 그렸고, 우물을 파

었다면 틀림없이 크게 고함치며 기겁해 달아났을 것이다. 인옥은 우스갯소리를 잘하고 다른 사람과 의론하기를 좋아했는데, 이야기가 지루하지 않고 흥미진진해 늘 좌중을 압도했다. 그의 부친 아무개 역시 서화에 뛰어나 그 명성이 강서(江西)에 자자했지만, 벙어리라 말을 하지 못했다.

갑신년(1644)에 명나라가 망하자 그 부친도 따라 죽었다. 인옥도 부친의 뜻을 이어받아 입을 다물어 버렸다. 그래서 옆에서 시중하던 사람들은 모두 눈으로 말을 했는데, 인옥은 자신의 뜻에 부합하면 머리를 끄덕였고 부합하지 않으면 머리를 흔들었다. 손님들을 대할 때도 손짓으로 인사말을 했으며, 혹 다른 사람들이 들려주는 고금의 이야기를 듣다가 자기 마음에 맞는 대목이라도 나오면 말없이 빙그레 웃었다. 십년 남짓 이렇게 하다가 결국 출가해 스님이 되더니 스스로를 '설개(雪個)'라고 칭했다. 그로부터 얼마 지나지 않아 미치광이 병에 걸렸는데, 처음에는 땅에 엎드려 오열하다가 잠시 뒤에는 하늘을 보며 크게 웃었다. 웃음이 그치면 갑자기 펄쩍펄쩍 뛰면서 울부짖으며 통곡했다. 어떤 때는 배를 두드리며 큰 소리로 노래를 부르고, 어떤 때는 저자거리에서 되는대로 춤을 추는 등, 하루 상간에 온갖 미치광이 짓을 다 보여주었다. 시장 사람들은 그가 한바탕 소통을 일으키는 것이 싫어 그에게 술을 주어 취하게 만들었는데, 그러면 미치광이 짓을 곧 멈추었다. 일 년쯤 후에 병세가 약간 차도를 보이자 호를 다시 '개산(個山)'으로 바꾸었다. 그러다가 혼자 정수리를 만지면서 "기왕 중이 되었으니 이름에 당나귀[3] 자를 넣는 것은

도 용 모양으로 했으며, 집도 용 무늬를 새겨 넣어 꾸몄다. 그리하여 하늘에서 용이 그 소문을 듣고 내려와 머리를 창에 대고 들여다보았으며, 집에 꼬리를 늘어뜨렸다. 섭공이 이를 보고 모든 것을 버리고 달아났는데, 정신을 잃고 얼굴빛이 파랗게 질렸다. 이처럼 섭공은 용을 좋아한 것이 아니라 무릇 용과 비슷하지만 용이 아닌 것을 좋아했다[葉公子高好龍, 鉤以寫龍, 鑿以寫龍, 屋室雕文以寫龍. 於是天龍聞而下之, 窺頭於牖, 施尾於堂. 葉公見之, 棄而還走, 失其魂魄, 五色無主. 是葉公非好龍也, 好夫似龍而非龍者也]."

3 당나귀 : 당나귀 '려(驢)' 자는 승려의 '려(侶)' 자와 발음이 같기 때문에 그렇게 한 것 같다.

어떨까?" 하더니 마침내 다시 호를 '개산려(個山驢)'로 바꾸었다. 그로부터 몇 년 뒤에 처자식이 모두 죽자 어떤 사람이 그에게 이렇게 말했다.

"조상님의 제사를 끊기게 하는 것은 후손된 자가 해서는 안 될 짓인데, 당신은 두렵지도 않습니까?"

개산려는 마침내 개탄하며 머리를 기르고 아내를 맞아들인 후 호를 '팔대산인'으로 고쳤다. 그 뜻인즉 "팔대라 함은 사방사우(四方四隅)에서 내가 제일 클 뿐 나보다 더 큰 것이 없다"는 것이다.

팔대산인은 술을 좋아했을 뿐, 그밖에 달리 좋아하는 것이라곤 없었다. 그의 그림을 아끼는 사람은 대부분 술자리를 마련해 그를 부르고는 미리 먹물 몇 되와 종이 몇 폭을 자리 오른쪽에 비치해두었다. 그러면 술에 취해 그것을 발견하고는 흔쾌히 넓은 종이에 먹물을 뿜어댔다. 어떤 때는 다 해진 빗자루로 먹물을 뿌리고 찢어진 갓으로 문질러놓기도 했는데, 그러면 종이 전체가 더러워져 차마 눈뜨고 볼 수 없었다. 그런 다음 붓을 들고 색칠을 해나가면 어떤 것은 수풀이 되고, 어떤 것은 산골짜기가 되었으며, 꽃과 새와 대나무와 돌, 그 어느 것 하나 오묘하지 않은 것이 없었다. 어쩌다 마음이 내켜 글씨까지 쓸 적에는, 소매를 걷어붙이고 붓을 쥔 채 미친 듯이 고함을 지르면서 거침없이 써 내려갔는데, 그러면 수십 폭의 글이 금세 완성되었다. 하지만 깨어있을 적에는 종이 반쪽 글자 하나도 얻어낼 수 없었으며, 눈앞에 황금 100일(鎰)[4]이 있다 하여도 돌아보지 않았으니, 그의 광기가 이와 같았다.

외사씨(外史氏)가 말한다.

팔대산인은 정말 미친 것일까? 그렇다면 그의 서화가 어떻게 그렇게 웅장할 수 있단 말인가? 내 일찍이 산인의 시화를 본 적이 있는데, 당·송의 기백이 크게 서려 있었다. 그의 서법은 위진(晉魏)의 서체에서 환골탈태한 것이었다. 마을 사람들에게 물어보니 모두 산인이 술에 취했을

4 일(鎰) : 옛날 중량의 단위로 20량(兩)에 해당한다.

적에 얻은 것이라고 했다. 아아! 술에 취하는 것은 따라할 수 있지만, 광기는 따라할 수 없구나.

장산래가 말한다.

듣자니, 산인이 강서에 있을 때 무인(武人)이 종종 그를 불러들여 방안에서 그림을 그리게 했는데, 어떤 때는 이삼일이 지나도록 산인을 돌려보내지 않았다고 한다. 그러면 산인은 방안에다 똥오줌을 쌌고, 무인은 그 냄새를 견디지 못해 결국 그를 돌려보내 주었다. 후에 아무개 무군(撫軍)[5]이 편지를 보내 산인을 초대했지만, 산인은 한사코 사양하며 가지 않았다. 어떤 사람이 [왜 초대에 불응했냐고] 묻자 산인은 "저 무인들하고야 이것저것 따질 필요 있나? 똥오줌만 누면 돌아올 수 있는 걸. 하지만 아무개 공처럼 진실로 고상하시고 풍류도 아시는 분께서 내가 찾아가 뵙기도 전에 나를 초대했으니, 내가 어떻게 가서 알현할 수 있겠나?"라고 대답했다. 또 듣자니, 산인은 접부채에다 큰 글씨로 '벙어리'라고 써 놓고는 도저히 함께 이야기를 나눌 수 없는 사람을 만나면 '벙어리' 글자를 들어 보여주었다고 한다. 그의 그림에 찍혀 있는 도장은 나막신 모양으로 생겼다. 나는 그의 그림을 가장 좋아하는데, 그와 너무 떨어져 있어 얻지 못한 것이 한스럽다.

八大山人, 明寧藩宗室, 號人屋. 人屋者, 廣廈萬間之意也. 性孤介, 穎異絶倫. 八歲即能詩, 善書法, 工篆刻, 尤精繪事. 嘗寫菡萏一枝, 半開池中, 敗葉離披, 横斜水面, 生意勃然. 張堂中, 如清風徐來, 香氣常滿室. 又畫龍, 大幅間蜿蜒升降, 欲飛欲動. 若使葉公見之, 亦必大叫驚走也. 善詼諧, 喜議論, 娓娓不倦, 嘗傾倒四座. 父某, 亦工書畫, 名噪江右, 然喑啞不能言.

5　무군(撫軍) : 청나라 때 순무(巡撫)를 일컫던 다른 호칭이다.

甲申國亡, 父隨卒. 人屋承父志, 亦喑啞. 左右承事者, 皆語以目, 合則頷之, 否則搖頭. 對賓客寒暄以手, 聽人言古今事, 心會處, 則啞然笑. 如是十餘年, 遂棄家爲僧, 自號曰'雪個'. 未幾病顚, 初則伏地嗚咽, 已而仰天大笑. 笑已, 忽跿跔踴躍, 叫號痛哭. 或鼓腹高歌, 或混舞於市, 一日之間, 顚態百出. 市人惡其擾, 醉之酒, 則顚止. 歲餘, 病間, 更號曰'個山'. 旣而自摩其頂曰 : "吾爲僧矣, 何可不以驢名?" 遂更號曰'個山驢'. 數年, 妻子俱死, 或謂之曰 : "斬先人祀, 非所以爲人後也, 子無畏乎?" 個山驢遂慨然蓄髮謀妻子, 號'八大山人'. 其言曰 : "八大者, 四方四隅, 皆我爲大, 而無大於我也."

山人旣嗜酒, 無他好. 人愛其筆墨, 多置酒招之, 預設墨汁數升, 紙若干幅於座右. 醉後見之, 則欣然潑墨廣幅間. 或灑以敝帚, 塗以敗冠, 盈紙骯髒, 不可以目. 然後捉筆渲染, 或成山林, 或成邱壑, 花鳥竹石, 無不入妙. 如愛書, 則攘臂搦管, 狂叫大呼, 洋洋灑灑, 數十幅立就. 醒時, 欲求其片紙隻字不可得, 雖陳黃金百鎰於前, 勿顧也, 其顚如此.

外史氏曰 : 山人果顚也乎哉? 何其筆墨雄豪也? 余嘗閱山人詩畵, 大有唐宋人氣魄. 至於書法, 則胎骨於晉魏矣. 問其鄕人, 皆曰得之醉後. 嗚呼! 其醉可及也, 其顚不可及也.

張山來曰 : 予聞山人在江右, 往往爲武人招入室中作畵, 或二三日不放歸. 山人輒遺矢堂中, 武人不能耐, 縱之歸. 後某撫軍馳柬相邀, 固辭不往. 或問之, 答曰 : "彼武人何足較? 遺矢得歸可矣. 今某公固風雅者也, 不就見而召我, 我豈可往見哉?" 又聞其於便面上, 大書一'啞'字, 或其人不可與語, 則擧'啞'字示之. 其書上所鈐印, 狀如屐. 予最愛其畵, 恨相去遠, 不能得也.

원원전(圓圓傳)

운사(雲士) 육차운(陸次雲)

원원은 성이 진씨(陳氏)로 옥봉(玉峰)[1]의 가기(歌妓)였다. 소리로도 천하제일이었고 미색으로도 천하제일이었다. 숭정(崇禎) 계미년(1643)에 총병(總兵) 오삼계(吳三桂)가 그 명성을 흠모하여 천금을 가지고가 청혼했으나, 이미 전원(田畹)이 차지한 뒤였다. 원원도 오삼계를 모시지 못해 마음이 편치 않았고 오삼계는 이보다 더 심했다. 전원은 회종(懷宗)[2]의 비(妃)인 전귀비(田貴妃)[3]의 부친으로 이미 고령의 노인이었다. 원원이 「유수고산

---

1 옥봉(玉峰) : 강소성(江蘇省) 곤산(昆山)에 옥봉산(玉峰山)이 있는데, 여기에서는 곤산 지역을 지칭한다. 진원원(陳圓圓)은 본래 형(邢)씨로 상주(常州) 사람이지만, 태어난 지 얼마 안 되어 어머니를 여의고 곤산(昆山)의 이모 집에 보내져 그곳에서 자랐으며, 이모부의 성을 따라 진(陳)씨가 되었다. 원원은 후에 소주(蘇州)에 가서 '옥봉의 여배우 진원원[玉峰女優陳圓圓]'이라는 간판을 내걸고 노래했다.

2 회종(懷宗) : 명나라 숭정제(崇禎帝) 주유검(朱由檢 : 1611~1644)의 묘호(廟號)이다.

3 전귀비(田貴妃 : ?~1642) : 명나라 섬서성(陝西省) 서안 사람으로 양주(揚州)에 살았다. 천계연간(天啓年間 : 1621~1627)에 숭정제 주유검의 후비로 선발되었으며 숭정제 즉위 후 귀비가 되었는데, 재색이 출중했다. 후에 병사한 뒤 창평(昌平) 천수산

곡(流水高山曲)」[4]을 타면서 노래를 부르면 전원은 매번 박자나 두드릴 뿐, 원원이 지음(知音)이 드문 것을 슬퍼한다는 사실은 알아채지 못했다.

갑신년(1644) 봄에 이자성(李自成)의 반란군[5]이 들고 일어나자, 회종은 밤낮으로 걱정하면서 침식을 폐했다. 전귀비가 부친 전원에게 회종의 근심을 풀어줄 방법이 없겠느냐고 묻자 전원은 원원을 회종에게 진상했다. 원원은 예쁘게 화장하고[6] 궁에 들어갔는데, 회종이 자신을 한번 돌아봐 주기를 바랐으나 회종은 아무런 말이 없었다. 그러더니 얼마 지나지 않아 전원의 집으로 돌려보냈다.

이때 틈적(闖賊)의 병사[7]가 경기 일대로 압박해 들어오자 회종은 급히 오삼계를 불러들여 평대(平臺)[8]에서 만났는데, 그 자리에서 망포(蟒袍)[9]와

(天壽山)에 묻혔다. 명나라가 망한 뒤 주유검과 함께 묻혔는데, 그 묘를 사릉(思陵)이라고 한다.

4 「유수고산곡(流水高山曲)」: 『열자(列子)』 「탕문(湯問)」에 다음과 같은 기록이 있다. "백아는 거문고를 잘 타고 종자기는 그것을 그 소리를 잘 알아들었다. 백아가 거문고를 타는데 그 뜻이 높은 산에 올라가는 데에 있자 종자기는 '좋구나, 높디 높은 것이 마치 태산과 같도다'라고 했다. 또 백아의 뜻이 흘러가는 물에 있자 종자기가 '좋구나, 넘실거리는 것이 마치 강과 같도다'라고 말했다[伯牙善鼓琴, 鍾子期善聽. 伯牙鼓琴, 志在登高山, 鍾子期曰 : '善哉, 峨峨兮若泰山.' 志在流水, 鍾子期曰 : '善哉, 洋洋兮若江河']." 그 후 종자기가 죽자 백아는 거문고를 부수고 현을 끊으며 다시는 거문고를 연주하지 않았다. '유수고산곡'은 이러한 백아와 종자기의 '지음(知音)'고사를 배경으로 한 악곡 이름이다.

5 이자성(李自成)의 반란군 : 원문은 '유적(流賊)'이라 되어 있다. 원래는 도망쳐 사방을 돌아다니는 도적들을 말하나, 여기서는 명나라 말에 농민기의(農民起義)했던 이자성과 장헌충(張獻忠)의 반란군을 멸시하여 부르는 말로 사용되었는데, 특히 이자성을 가리킨다.

6 예쁘게 화장하고 : 원문은 '소미(掃眉)'로, '예쁘게 화장하다' 혹은 '글재주가 뛰어난 여자'의 뜻으로 사용되는데, 여기서는 전자를 의미한다.

7 틈적(闖賊)의 병사 : 틈은 '틈왕(闖王)'으로, 명나라 말 농민기의의 영수였던 고영상(高迎祥)과 이자성(李自成)을 지칭한다. 고영상이 굶주린 백성들을 이끌고 기의를 일으킨 뒤 자칭 '틈왕'이라 불렀는데, 그가 희생되고 난 뒤, 그의 부장들이 이자성을 틈왕으로 추대했다. 여기서는 이자성을 포함한 그 반란군을 가리키는 의미로 사용되었다.

8 평대(平臺) : 북경(北京)의 자금성(紫禁城) 내에 있는 고대(高臺)의 명칭으로, 명나라 황제가 군신을 접견하던 곳이다.

옥대(玉帶)를 내리고 상방검(上方劍)[10]을 하사하면서 막중한 임무를 맡겨 산해관(山海關)을 지키게 했다. 이에 오삼계도 비분강개한 심정으로 숭정제의 어명을 받들면서 충절을 맹세했다. 반란군이 깊숙이 쳐들어오자 도성의 권문세가들은 모두 두려움에 벌벌 떨었다. 전원도 매우 근심스러운 마음에 원원에게 말했다. 그러자 원원이 말했다.

"세상이 어지러운 이때에 의지할 곳이 없으면 화가 미칠 것이 틀림없습니다. 차라리 오장군(吳將軍 : 吳三桂)과 친분을 맺어 위급할 시에 도움 청할 바로 삼는 것이 어떻겠습니까?"

전원이 말했다.

"그럴 시간이 어디 있겠느냐? 그와 친분을 맺고 싶어도 그럴 틈이 없다."

원원이 말했다.

"오장군께서는 오래 전부터 나리 댁의 가무를 흠모해왔습니다. 나리께서는 석위(石尉)[11]의 일을 귀감삼아 저를 남에게 보여주려 하지 않으시는데, 옥석이 다 타버려도 그때까지 금곡(金谷)[12]을 굳게 닫고 있을 수 있겠습니까? 어째서 저를 내세워 그분께 청해보지 않으십니까? 틀림없이 올 것이니 주저하지 마십시오."

전원은 옳은 소리라 여기고 몸소 오삼계를 찾아가 자기 집으로 가무

9 망포(蟒袍) : 명청시대에 대신들이 입던 예복으로 황금색의 이무기가 수 놓여 있었다.

10 상방검(上方劍) : 천자가 사용하는 물건을 관장하던 상방서(尙方署)에서 특별 제작한 황제의 보검이다. 고대 천자들이 대신을 파견해 중요 사건을 처리할 때 상방검을 하사하여 자기 대신 권력을 행하게 하면서 선참후주(先斬後奏 : 먼저 처단하고 나중에 보고한다)의 권한까지 부여했다.

11 석위(石尉) : 진(晉)나라 부호 석숭(石崇)을 말한다. 석숭이 일찍이 남만교위(南蠻校尉)를 역임했기 때문에 그를 '석위'라고 부르게 되었다. 석숭에게 녹주(綠珠)라는, 아름답고 피리를 잘 부는 애첩이 있었다. 녹주를 탐내 그녀를 바칠 것을 원하던 손수(孫秀)의 명을 거절하고 그를 죽이려 모의하지만, 이를 안 녹주가 스스로 목숨을 끊고 끝내 자신도 손수에게 죽임을 당한다.

12 금곡(金谷) : 중국 하남성(河南省) 낙양현(洛陽縣)에 있는 명승지인 금곡원(金谷園)을 말한다. 석숭이 애첩 녹주를 사랑해 이곳에 별장을 두고 호사시켰다고 한다.

를 구경하러 오라고 청했다. 오삼계는 내심 가고 싶었지만 일부러 거절하다가 전원이 강하게 나오자 못이기는 척 허락했다. 전원의 집에 도착한 오삼계는 군복 차림으로 연회에 참석했는데, 엄숙한 모습에 감히 범접할 수 없는 기품이 있었다. 전원은 더욱 풍성하게 음식을 차리고 더욱 공손하게 그를 대했다. 겨우 술이 한 순배 돌았을 때 오삼계가 돌아가려고 했다. 전원은 여러 번 자리를 바꿔가며 결국 내실에까지 이르렀는데, 기녀들을 모두 불러내 악기를 연주하게 하니, 하나같이 미모가 빼어나고 수려했다. 그 가운데 옅게 화장을 한 어떤 여자가 다른 미녀들을 거느리고 선창했는데, 자태며 표정이며 너무나 아름다웠다. 오삼계는 자신도 모르게 정신이 홀리고 마음이 흔들려, 급히 군복을 벗기고 가벼운 가죽옷으로 갈아입히라고 명한 뒤 돌아보면서 전원에게 말했다.

"혹시 저 미녀가 원원 아닙니까? 진실로 경국지색이라 할 만하군요! 이러한 미녀를 차지하고 계시면서 혹 두렵지는 않으셨습니까?"

전원은 어찌 대답해야 할 지 몰라 그저 원원에게 술을 따라 올리라고 명했다. 원원이 자리에 오자 오삼계가 말했다.

"그대는 참 즐거워 보이는 구려."

그 말에 원원이 작은 목소리로 말했다.

"홍불(紅拂)[13]은 월공(越公)[14] 곁에 있으면서도 즐겁지 못했는데, 하물며 월공만도 못한 사람 곁에 있으니 어떻겠습니까?"

오삼계는 그 말에 머리를 끄덕였다. 한창 술을 신나게 마시고 있는 동안 급보가 잇달아 오는 바람에 오삼계는 가고 싶지 않았지만 가지 않을 수 없었다. 전원이 자리 앞으로 다가가서 말했다.

"반란군이 쳐들어왔으면 어떻게 합니까?"

---

13 홍불(紅拂) : 성은 장씨(張氏)이고, 이름은 출진(出塵)으로, 수나라 말기 권신이었던 양소(楊素)의 시첩이다. 하루는 양소에게 정책을 진언하러 온 이정(李靖)을 보고 그에게 반해, 밤에 그를 찾아가 자신의 앞날을 부탁하고 함께 태원(太原)으로 간다.

14 월공(越公) : 수나라의 양소(楊素)를 말한다. 양소가 월국공(越國公)에 봉해졌기 때문에 그를 월공이라 불렀다.

오삼계가 급히 말했다.

"원원만 제게 주신다면 나라의 안보에 앞서 내 틀림없이 공의 집을 지켜드리리다."

전원은 마지못해 이를 허락했다. 오삼계는 즉시 원원에게 명해 전원에게 작별인사를 올리게 한 뒤 준마를 골라 원원을 태우고 떠나갔다. 전원은 망연자실하여 그저 멍하니 바라만 보았다.

회종이 오삼계에게 어서 산해관(山海關)을 나갈 것을 재촉하자 어영(御營)[15]을 감독 관리하던[16] 오삼계의 부친 오양(吳驤)[17]은 오삼계가 원원을 데려온 사실이 회종에게 알려질까 걱정스러워, 원원을 집에 머물게 하면서 [함께] 떠나지 못하게 했다. 오삼계가 떠난 지 얼마 되지 않아 틈적이 북경성을 함락하니, 회종은 사직을 위해 자결했다. 이자성이 궁궐을 점거하고 보니 궁녀들 가운데 죽은 자가 반이고 달아난 자가 반이었다. 이자성이 내감(內監 : 太監)에게 물었다.

"후원에 궁녀가 삼천 명이나 있는데, 경국지색이 하나도 없단 말이냐?"

내감이 말했다.

"선제께서 여색과 음악을 멀리하셔서 미녀가 드뭅니다. 원원이라는 보기 드문 절세 미녀가 있긴 했는데, 전원이 선제께 바쳤으나 선제께서 물리쳤습니다. 듣자하니 전원이 오삼계에게 바쳤는데, 오삼계가 그의 부친 오양의 집에 두고 떠났다고 합니다."

마침 이때 오양이 이자성에게 항복해오자 이자성은 곧장 오양에게 원

---

15 어영(御營) : 황제가 출정하거나 행행(行幸)하는 도중에 쉬는 임시 장막이다.

16 어영(御營)을 감독 관리하던 : 원문은 '독리어영(督理御營)'으로, 실제 직책 명은 '제독경영(提督京營)'이다.

17 오양(吳驤) : 명나라 양주(揚州) 고우(高郵 : 지금의 江蘇省에 속함) 사람으로, 오삼계(吳三桂)의 부친이다. 자는 양환(兩環). 제독경영(提督京營)으로 있을 때 이자성에게 항복하고, 오삼계에게 이를 권유하지만 뜻을 이루지 못한 채 반란군에게 죽임을 당한다.

원을 달라고 했다. 또 오양의 가산을 몰수하고 편지를 써서 아들 오삼계를 불러들이라고 명령했다. 오양은 시키는 대로 고분고분 원원을 이자성에게 바쳤다. 이자성은 놀랍고도 기쁜 마음에 어서 노래를 불러보라고 시켰다. 원원이 오(吳) 땅의 노래를 불러올리자 이자성은 이마를 찌푸리며 말했다.

"어찌 외모는 이리도 아름다운데 노래는 이토록 들어주기 힘들단 말이냐!"

그리고는 기녀들에게 명해 서조(西調)[18]를 부르고 완함(阮咸)[19] · 쟁(箏) · 호박(琥珀)[20]을 연주하게 하면서 자신이 직접 박수치며 장단을 맞추었는데, 그 어지럽고 격한 소리에 귀가 시끄럽고 마음이 시큰했다. 이자성이 원원을 돌아보며 "이 음악이 어떠냐?"고 묻자 원원이 대답했다.

"이는 천상에나 있을법한 노래이지, 남쪽 변방에 사는 사람들이 따라할 수 있는 바가 아닙니다!"

이자성은 원원을 몹시 총애하여, 곧 사신 편에 은 사만 냥을 오삼계 진영에 위로금으로 보냈다.

오삼계는 부친의 편지를 받고 기쁜 마음으로 명을 받아들였다. 한 정탐꾼이 오자 그에게 물었다.

"우리 집은 별고 없느냐?"

정탐꾼이 말했다.

"틈적에게 가산을 몰수당했습니다."

---

18 서조(西調) : 보통 '서조'는 청나라 초기 하북(河北) 일대에서 불리던 시정생활을 주요 내용으로 하는 통속가요를 말하는데, 산서(山西) · 섬서(陝西) 지역의 민간 악곡의 기초 위에 문인들의 창작이 곁들여져 전문 예인들에 의해 연주되었다. 넓은 의미에서의 '서조'는 명청 시기 산서 · 섬서 지역의 악곡과 곡조를 지칭한다.

19 완함(阮咸) : 고대 악기 이름이다. 죽림칠현(竹林七賢)의 한 사람인 완적(阮籍)의 조카 완함(阮咸)이 만들었다고 전해지는데, 월금(月琴)과 비슷하고 둥글고 평평한 몸체에 현(弦)이 네 개다.

20 호박(琥珀) : 고대 악기 이름이다. 비파와 비슷하며 일명 '혼불사(渾不似)', '화불사(火不思)'라고도 한다.

그 말에 오삼계가 말했다.

"내가 돌아가면 다시 반환해줄 것이다."

다른 정탐꾼이 오자 또 물었다.

"우리 아버님은 별고 없으시냐?"

정탐꾼이 말했다.

"틈적에게 잡혀 계십니다."

그러자 오삼계가 말했다.

"내가 돌아가면 그 즉시 풀어줄 것이다."

또 다른 정탐꾼이 오자 또 물었다.

"진부인(陳夫人 : 陳圓圓)도 별고 없으시냐?"

정탐꾼이 말했다.

"틈적이 차지했습니다."

그 말에 오삼계는 칼을 뽑아 책상을 내려치면서 말했다.

"정말 그런 일이 있다면, 내가 믿고 따를 수 있겠느냐?"

그리고 부친에서 답신을 썼는데, 내용은 대략 아래와 같았다.

"소자 아버님의 음덕으로 감히 군사 임무를 수행하고[21] 있습니다. 저 미쳐 날뛰는 이자성의 반란군이 머지않아 멸망하리라 생각했는데, 뜻밖에도 나라에 재목이 없어 그 위세에 그대로 쏠리고 말았습니다. 풍문에 임금께서 붕어하셨다는 소리를 듣고 분노를 금할 길 없었습니다. 저는 아버님께서 떨치고 일어나 철퇴를 날려 일격을 가하고, 저들과 같은 하늘아래 살지 않겠다고 맹세하거나, 아니면 스스로 목을 베어 나라를 위해 목숨을 버렸으리라 생각했습니다. 그런데 어찌하며 숨어서 구차한 삶을 도모하고 불의한 일을 하라 시키십니까? 위효관(韋孝寬)[22]처럼 적을 막

21 수행하고 : 원문은 '대죄(待罪)'로, 원래는 '죄를 기다리다'의 의미이나 여기서는 자기 직책을 수행하는 것을 겸손하게 이르는 말로 사용되었다.

22 위효관(韋孝寬) : 북주(北周) 때 사람. 『통전(通典)』「병전(兵典)」 권156에 보면, 위효관은 두릉(杜陵) 사람으로 약관의 나이에, 소보인(蕭寶夤 : 齊 明帝의 6子)이 장안(長安)에서 난을 일으키자 대궐을 찾아가 군사를 내어달라고 해서 옥벽성(玉璧城)으로

을 재주도 없고, 또한 안평원(顔平原)[23]이 적을 꾸짖었던 용기에 비추어 봐도 부끄럽기 짝이 없습니다. 아버님께서 충신이 될 수 없는데, 아들이 어찌 효자가 될 수 있겠습니까? 지금 이 아들이 아버님과 결판을 내고자 합니다. 서둘러 저 반란군을 해치울 방법을 모색하지 못한다면, 아버님을 도마 위에 올려놓고 저를 유인한다 해도 저는 상관하지 않겠습니다."

그리고는 곧장 초(楚)나라의 신하 신포서(申包胥)가 진(秦)나라에 구원병을 요청했던 것을 본받아[24] 이자성의 반란군을 쳐부수기 위해 청나라에 구원을 요청한 다음 일편석(一片石)[25]에서 먼저 이자성의 반란군을 패퇴시켰다.

이자성은 분노해 오양과 그의 가족 삼십여 명을 죽였다. 또 원원을 죽이려 하자 원원이 말했다.

"듣자하니 오장군께서 무기를 거두고 돌아오시다가 저 하나 때문에

들어간다. 성 위에 있는 높은 누각 두 채를 나무로 묶어 연결시킨 뒤 적진의 공격을 막고, 지하 갱도를 파고 토산을 쌓아 공격해 오는 적군을 대항해 엄호를 만들어 군사를 매복시킨 뒤 적군을 사로잡아 죽였다. 또한 엄호 바깥에 땔감을 쌓고 불을 놓아 지하 갱도에 있는 적군을 죽이는가 하면 전차를 만들어 적군을 무찌르는 등 온갖 방법을 동원해 옥벽성을 지켜내고 반란을 진압한다.

23 안평원(顔平原) : 당나라 안진경(顔眞卿 : 709~785)을 말한다. 개원연간(開元年間 : 713~741) 진사로, 감찰어사(監察御史)·전중시어사(殿中侍御史)를 지냈으며, 훗날 양국충(楊國忠)를 따르지 않고 나와서 평원태수(平原太守)를 지냈다. 안사(安史)의 난 때 전공을 세워 다시 도성으로 들어와 이부상서(吏部尙書)·태자태사(太子太師)를 역임했으며 노군(魯郡)의 개국공(開國公)에 봉해져 세상에서 그를 '안노공(顔魯公)'이라 불렀다. 안진경은 성품이 곧아 간신들의 시기를 많이 받았는데, 특히 당시 재상 노기(盧杞)의 미움을 많이 받았다. 노기는 덕종(德宗) 때 이희렬(李希烈)이 반란을 일으키자 70세가 넘은 안진경을 그곳에 보냈다. 이희렬이 칭제한 뒤 재상의 자리를 보장하며 안진경을 협박하지만, 안진경은 그를 꾸짖으며 저항하다가 결국 자살했다.

24 초(楚)나라의 …… 본받아 : 원문은 '진정지읍(秦庭之泣)'이다. 『좌전(左傳)』「정공(定公)4년」에 보면, 춘추시대에 오(吳)나라가 초나라를 공격해오자, 초나라의 신하 신포서가 임금의 명을 받고 진나라로 가서 구원병을 요청했는데, 진나라의 조정 담벼락에 기대어 7일 밤낮동안 통곡했다. 그리하여 진왕이 병사를 내어 초나라를 도와주었다고 하는데, 후에는 다른 사람에게 구원을 요청한다는 전고로 사용되었다.

25 일편석(一片石) : 일명 구문수구(九門水口). 지금의 하북성(河北省) 무녕현(撫寧縣) 동북쪽 구문구(九門口)를 말한다.

다시 군사를 일으켰다 합니다. 저 하나 죽는 거야 아까울 것 없으나, 그것이 대왕께서 목숨 걸고 저들과 대적하실 때 불리하게 작용할까 걱정입니다."

이에 원원을 데리고 가려 했더니 원원이 다시 말했다.

"저는 이미 대왕을 모신 몸이니, 어찌 대왕을 따라 가고 싶지 않겠습니까? 다만 두려운 것은 오장군께서 저 때문에 끝까지 추격을 멈추지 않을까 하는 점입니다. 대왕께서도 한번 생각해보십시오. 능히 저들과 대적할 수 있다고 생각되신다면, 저도 치마를 걷고 말을 타고 나서겠습니다."

이자성이 골똘히 생각하고 있을 때 원원이 말했다.

"제가 대왕을 위해 계책을 내보건대, 저를 남겨두어 적들의 공격을 늦추시는 게 좋을 듯합니다. 그러면 저는 그들에게 추격하지 말라고 말해 왕의 은혜에 보답하도록 하겠습니다."

이자성도 그 말이 옳다 여겨져 원원을 버리고서 군용 물자만 싣고 허겁지겁 서쪽으로 떠났다. 이때 틈적들은 이미 사기가 땅에 떨어져 한 번의 공격으로도 섬멸시킬 수 있을 정도였다. 오삼계는 도성을 수복한 뒤 급히 원원을 찾았다. 원원을 찾아낸 뒤 두 사람은 서로 껴안고 기쁨의 눈물을 흘렸다. 오삼계는 원원이 이자성을 위해 말해줄 필요도 없이, 법도상 [도망가는 적을] 끝까지 추격하는 것은 경계해야 하는 바라 여겨 그들이 도망가게 내버려 둔 채 더 이상 묻지 않았다.

얼마 후 오삼계는 왕에 봉해졌다.[26] 그는 전(滇 : 운남성 일대) 땅 남쪽에 소대(蘇臺)를 세우고 미오(郿塢)[27]를 지어 놓고는 가끔씩 원원에게 노래를

26 오삼계는 왕에 봉해졌다 : 청나라의 내지 정복에 앞장 선 오삼계는 그 공로를 인정받아 삼번(三藩)중의 하나인 평서왕(平西王)에 봉해져 운남(雲南)과 귀주(貴州)를 다스렸다. 당시 오삼계는 그 지위가 친왕이나 세자에 버금갔으며, 막강한 군사력을 바탕으로 관리 임명은 물론이고 다른 성(省)이나 이부·병부의 간섭을 받지 않았다.

27 미오(郿塢) : 『후한서(後漢書)』 「동탁전(董卓傳)」에 따르면, 동한 초평(初平) 3년에 동탁이 미(郿) 땅에 성채를 지었는데, 높이가 7장(丈)으로 그 크기가 장안성과 비슷

불러보라 명했다. 그때마다 원원은 「대풍가(大風歌)」를 불러 오삼계에게 아첨했다. 오삼계는 주흥이 한창 오르면 늘 칼을 뽑아 들고 춤추면서, 휘두르고 위용 부리는 자세를 취했는데, 그러면 원원은 곧장 술잔을 올려 축수를 빌면서 그의 위용은 당대 최고라 할 만하다고 말했다. 오삼계는 더욱 원원을 사랑하게 되었고, [원원은] 수십 년 동안 한결같이 그의 총애를 독차지했다. 오삼계는 속으로 딴 뜻을 품고 겉으로는 공손하고 겸허한 체 하면서 몰래 천하의 선비들과 결탁했는데, 사람들은 이를 두고 "대부분 반려자 진원원[28]의 머리에서 나온 것"이라고들 말했다. 그러나 이 사실을 잘 모르는 사람들은 오삼계가 신포서의 행동을 배워 부친의 원수를 갚았으니, 충신 효자라고 생각한다. 그가 청나라에 구원병을 청한 이유가 부친에게 있지 않고 원원에게 있었다는 것을 어찌 알았겠는가? 그 뒤로 오삼계는 삼십여 년 간 왕으로서의 영광을 누리다가 다시 반란을 일으켜[29] 전쟁터에서 갖은 고생을 한 끝에 발호(跋扈)한 자신도

해 '만세오(萬歲塢)'라 불렀고, 세상에서는 이를 '미오'라고 불렀다고 한다. 미오 안에 온갖 진귀한 보물을 모아두고 30년 동안 먹을 곡식을 쌓아 두었다. 그리고는 스스로 "일이 성사되면 천하를 호령할 것이고, 성사되지 않는다 해도 늙어 죽을 때까지 이 성채만 지키고 있으면 된다"고 했다. 그 뒤 동탁이 패한 뒤 성채도 무너졌다. 성채의 옛 유적지는 지금의 섬서성(陝西省) 미현(眉縣) 동북쪽에 남아 있다. 후에 이것을 빌어 간신배들이 재산을 축재하고 만년을 즐기던 곳을 지칭하는 말로 사용되었다.

28 반려자 진원원 : 원문은 '동몽(同夢)'이다. 『시경 · 제풍(齊風)』「계명(鷄鳴)」에 '벌레들 날아다니며 윙윙대지만, 나 그대와 함께 꿈꾸기를 바라네[蟲飛薨薨, 甘與子同夢]'라는 구절이 있다. 이것은 벌레들이 윙윙거리고 날이 밝아 오지만 사랑하는 임과 함께 누워 깨지 않고 계속 꿈을 꾸기를 바란다는 뜻으로 이로부터 '동몽'은 부부간의 깊은 사랑을 비유하는 전고로 주로 사용되었다. 여기에서는 오삼계가 자신의 반려자인 진원원을 지칭하는 말로 볼 수 있다.

29 반란을 일으켜 : 원문은 '황지(潢池)'로, 원래는 진펄을 의미하나, 후에 거병하다는 의미가 추가 되었다. 『한서 · 순리전(循吏傳)』「공수(龔遂)」에 보면, "해변은 멀고 먼 지역으로 임금의 성덕이 미치지 않았다. 이 곳 백성들은 추위와 배고픔에 고생하지만, 도리어 관리들은 이들을 불쌍하게 여기지 않았다. 이에 백성들이 도둑이 되어 진펄에서 황제의 군대를 가지고 놀게 되었다[海瀕遐遠, 不霑聖化. 其民困於飢寒而吏不恤. 故使陛下赤子盜弄陛下之兵於潢池中耳]"고 한다. 후에 여기서 '반란을 일으키다'의 뜻이 나왔다. 오삼계는 청나라의 내지 정복을 도운 공로로 삼번(三藩)의 하나인 평서왕에 임명되어 막강한 권력을 행사한다. 그러나 청나라 조정에서는 사회가

염처(艶妻)인 원원도 모두 죽고 말았다. 하지만 이것으로 신하답지 못하고 아들답지 못한 죄를 어찌 다 씻으리오.

육차운이 말한다.

'증거가 없으면 믿을 수 없다'고 하는데, 원원의 이야기에 증거가 있는가?

물론 있다. 국자감(國子監) 좨주(祭酒)를 지낸 매촌(梅村) 오위업(吳偉業)의 시에 그 증거가 있다. 매촌은 「비파행(琵琶行)」과 「장한가(長恨歌)」의 형식을 본떠 「원원곡(圓圓曲)」을 지어 '머리끝까지 화가 치밀었던 것은 미녀 때문이네'[30]라고 오삼계를 풍자했으니, 이것은 곧 실록인 것이다. 오삼계가 거금을 가지고 와서 이 시를 없애달라고 했을 때 오위업은 이를 허락하지 않았다. 오삼계가 한창 위세를 떨치고 있을 때 일개 좨주가 능히 그 불의를 폭로하고 또 미련 없이 뇌물도 물리쳤으니, 갑인년(1674) 반란의 기미를 진작 읽어내었던 것 같다. 오호라! 매촌이야말로 시사(詩史)의 동호(董狐)[31]가 아닌가!

장산래가 말한다.

오삼계가 아직 반란을 일으키지 않았을 때 나는 좨주의 「원원곡」을 읽어보았는데, 그때는 무슨 말을 하는지 잘 이해가 안 갔다. 갑인년 뒤에 한 친구가 그 이유를 말해주기에 그제야 선생의 선견지명에 깊이 탄복했는데, 지금 이 전기를 읽고 나니 더욱 더 「원원곡」의 묘미를 알겠다.

또 말한다.

안정되자 삼번들의 권력을 축소하고 오삼계를 몰아내려고 했다. 이에 오삼계는 청조의 철번령(撤藩令)에 대항하여 복명(復明)을 명분으로 군사를 일으킨다.

30 머리끝까지 …… 미녀 때문이네 : 이 시는 오위업의 「원원곡(圓圓曲)」에 나오는 시구이다. "온 나라가 망해 상복을 입고 있는 마당에 머리끝까지 화가 치밀었던 것은 미녀 때문이네[慟哭六軍俱縞素, 衝冠一怒爲紅顔]."

31 동호(董狐) : 춘추시대 진(晉) 나라의 사관이다. 진나라의 재상 조순(趙盾)이 그 임금을 시해한 일을 적는 등 사필(史筆)을 굽히지 않아 공자로부터 고대의 뛰어난 사관이라는 칭찬을 받았다.

당나라 진홍(陳鴻)이 「장한전(長恨傳)」을 지으니, 백거이(白居易)가 거기에 맞춰 악보를 쓰고 노래로 불렀다고 한다. 운사(雲士 : 陸次雲)는 지금 노래를 듣고 「원원전」을 지었는데, 상세히 하고 간략히 하는 곳에 있어 전인들의 작품에 비해 약간 부족한 면이 있긴 하지만, 앞뒤에서 서로 빛을 발하기에 족하다.

圓圓, 陳姓, 玉峰歌妓也. 聲甲天下之聲, 色甲天下之色. 崇禎癸未歲, 總兵吳三桂慕其名, 齎千金往聘之, 已先爲田畹所得. 時圓圓以不得事吳怏怏也, 而吳更甚. 田畹者, 懷宗妃之父也, 年耄矣. 圓圓度「流水高山」之曲以歌之, 畹每擊節, 不知其悼知音之希也.

甲申春, 流賊大熾, 懷宗宵旰憂之, 廢寢食. 妃謀所以解帝憂者於父, 畹進圓圓. 圓圓掃眉而入, 冀邀一顧, 帝穆然也. 旋命之歸畹第.

時闖師將迫畿輔矣, 帝急召三桂對平臺, 錫蟒玉, 賜上方, 託重寄命, 守山海關. 三桂亦慷慨受命, 以忠貞自許也. 而寇深矣, 長安富貴家胥皇皇. 畹憂甚, 語圓圓. 圓圓曰 : “當世亂而公無所依, 禍必至. 曷不締交於吳將軍, 庶緩急有藉乎?” 畹曰 : “斯何時? 吾欲與之繾綣, 不暇也.” 圓圓曰 : “吳慕公家歌舞有時矣. 公鑑於石尉, 不借人看, 設玉石焚時, 能堅閉金谷耶? 盍以此請? 當必來, 無卻顧.” 畹然之, 遂躬迓吳觀家樂. 吳欲之而故卻也, 强而可. 至則戎服臨筵, 儼然有不可犯之色. 畹陳列益盛, 禮益恭. 酒甫行, 吳卽欲去. 畹屢易席, 至邃室, 出羣姬調絲竹, 皆殊秀. 一淡妝者, 統諸美而先衆音, 情艷意嬌. 三桂不覺其神移心蕩也, 遽命解戎服, 易輕裘, 顧謂畹曰 : “此非所謂圓圓耶? 洵足傾人城矣! 公寧勿畏而擁此耶?” 畹不知所答, 命圓圓行酒. 圓圓至席, 吳語曰 : “卿樂甚.” 圓圓小語曰 : “紅拂尙不樂越公, 矧不逮越公者耶?” 吳頷之. 酣飮間, 警報踵至, 吳似不欲行者, 而不得不行. 畹前席曰 : “設寇至, 將奈何?” 吳遽曰 : “能以圓圓見贈, 吾當保公家, 先於保國也.” 畹勉許之. 吳卽命圓圓拜辭畹, 擇細馬馱之去. 畹爽然, 無如何也.

帝促三桂出關, 三桂父督理御營名驤者, 恐帝聞其子載圓圓事, 留府第, 勿令往. 三桂去, 而闖賊旋拔城矣, 懷宗死社稷. 李自成據宮掖, 宮人死者半, 逸者半. 自成詢內監曰 : "上苑三千, 何無一國色耶?" 內監曰 : "先帝屛聲色, 鮮佳麗. 有一圓圓者, 絶世所希, 田畹進帝, 而帝卻之. 今聞畹贈三桂, 三桂留之其父吳驤第中矣." 是時驤方降闖, 闖卽向驤索圓圓. 且籍其家, 而命其作書以招子也. 驤俱從命, 進圓圓. 自成驚且喜, 遽命歌. 奏吳歈, 自成蹙額曰 : "何貌甚佳而音殊不可耐也!" 卽命群姬唱西調, 操阮・箏・琥珀, 己拍掌以和之, 繁音激楚, 熱耳酸心. 顧圓圓曰 : "此樂何如?" 圓圓曰 : "此曲祇應天上有, 非南鄙之人所能及也!" 自成甚嬖之, 隨遣使以銀四萬兩犒三桂軍.

三桂得父書, 欣然受命矣. 而一偵者至, 詢之曰 : "吾家無恙耶?" 曰 : "爲闖籍矣." 曰 : "吾至當自還也." 又一偵者至, 曰 : "吾父無恙耶?" 曰 : "爲闖拘繫矣." 曰 : "吾至當卽釋也." 又一偵者至, 曰 : "陳夫人無恙耶?" 曰 : "爲闖得之矣." 三桂拔劍砍案曰 : "果有是, 吾從若耶?" 因作書答父, 略曰 : "兒以父蔭, 待罪戎行. 以爲李賊猖狂, 不久卽當撲滅, 不意我國無人, 望風而靡. 側聞聖主晏駕, 不勝眥裂. 猶意吾父奮椎一擊, 誓不俱生, 不則刎頸以殉國難. 何乃隱忍偸生, 訓以非義? 旣無孝寬禦寇之才, 復愧平原罵賊之勇. 父旣不能爲忠臣, 兒安能爲孝子乎? 兒與父決. 不早圖賊, 雖置父鼎俎旁以誘三桂, 不顧也." 隨效秦庭之泣, 乞王師以勦巨寇, 先敗之於一片石.

自成怒, 戮吳驤併其家人三十餘口. 欲殺圓圓, 圓圓曰 : "聞吳將軍捲甲來歸矣, 徒以妾故, 又復興兵. 殺妾何足惜, 恐其爲王死敵不利也." 自成欲挈圓圓去, 圓圓曰 : "妾旣事大王矣, 豈不欲從大王行? 恐吳將軍以妾故而窮追不已也. 王圖之. 度能敵彼, 妾卽褰裳跨征騎." 自成乃凝思, 圓圓曰 : "妾爲大王計, 宜留妾緩敵. 當說彼不追, 以報王之恩遇也." 自成然之, 於是棄圓圓, 載輜重, 狼狽西行. 是時也, 闖膽已落, 一鼓可滅. 三桂復京師, 急覓圓圓. 旣得, 相與抱之, 喜泣交集. 不待圓圓爲閫致說, 自以爲法戒追窮, 聽其縱逸而不復問矣.

旋受王封. 建蘇臺營郿鄔於滇南, 而時命圓圓歌. 圓圓每歌「大風」之章以媚之. 吳酒酣, 恒拔劍起舞, 作發揚蹈厲之容, 圓圓卽捧觴爲壽, 以爲其神武不可一世也. 吳益愛之, 故專房之寵, 數十年如一日. 其蓄異志, 作謙恭, 陰結天下士, 相傳曰"多出於同夢之謀". 而世之不知者, 以三桂能學申胥以復君父讎, 忠孝人也. 曷知其乞師之故, 蓋在此而不在彼哉? 厥後尊榮南面三十餘年, 又復浪沸潢池, 致勞撻伐, 跋扈艶妻, 同歸殲滅. 何足以償不子不臣之罪也哉.

陸次雲曰 : 語云'無徵不信', 圓圓之說有徵乎? 曰 : '有' 徵諸吳梅村祭酒偉業之詩矣. 梅村效「琵琶」·「長恨」體, 作「圓圓曲」以刺三桂曰 : '衝冠一怒爲紅顔.', 蓋實錄也. 三桂齎重幣, 求去此詩, 吳勿許. 當其盛時, 祭酒能顯斥其非, 却其賂遺而不顧, 於甲寅之亂, 似早有以見其微者. 嗚呼! 梅村非詩史之董狐也哉!

張山來曰 : 吳三桂未叛時, 予讀祭酒「圓圓曲」, 不解所謂. 甲寅後, 友人因爲予言其故, 深服先生先見之明, 今讀此傳, 益知「圓圓曲」之妙也.

又曰 : 唐陳鴻作「長恨傳」, 白居易因譜爲歌. 今雲士乃因歌作傳, 詳略之際, 較之前人稍難, 誠足輝映後先矣.

소옹전(嘯翁傳)

정구(定九) 진정(陳鼎)

소옹은 흡주(歙州 : 지금의 安徽省 흡현)에 사는 휘파람 잘 부는 노인 왕경(汪京)으로, 자는 자정(紫庭)이다. 그는 휘파람도 잘 불고 나이도 많아서 사람들은 모두 그를 '소옹(嘯翁)'이라고 불렀다. 소옹은 고요한 밤이면 혼자 높은 봉우리에 올라가 시원스레 휘파람을 불었다. 그러면 산과 골짜기에서 메아리가 울렸고, 나무와 숲이 움직였으며, 새가 놀라 날아가고 호랑이와 표범이 놀라 달아났다. 산속에 있던 사람들 중에 이미 잠든 사람은 휘파람 소리에 퍼뜩 꿈에서 깨고, 깨어있던 사람은 가슴이 떨려 산사태나 지진이 났는가 여기며 모두 뒤척뒤척 잠을 이루지 못했다. 날이 밝은 뒤 서로서로 놀라 물어보고 나서야 소옹이 휘파람을 분 것임을 알았다. 소옹의 휘파람은 어려서 '소선(嘯仙)'으로부터 전수받았다. 그는 휘파람으로 난새와 학 울음소리를 낼 수 있었는데, 휘파람을 한번 불때마다 온갖 새들이 하늘을 날아돌았으며, 닭과 집오리까지 모두 춤을 췄다. 또 용 울음소리를 잘 내었는데, 술에 취해 큰 강가에 누워 몇 번 휘파람을 길게 불면 물고기와 새우가 모두 물결 위로 뛰어올라와 인사했으며, 자라와 악어도 물결에 실려 나와 절을 했다.

그러던 어느 날 황학(黃鶴)의 나무꾼, 천도(天都)의 장님, 소상(瀟湘)의 어부, 호두장군(虎頭將軍) 등 열댓 명의 무리와 평산(平山) 육일루(六一樓)에 올랐는데, 그들이 소옹을 잡고 휘파람을 불어보라고 했으나 소옹은 이가 빠졌다는 이유로 고사하다가, 한사코 청하자 겨우 응했다. 처음 휘파람을 불자 마치 빈 산에 울리는 철 피리 소리처럼 멀리 멀리 퍼져나갔다. 그러더니 이내 긴 하늘에서 울리는 학 울음소리인 듯, 그 소리가 하늘까지 닿았다. 잠시 뒤 동쪽을 향해 휘파람을 불자 바람이 서쪽에서 불어와 들풀들이 모두 드러눕고, 빗장을 열어젖히고 문을 두들겨, 높이 솟은 누각이 움직일 것 같았다. 다시 서쪽을 향해 휘파람을 불자 바람이 동쪽에서 불어와 우르릉 쾅쾅 천군만마가 눈앞에서 치닫는 듯하고, 또 양쪽 진영에서 길고 짧은 무기를 쥐고 바짝 대치하고 있는 기세와도 같았다. 한참 있으니 기와가 날아갈 듯 하고 나무가 뽑힐 듯 했다. 그러는 사이 등잔의 심지는 다 타들어가고 소옹은 기운이 다해 그대로 땅에 고꾸라졌다. 손님들이 깜작 놀라 다급히 스님을 불러와 끓인 물을 먹였더니 한참 뒤에 깨어났다. 그가 돌아갈 때는 달이 이미 앞개울에 떠있었다.

소옹은 의술에도 능했으며, 그림도 잘 그리고 노래도 잘 불렀다. 여든 아흔[1]이 넘어서도 그의 휘파람 소리는 여전히 대들보를 휘감을 정도로 여운이 남았다고 한다.

외사씨(外史氏)가 말한다.

옛날에 휘파람을 잘 불었던 사람으로는 손등(孫登)[2]을 들 수 있는데, 그

1 여든 아흔 : 원문은 '모(耄)'이다. 『예기(禮記)』「곡례상(曲禮上)」에 "팔십, 구십을 모라고 한다[八十・九十曰耄]"라는 말이 나온다.

2 손등(孫登) : 진(晉)나라 때의 은사(隱士)로 휘파람을 잘 불었다고 한다. 『진서(晉書)』「완적전(阮籍傳)」에 보면, "완적이 한번은 소문산에서 손등을 만나, 옛일을 이야기하고 신선술에 대해 이야기했으나 손등은 아무 대답하지 않았다. 이에 완적이 길게 휘파람을 불면서 물러났다. 완적이 산중턱에 이르렀을 때 난새와 봉황의 울음소리

의 뒤를 이은 사람이 나타나지 않아 기록에서 찾아볼 수 없다. 우리 조정에 들어와서도 휘파람을 잘 분다고 일컬어지는 사람은 낙하(洛下)의 왕씨(王氏)와 소양(昭陽)의 이씨(李氏) 뿐이다. 나도 그들의 휘파람 소리를 한 번 들어본 적이 있긴 한데, 그 소리가 손등[3]의 소리와 같은지는 아직 모르겠다. 그러다 어제 소옹의 휘파람을 들어보았는데, 풍운을 뒤바꾸고 산악을 움직일 듯한 기세가 있었으니, 확실히 낙하의 왕씨 등이 따라갈 수 있는 바가 아니었다. 소옹의 휘파람은 혹 손등에게서 직접 전수받은 것이 아닐까?

장산래가 말한다.

나는 소옹을 만났을 때 휘파람 소리를 들어보고자 하였으나 소옹은 이가 빠졌다는 이유로 사양했다. 그런데 그가 평산에서 이렇게 흥겹게 휘파람을 불었을 줄이야! 내가 미처 몰랐던 것이 안타까울 따름이다.

嘯翁者, 歙州長嘯老人汪京, 字紫庭. 善嘯, 而年又最高, 故人皆呼爲'嘯翁'也. 嘯翁嘗於淸夜獨登高峯顚, 豁然長嘯. 山鳴谷應, 林木震動, 禽鳥驚飛, 虎豹駭走. 山中人已寐者, 夢陡然醒, 未寐者, 心悚然懼, 疑爲山崩地震, 皆徬徨罔敢寢. 達旦, 羣相驚問, 乃知爲嘯翁發嘯也. 嘯翁之嘯, 幼傳自'嘯仙'. 能作鸞鶴鳳凰鳴, 每一發聲, 則百鳥迴翔, 雞鶩皆舞. 又善作老龍吟, 醉臥大江濱, 長吟數聲, 魚鰕皆破浪來朝, 黿鼉多迎濤以拜.

他日, 與黃鶴山樵, 天都瞎漢, 瀟湘漁夫, 虎頭將軍十數輩, 登平山六一樓, 拉嘯翁嘯. 嘯翁以齒落固辭, 强而後可. 初發聲, 如空山鐵笛, 音

가 산골짜기에 울려 퍼졌는데, 다름 아닌 손등의 휘파람 소리였다[籍嘗於蘇門山遇孫登, 與商略終古及棲神導氣之術, 登皆不應, 籍因長嘯而退. 至半嶺, 聞有聲若鸞鳳之音, 響乎巖谷, 乃登之嘯也]."

3 손등: 원문은 '소문(蘇門)'인데, 옛날 손등이 그곳에 살았기 때문에 그 뒤로 손등을 나타내는 말로 사용되었다.

韻悠揚. 旣而如鶴唳長天, 聲徹霄漢. 少頃, 移聲向東, 則風從西來, 蒿萊盡伏, 排闥擊戶, 危樓欲動. 再而移聲向西, 則風從東至, 闇然蕩然, 如千軍萬馬, 馳驟於前, 又若兩軍相角, 短兵長劍緊接之勢. 久之, 則屋瓦欲飛, 林木將拔也. 於時炷香燼, 而嘯翁氣竭, 昏仆於地. 衆客大驚, 亟呼山僧, 灌以沸水, 半晌乃甦. 歸而月印前溪矣.

嘯翁能醫, 工畫, 善歌. 旣耄, 聲猶遶梁云.

外史氏曰 : 古善嘯者稱孫登, 嗣後寥寥, 不見書傳. 迨至我朝, 稱善嘯者, 洛下王・昭陽李而已. 然予嘗一聞之矣, 第未知與蘇門同一音嚮否. 昨聞嘯翁之嘯, 則有變風雲, 動山岳之勢, 大非洛下者可幾及也. 豈嘯翁之嘯, 直接蘇門者耶?

張山來曰 : 予遇嘯翁, 欲聞其嘯, 翁以齒豁辭. 不意其在平山發如許高興! 惜予不及知也.

객지 여관에서 쓴 글[客窓涉筆]

무명씨[佚名]

청나라 강희연간(康熙年間 : 1662~1723)의 일이다. 천진(天津) 성 밖에 한 객점이 있었는데 객점 뒷방에 밤마다 귀신들이 나와서 객점 주인은 그 방문을 잠가두었다. 어느 날 배우들이 그 집을 찾아왔는데, 묵을 곳이 없다고 했더니 그 방에 들어가겠다고 했다. 객점 주인이 자초지종을 설명하자 그 가운데 정(淨) 배역[1]을 맡은 사람이 말했다.

"겁낼 것 없어. 내가 이길 수 있어."

그들은 모여 술을 마시고는 반쯤 취기가 돌자 각자 잠자리로 돌아갔다. 정 배역을 맡는 사람은 붓을 꺼내 얼굴을 붉게 칠하고는 도포를 걸치고 가죽신을 신어 관공(關公 : 關羽) 분장을 했다. 축(丑) 배역[2]을 맡는 사람은 얼굴을 검게 칠하고 칼을 차서 주창(周倉) 분장을 했고, 소생(小生)

1 정(淨) 배역 : 중국 희곡 배우 중의 한 명이다. 얼굴 분장이 화려하고, 개성이 강한 남자 조연을 말한다.

2 축(丑) 배역 : 얼굴에 흰색 분장을 한 우스꽝스러운 인물로, 주로 해학적인 연기를 한다.

배역[3]을 맡는 젊은이는 얼굴을 하얗게 칠하고 인장을 들고 관평(關平) 분장을 한 뒤 관공 좌우에 섰다. 관공은 곧게 앉아 촛불을 밝히고 마치 병서를 보는 듯한 모습을 취했다. 잠시 뒤 온돌 뒤에서 젊은 여자 한 명이 나오더니 관공의 앞으로 나와 무릎 꿇고 억울함을 호소했다. 관공 분장을 한 사람이 심장이 떨려 말을 못하자 주창 분장을 한 사람이 매서운 소리로 물었다.

"무슨 원한이 있느냐? 어서 말해보거라!"

여자가 온돌을 재차 가리키자 주창 분장을 한 사람이 다시금 매섭게 소리쳤다.

"일단 돌아가거라. 내일 너의 원한을 풀어주겠다."

여자는 감사의 절을 올리고 홀연히 사라졌다. 이튿날 세 사람이 온돌의 벽돌을 뜯어내고 보았더니 그 아래에 과연 시체 한 구가 있었다. 객점 주인에게 물으니 객점 주인이 말했다.

"이 집은 본래 어느 부자가 살던 곳인데, 재작년에 이사 가면서 제가 세들어 살고 있습니다."

그러자 이웃 사람이 말했다.

"집주인에게 원래 첩이 한 명 있었는데, 언제부턴가 보이지 않았습니다. 혹시 원통하게 죽은 것 아닐까요?"

사람들이 말했다.

"오늘 밤에 틀림없이 다시 올 것이니, 그때 자세히 물어봐야겠소."

밤이 되자 세 사람은 다시 방에서 배역 분장을 했고, 사람들은 모두 밖에 엎드려서 방안을 엿보았다. 초경(初更)이 되자 여자가 다시 온돌 뒤에서 나오더니, 화난 얼굴로 세 사람을 가리키며 말했다.

"나는 너를 진짜 관군(關君 : 關羽)이라 생각하고 특별히 억울함을 호소했던 것이거늘, 너희 같은 자들이 무슨 수로 나의 원한을 풀어줄 수 있

---

3 소생(小生) 배역 : 젊은 남자 배역으로, 수염은 없고 수려한 모습으로 등장해 높고 날카로운 목소리로 노래한다.

겠느냐?"

그리고는 머리카락을 헤쳐 풀고 혀를 쭉 내밀더니 등불을 꺼버리고 사라졌다. 사람들은 모두 깜짝 놀랐으며, 이 세 사람은 감히 더 이상 그 방에 들어가지 못했다.

장산래가 말한다.

이 귀신은 참으로 어리석구나! 진짜 관군이 아니었더라도 그 힘을 빌려 관에 고함으로써 억울한 사정을 파헤칠 수도 있지 않았겠는가?

다음은 강소범(康小范)이 해준 이야기이다. 그의 백부 강원적(康元積)은 청나라 순치연간(順治年間 : 1644~1661) 신축년(1661) 진사로, 어려서부터 전생을 기억할 수 있었다. 그는 태어날 적에 세 사람과 함께 왔는데, 그들은 승려 가운데서도 불심이 깊은 사람들이었다. 염라대왕은 진현관(進賢冠)[4]과 화려한 자의(紫衣)를 하사하면서 예를 갖춰 내려 보냈다. 어떤 다리에 이르러서 누군가가 차 한 잔을 올리니, 같이 가던 두 사람은 그것을 받아 마셨고 강원적만은 이상한 생각이 들어 차를 그대로 놔두고서 그들과 헤어져 떠나왔다. 강원적은 오랫동안 제생(諸生)에 머물러 있어 답답했으나, 그때 생각을 떠올릴 때마다 이렇게 말했다.

"내 이미 수놓은 자수를 받아왔으니, 염라대왕께서 나를 가지고 장난치실 분은 아니지!"

후에 그는 진사가 되었다. 사은회를 여는 날 반열에서 동갑내기 두 사람을 만났는데, 생김새가 완연히 자신과 함께 하계로 내려온 두 스님이었다. 그러나 두 사람에게 물어보아도 아무 것도 기억하지 못했다. 생각건대 다리 위에서 마신 차가 그들의 기억을 덮어버린 것이다.

4 진현관(進賢冠) : 문관이나 유학자들이 쓰는 치포관(緇布冠)으로, 관의 앞쪽은 7촌(寸), 뒤쪽은 3촌, 높이는 9촌 정도 된다.

명나라 숭정연간(崇禎年間 : 1628~1644) 말에 장헌충(張獻忠)이 초(楚) 땅을 도륙했다. 어떤 마성(麻城) 사람이 장헌충에게 살해되었는데, 죽은 뒤에도 혼이 사천(四川) 땅을 떠돌면서 자신이 죽었다는 사실도 모르고 서둘러 동쪽으로 돌아가려 했다. 그러나 길을 가다가 바람에 휘날려 번번이 되밀려가는 바람에 삼년이나 길을 떠났지만 끝내 고향에 돌아가지 못했다. 그리하여 바람 소리만 들리면 곧장 땅에 엎드려 풀과 나무뿌리를 꽉 잡았는데, 그렇게 했더니 더 이상 오던 길로 되돌아가지 않을 수 있었다. 고향에 거의 도착하려 할 즈음 성문이 아직 닫혀 있기에 악묘(嶽廟) 뒤에서 잠시 쉬었다. 그때 보니 한 신(神)이 명부를 들고 신전에 올라 악제(嶽帝)에게 이렇게 말했다.

"마성의 매(梅) 아무개에게 자식 한 명을 내리십시오."

악제가 말했다.

"그 사람은 죄업이 무거워 자식이 있을 수 없다."

그러자 신이 다시 말했다.

"천조(天曹)의 명이라 감히 거역할 수가 없습니다."

판관이 명부 하나를 들고 와 악제에게 아뢰었다.

"매 아무개는 아무 날에 어떤 사람이 동사한 것을 보고 풀 한 묶음을 사와 불을 피워 그 사람을 살려냈습니다. 그러니 자식을 얻는 것이 당연합니다."

악제가 말했다.

"그렇다면 악묘 옆에 있는 사람을 그에게 주라."

네댓 명이 그 사람을 끌고 가자 그가 소리쳤다.

"나는 산 사람인데, 어떻게 다른 사람의 몸에 들어가 환생할 수 있습니까?"

그러자 무리가 웃으며 말했다.

"네가 산 사람이라면 어찌하여 바람이 무서워 밤에 길을 갔는가?"

이 사람은 비로소 자신이 귀신이라는 사실을 깨달았다. 그는 신전 앞으로 가서 다시 이렇게 말했다.

"제가 다시 환생할 수 있다면, 매 아무개의 집은 원치 않습니다. 옛날부터 그와 잘 알고 지내던 사이인데, 어떻게 그의 아들이 될 수 있겠습니까?"

판관이 말했다.

"잠자코 가서 그의 아들이 되어보면 좋은 점이 있을 것이다."

이 사람은 판관의 말을 기억해 두었다.

몇 명의 무리가 매 아무개의 집으로 그를 끌고 갔다. 매 아무개의 처가 아이를 낳았는데, 태어나자마자 바로 말을 하였기에 가족들은 요괴라고 여겨 아이를 죽이려 했다. 그러나 아이가 자신의 전생과 다시 태어나게 된 전말을 들려주자 매씨 가족은 놀라워했다. 그리하여 매 아무개는 힘써 선행을 닦았고 자식을 길러 성인이 되게 하였는데, 그는 아직까지 살아있다. 이는 강희 병진년(1676) 2월에 시부림(施溥霖)이 해준 이야기이다.

장산래가 말한다.

악제가 아직 천조의 명을 받들지 않고 있을 때, 매 아무개의 부인은 이미 임신한 상태였는데, 환생할 사람이 있다는 사실을 어떻게 미리 알았던 것일까? 이것뿐 아니라 환생한 사람이 전생의 기억을 간직하고 있었다는 점 또한 이해할 수 없다.

康熙間. 天津城外有旅店, 其後一室, 夜多鬼, 店主鍵其門. 時有優人至其家, 人無宿處, 欲入此室. 店主告以故, 其扮淨者云: "無懼. 吾能服之." 衆飮酒, 半醉, 各歸寢. 扮淨者取筆塗赤面, 着袍靴, 裝關公. 丑塗墨面, 持刀裝周倉, 小生白面, 持印作關平, 左右立. 關正坐, 點燭若看兵書狀. 頃之, 炕後一少婦出, 前跪呼寃. 裝關公者, 心慴不能言, 扮周倉者, 厲聲問: "有何寃? 可訴上!" 婦指炕者再, 周又厲聲云: "汝且去.

明日當伸若寃.” 婦拜謝, 忽隱去. 至明日, 三人啓炕磚視之, 下果有一屍. 詢店主, 云 : “此屋本一富家者, 前年遷去, 某賃之.” 其鄰佑云 : “屋主向有一妾, 後不復見. 殆寃死耶?” 衆云 : “今夜必復至, 當細詢之.” 至夜, 三人仍裝像於室, 衆伏戶外伺之. 初更, 婦人又自炕後出, 怒指三人云 : “吾以汝爲眞關君, 特與訴寃, 汝輩何能了吾事?” 乃披髮吐舌滅燈而去. 衆大驚, 三人不敢復入室.

張山來曰 : 此鬼謬矣! 卽非眞關君, 獨不可藉其力以鳴於官而究其寃耶?

康小范言 : 其伯父諱元積者, 順治辛丑進士, 自幼能知前事. 方誕生時, 與同輩三人, 皆沙門中道履堅粹者. 冥主賜以進賢冠, 繡紫衣, 禮而遣之. 至一橋, 有以杯茗進, 同輩飮之, 某獨疑而寘之, 遂別去. 某困諸生久, 每思及此, 曰 : “吾旣紫繡來, 閻老非謔我者!” 後登進士. 謝恩之日, 班次中遇兩同年, 面目宛然當日兩僧與偕來者. 詢之兩君, 則皆惘然. 想卽橋上杯茗爲之蔽也.

崇禎末, 張獻忠屠戮楚中. 麻城人爲賊所殺, 魂走川中, 不自知其死也, 急欲東歸. 每至途中, 輒爲風吹轉, 夜行三載, 終不得歸. 於是聞風聲, 卽伏地握草木根, 乃不復回. 將至故邑, 城門尙閉, 於嶽廟後少憩. 見有一神, 奉簿登殿, 向嶽帝云 : “與麻城梅某一子.” 帝云 : “此人孼重, 不得有子.” 神又云 : “天曹所命, 不敢違.” 判官持一簿向帝云 : “梅某於某日, 見一凍人, 買一草束烘之得活. 是當得子.” 帝云 : “可將坐廟旁人與之.” 四五人拽是人行, 是人呼云 : “我人也, 何投胎之有?” 衆笑云曰 : “汝是人, 何畏風夜行耶?” 是人始悟已爲鬼. 至殿上, 又云 : “某卽投胎, 不願之梅某家. 向識其人, 何可爲若兒?” 判官云 : “但往爲若兒, 有好處.” 是人記所言.

數人押至梅某家. 梅某婦產一兒, 卽能言, 家人以爲怪, 欲殺之. 兒述前生, 幷托生事, 梅驚異. 於是力行善, 撫子成人, 今尙在也. 康熙丙辰二月, 施溥霖言之.

張山來曰 : 方嶽帝未奉天曹命時, 梅某婦已有孕矣, 豈預知有投胎者耶? 此與回生者胸前微溫, 同一不可解也.

보고 들은 이야기들[聞見卮言]

휘룩(輝六) 고정미(顧珵美)

청나라 순치연간(順治年間 : 1644~1661) 갑오년(1654) 정월에 사명산(四明山 : 浙江省 寧波 소재)의 선비 김량(金良)이 부계점(扶乩占)[1]을 쳤는데, 글 결과 '해원(解元)[2] 김량'이라는 글자를 얻었다. 그것을 본 김량은 매우 기뻐했다. 그러나 정작 방이 붙었을 때 보았더니 일등은 종랑(鍾朗)이었다. 아마도 '종(鐘)' 자 옆에 '김(金)' 자가 있고, '랑(朗)'자 옆에 '량(良)'자가 있어서 신선이 장난친 것 같다. 그러나 김군(金君 : 金良)도 다음 과시에서 합격했다.

---

1 부계점(扶乩占) : 점의 일종. 나무로 만든 쟁반에 고운 모래를 덮고, 점치는 붓을 대나 철로 만든 둥근 걸이에 꽂아둔다. 부계점을 치는 사람은 그 붓을 들고 쉴 새 없이 모래 쟁반 위에 글씨를 쓰면서 아무개 혼령이 자기 몸에 들어왔다고 말한다. 그가 적은 글자가 바로 혼령의 계시라고 한다. 기효람(紀曉嵐)의 『열미초당필기(閱微草堂筆記)』에 부계점과 관련된 수십 종의 사례가 적혀 있다.

2 해원(解元) : 과거 때 향시(鄕試) 제 1등을 말한다.

진(晉)나라 때 의흥군(義興郡 : 지금의 江蘇省 宜興市, 溧陽市 일대) 선권사(善權寺)의 기둥에 벼락이 내리쳤는데, '시미한(詩米漢)', '사균기(射鈞記)', '사군지(謝君之)'라는 세 구절이 적혀 있었다. 모두 직경 1척(尺) 정도 되는 큰 글씨로 적혀 있었는데, 전서(篆書)도 아니고 예서(隸書)도 아닌 것이 나뭇결 깊숙이 새겨져 있었다. 정통연간(正統年間 : 1436~1449)에 주문양(周文襄)이 그 글자를 깎아 내게 했는데, 글자는 깎아 낼수록 더 깊이 들어갔다. 마을 사람들은 탁본을 떠 차고 다니면서, 이렇게 하면 학질을 치료할 수 있다고들 했다.

송(宋)나라 상부연간(祥符年間 : 1008~1016)에 악주(岳州 : 지금의 湖南省 岳陽) 옥정관(玉貞觀)의 기둥에 벼락이 쳤는데, 거기 '사대선인(謝大仙人)'이라는 글자가 새겨져 있었다. 부계점을 쳐 물었더니, "뇌신(雷神) 이름이다"라고 대답했다.

본조 순치연간(順治年間 : 1644~1661)에 복주(福州 : 지금의 福建省 福州)에 기근이 들었는데, 주금방(晝錦坊)에서 쌀을 팔던 세 사람이 벼락을 맞아 죽었다. 보았더니 그 시체 위에 큰 글자로 "米口月八康口月木查"라고 적혀 있어서 무슨 소린지 아무도 알지 못했다. 어떤 사람이 그 글자를 만수탑(萬壽塔) 벽에 적어 두었더니 밤에 거미가 그 글자에 거미줄을 쳐서 아래로 관통해 내려갔는데, 보았더니 "물에 불린 쌀을 팔고, 겨에 톱밥을 섞어 팔다[米中用水, 康中用木查]" 아홉 글자였다. 사실을 알아보니 그 자들이 정말로 평소 그런 짓을 했음이 밝혀졌다. 천벌은 과연 틀림이 없구나!

장산래가 말한다.

나는 이전에 구자(鳩玆 : 安徽省 蕪湖市)의 저자거리에서 해진 책 한 질을 본 적이 있는데, 모두 벼락과 관련된 내용이 적혀 있었다. 그 가운데는 벼락이 내리 쳐 글자가 새겨졌다는 내용이 아주 많았는데, 나는 너무 황당한 일이라 생각해 구입하지 않았다. 지금 생각해보니 수십 문(文)이면 살 수 있는 책이었다. 아직도 있는지 모르겠다.

順治甲午正月, 四明一士人金良者召仙, 仙大書乩云: '解元金良'. 士人大喜. 及開榜, 解元乃鍾朗也. 蓋'鍾'字旁有'金'字, '朗'字字旁有'良'字, 神仙之遊戲耳. 然金君於次科亦卽中式.

晉時義興善權寺, 雷震其柱, 題字凡三: 一曰'詩米漢', 一曰'射鈞記', 一曰'謝君之'. 皆大書, 可徑尺, 非篆非隷, 深入木理. 正統間, 周文襄公命試削之, 字隨削而入. 鄕人摹蹋, 云佩之可以愈瘧.

宋祥符間, 岳州玉貞觀, 雷書一柱曰'謝大仙人'. 問乩仙, 曰: "雷神之名也."

本朝順治間, 福州饑, 晝錦坊有賣米者, 雷震死其三人. 有字大書屍上, 其文曰: "火口月八, 良口月大查" 無人識者. 人題之於萬壽塔壁, 夜有蜘蛛垂絲於字之中, 直貫而下, 視之, 乃"米中用水, 康中用木查" 九字也. 詢知其人平日果然. 天誅不爽矣!

張山來曰: 予曩在鳩玆市上, 曾見破書一帙, 所記皆雷事. 其中雷書甚多, 以其近於荒唐, 未之購也. 由今思之, 仍當以數十文買之. 今亦不知在否矣.

초서(樵書)

원성(元成) 내집지(來集之)

초천(樵川 : 지금의 福建省 邵武縣 소재)의 오생(吳生)은 부계점(扶乩占)을 잘 쳤다. 순치연간(順治年間 : 1644~1661) 정유년(1657)에 독학(督學 : 學政)이 주관하는 세시(歲試)[1]가 다가오자 몇몇 응시자가 시험 제목을 물어왔는데, 그는 "윤(尹) 자는 자손을 거느리고 있고, 하루아침[一旦]도 마음이 떠나지 않는다[尹字帶兒孫, 一旦不離心]"라고 썼다. 응시자가 "다음 문제는 경전에서 나옵니까?"라고 재차 묻자, "그렇지 않다[否]! 그렇지 않다[否]! 그렇지 않다[否]!"라고 썼다. 세시를 보러 과장에 들어갔더니, 첫 번째 문제는 "군자라도 만나볼 수 있으면 좋겠다[得見君子者, 斯可矣]"[2]부터 "한결같은 사람이라도 만나볼 수 있으면 좋겠다[得見有恒者, 斯可矣]"[3]까지였으니, '윤(尹) 자

1 세시(歲試) : 청나라 때 3년마다 치르던 향시(鄉試), 회시(會試), 전시(殿試)의 예비시험으로, 매년 실시되었다.

2 군자라도 …… 좋겠다 : 『논어』「술이(述而)」에 나오는 구절이다. "성인은 만나볼 수 없다 해도, 군자라도 만날 수 있으면 좋겠다[聖人吾不得而見之矣, 得見君子者, 斯可矣]."

의 자손"은 바로 '군자(君子)'였고, '하루아침의 마음[一旦心]'은 바로 '항(恒)' 자였던 것이다. 다음 문제는 "악정자(樂正子)는 강합니까?"[4] 이하 세 문장으로, 세 개의 아니 '부(否)' 자가 들어있었다. 그때 무과에 시험을 치던 응시생도 시험 제목을 물었는데, 오생은 다음과 같은 네 마디를 썼다.

"두 사람이 어깨를 나란히 하고 있고[二人并肩], 불(不) 자에 한 변이 빠져 있으며[不缺一邊], 서서 보면 가능하고[立見其可], 십(十) 자에 삐침이 더해져 있다[十字撇添]."

시험을 보러 과장에 들어갔더니 논제는 '천하기재(天下奇才)' 네 글자였다. 이를 보고 비로소 '두[二] 사람[人]이 어깨를 나란히 하고 있다'는 '천(天)'자를 말하고,[5] '불(不) 자에 한 변이 빠져 있다'는 '하(下)' 자를 말하며,[6] '서서[立] 보면 가능하다[可]'는 '기(奇)'자를 말하고,[7] '십(十) 자에 삐침[丿]이 더해져 있다'는 '재(才)'자를 말하는 것이었음을 깨달았다. 파자(破字) 놀이의 묘미가 이와 같으니, 이것은 신선의 말이 아니면 해 낼 수 없다.

---

3 한결 같은…… 좋겠다:『논어』「술이」에 나오는 구절이다. "선인은 만나볼 수 없다 해도, 한결 같은 사람이라도 만날 수 있으면 좋겠다[善人吾不得而見之矣, 得見有恒者, 斯可矣]."

4 악정자(樂正子)는 강합니까?: 이 문장은 『맹자』「고자하(告子下)」에 나오는 구절이다. "노나라에서 악정자를 시켜 정치를 하게 하자, 맹자가 '나는 그 소식을 듣고 기뻐서 잠이 오지 않는다'고 했다. 공손추가 '악정자는 굳센 사람입니까?'하고 묻자 맹자가 '그렇지 않다'고 했다. 이에 '지혜와 모략이 있는 사람입니까?'하고 묻자 맹자가 다시 '그렇지 않다'고 했다. 공손추가 다시 '듣고 아는 것이 많습니까?'하고 묻자, 맹자가 '그렇지 않다'고 했다[魯欲使樂正子爲政, 孟子曰: '吾聞之, 喜而不寐.', 公孫丑問曰: '樂正子强乎?' 曰: '否.' '有知慮乎?' 曰: '否.' '多聞識乎?' 曰: '否']."

5 두[二] 사람[人]이 …… 말하고: 원문은 '이인병견(二人并肩)'인데, 이(二)와 인(人)을 포개면 천(天)이 된다.

6 불(不) 자에 …… 말하며: 원문은 '불결일변(不缺一邊)'인데, '불(不)'에서 왼쪽 변 하나를 빼면 '하(下)'가 된다.

7 서서[立] …… 말하고: 원문은 '입견기가(立見其可)'인데, 립(立)과 가(可)를 위아래로 연결하면 바로 기(奇) 자가 된다. '奇'의 옛 글자가 바로 '竒'이다.

청나라 강희(康熙) 을유년(1705) 과시 때 산음(山陰) 사람 원현양(袁顯襄)이 부계점을 치면서 과시 제목을 물었다. 그러자 "말할 수 없다[不可語]"라는 답변이 내려왔다. 원현양이 "끝내 한 말씀도 주시지 않습니까?"라고 말하자, 신선이 "제목은 바로 말할 수 없는 것 위에 있다"라고 했다. 원현양이 "명확하게 보여주십시오"라고 하자, '서(署)' 한 글자만 썼다.[8] [과장에 들어가서 보았더니] 출제된 문제는 바로 "알기만 하는 사람[知之者]" 구절로, 네[四] 개의 '자(者)'자가 들어있었다. 또한 "말할 수 없다[不可語]"는 "불가어상(不可語上)"장(章) 위에 있었다.[9] 원현양은 마침내 과시에 합격했다.

귀주(貴州)의 이민족들이 섞여 사는 지역에는 비법이 많았는데, 나무로 사람의 다리를 바꿀 수 있었다. 군승(郡丞) 아무개가 그곳을 지나갈 때 기실(記室)[10] 두 명이 군승을 따라 유람하면서 한 객사에 머물렀다. 그중 한 기실은 그 집 부인과 간통을 하였는데, 여자의 남편이 이를 원망해 기실의 한쪽 다리를 나무로 바꾸어 버렸다. 나머지 한 기실은 그 부인과 간통하지 않았는데, 이번에는 그 부인이 그를 원망하여 한쪽 다리를 바꾸어버렸다. 이튿날 두 기실이 마당에서 뒤뚱거리는 것을 본 군승이 내막을 알아차리고 객사 주인을 체포해와 원래대로 되돌리는 술법을 행하게 하여 두 기실의 발은 전처럼 돌아올 수 있었다.

장산래가 말한다.
자기 부인과 간음했는데도 겨우 그 한쪽 다리만 바꾸다니, 죄는 무거

8 '서(署)' 한 글자만 썼다 : '서(署)'는 '사(四)'와 '자(者)'로 구성된 글자이다.

9 '알기만 …… 있었다 : 『논어』 「옹야(雍也)」에 나오는 구절이다. "공자께서 말씀하시기를, '아는 자는 좋아하는 자만 못하고, 좋아하는 자는 즐기는 자만 못하다'라고 말씀하셨다[子曰 : '知之者, 不如好之者, 好之者, 不如樂之者']." 다음 구절 역시 『논어』 「옹야」에 나온다. "공자께서 말씀하시기를, 중인 이상에게는 상(上 : 심오한 철학)을 말할 수 있으나 중인 이하에게는 상을 말할 수 없다[子曰 : '中人以上, 可以語上也, 中人以下, 不可以語上也']"라고 말씀하셨다.

10 기실(記室) : 서기관(書記官)의 다른 이름이다.

운데 벌은 가볍구나.

樵川吳生善請仙. 順治丁酉, 督學歲試將及, 數子問場中題, 書曰: "尹字帶兒孫, 一旦不離心". 復問: "次題出經題否?" 曰: "否否否!" 比入試, 首題是"得見君子者斯可矣", 至"得見有恒者斯可矣", 乃知'尹字兒孫', '君子'也, '一旦心', '恒'字也. 次題"樂正子强乎"三段, 三'否'字也. 同時有武學生, 亦問試題, 書四語曰: "二人幷肩, 不缺一邊, 立見其可, 十字撇添." 及入試, 論題乃'天下奇才'四字. 始悟'二人幷肩', '天'也, '不缺一邊', '下'也, '立見其可', '奇'也, '十字撇添', '才'也. 拆字巧妙如此, 非仙語不能到也.

康熙乙酉科, 山陰袁顯襄, 叩乩仙, 問場中題目. 批云: "不可語." 曰: "然則終無一言耶?" 曰: "題目卽在不可語上." 曰: "乞明示之." 批一'署'字. 出題乃"知之者"一節, 有四'者'字. 且在"不可語上"一章之上. 袁遂獲雋.

貴州番民雜處, 多閟術, 能以木易人之足. 有郡丞某過其地, 記室二人從遊其地, 寓於客邸. 一人與婦人淫, 其夫怨之, 易其一足. 一人不與婦淫, 其妻怨之, 易其一足. 明日躑躅於庭, 丞知, 逮其人, 始邀歸作法, 而足如故.

張山來曰: 淫其婦而僅易其足, 可謂罪重而罰輕矣.

전당 우생의 삼생을 기록하다[錢塘于生三世事記]

초봉(椒峰) 진옥기(陳玉璂)

전당(錢塘 : 지금의 浙江省 杭州)의 우생(于生) 아무개는 충숙공(忠肅公)[1]의 후예이다. 그는 사람됨이 성실하고 망언을 하지 않았으며, 아무리 더운 한여름일지라도 의대(衣帶)를 풀지 않았다. 목욕할 때도 반드시 깊이 숨어서 혼자 했기에 사람들은 이를 이상하게 생각했다. 하루는 우생이 소경사(昭慶寺)의 승방에서 목욕하고 있는데, 동급생 채생(蔡生)이 문을 밀치고 들어가 가까이서 보았더니 양쪽 겨드랑이 사이에 1촌(寸) 남짓한 살점이 튀어나와 있었다. 왼쪽은 돼지, 오른쪽은 뱀이었는데, 돼지는 털이 꿈틀거리는 것 같았고 뱀은 비늘이 번쩍였다.

우생은 눈물을 흘리다가 이윽고 말문을 열었다.

"이것들은 내 삼생(三生 : 前生 · 現生 · 來生)의 업보인지라, 나는 지금까지도 잊지 못하고 있네. 나는 처음에 돼지로 태어났지. 그렇게 태어난 게

1 충숙공(忠肅公) : 명나라 우겸(于謙)의 시호이다.

끔찍이도 싫었는데, 죽을 때조차도 몽둥이질 칼질을 당하고 끓는 물속에도 들어가야 했네. 그런데도 기억이 끝내 사라지지 않더군. 그 뒤에는 구렁이로 태어나 바위굴에 살았는데, 스스로 돌아보아도 참으로 추악하더군. 가끔씩 몸을 숨기고 지내다보면 이내 배가 몹시 고파왔지. 비린내를 풍기는 온갖 벌레들이 내 껍질에 들러붙으면 나는 그것들을 모두 잡아먹었네. 나는 업보가 너무 무겁다 생각하여 격일로 커다란 새 한 마리씩을 먹었네. 그러다 이러다가는 끝도 없이 살생을 하겠구나 싶어 매일 물만 마시기로 맹세했네. 하지만 그러다가는 또 독침이 물에 퍼져 물고기와 조개를 살생하고, 또 그 물을 잘못 마신 사람까지 죽이겠구나 싶어 탄식하며 '살아서 다른 산 목숨들을 죽이느니, 차라리 죽는 게 낫지 아니한가?'라고 말했다네. 그리고는 마침내 산에서 머리와 목을 길게 늘이고 내리쬐는 태양 아래서 죽었네. 죽은 뒤에 저승 관리를 만났는데, 저승 관리는 내게 '너는 인간의 성품을 가지고 있구나. 다른 생명을 중히 여겨 스스로 목숨을 저버리다니! 내 너를 사람으로 뽑아주겠다'라고 말했다네."

말을 마치고는 다시 울며 이야기했다.

"이제까지 이 사실을 처자식에게도 말하지 않았지만, 이제는 숨겨야 할 필요가 없어졌네."

채생은 우생의 말을 듣고 소름이 돋았다. 그리고는 이구래(李九來)에게 그 이야기를 해주면서 적어두게 했다.

진자(陳子 : 陳玉璂)가 말한다.

인과응보와 윤회설은 불가의 학설이라, 나는 즐겨 말하지 않았다. 『태평광기(太平廣記)』 등 여러 책을 읽어보니 이런 이야기가 아주 많이 실려 있었지만 그래도 믿지 않았다. 하지만 이구래가 직접 자신의 친구에게서 이 이야기를 들었다니, 의심할 수 없겠구나. 아! 이물(異物)이 살생을 즐기지 않아 사람으로 환생했으니, 사람이 살생을 즐기면 사람으로 환생할 수 없는 것은 당연히 이치리라. 금단현(金壇縣 : 지금의 江蘇省 金檀縣)에 살고 있던 한 대단한 양반이 죽었다. 거기서 백 리 남짓 떨어진 한 농가에서 송아지가 태어났는데, 송아지 배 밑에 난 털의 문양이 마치 아무개 공의 이름을 써놓은 것만 같았다. 사람들이 깜짝 놀라 그 이야기를 해대니, 그 말이 그 양반 아들에게까지 들어갔다. 양반의 아들은 그 소를 사 가다 별실에다 모셔두고 삶을 마치게 했다. 내 이 이야기를 대단한 양반의 친척으로부터 들었으니, 이 또한 의심할 수 없는 노릇이다. 세상에 난신적자가 많고 많으니 무슨 수로 그 자들을 모두 잡아들여 일일이 처형할 수 있겠는가? 그래서 종종 법망을 빠져나가는 사람이 있는 것이다. 정녕 저승의 응보가 있어서 계책도 궁해지고 힘도 떨어져서, 뇌물도 쓸 데가 없고 청탁도 소용없게 만들지 않는다면, 사람들이 뭐가 두려워서 난신적자가 되지 않겠는가? 그러니 저승의 응보란 국법의 미비한 점을 보충해주기 위한 것이다. 내 친구 위빙숙(魏冰叔)[2]이 「지옥론(地獄論)」을 지었는데, 그 내용이 세상의 도리와 인심에 보탬 되는 바가 있기에 이 문장을 적어 그 증거로 삼는다.

장산래가 말한다.

나는 일찍이 「윤회설」을 지어, 사람이 이물로 환생하더라도 세상 사람들이 그 사실을 모른다면 경계로 삼을 수 없으니, 반드시 털 무늬로 이름을 새겨놓아야 한다고 말한 바 있다.

錢塘于生某, 忠肅公裔孫也. 篤行, 不妄言, 雖盛暑不解衣帶. 每沐浴, 必深自蔽匿, 人怪之. 一日浴昭慶寺僧寮, 同學蔡生者, 排戶逼視, 見其兩腋間, 肌寸許. 左豕右蛇, 豕鬣而蚴, 蛇鱗鱗然.

---

2 위빙숙(魏冰叔) : '빙숙'은 위희(魏禧 : 1624~1681)의 자이다. 호는 유재(裕齋), 또 다른 호는 작정(勺庭), 강서(江西) 영도(寧都)사람이다. 명나라가 망하자 벼슬의 뜻을 접고 취미산(翠微山)에 은거하며 팽사망(彭士望), 임시익(林時益) 등과 함께 몸소 밭을 갈며 강학하였으며 이들을 역당구자(易堂九子)라 했다. 저서에 『위숙자집(魏叔子集)』이 있다.

生泣下, 已乃曰 : "此予三生業也, 於今猶不忘. 予初爲豕. 甚憎其生, 旣就死, 極梃刃湯火. 神識終不去. 已爲蟒蛇, 在巖穴下, 自顧獰惡. 時掩藏則口苦饑. 百蟲啐腥, 附於甲, 立啖盡. 已念業益重, 間日食一大禽. 又念殺生無已時, 誓日飮水. 又念毒涎入水殺魚蚌, 悞飮人殺人, 慨然曰 : '生而害生, 曷不死?' 遂引首於山, 曝烈日中以死. 見冥官, 曰 : '汝有人性. 重生命, 舍生! 當拔汝爲人.'" 言罷, 生又泣曰 : "予未嘗以告妻子, 今亦無用自匿矣." 蔡聞言悚然. 因語於李九來, 筆之書.

陳子曰 : 輪廻果報, 爲浮屠家說, 予不樂道. 閱『太平廣記』諸書, 載此類甚多, 亦不之信. 今九來親得之其友, 可無疑. 嗟乎! 物類以不嗜殺而得爲人, 人嗜殺將不得復爲人, 亦理有必然者. 金壇某巨公死. 距百里許, 農家適產牛, 見腹下殊毛, 若書某公姓名. 衆駭語, 聞其子. 鬻歸, 閉之別室, 以終其年. 予聞之巨公姻黨, 亦無足疑. 夫天下之爲亂臣賊子者多矣, 豈能盡執其人而刀鋸鼎烹之? 故往往有逃於法者. 苟非有冥報, 使計窮力竭, 賄賂無所施, 干請無所用, 人亦何憚而不爲亂臣賊子? 故冥報者, 所以濟國法之窮也. 吾友魏冰叔作「地獄論」, 其說實有稗於世道人心, 當書此文質之.

張山來曰 : 余曾作「輪廻說」, 謂人爲異類, 世苟不知, 便不足以爲戒, 故必毛上成字方可耳.

활사인전(活死人傳)

정구(定九) 진정(陳鼎)

활사인은 강씨(江氏)이고 사천(四川) 사람이며 이름은 본실(本實)이다. 본래는 봉토(封土)를 하사받은 집안이었으나, 명나라가 망하자 가산을 [사람들에게] 나누어주고 처자식도 버리고는 종남산(終南山 : 지금의 陝西省 西安市 남부)으로 들어가 선도(仙道)를 익혔다. 공부한 지 십년 만에 도를 터득하고 유유자적 세상을 떠돌아다녔다. 그런 다음 묘고봉(妙高峰)에 머물면서 염노인(閻老人)을 좇아 오두막을 짓고 단약을 만들었다. 다시 십년 뒤에 단약을 완성했다.

밑에 제자가 백여 명이나 되었는데, 이들은 형계(荊溪)의 진류왕(陳留王)을 수장으로 추대했다. 진류왕은 구름을 타고 왔다 갔다 할 수 있었고 물 위에 서 있었을 수도 있었으며, 가파른 절벽 사이를 지나다닐 수도 있었다. 한번은 호랑이를 때려잡아 그 위에 걸터앉아 저자거리를 출입했는데, 화가 난 활사인은 그를 불러 꾸짖었다.

"도(道)에서 귀하게 여기는 바는 청정무위(清淨無爲)이다. 무위에서 다시 무성(無聲)의 경지에 이르러야 중묘지문(衆妙之門)에 이를 수 있다. 그런 까닭에 '유성(有聲)의 소리는 백 리를 가지만, 무성(無聲)의 소리는 사해에 미친다'고 하는 것이다. 지금 너의 행동은 모두 유위(有爲)이다. 유위한 것은 세속을 현혹시키니, 어찌 청정의 도라 할 수 있겠느냐?"

그리하여 진류왕은 마침내 자신의 도술을 모두 버리고 문을 닫아건 채 들어앉아 좌선했다. 그로부터 삼년 뒤에 활사인에게 뵙기를 청하니, 활사인은 그를 보고 크게 기뻐하며 말했다.

"너라면 나의 큰 도를 전수할 수 있겠구나!"

활사인은 자신의 도를 전수한 뒤 여러 제자들을 불러 모아놓고 말했다.

"내 '공을 이루었으면 물러나야 한다'고 들었다. 이미 나의 도를 전수했으니, 이제는 은거할 때가 되었구나."

그리고는 산 중턱에 겨우 몸 하나 들어갈 만한 크기의 토굴 하나를 파게 했다. 활사인은 그 안에 들어가 살겠으니 틈 하나 없이 흙으로 토굴을 덮으라 하고는, 그저 아침저녁으로 와서 자기를 부르기만 하면 된다고 했다. 제자들은 활사인을 묻은 뒤 시키는 대로 아침저녁으로 가서 활사인을 불렀다. 그러면 활사인은 토굴 안에서 반드시 큰 소리로 대답했다. 그로부터 삼년 뒤에 활사인을 불렀으나 대답이 없었다. 이에 제자들은 이곳에 비석을 세우고 '활사인의 묘'라고 적었다.

외사씨(外史氏)가 말한다.

신선이란 대부분 세속을 현혹시키는 짓을 하는데, 활사인은 제자가 세상을 현혹시키는 것을 나무랐다. 그런데 막상 자신은 어찌하여 산 채로 토굴에 묻혀 삼년이란 오랜 시간동안 부르게 하고 대답하고 하였단 말인가? 혹 공자께서 말씀하신 궁벽한 것을 캐고 괴이한 짓을 하는 자[1]

---

1 궁벽한 …… 하는 자: 원문은 『한서(漢書)』「예문지(藝文志)」에 나온다. "공자가 말하기를, 명성을 얻기 위해 궁벽한 것을 캐고 괴이한 짓을 해 저술이 후세에 남게 된다면, 나는 이런 짓은 하지 않겠다[孔子曰: '索隱行怪, 後世有述焉, 吾不爲之矣']."

가 바로 세상에서 말하는 신선이란 말인가?

장산래가 말한다.

산 채로 토굴에 묻혀 지내면서 제자들을 시켜 자신을 부르게 하고 대답했다는 이야기는 틀림없이 제자들이 세상을 놀라게 하기 위해 일부러 만들어 낸 것이지, 반드시 그런 일이 있었다고는 할 수 없다.

活死人, 姓江, 四川人, 名本實. 家素封, 明亡, 散家財, 棄妻子, 入終南學仙. 十年得其道, 遂遨遊四海. 旣而止妙高峯, 從閻老人結廬煉金丹. 又十年, 丹成.

座下弟子百餘人, 推荊溪陳留王爲首. 能駕雲往來, 能水面上立, 能峭壁間行. 嘗縛虎爲騎, 出入市中, 活死人怒, 呼而責之曰: "所貴乎道者, 淸淨無爲也. 無爲而至於無聲, 方臻衆妙之門. 故曰: '有聲之聲, 延及百里, 無聲之聲, 延及四海.' 今汝所行, 皆有爲也. 有爲則駭世惑俗, 豈淸淨道哉?" 於是陳留王乃盡棄其術, 掩關息坐. 三年, 然後請見, 活死人大悅, 曰: "子可以授吾大道矣!"

旣授, 乃集羣弟子告曰: "吾聞'成功者退'. 今吾道旣已得人, 吾將隱矣." 乃命掘一土穴山半, 僅可容身. 活死人入居之, 命以土掩, 毋使有隙, 但朝夕來呼我可耳. 旣埋, 群弟子如命, 朝夕往呼之. 活死人在土中, 必大聲應. 三年, 呼之不應矣. 羣弟子乃樹以碣, 曰'活死人之墓'.

外史氏曰: 神仙多爲駭世惑俗之事, 活死人旣怪其弟子駭世惑俗. 何爲活埋土穴, 而使呼之應之三年之久耶? 豈夫子所謂索隱行怪者, 卽世之所謂神仙耶?

張山來曰: 活埋土穴中, 令人呼之而應, 此當是其弟子輩故爲此言以駭世耳, 未必果有其事也.

의로운 소 이야기[義牛傳]

정구(定九) 진정(陳鼎)

의로운 소는 의흥현(宜興縣 : 지금의 江蘇省 常州府 소재) 동관산(銅棺山)의 농부 오효선(吳孝先) 집의 수컷 물소이다. 이 소는 힘이 세고 덕을 갖추고 있어서, 날마다 이십 이랑의 밭을 갈고 배가 몹시 고파도 밭의 싹 하나도 먹지 않았다. 오효선은 이 소를 보물처럼 아끼면서, 자신의 열세 살 난 아들 오희년(吳希年)에게 맡아 기르게 했다.

오희년는 소 등에 걸터앉아 소가 가는 대로 따라다녔다. 하루는 소가 계곡 시냇가에서 풀을 뜯어먹고 있는데, 갑자기 호랑이 한 마리가 소 뒤쪽의 숲속에서 뛰어나와 [등 위의] 오희년을 낚아채려 했다. 소는 이를 알아채고 곧장 몸을 호랑이 쪽으로 돌린 다음 천천히 다가가며 풀을 뜯어먹었다. 오희년은 너무 무서워 소 등에 엎드린 채 꼼짝도 못했다. 소가 다가오는 것을 본 호랑이는 웅크리고 앉아 소를 기다리면서, 소가 가까이 오면 바로 소 등 위에 앉아있는 아이를 낚아챌 생각이었다. 소는 호랑이 가까이까지 다가가자 곧장 앞으로 돌진해 있는 힘껏 호랑이를 들이받았다. 호랑이는 한창 소 등에 타고 있는 아이에게 침을 흘리고 있던 터라 미처 소의 공격을 피하지 못하고 그대로 나자빠져 좁은 시냇가에 쳐 박힌 채 꼼짝도 하지 못했다. 물이 호랑이 머리까지 잠겨 호랑이는 그대로 죽고 말았다. 오희년는 소를 몰고 급히 집으로 돌아와서는 부친에게 그 사실을 알렸다. 오효선은 사람을 몰고가 호랑이를 들고 돌아와서는 삶아버렸다.

다른 날 오효선은 마을 사람 왕불생(王佛生)과 논에 물을 대는 일로 싸우게 되었다. 왕불생은 부자였지만 성격이 난폭해서 평소 마을 사람들의 원성을 사고 있었다. [그래서인지] 아무도 왕불생을 편들어주지 않고 오효선 편을 들었다. 그러자 왕불생이 더욱 화가 나 자식들을 몰고 와 오효선을 때려죽였다. 오희년이 관가에 소송을 냈지만, 왕불생이 미리 현령에게 많은 뇌물을 먹인 뒤라 현령은 도리어 오희년에게 곤장을 쳤다. 오희년마저 곤장을 맞고 죽고 나니, 집안에는 억울함을 풀어줄 다른 형제도 없었다. 오효선의 처 주씨(周氏)은 날마다 소 앞에서 통곡하면서 소에게 이렇게 말했다.

"지난날에는 다행히 네가 있어 내 아들이 호랑이의 뱃속에 들어가는 신세를 면했지만, 지금은 아비와 아들이 모두 원수 손에 죽고 말았으니, 천지간에 누가 있어 내 원한을 갚아주겠느냐?"

소는 그 말을 듣고 크게 노여워서 몸을 떨고 길게 울더니, 왕불생의 집으로 쏜살같이 달려갔다. 그때 왕불생 부자 셋은 손님을 초대해 한창 즐겁게 술을 마시고 있었는데, 소는 곧장 마루 위로 올라가더니 그대로 왕불생을 들이받았다. 왕불생이 즉사하자 이번에는 두 아들을 들이받았다. 두 아들도 그 자리에서 죽었고, 몽둥이를 들고 소와 싸운 손님들도 모두 상처를 입었다. 마을 사람이 급히 달려가 현령에게 그 사실을 아뢰자 현령은 그 소식을 듣고 공포에 떨다 죽었다.

외사씨(外史氏)가 말한다.

세상에 사람의 자식으로 태어나 부모의 원수를 갚지 못하는 불초소생들이 비일비재하거늘, [일개 축생인] 소가 오씨를 위해 두 세대를 죽인 원수를 갚다니! 아, 아무리 소이지만 용감도 하구나! 현령이 그 소식을 듣고 공포에 떨다가 죽은 것도 당연하다.

장산래가 말한다.

소란 동물은 몸집이 산처럼 크지만, 모습을 살펴보면 어리석고 둔해 보인다. 그런데 지금 이 소만은 주인을 위해 두 세대의 원수를 갚았고, 또 한 명의 탐관오리를 공포에 떨다가 죽게 만들었으니, [공자가 말한] '털색이 붉고 뿔이 바로 자란 얼룩소 새끼'[1]는 바로 이를 두고 한 말인가 보다.

義牛者, 宜興銅棺山農人吳孝先家水牯牛也. 力而有德, 日耕山田二十畝, 雖飢甚, 不食田中苗. 吳寶之, 令其十三歲子希年牧之.

希年跨牛背, 隨牛所之. 牛方食草澗邊, 忽一虎從牛後林中出, 意欲攫希年. 牛知之, 卽旋身轉向虎, 徐行嚙草. 希年懼, 伏牛背不敢動. 虎見牛來, 且踞以俟, 意相近卽攫牛背兒也. 牛將迫虎, 卽遽犇以前, 猛力觸虎. 虎方垂涎牛背兒, 不及避, 蹼而仰偃隘澗中, 不能轘. 水壅浸虎首, 虎斃. 希年驅牛返, 白父. 集衆舁虎歸, 烹之.

他日孝先與鄰人王佛生爭水. 佛生富而暴, 素爲鄉里所怨. 皆不直之, 而袒孝先. 佛生益怒, 率其子毆死孝先. 希年訟於官, 佛生重賂邑令, 反杖希年. 希年斃杖下, 無他昆季可白寃者. 孝先妻周氏, 日號哭於牛之前, 且告牛曰:"曩幸藉汝, 吾兒得免果虎腹, 今且父子俱死於讐人矣, 皇天后土, 誰爲吾雪恨耶?" 牛聞之, 大怒, 抖擻長鳴, 飛犇至佛生家. 佛

---

1 털색이 …… 얼룩소 새끼:『논어』「옹야(雍也)」에 나오는 말이다. "공자께서 중궁에게 말씀하셨다. '얼룩소 새끼로 털색이 붉고 뿔이 바르게 자라나 있으면 희생으로 쓰려 않으려 해도, 산천의 신이 그대로 내버려 두겠는가?'[子謂仲弓曰, '犂牛之子騂且角, 雖欲勿用, 山川其舍諸?']"

生父子三人, 方延客歡飮, 牛直登其堂, 竟觝佛生. 佛生斃, 復觝二子. 二子斃, 客有持桿與牛鬪者, 皆傷. 鄰里趨白令, 令聞之, 怖死.

外史氏曰 : 世之人子不肖, 父讐不能報者比比矣, 乃是牛竟能爲吳氏報兩世殺身讐! 噫, 牛亦勇矣哉! 宜乎令聞之怖死也.

張山來曰 : 牛之爲物, 雖巍然一軀, 然觀其狀, 大抵頑而不靈. 今此牛獨能爲主報兩世之讐, 復怖死一貪墨吏, 殆所謂'犁牛之子騂且角'者也.

우초신지 권12

소사매전(邵士梅傳)

차산(次山) 육명가(陸鳴珂)

소사매는 호가 역휘(嶧暉)이고 산동(山東) 제녕주(濟寧州) 사람이다. 그는 전생에 고소괴(高小槐)였다. 본래 고가장(高家莊) 사람인데, 이정(里正)이 되어 공무를 우선으로 하고 법도를 지키면서 백성의 돈은 한 푼도 착취하지 않았다. 병이 들어 죽을 무렵 그는 공무를 수행하러 온 듯 보이는 푸른 옷의 두 사람을 보았다. 두 사람은 고소괴에게 눈을 감으라 명하고는 양쪽에서 팔짱을 끼고서 함께 갔는데, 가는 속도가 어찌나 빠른지 귓가에 쌩쌩하고 바람과 파도 소리만 들릴 뿐이었다. 잠시 후 어떤 방에 도착해보니 푸른 옷 입은 사람들은 이미 사라지고 없었다. 고소괴가 눈을 떠보니 휘장 안에서 시중드는 할멈 둘이 보일 뿐이었다. 이미 소씨(邵氏) 집안에 환생한 것이다.

소사매는 아직 말을 하지는 못했지만 마음속으로, '눈에 보이는 건물과 기물들이 갑자기 바뀌었는걸! 손이며 발이며 머리카락이며 피부며, 어째 옛날의 내가 아닌 것 같네……'라고 생각했다. 소사매는 두세 살이 되어 말을 할 수 있게 되자, 느닷없이 "고가장, 고가장에 가고 싶어" 라고 말했다. 그의 부모는 괴이하게 여겨 꾸짖으며 말했다.

"이 아이가 무슨 헛소릴 하는 게야! 고가장이란 곳이 어디 있느냐?"

소사매는 밖으로 나가 공부할 나이가 되자 외부의 스승을 모시게 되었는데, 간혹 스승에게 고가장 이야기를 했더니 스승이 이렇게 말했다.

"그것은 너의 전생의 일이니 비밀에 부치는 것이 좋겠다."

그래서 더 이상 말하지 않았다.

기해년(1658)에 그는 진사가 되어 등주(登州 : 지금의 山東省 蓬萊縣) 군박(郡博)[1]에 제수되었다. 마침 대격(臺檄)[2]을 받들고 관리 대리직[3]을 맡아 서하(棲霞 : 지금의 山東省 棲霞市)로 가던 중 저물녘에 고가장을 지나게 되었는데, 거리며 마을이며 지난날 모습 그대로였다. 소사매는 마을사람들을 모아놓고 물었다.

"이곳에 고소괴라는 사람이 살았었는지요?"

그들이 대답했다.

"그랬지만 죽은 지 이미 여러 해나 되었습니다."

이에 죽은 날짜를 물어보았더니 소사매가 태어난 날과 똑같았다. 소사매는 자신이 [환생하게 된] 상황을 알리고 자식들을 찾았는데, 하나는 이미 죽었고 하나는 타지로 나가 있었다. 단지 딸 하나만이 시집을 가서 이곳에서 1리쯤 떨어진 곳에 살고 있었다. 딸을 불러 이야기를 나누며 어렸을 적 무릎에서 놀던 일을 말해주었더니 매우 분명히 기억하고 있었다. 마을의 옛 친구들을 찾아보니, 그 중 하나가 아직도 살아있었으나 호호백발이 되어 아흔도 넘어 있었다. 서로 만나 옛 이야기를 나누노라니 생전처럼 즐거웠다. 소사매는 문득 깨달음을 얻어 반평생 의문이 해

1 군박(郡博) : 군박사(郡博士)라고도 하며 부학(府學)의 학관(學官)을 말한다.
2 대격(臺檄) : 고대에 조정에서 관리를 부를 때나 힐책, 효유할 때 내리던 문서를 말한다.
3 관리 대리직 : 원문은 '서전(署篆)'으로, 원래는 관인(官印)에 새긴 전서를 가리키나 여기에서는 대리 관직을 대신하는 말로 쓰였다.

소되는 듯했다. 이에 시를 지어 읊었다.

> 이승과 저승으로 갑자기 생사의 길이 열리니,
> 이 한 몸 옛 사람도 되고 지금 사람도 되네.

그리고는 재산을 털어 그 집을 후하게 돌보아주었다. 후에 임기를 다 채우고 오강(吳江 : 지금의 江蘇省 吳江市) 현령(縣令)으로 자리를 옮기게 되었다. 오(吳) 땅 사람들은 다투어 그 일을 전했다.

나는 처음에 그 일을 믿지 않았다. 등주의 명경(明經) 이왈백(李曰白)은 나와 같은 해에 진사가 된 이왈계(李曰桂)의 친동생인데, 마침 길 가던 도중에 나를 찾아왔다. 내가 우연히 그 일을 언급하자 이왈백이 말했다.

"우리 등주의 소역휘(邵嶧暉) 선생을 말씀하는 것 아닙니까? 그 일은 정말 사실입니다. 제가 익히 들어 알고 있습니다."

그리고는 소사매가 등주에 있을 때 동료인 이보(李簠)에게 해준 말과 이보가 이왈백에게 해준 말을 나에게 전했는데, 모두 이와 같았다. 나는 그 이야기를 순서대로 약간 정리하여 그를 위해 소전(小傳)을 지었다. 고소괴는 일개 이정일뿐이었다. 그가 쌓은 선행 정도로도 죽어서 전생의 죄업을 쌓지 않고 살아서 명성을 이룰 수 있었으니 하물며 다른 것임에랴!

운간야사(雲間野史) 육명가(陸鳴珂) 찬
강희(康熙) 7년(1668) 오월 그믐날

장산래가 말한다.

이정은 [전생에] 선한 일을 하여서 이와 같은 복을 받았으니, 악행을 일삼은 자들의 내생을 이로 미루어 가히 알만 하구나!

邵士梅, 號嶧暉, 山東濟寧州人也. 其前身爲高小槐. 本高家莊人, 向充里正, 急公守法, 不苛索民間一錢. 病革時, 見二青衣人, 如公差狀. 令謹閉其目, 挾與俱行, 行甚捷, 惟聞耳邊風濤聲. 少頃, 至一室, 青衣已去. 目頓開, 第見二嫗侍房帷間. 則已托生在邵門矣.

口不能言, 心輒自念 : '覺目中所見, 棟宇器物, 驟然改觀! 卽手足髮膚, 何似非故我也.' 至二三歲能言時, 輒云 : "欲往高家莊高家莊"云. 父母怪而叱之曰 : "兒妄矣! 高家莊安在?" 及出就外傅, 間以語傅, 傅曰 : "此子前身事, 宜秘之." 遂不復言.

己亥成進士, 改授登州郡博. 適奉臺檄, 署篆棲霞, 道經高家莊, 市井室廬, 宛然如昨. 因集土人而問之曰 : "此地曾有高小槐乎?" 曰 : "有之, 去世已歷年所矣." 及詢其沒時月日, 與士梅生辰無異. 遂告之故, 覓其子, 一物故, 一他出. 惟一女適人, 相距里許. 呼與語, 語及少時膝下事, 甚了了. 幷訪里中諸故老, 其一尙存, 皤皤黃髮, 年九十餘矣. 相見道故舊, 懽若平生. 士梅因恍然有得, 半生疑案, 從此冰消. 乃賦詩云 : "兩世頓開生死路, 一身會作古今人." 遂捐貲置産, 厚邺其家. 後俸滿量移, 作令吳江. 吳中人士, 盛傳其事.

余初未之信也. 適登州明經李曰白爲余同年曰桂胞弟, 便道過訪. 余偶言及, 曰白曰 : "得非我登州邵嶧暉先生乎? 其事甚眞. 余所稔聞." 因述邵在登時, 嘗以語同官李簠, 簠以語曰白者, 縷悉如此. 余稍銓次其語, 爲立小傳. 夫高小槐一里正耳. 片善之積, 尙能死無宿孼, 生得成名, 況其他哉!

雲間野史陸鳴珂撰

時康熙七年五月晦日也

張山來曰 : 觀里正之善者, 其福報如此, 其惡者, 來生從可知矣!

팽망조전(彭望祖傳)

정구(定九) **진정**(陳鼎)

팽망조는 이름이 원(遠)이고 강서(江西) 사람이다. 어려서부터 얌전하고 조용했으며 담소하는 일이 적었다. 약관의 나이에 제생(諸生)에 뽑혀 스승을 따라 서산(西山)의 암자에서 공부했다. 어느 겨울날 홑 베옷을 입은 도사가 눈보라 속에 찾아와 머물다 가게 해달라고 청하더니, 갑자기 발병이 나 몸을 일으키지도 못했다. 팽망조는 그가 가여워서 날마다 자신의 음식을 나누어 주었다. 삼년 뒤에 도사는 발이 낫자 일어나 감사하며 말했다.

"내가 자네의 두터운 은혜를 입었군! 그러나 보답할 만한 것이 없네."

그리고는 도교의 비서(秘書) 세 권을 꺼내 주며 말했다.

"이것을 읽으면 비선(飛仙)이 될 수 있네."

하고는 그곳을 떠나갔고 그 후 다시는 볼 수 없었다.

팽망조는 그 책을 얻어 읽고 또 읽었다. 그는 명나라가 망하자 과거 응시도 포기한 채 강남에 와서 노닐었다. 청나라 순치연간(順治年間 : 1644

~1662)에 경구(京口 : 지금의 江蘇省 鎭江市 소재)의 명경(明經) 장행정(張行貞)이 그를 아이들의 선생으로 모셨는데, 주객 간에 뜻이 썩 잘 맞았다. 어느 날 푸른 매화나무 아래에서 술을 마시다가 장행정이 민월(閩粤) 땅에서 나는 신선한 여지(荔枝)의 맛을 극구 칭찬하면서 한번 먹어보지 못한 것이 한이라고 말했다. 그러자 팽망조가 말했다.

"그런 거라면 가져오기 어렵지 않습니다."

장행정이 말했다.

"아니, 어렵지 않다니 그 무슨 말씀이십니까? 산천이 험준한 것은 물론이거니와, 수천 리나 떨어져 있어서 준마를 몰아 밤낮으로 달려 다녀온다 해도 여기 도착하면 여지는 이미 말라비틀어져 있을 텐데요."

팽망조는 그저 "네네"할 뿐이었다.

저녁이 되어 장행정이 안으로 들어가자 팽망조는 동자에게 시켜 책방을 깨끗이 청소하고 향을 살라 법단(法壇)을 설치하게 하고는 동자더러 먼저 자라고 일렀다. 총명한 동자는 이상한 생각이 들어 자는 척하다가 몰래 일어나 엿보았다. 팽망조는 상자 속에서 짚으로 만든 용[1] 하나를 꺼내 법단에 제를 지냈는데, 잠시 후 용이 갑자기 꿈틀거리더니 비늘과 발톱이 모두 움직이는 것이었다. 팽망조는 그 용을 타고 날아가 한밤중이 되기도 전에 돌아왔다. 용의 양쪽 뿔에 주렁주렁 매달려 있는 것은 모두 신선한 여지였다. 팽망조가 법단을 치우고서 짚으로 만든 용을 상자 속에 집어넣자 날이 밝아왔다. 팽망조는 동자를 불러 깨워서 여지를 바치게 했다. 장행정이 크게 놀라 동자에게 캐묻자 동자는 본 바를 모두 고했다. 이에 장행정은 팽망조에게 신비한 술법이 있음을 알고 삼가 그를 잘 모셨다. 일 년 남짓 뒤에 팽망조는 갑자기 자정에 짚으로 만든 용을 꺼내더니 짐을 꾸리고 금(琴)·검(劍)·책상자 등을 용 위에 걸고 떠났

1 짚으로 만든 용 : 원문은 '초룡(草龍)'이다. 남방의 농민들이 가뭄이나 곤충의 재해를 피하게 해달라고 제사를 올리며 밭 한가운데서 용춤을 추었는데, 이때 사용한 버드나무 줄기나 볏짚 등으로 만든 용 모양의 인형을 '초룡'이라 한다.

는데, 어디로 갔는지 알 수 없었다.

외사씨(外史氏)가 말한다.

신선들은 실로 환술이 많아서 종종 환술을 부리며 인간세상을 노닐곤 하는데, 다만 인연이 없어 만나지 못하는 것뿐이다. 혹자는 "팽망조는 그저 술사(術士)일 뿐, 신선은 아니다"라고 말하지만 그렇다 치더라도 수천 리 길을 한밤중이 되기도 전에 왕래했으니, 신선이라 해도 안 될 것은 없다.

장산래가 말한다.

나는 좌자(左慈)가 그릇 속에서 아가미가 네 개인 송강(松江)의 농어 낚은 일[2]을 부러워했다. 그런데 지금 팽망조는 짚으로 만든 용을 빌려 썼으니 [좌자보다] 한 수 아래인 것 같다.

彭望祖, 名遠, 江西人. 幼端方沉靜, 寡言笑. 弱冠擧諸生, 從師讀書西山草菴中. 冬月, 有道士衣單麻衣, 冒大雪來求宿, 忽病足不能起. 望祖憐之, 日分飮食奉之. 三年, 道士足愈, 起謝曰: "吾受郎君惠厚矣! 無以報." 出丹書三卷授之, 曰: "讀之可證飛仙." 遂去, 不復見.

望祖得其書, 熟讀之. 明亡, 棄擧子業, 來遊江南. 順治中, 京口明經張行貞延爲孺子句讀師, 賓主甚相歡. 他日飮靑梅下, 行貞盛言閩粤鮮荔之美, 恨不得啖. 望祖曰: "是固無難致也." 行貞曰: "噫, 先生何云不難哉? 固無論山川險阻, 第相去數千里, 卽使策駿馬乘傳, 日夜兼程, 行至此, 亦槁矣." 望祖唯唯.

抵暮, 行貞入, 望祖命童子灑掃書舍, 庀香具法壇, 戒童子先寢. 童子慧, 怪之, 假寐, 竊起窺. 望祖於篋中取草龍一具, 祭於壇, 須臾, 龍忽

---

2 좌자(左慈)가 …… 낚은 일: 『삼국연의(三國演義)』 제68회에 나오는데, 조조가 좌자의 도술을 시험하며 천리 밖에 있는 송강의 농어가 먹고 싶다고 하자 좌자는 낚싯대를 당(堂) 아래 연못에 드리우고 송강의 농어를 낚았다고 한다.

蠕然, 鱗甲爪牙皆動. 望祖乘之騰去, 不半夜歸矣. 龍兩角掛纍纍, 皆鮮荔也. 乃撤壇, 收草龍置篋中, 而東方已白. 呼童子起, 進之. 行貞大駭, 詰童子, 童子具以告. 於是行貞知望祖有神術, 謹事之. 歲餘, 望祖忽於午夜出草龍, 收行旅琴劒書篋掛於上, 乘之而去, 不知所終.

外史氏曰 : 神仙固多幻術也, 往往以幻術遊戲人間, 第無緣値之耳. 或曰 : "望祖特術士耳, 非神仙也." 雖然, 數千里不半夜而往還, 卽謂之神仙也亦宜.

張山來曰 : 余嘗羡左慈於盂中釣松江四腮鱸魚. 今望祖尚有籍於草龍, 猶覺遜一籌也.

정약문전(程弱文傳)

굉재(宏載) 나곤(羅坤)

정약문(程弱文)은 이름이 장(璋)이고 흡현(歙縣 : 지금의 安徽省 흡현) 사람 정 아무개의 딸이다. 그 어머니는 꽃잎을 삼키는 꿈을 꾸고 정씨를 낳았다고 한다. 어려서부터 어찌나 총명한지, 아홉 살 때부터 필묵 가지고 놀길 좋아했으며 시문(詩文)에도 뛰어났다. 날마다 「조아비(曹娥碑)」[1] · 「마고선단기(麻姑仙壇記)」[2]등의 첩(帖)등을 베껴 썼는데, 서법 중에서 정교한 해서체를 잘 쓰기로 이름났다. 정씨는 꽃 심기를 좋아했다. 특히 꽃잎을 좋아해서, 동전만한 연꽃잎을 다려 종이처럼 만든 다음 『심경(心經)』 한 권을 쓰기도 했다.

열다섯에 마을의 방원백(方元白)에게 시집을 갔는데, 부부금실이 매우 좋았다. 방원백이 친구인 오(吳) 아무개와 광릉(廣陵 : 지금의 江蘇省 揚州市)에 머무는 동안 정약문은 근심 띤 얼굴빛으로 안절부절 했다. 한번은 시

1 「조아비(曹娥碑)」: 왕희지(王羲之)의 해서 작품이다.
2 「마고선단기(麻姑仙壇記)」: 안진경(顔眞卿)의 해서 작품이다.

문을 지어 방원백에게 보냈는데, 방원백은 편지를 열어보고는 문을 닫아건 채 흐느끼며 며칠을 슬퍼했다. 어느 날 하인이 또 편지를 가지고 오자 친구는 그가 나간 틈을 타 몰래 편지를 꺼내 보았다. 새로 난 버들잎 두 장으로 만든 편지지였는데, 푸른빛이 생생했고 잎마다 절구(絶句) 한 수씩 적혀있었다. 첫 번째 시는 다음과 같다.

> 푸르디 푸른 버들잎,
> 위에는 그리움의 무늬가 있구나.
> 그대와 천리 길 떨어져 있지만
> 그래도 바람이 있어 그대를 볼 수 있네.

두 번째 시는 다음과 같다.

> 버들잎 푸른빛은 다시 시들고,
> 그대의 얼굴빛도 어두워지네.
> 어느 날 바람에 이슬마저 차지면,
> 언제 버려질지 어찌 알겠는가?

또 「염설(染說)」 한 편과 「원수(原愁)」 한 칙(則)도 부쳐왔는데, 글에 슬픈 정이 절절하여 그 가련함이 사람 마음을 울렸다.

정씨는 스물한 살에 죽었다. 흡현 사람들 중에 정씨가 남긴 문집 몇 권을 전하는 이가 있다. 방원백은 지나치게 상심하여 다시 장가들지 않았고 다시 객지에 나가지도 않았다. 그러다 결국 천태산(天台山)에 들어가 명승(名僧)이 되었다고 한다.

장산래가 말한다.

우리 마을에 이러한 규수가 있다면 당장 찾아가 그 문집을 사서 세상에 알리겠다.

弱文程氏, 名璋, 歙人程某之女也. 其母夢呑花葉而生. 幼極穎慧, 九歲卽好弄翰墨, 工詩文. 日摹「曹娥」·「麻姑」諸帖, 書法尤稱精楷. 性復喜植花. 更愛花葉, 能於如錢蓮葉, 熨製爲箋, 書『心經』一卷.

及笄, 適里人方元白, 伉儷甚歡. 元白偕友人吳某, 作客廣陵, 弱文憂形顔色, 不能自已. 嘗作詩文, 緘寄元白, 元白開緘, 輒閉戶欷歔, 悵惋累日. 一日平頭復持緘至, 友人伺其出, 私啓視之. 乃製新柳葉二片, 翠碧如生, 各書絶句一首. 其一曰 : "楊柳葉靑靑, 上有相思紋. 與君隔千里, 因風猶見君." 其二曰 : "柳葉靑復黃, 君子重顔色. 一朝風露寒, 棄捐安可測?" 又有「染說」一篇, 「原愁」一則寄元白, 文情綿惻, 媚楚動人.

年二十一而卒. 著有文集數卷, 歙人有傳之者. 元白傷悼過情, 終不復娶, 亦不復作客. 遂入天台山爲名僧焉.

張山來曰 : 吾邑有此閨秀, 當訪購其集而表章之.

설의도인전(薛衣道人傳)

정구(定九) 진정(陳鼎)

설의도인 축소부(祝巢夫)는 이름이 요민(堯民)으로, 낙양(洛陽)의 제생(諸生)이다. 그는 젊어서 글재주로 이름이 났다. 그러나 명나라가 망하자 과거[1]를 포기하고 의원이 되어 설의도인이라 자호를 지었다. 그는 선가(仙家)에서 전하는 악창(惡瘡) 치료법을 배웠는데, 아무리 고약한 악창이라도 그의 약을 조금만 바르면 금방 나았다. 다리 잘리고 팔 부러진 사람도 그를 찾아와 고쳐달라고 부탁하면 모두 고칠 수 있었다. 그가 배를 갈라 창자를 씻어내고 뇌를 잘라 골수를 씻을 때는 마치 화타(華陀)의 신술(神術)이라도 부리는 것 같았다.

마을에 도적에 의해 머리가 잘려나간 사람이 있었는데, 머리는 이미 [몸에서] 떨어져 나간 상태였다. 그 사람의 아들이 설의도인의 신술을 알고 집안사람들에게 말했다.

1 과거 : 원문은 '제예(制藝)'로 팔고문을 말하는데, 여기서는 과거의 의미로 사용되었다.

"축소부는 신선이니 속히 그 사람을 불러다 주시오."

집안사람이 말했다.

"서방님, 대체 무슨 망발을 하시는 겁니까? 목에 머리가 붙어있지 않은데, 그 사람에게 설사 반혼단(返魂丹)이 있다 한들 무슨 수로 이미 떨어진 몸을 이을 수 있겠습니까?"

그 아들이 한사코 우기자 집안사람이 그를 부르러 갔다. 축요민은 그 집에 도착하자마자 그 사람 가슴을 만져보더니 이렇게 말했다.

"머리는 비록 잘려나갔지만 몸에는 아직도 온기가 남아 있습니다. 온기란 바로 생기입니다. 생기가 남아있으면 고칠 수 있지요."

그리고는 급히 은침으로 그 사람의 머리를 목에 이어 붙였다. 다 이어 붙인 뒤에는 가루약 한 숟가락[2]을 바르고 숯불로 다렸다. 잠시 후에 인삼탕을 달여 다른 약과 섞더니 이를 벌리고 약을 부었다. 그러자 금세 코로 약하게 숨을 쉬었다. 다시 뜨거운 술을 부었더니 하루 만에 소리를 냈다. 또 하루가 지나자 아들을 불러 말을 할 수 있었다. 이에 죽을 먹였더니 또 하루 만에 손발을 들 수 있었다. 일주일이 지나자 상처가 아물었고 보름이 지나자 평상시처럼 되었다. 온 가족이 감사의 절을 올리며 재산의 반을 갈라 답례하려 했으나 축요민은 받지 않았다. 후에 축요민은 종남산(終南山)에 들어가 도를 닦았는데, 그 후 어떻게 되었는지 아무도 모른다. 자식도 없어서 그의 신술도 전해지지 않는다.

외사씨(外史氏)가 말한다.

세상 사람들이 말하길, 화타는 신의(神醫)여서 뇌를 자르고[3] 팔을 도려낼 수 있었다고[4] 한다. 그러나 죽은 사람을 살려냈다는 말은 들어보지

---

2 숟가락 : 원문은 '도규(刀圭)'로 약을 뜨는 약숟가락을 말한다.

3 뇌를 자르고 : 『삼국연의(三國演義)』에 따르면 화타는 조조의 두통을 고치기 위해 조조에게 뇌수술을 제안하는데, 조조는 화타가 자신을 죽이려 한다고 믿고 그를 감옥에 가두어 죽인다.

4 팔을 도려낼 수 있었다고 : 『삼국연의(三國演義)』에 따르면 화타는 관우의 팔에 박힌 독화살을 빼내기 위해 관우의 팔을 도려냈다고 한다.

못했다. 그런데 지금 저 축요민이 그것을 해냈으니, 화타를 훨씬 뛰어넘는 것 아니겠는가? 후세에는 기이한 인재가 없다고 누가 말했던가!

장산래가 말한다.

세상에는 이치상으로 절대 있을 수 없으나 실제로 존재하는 일이 간혹 있다. 이 이야기를 남겨 기이한 일에 대한 견문을 넓히도록 하는 것도 괜찮겠다.

또 말한다.

내가 이 선생을 만날 수 있다면 당장 스승으로 모시겠다.

薜衣道人祝巢夫, 名堯民, 洛陽諸生也. 少以文名. 明亡, 遂棄制藝, 爲醫, 自號薜衣道人. 得仙傳瘍醫, 凡諸惡瘡, 敷其藥少許, 卽愈. 人或有斷脛折臂者, 請治之, 無不完. 若刳腹洗腸, 破腦濯髓, 則如華陀之神.

里有被賊斷頭者, 頭已殊. 其子知其神, 謂家人曰 : "祝巢夫, 仙人也, 速爲我請來." 家人曰 : "郎君何妄也? 頸不連項矣, 彼卽有返魂丹, 烏能合旣離之形骸哉?" 其子固强之而後行. 旣至, 堯民撫其胸曰 : "頭雖斷, 身尙有暖氣. 暖氣者, 生氣也. 有生氣, 則尙可以治." 急以銀鋮紉其頭於項. 旣合, 塗以末藥一刀圭, 熨以炭火. 少頃, 煎人參湯, 雜他藥, 啓其齒灌之. 須臾, 則鼻微有息矣. 復以熱酒灌之, 逾一晝夜, 則出聲矣. 又一晝夜, 則呼其子而語矣. 乃進以糜粥, 又一晝夜, 則可擧手足矣. 七日而創合, 半月而如故. 擧家拜謝, 願以産之半酬之, 堯民不受. 後入終南山修道, 不知所終. 無子, 其術不傳.

外史氏曰 : 世稱華陀爲神醫, 能破腦刳臂. 然未聞其能活旣殺之人也. 乃堯民能之, 不幾遠過於陀耶? 孰謂後世無畸人哉!

張山來曰 : 理之所必無, 事之所或有. 存此以廣異聞可耳.

又曰 : 使我得遇此公, 便當以師事之.

의원 유씨 이야기[劉醫記]

초봉(椒峰) 진옥기(陳玉璂)

유운산(劉雲山)은 만력연간(萬曆年間 : 1573~1619)에 살았던 의원이다. 그러나 살아 당시에는 의술로 명성을 얻지 못하고, 죽은 지 37년 만에 비로소 유명해졌다. 진자(陳子 : 陳玉璂)가 그 소문을 듣고 말했다.

"이상하구나! 그런 일이 있을 수 있단 말인가?"

한 객이 다음과 같이 말해주었다.

"항주(杭州)의 세족(世族) 아무개의 아들이 고약한 병에 걸려 거의 죽게 되자 그 집안사람들은 이미 둘러앉아 곡을 하고 있었습니다. 그때 한 의원이 갑자기 나타나서는 '저는 유운산입니다'라고 말했습니다. 그러고 나서 그가 치료를 마쳤더니 환자의 병이 다 나았습니다. 집안사람들이 금으로 사례하려 했으나 받지 않고서 떠나면서 '훗날 비릉성(毗陵城 : 지금의 江蘇省 丹徒市)의 사도묘(司徒廟)[1] 골목에서 나를 보게 될 것이오.'라고

1 사도묘(司徒廟) : 지금의 강소성(江蘇省) 양주시(揚州市)에 있다. 사도묘에는 북제(北齊)시대 양주 사람이었던 모지승(茅智勝) 등 다섯 사람을 모시고 있는데, 수나라 양

말했습니다. 한 달이 지나 세족의 아들이 진짜 그곳을 찾아가 유운산을 찾았더니 골목에 사는 노인이 말했습니다. '무슨 황당한 소리인가! 유운산은 죽은 지 이미 37년이나 되었어! 유운산은 살아생전 귀신을 믿었는데, 일찍이 이 사당의 신이 되는 꿈을 꾼 일이 있네. 그래서 그는 전상서(錢尙書)의 땅을 사들여 사당을 넓히고 자신의 상(像)을 만들어 신상 옆에 두었으니 그 모습은 대략 알아볼 수 있을 것이네.' 세족의 아들은 사당 안으로 뛰어 들어가 유운산의 상을 보고는 경악을 금치 못하다가 그의 상을 안고 슬피 울다 돌아갔습니다. 이때부터 우리 마을 사람들은 사당을 구경하러 가거나, 가서 절을 올리거나, 제사를 올리며 기도를 하거나 하면서 하루도 빠지지 않고 들락날락하는데, 모두들 효험이 있다고들 합니다."

진자가 그 말을 듣고 말한다.

이상하구나! 그런 일이 있을 수 있단 말인가? 이상한 일이긴 하지만, 만약 유운산이 살아있을 때 자신의 의술을 펼쳤더라면 그는 분명 자신의 뜻을 이룰 수 있었을 것이다. 그러한 의술을 가지고도 때를 만나지 못했으니, 이것이 유운산이 죽어서도 이승을 떠나지 못한 까닭인가? 비록 이야기가 황당무계하긴 하지만, 군자라면 그의 뜻을 가엽게 여겨 짐짓 믿어주는 게 도리일 것이다.

강희(康熙) 4년(1665) 3월 아무 날 쓰다

장산래가 말한다.

의술이 과연 정교하니, 그가 신이 되는 것도 당연하다.

劉雲山, 萬曆間醫也. 然當時其術未行, 身死三十七年, 而名始著. 陳

제(煬帝)가 강도(江都)에 왔을 때 사도 벼슬을 더해 주었기 때문에 오현사도묘(五賢司徒廟)로 불리게 되었다.

子聞之曰:“異哉! 理可信哉?” 客曰:“杭州巨室某者, 子患惡疾, 垂斃, 其家已環而哭之. 有一醫突至, 曰:‘我劉雲山也.’ 視畢而病者愈. 贈以金, 不受去, 曰:“他日晤我於毗陵城之司徒廟巷.” 踰月, 巨室子果至, 覓雲山, 巷之老人曰:‘子謬矣! 雲山死且三十七年矣! 然雲山生時信鬼神, 曾夢授斯廟之神. 募錢尙書地以廣其祠宇, 因自爲像於神旁, 其形容尙可識也.’ 巨室子躍入, 驚顧駭愕, 抱其像哭泣而去. 由是吾郡之人, 觀者, 拜者, 祭禱者, 奔走無虛日, 亦復有驗.”

陳子聞之曰:異哉! 理可信哉? 雖然, 使雲山之術, 得展於生時, 吾固知雲山之志可畢也. 乃負其術而不遇其時, 此雲山之所以至死而猶不肯泯沒者乎? 雖其事近於荒唐怪異, 君子亦當憫其志而姑信之也.

康熙四年三月某日記

張山來曰:藝術果精, 其爲神也固宜.

호연잡기(湖壖雜記)

운사(雲士) 육차운(陸次雲)

정자사(淨慈寺)[1]의 나한은 처음에 겨우 18존(尊 : 불상을 세는 단위) 뿐이었다. 오월왕(吳越王)[2]이 꿈에 열여덟 명의 거인을 보고 그 형상을 본떠 만들었다고 한다. 남송(南宋) 때에 도용(道容) 스님이 500존으로 늘려 전자전(田字殿)에 놓아두었는데, 모습이 각기 달라 같은 것이 하나도 없었다. 향을 사르러 온 사람들은 자신의 나이에 따라 아무데서부터 세어나가기 시작했는데, [자기 나이에 해당하는] 불상이 걱정하는 얼굴을 하고 있으면 걱정할 일이 생기고 즐거워하는 얼굴을 하고 있으면 좋은 일이 생겼다. 살펴보니 나한의 기이함은 한 가지가 아니었다. 연하동(煙霞洞) 뒤의 석벽에도 돌로 만든 나한 여섯 존이 있었는데, 그들 또한 오월왕의 꿈에 나

1 정자사(淨慈寺) : 절강성(浙江省) 항주시(杭州市) 남병산(南屛山)에 있는 사찰이다. 오대십국(五代十國) 시기 오월왕(吳越王) 전류(錢鏐)가 영명선사(永明禪師)를 위해 지었다고 한다.

2 오월왕(吳越王) : 오대십국 시기 오월국의 왕인 전류(錢鏐)를 말한다.

타나 자신들의 동기를 모두 모아달라고 부탁하여 오월왕이 열두 존의 나한을 더 만들었다고 한다.

또 『원운현과록(願雲現果錄)』에 따르면, 명나라 때 휴녕현(休寧縣 : 지금의 安徽省 휴녕현)에 사는 조씨(趙氏) 상인이 바다로 나갔다가 등에 악창이 나자 같은 배에 타고 있던 사람들이 그를 외딴 섬에 버렸다고 한다. 조씨 상인은 깨어나 간신히 기어서 한 큰 절에 도착했다. 기이한 모습을 한 스님이 그에게 물었다.

"사미승이여! 네가 나한인 것을 아느냐?"

상인이 스님에게 돌아가게 해달라고 빌자 스님이 말했다.

"소매 안으로 들어오너라."

그리고는 바다를 건너 상인의 집 안에 데려다주곤 표연히 사라졌다. 상인은 돌아온 후 재산을 털어 건초사(建初寺)를 짓고 신승(神僧)의 일을 벽에 그려서 부처의 힘을 널리 드러냈다.

또 명나라 말에 태창(太倉)에 사는 한 권문세가는 늙도록 자식이 없어 십만팔천 명의 스님을 모셔다 불재(佛齋)를 지냈다. 재가 끝난 후 열여덟 명의 기이한 스님들이 찾아와 음식을 구걸했지만 가동(家僮)이 거절했다. 그러자 한 스님이 곧장 당(堂)으로 들어가더니 손가락에 침을 묻혀 행서(行書)로 책상에 다음과 같이 썼다.

> 열여덟 명의 고인(高人)이 특별이 찾아왔거늘,
> 불재가 끝났다며 머무르지 못하게 하네.
> 선근(善根)이 있어도 베푸는 은혜가 없기에,
> 연리지(連理枝) 끝에 꽃이 피지 못하네.

글자는 쓰는 족족 모두 금빛으로 변했다. 가동이 놀라 주인께 알리자 주인이 급히 나왔는데, 스님들은 이미 떠나고 없었다. 권문세가가 시가 쓰인 책상을 향해 머리가 땅에 닿도록 절하며 일 년 동안 정성을 쌓았더니, 갑자기 '피지 못하네[未開]'의 '미(未)' 자가 돌며 움직여 아래 위가 뒤바뀌더니 '반만 피었네[半開]'의 '반(半)' 자가 되었다. 권문세가는 결국 딸 하나를 얻었다.

명나라 말년에, 정사(淨寺)의 한 스님이 낮잠을 자고 있었는데, 꿈에 가람신(伽藍神)[3]이 나타나 "새로 귀인이 되실 장씨(張氏) 성을 가진 분이 왔으니, 빨리 가서 맞이하도록 하라!"고 말했다. 스님이 깜짝 놀라 깨어나 즉시 절문으로 가 여기저기 찾아보니, 한 서생이 소나무에 기대어 한숨을 쉬고 있었다. 스님이 그에게 물었다.

"장씨 성을 가진 아무개이십니까?"

서생이 말했다.

"그렇습니다!"

스님이 급히 그를 잡아당기며 말했다.

"새로 귀인 되실 분이 어찌 저를 찾아오셨습니까?"

서생이 급히 사양하며 말했다.

"잘못 아셨습니다! 저는 과거에 뽑히지 못한 서생입니다. 오늘은 팔월 초엿새입니다. 시험도 모두 끝났고 과장에 들어갈 방법도 없어, 이곳을 지나다가 그저 기분이나 풀고 있었을 뿐입니다. 어찌 저더러 새로 귀인 될 사람이라고 하십니까?"

스님이 말했다.

"당신이 새로 귀인 되실 분이라고 신께서 알려주셨습니다. 아직 녹과(錄科)[4]가 끝나지 않았으니 어려운 일도 아니지요. 내가 지금이라도 당신이 붙을 수 있도록 해드리겠습니다!"

---

3 가람신(伽藍神) : 사찰의 수호신으로, 호가람신(護伽藍神)·수가람신(守伽藍神) 또는 사신(寺神)이라고도 한다.

4 녹과(錄科) : 청나라 과거 제도의 하나로, 학정(學政)이 주관하는 시험을 말한다. 이 시험을 통과한 사람들은 향시(鄕試)에 참가할 수 있었다.

서생이 말했다.

"뒤늦게 붙여줄려면 돈을 달라고 할 텐데요."

스님이 말했다.

"제가 돈을 내겠습니다."

서생이 말했다.

"저는 과거를 보러갈 돈도 없으니, 그만 두는 게 낫겠습니다."

스님이 말했다.

"제가 돈을 마련해 드릴 테니 과거에 급제한 후에 저를 잊지나 마십시오."

서생이 말했다.

"어찌 감히 잊겠습니까?"

스님은 서생을 참가자 명단에 올린 다음, 투권(投卷)[5]도 하고 참가비도 내고 식사비도 주고 머물 곳도 빌렸다. 과거 준비를 마치고 스님이 다시 가람신에게 점[6]을 쳤는데, 크게 길하다는 점괘가 나오자 더욱 기뻐했다. 드디어 방이 붙을 때가 되자 스님은 서생을 잡아끌며 말했다.

"방을 보고 나서 반드시 저의 절로 다시 오셔야 합니다."

서생이 말했다.

"걱정하지 마십시오. 제가 스님을 버리고 누구에게로 돌아가겠습니까?"

그리고는 밤 새워 진탕 술을 마셨다. 아침이 되자 스님이 먼저 성으로 들어가 붙여진 방을 보았는데, 과연 서생의 이름이 윗줄에 보였다. 스님은 달려 가 서생을 잡아끌며 연회에 참석하라고 했다. 스님과 서생이 도착해 다시 보았더니 이름은 맞는데 본적이 틀렸다. 둘은 서로 바라보며

---

5 투권(投卷) : 서생들이 과거급제에의 우위를 점하기 위하여 과거에 응시하기 전에 자신의 시문(詩文)을 시험관들에게 주는 것을 말한다.

6 점 : 원문은 '복효(卜筊)'이다. 복효는 점복술의 하나로, 술잔처럼 생긴 그릇을 땅에 던져 그릇이 뒤집어지는지 아닌지를 가지고 길흉을 점치는 방법이다.

경악을 금치 못했다. 서생은 너무 부끄러웠고 스님은 너무 후회스러워서 서로 돌아보지도 않은 채 각각의 길로 탄식하며 떠나갔다.

장산래가 말한다.

절의 스님이 평소에 권세와 이익에 빌붙어 아첨이나 했기에 가람신이 그것이 싫어 장난을 쳤을 뿐이다.

고려사(高麗寺)는 고려(高麗)의 왕이 세자 아무개를 위해 지은 것이다. 송나라 신종(神宗) 때 고려왕이 부처에게 자식 하나만 달라고 기도해서 아들 하나를 얻었는데, 아침저녁으로 울어대다가도 목어(木魚) 소리만 들리면 잠시 울음을 멈추었다. 목어 소리는 하늘에서 들려왔는데, 멀리서 들리는 것 같기도 하고 가까이서 들리는 것 같기도 했다. 왕은 그 소리가 어디서 나는지 찾아보라 하였으나 소리는 찾을수록 더욱 멀어져만 갔다. 바다를 건너 남쪽으로 내려가 귀 기울이고 들었더니, 그 소리는 무림(武林 : 지금의 浙江省 杭州市의 별칭) 경호(鏡湖) 가에서 나고 있었다. 한 스님이 초제(招提)[7]에 단정히 앉아 불경[8]을 조용히 읊조리고 있는데, 두들기는 목어 소리는 박자에 잘 맞았고 염불 소리는 맑게 울려 퍼졌다. 사자는 스님 앞에 공손히 절하고 조선으로 건너가 세자의 병을 고쳐줄 것을 청했다. 그러자 스님이 말했다.

"세자가 뭐라고 말합니까?"

사자는 사실대로 고한 뒤 이렇게 말했다.

"세자의 팔에 또렷하게 '부처는 신령하지 않다[佛無靈]'는 글자가 새겨져 있는데, 부처님께서 내려주셨는데도 불구하고 '신령하지 않다'는 글자가 있는 것은 무슨 경우입니까?"

---

7 초제(招提) : 관부에서 사액(賜額)한 절이다.

8 불경 : 원문은 '패엽(貝葉)'으로, 옛날 인도에서 불경을 새기던 다라수(多羅樹)의 잎을 말한다.

스님이 말했다.

"기이하군요! 당신을 위해 한번 가서 보겠소."

그리고는 바다를 건너 와 고려왕을 만났다. 왕이 세자를 데리고 나오자 스님은 합장하며 절을 했고 세자는 웃으며 고개를 끄덕였다. 왕이 기이해 하며 무슨 까닭인지 물으니 스님이 말했다.

"세자는 저의 스승입니다. 저의 스승은 일찍이 비구였습니다. 그 이전에는 아마도 가마꾼이었을 겁니다. 가마를 메서 번 돈으로 자급자족하고, 남은 돈은 매일 우물 바닥에 던져두었지요. 세월이 흘러 쌓인 돈이 많아지자 스승은 돈을 꺼내 호숫가에 절을 세우고 결국 스님이 되었던 것입니다. 저는 스승의 덕을 흠모하여 제자가 되었습니다. 그러나 스승은 일 년 후에 절름발이가 되더니 그 이듬해에 눈이 멀었으며 삼년 째 되던 해에는 벼락에 맞아 돌아가셨습니다. 저는 너무도 원망스러워 붓을 적셔 그 팔에 '부처는 신령하지 않다'는 글자를 적어놓았습니다. 스승이 여기에서 태어나실 줄 누가 생각이나 했겠습니까?"

왕이 말했다.

"정말 그렇다면 부처는 참으로 신령스럽도다! 저 아이의 화신(化身)[9]이 전생의 업보를 이생에서 갚고, 후에 [다시 태어나] 그 선과(善果)를 보상받은 것이 아닐지 또 어찌 알겠느냐?"

그리하여 그 옛터에 절을 짓고는 '고려'라고 편액을 달았다. 또 금탑(金塔)을 바쳐 기이함을 드러냈다. 기록도 없어졌고 비석도 남아있지 않아서 내가 그 이야기를 대략 기록하여 주지승에게 남긴다. 지금 그 절은 무량전(無梁殿 : 無量殿)만이 남아있을 뿐이다. 사람들은 그 절을 노공왕(魯恭王)의 영광전(靈光殿)[10]에 비유하기도 한다.

---

9 화신(化身) : 원문은 '종종자(種種者)'라 되어 있는데, 갖가지 모습으로 환생하는 모습, 환생한 몸을 가리킨다.

10 노공왕(魯恭王)의 영광전(靈光殿) : 공왕은 한나라 경제(景帝)의 아들로 산동성 곡부(曲阜)에 영광전을 세웠는데, 후에 한나라에 변란이 일어나 모든 건물들이 불에 타고 무너졌지만 영광전만은 그대로 보존되었다고 한다.

장산래가 말한다.

만약 그 제자가 팔에 '부처가 신령스럽지 않다'는 세 글자를 쓰지 않았다면 부처는 신령해지지 못했을 것이다.

삼모관(三茅觀)은 오산(吳山 : 지금의 浙江省 杭州 소재)에 위치한 최고의 명승지다. 『모산지(茅山誌)』의 기록에 따르면, 모군(茅君)[11]이 시현할 때는 구름에 휩싸여 나타나기 때문에 눈과 눈썹도 구분할 수 없다고 한다. 어떤 도사가 한번은 삼모관 앞에서 모군의 환영을 보았는데, 이 이야기와 똑같았다. 이와 같이 신령스럽고 기이한 일이 단지 모산[12]에만 있는 것은 아니다. 장삼봉(張三丰)[13]이 삼모관에 잠깐 거주한 일이 있어서 삼모관 왼쪽에 장삼봉을 본떠 세 개의 상을 만들고 삼선각(三仙閣)을 세웠다. 가운데는 '앉아있는 신선'으로 평온한 모습이다. 왼쪽은 '서있는 신선'으로 머리에 갓을 쓰고 있으며 꼿꼿하고 깨끗한 외모에 지팡이를 짚고 나가려는 모습이다. 오른쪽은 '잠자는 신선'으로 이불을 덮고 옆으로 누워서 팔을 굽혀 팔베개를 하고 있으며, 오룡칩법(五龍蟄法)[14]을 터득한 듯 소리를 내며 숨을 쉬고 있다. 그곳은 매우 비범한 곳이라 신선들이 늘 모여든다.

만력연간(萬曆年間 : 1573~1619)에 능씨(凌氏) 성을 가진 의원이 있었는데, 신선 모시기를 경건히 하였고 매일 침술로 사람을 고쳐주면서 이익 따위에 연연해하지 않았다. 그는 삼모관을 지나다가 거지들이 땅에 자리를

11 모군(茅君) : 구곡산(句曲山)에서 도를 닦아 신선이 된 모영(茅盈)을 말한다. 모영은 한나라 경제 때 함양(咸陽) 사람으로, 세상에서는 그를 '삼모진군(三茅眞君)'이라고 불렀다.

12 모산 : 모영이 신선이 된 후에 구곡산을 삼모산(三茅山)이라고 고쳐 불렀는데, 삼모산을 줄여서 모산이라 부른다. 지금의 강소성(江蘇省) 구용현(句容縣)에 위치한다.

13 장삼봉(張三丰) : 원문에는 '장산봉(張山丰)'으로 되어 있는데, 아래 문장과 『필기소설대관(筆記小說大觀)』본을 참조하여 장삼봉(張三丰)으로 고쳤다.

14 오룡칩법(五龍蟄法) : 화산도사(華山道士) 진단(陳摶 : 자 圖南, 호 希夷)은 오룡칩법을 단련하여 한번 잠이 들면 800년을 잤다고 한다.

깔고 앉아 음식을 나누는 광경을 보았다. 때는 엄동설한이어서 구름 낀 하늘에서 눈이 쏟아질 것 같았는데, 거지들은 어깨도 내놓고 가슴도 풀어헤친 채 주먹을 쥐고서 손 안의 음식이 무엇인지 알아맞히는 놀이를 하고 있었다. 능씨는 이상한 생각이 들어 그리로 가서 살펴보았다. 거지가 능씨에게 고기 하나를 주자 능씨는 "먹지 않겠습니다"고 말했고 술 한 잔을 따라주자 "마시지 않겠습니다"라고 말했다. 무슨 까닭이냐고 묻자 능씨가 말했다.

"신선을 모시는 까닭입니다."

한 거지가 말했다.

"강요하지 말게. 우리들은 취했으니 이제 집으로 돌아가세!"

그리고는 표연히 사라졌다. 그들이 놀았던 자리에 연잎 몇 장이 남겨져 있었는데, 쟁반만한 크기에 파릇파릇하고 막 물에서 피어난 것처럼 이슬이 맺혀 있었다. 능씨는 생각했다.

'나뭇잎도 다 떨어진 이때에 어떻게 이런 잎이 있을 수 있을까? 저 거지들이 혹 진짜 신선이어서 내게 이것을 남겨준 것일까?'

그리고는 절을 하고 꽃잎을 주워 진귀하게 여기며 소중히 간직했다. 매번 침술을 행할 때면 먼저 침으로 연잎을 찌르고 나서 병을 치료했는데, 그러면 병이 즉시 나았다. 사람들은 그를 서추부(徐秋夫)[15]에 비교했으며 그의 후손들은 지금까지도 침술로 세상에 이름을 떨치고 있다.

무림문(武林門) 안에는 한 이랑의 밭이 있었다. 밭에는 누군가의 암자가 있었는데, 스님 정연(靜然)이 암자의 주지였다. 정연은 새벽과 저녁이면 향불을 피우고 도를 닦으며 독경을 게을리 하지 않았다. 순치연간(順治年間 : 1644~1661) 무자년(1660) 설날 아침에 스님이 염불하는데, 쥐 한 마리가 들보에서 엿보고 있었다. 이후로 매일 목어 소리가 들리면 그 쥐가

15 서추부(徐秋夫) : 남조(南朝) 시대 송나라 사람으로 의술에 정통했다고 한다.

나타났다. 쥐는 점점 들보에서 방문으로 방문에서 책상으로 다가왔다. 스님이 불러 말했다.

"쥐야, 너는 불경을 들으러 오는 것이냐?"

쥐는 고개를 끄덕이고 불경 오른쪽에 쭈그리고 앉았다가 염불이 끝나면 천천히 떠나갔다. 이 일은 이때부터 일상이 되어 일 년이 넘도록 그렇게 했다. 하루는 쥐가 또 염불을 들으러 왔는데, 염불이 끝나자 스님을 향해 절하는 시늉을 하더니 절을 마치고는 가만히 움직이지 않았다. 스님이 쥐를 어루만지며 말했다.

"귀적(歸寂)[16]했느냐?"

쥐는 이미 열반에 들었다. 며칠이 지나자 몸이 돌처럼 딱딱해지더니 매화와 박달나무 향기가 났다. 스님은 작은 감실을 만들고 탑을 쌓아 스님의 예로 장사지내 주었다.

장산래가 말한다.

나도 불교 강당에서 독경하는 것을 들은 적이 있는데, 무슨 말을 하는지 이해할 수 없었다. 부녀자들이 고개를 끄덕이며 알아듣는 시늉을 하는 것은 더더욱 이해하기 어려웠다. 그러나 이물(異物)도 종종 할 수 있는 것이라면 부녀자가 염불을 알아듣는 것도 이상한 것이 아니구나.

오산의 최고 명승지는 자양산(紫陽山)이다. 자양산은 구불거리는 길, 영롱한 돌, 그윽한 골짜기, 맑은 물, 깎아지른 듯한 절벽으로 이루어져 있어, 미불(米芾)[17]이 일찍이 자양산 돌 위에 '오산 제일봉'이라는 글자를 쓰기도 했다. 이렇듯 선경(仙境)이다보니 진선(眞仙)이 나타났다. 송(宋)나라

16 귀적(歸寂) : 원문은 '원적(圓寂)'으로 스님의 죽음을 일컫는다.

17 미불(米芾) : 송나라의 유명한 화가이다. 초명(初名)은 불(黻)이고 자는 원장(元章)이며 호는 해악외사(海岳外史)·양양온사(襄陽溫士)이다. 원래 양양(襄陽) 사람으로 후에 윤주(潤州)로 옮겨와 살았다. 관직은 서화박사(書畵博士)·예부원외랑(禮部員外郎) 등을 지냈다.

가정연간(嘉定年間 : 1208~1224)에 정야학(丁野鶴)이라는 사람이 그 곳에서 신선의 도를 닦았다. 산기슭에 선씨(善氏) 성을 가진 사람이 살고 있었는데, 항상 정야학을 모셔와 제사를 지냈다. 하루는 정야학이 제사가 끝났는데도 돌아가지 않았다. 그때 갑자기 무뢰배 여러 명이 거의 죽어가는 거지를 끌고 선씨 집으로 들어오더니 급히 사라져 버렸다. 얼마 지나지 않아 거지가 죽었다. 선씨가 허둥대자 정야학이 말했다.

"두려워 마시오. 나를 사당에 가둬두었다가 손가락 튕기는 소리가 나거든 꺼내주시오."

잠시 후에 무뢰배들이 우르르 몰려와 사람을 죽였다며 외치더니 눈을 부라리고 소매를 걷어붙이면서 선씨의 재산을 강탈해가려 했다. 그때 죽은 사람이 갑자기 벌떡 일어나더니 성큼성큼 걸어 집을 나갔다. 무뢰배들이 불러도 대답하지 않았고 잡아당겨도 멈추지 않았으며 쫓아가도 잡을 수 없었다. 죽은 사람은 무뢰배의 집으로 돌아가 이내 다시 죽었다. 무뢰배들은 경악하며 황급히 흩어졌다. 정야학은 손가락을 튕기며 방에서 나오더니 선씨에게 인사하고 돌아가 다시는 오지 않았다. 이 때문에 사람들은 정야학의 기이함을 알게 되었다. 얼마 지나지 않아 그는 그의 아내 왕수소(王守素)를 불러 게송(偈頌)[18]를 주며 고별했다.

게으르게 육십 세월을 허송하니,
신묘한 방법도 알아주는 사람이 없네.
순리(順理)이든 역리(逆理)이든 이도저도 다 잊으니,
허공에는 긴 고요함만 흐르는구나.

그리고는 무릎을 안고 죽었다. 왕수소가 그의 시신에 옻칠을 해두어 그의 유해는 지금까지도 남아있는데, 생전의 모습과 다르지 않다. 그의

18 게송(偈頌) : 시(詩)의 형식으로, 불덕을 찬미하고 교리를 서술한 것이다. 네 구절로 되어 경전의 1절의 끝이나 맨 끝에 붙인다.

아내도 득도했다고 한다.

장산래가 말한다.

오늘날에는 사람의 목숨을 가지고 농락하는 일이 허다하다! 어떻게 하면 정신선(丁神仙) 같은 이를 인간 세상에 널리 퍼뜨릴 수 있을까?

숭정연간(崇禎年間 : 1628~1644) 말에 강우(江右 : 江西)의 한 길손이 주보항(珠寶巷)에 살고 있었다. 그는 붉은 합(盒) 하나를 가지고 다녔는데, 그 속에는 벽초(碧草) 하나가 있었다. 벽촌 위에는 자그마한 진짜 용 한 마리가 있었는데, 손가락만한 크기에 길이는 세 치가 좀 넘었고 색깔은 옅은 금빛 같았다. 또 비늘·뿔·발톱·이빨 어느 것 하나도 갖추어지지 않은 것이 없었다. 가지를 칭칭 감고 있는 용의 기색은 참으로 새로웠다. 박식한 사람도 그것이 어디에서 났는지 알지 못했다.

노왕(潞王)[19]이 절강성(浙江省)으로 피난 갔을 때 그의 부(府)에서 이 물건을 팔았다고 한다. 노왕은 이름이 경일(敬一)인데, 불경에 정통하여 노불자(潞佛子)라고 불리었다. 그는 서화에 능하였고 특히 난초를 잘 그려 지금까지도 그의 석각이 호포사(虎跑寺)에 남아있다. 그는 노금(潞琴)도 제작하였는데, 앞에는 두 개의 뿔이 늘어져 있고, 재목은 가장 좋은 것을 썼다. 그의 부에는 특이한 물건들이 많았다. 물이 떨어지는 돌도 있었고, 대나무 마디로 된 바퀴만한 대야도 있었다. 여순앙(呂純陽)[20] 초상화는 가히 신선이 그린 작품이라 이를만했다. 바람이 오른쪽에서 불면 수염이 왼쪽으로 날리고, 바람이 왼쪽에서 불면 수염이 오른쪽으로 날렸다. 사리 한 알도 있었는데, 캄캄한 밤에는 빛을 냈으며 사리가 건조한지 축축한지를 보면 날씨가 맑을지 비가 올지를 점칠 수 있었다. 사면관음(四面觀

19 노왕(潞王) : 명나라 노간왕(潞簡王)인 주상방(朱常淓)으로, 목종(穆宗)의 네 번째 아들이다.

20 여순앙(呂純陽) : 신선 여동빈(呂洞賓)을 말한다.

音) 한 존은 커다란 자라의 배 속에서 얻은 것이었다. 노왕이 수불(繡佛)에게 오랫동안 재를 올린 다음 자라의 배를 갈라 불상을 얻었다고 하는데, 그 후 나라가 망하여 행방을 알 수 없다.

번사(藩司)[21] 관청 앞 백사지(百獅池)는 매우 깊고 넓었다. 순치 8년(1651) 늦겨울에 아이들이 난간을 돌며 놀고 있었는데, 갑자기 붉은 게가 연못 위로 떠올랐다. 사람들은 모두 엄동설한에 어떻게 이런 일이 있을 수 있을까 놀라워하며 낚시로 게를 잡기 시작했다. 그때 낚시 바늘에 자루 하나가 걸려 올라왔는데, 매우 무거웠다. 자세히 보니 바로 팔 다리가 잘린 사람이었다. 이에 급히 번백(藩伯)에게 알렸더니 번백 진씨(陳氏)가 말했다.

"게는 다리가 여덟 개이니, 이 마을에 항렬이 여덟 번째인 사람이나 팔 자가 들어간 지명이 있느냐?"

한 포졸이 말했다.

"번사에서 멀지 않은 곳에 팔족자항(八足子巷)이란 곳이 있는데, 그곳에 정팔(丁八)이라는 사람이 삽니다."

번백이 말했다.

"속히 잡아오너라!"

포졸들이 잡으러 갔으나 그는 이미 달아나고 없었다. 조사해본 결과, 그 마을에 사는 갖바치의 부인이 정팔과 사통했는데, 갖바치가 며칠이 지나도록 보이지 않자 이웃사람이 의심하여 이미 신고했다고 했다. 갖바치의 부인을 잡아 심문하였더니 바로 자백했는데, 정말로 정팔과 모의하여 가죽칼로 갖바치를 토막 내 연못에 빠트리고, 함께 도망가려고 했으나 미처 도망가지 못했다고 했다. 옥사는 해결되었지만 끝내 정팔은 잡지 못했다.

그 후 번백은 월서(粵西)의 개부(開府)[22]가 되어 우연히 한 산사(山寺)에

---

21 번사(藩司) : 번사는 명청시대 포정사(布政使)의 별칭으로 성(省)의 민생과 재무 등을 담당했다.

이르게 되었다. 산사의 스님들이 모두 나와 개부 일행을 맞이하는데, 그를 따르던 한 동자가 갑자기 어떤 중을 잡으며 말했다.

"살인범 정팔이 여기에 있습니다!"

중은 얼굴이 새파랗게 질렸다. 개부가 말했다.

"네가 그걸 어찌 아느냐?"

동자가 말했다.

"저는 그의 이웃이었습니다. 아무리 변복을 해도 얼굴까지 바꿀 수는 없습니다."

동자는 절강 사람으로 개부가 월서로 올 때 데리고 온 아이였다. 개부는 정팔을 잡아 형틀을 채워 절강으로 보내고는 사형에 처했다. 흉악한 짓을 저지르고 남에게 원한의 빚을 졌을진대, 중이 되어 만 리 밖에 있다한들 피할 수 있겠는가?

무림산(武林山)[23] 최고봉으로는 단연 오운봉(五雲峯)이 꼽힌다. 오운봉은 지대가 높고 추워서 송나라 때 무림산의 스님들은 매번 섣달 전에 눈을 바쳤다. 숭정 계미년(1643) 중양절(重陽節)에 서생 몇 명이 이 산에 올라 [옛날] 용산(龍山)의 모임[24]을 가져보자 약속했다. 그들은 씩씩하게 올라간 뒤 사당 안에서 쉬었다. 때는 마침 이른 아침이었다. 사당에는 오통신(五通神)[25]이 모셔져 있었는데, 한 서생이 장난으로 점괘를 뽑으며 말했다.

---

22 개부(開府) : 한나라 때는 삼공(三公)·대장군(大將軍)·장군(將軍)만이 부서(府署)를 세울 수 있었지만 위진남북조(魏晉南北朝) 이후로 그 범위가 점점 확장되어 청나라 때는 바깥의 성(省)을 감독하고 다스리던 관직을 개부라고 불렀다.

23 무림산(武林山) : 지금의 절강성 항주시에 있으며, 영은산(靈隱山)이라고도 한다.

24 용산(龍山)의 모임 : 『진서(晉書)』·「맹가전(孟嘉傳)」에 따르면 9월 9일 중양절에 환온(桓溫)이 관료들과 용산에서 성대한 모임을 가졌는데, 그 뒤로 중양절에 높은 곳에 올라 모임을 갖는 것을 용산의 모임이라고 칭했다.

25 오통신(五通神) : 옛날에 강남의 민간에서 받들던 사신(邪神)이다. 별칭 또한 매우 많아서 오통(五通)·오성(五聖)·오현영공(五顯靈公)·오랑신(五郎神)·오창(五猖) 등으로 불린다.

"우리들이 오늘 성에 들어갈 수 있겠습니까?"

"갈 수 없다"는 점괘가 나오자 서생들은 해시계를 흘낏 보고 크게 웃으면서, "무슨 신이 이리도 영험하기에 아직 정오도 되지 않았는데 집으로 돌아갈 수 없다고 말하는 게냐?"라고 말했다. 그들은 발길 가는 대로 내려오다가 한 개울가에 이르렀는데, 붕어 두 마리가 헤엄치는 것이 보였다. 보통 물고기들과 달리 붕어의 생김새가 하도 기이하기에 서생들은 모두 개울로 내려가 붕어를 잡았다. 붕어는 멀리 갔다 가까이 왔다, 숨었다 뛰어올랐다, 손 안에 들어왔다 물만 튕기고선 사라졌다 했다. 서생들은 반드시 잡고야 말겠다고 약속하고는 옷을 벗어 그물을 만들고 손과 발을 적셔가면서 한참을 씨름한 후에야 붕어를 잡았다. 버드나무 가지에 붕어를 꿰어 가지고 산기슭으로 내려와 남병(南屛)[26] 주막에 드니, 달은 이미 동산에 떠오르고 성문은 굳게 닫혔다. 이에 동자에게 붕어를 삶으라 시키고는 술 마시며 좋은 밤을 보내고자 했다. 그때 동자가 말하길, 붕어가 솥 안에서 헤엄치며 아무리 오래 삶아도 익지 않는다고 했다. 동자에게 땔나무를 더 넣고 불을 세게 하라고 시켰으나 붕어는 여전히 헤엄쳐 다녔고 게다가 뛰어오르기까지 해서 솥이 깨지는 소리가 났다. 서생이 급히 달려가 보았더니 분명 붕어였는데 꺼내고 보니 바로 나무 점괘였다. 이에 모두 놀라며 후회했다. 다음날 나무 점괘를 사당에 돌려주고 제사 음식을 차려 신께 기도한 뒤 떠나왔다.

초산(超山)은 고정산(皐亭山) 북쪽에 있는데, 산은 깊지 않으나 동굴에 호랑이가 살았다. 순치 18년(1661) 겨울에 어떤 스님이 호랑이 울음소리를 듣고는 지팡이를 끌며 도망쳐 숨으려고 했지만 결국 호랑이에게 물려 죽고 말았다. 스님의 제자들은 호랑이 사냥꾼을 모셔와 호랑이를 잡았다. 사냥꾼은 강우(江右) 사람으로, 호랑이를 잡아온 지 이미 여러 해였

26 남병(南屛) : 지금의 절강성 항주시 남쪽에 있으며, 해발 129미터의 낮은 산이다.

다. 그는 함정을 만들 때부터 분명 일곱 마리의 호랑이를 잡게 될 것임을 알았다. 호랑이 한 마리를 잡을 때마다 마을 사람들은 그에게 돈을 주었다. 호랑이 잡는 법은 이렇다. 양을 함정 속에 넣어 울게 해 호랑이를 유인하고, 푸른 고둥을 한 말 정도 삶아 산 구석구석에 두루 놓아둔다. 호랑이가 나타날 때는 늘 창귀(倀鬼)[27]가 인도하는데, 창귀는 고둥을 보면 그 살을 까먹느라 호랑이 지키는 것을 잊어버린다. 결국 호랑이 혼자 길을 가다가 잘못해서 함정에 빠지면 사냥꾼이 호랑이를 묶어서 돌아온다. 스님의 제자들이 산을 사이에 두고 멀리 바라보니, 방법이 대략 이와 같았다. 한 달이 지나자 사냥꾼이 말했다.

"오늘은 분명 일곱 번째 호랑이를 잡아올 것이오!"

마을 사람들은 그에게 더 많은 돈을 주었다. 사냥꾼은 돈을 가슴에 품고 성큼성큼 함정으로 가서 살펴보았다. 함정 안에서 호랑이 한 마리가 큰 소리로 포효했는데, 그 소리가 천둥처럼 사나웠다. 그때 함정 밖에 호랑이 두 마리가 숨어 있다가 갑자기 풀숲에서 뛰어나오더니 각각 사냥꾼의 다리 하나씩을 물어 그 몸을 쫙 찢어버리고는 떠나갔다.

호랑이를 잡는 것은 해악을 제거하기 위함이라, 호랑이도 감히 사냥꾼을 대적하지 못한다. 그런데 종국에 가서 호랑이에게 해를 입은 것은, 해악을 제거하려는 마음을 가지고 이익을 탐했기 때문 아니겠는가? 아아! 호랑이 사냥꾼은 호랑이가 함정에 빠져 죽을 줄만 알았지 자신이 함정 밖에서 죽임을 당할 줄은 알지 못했구나!

장산래가 말한다.

사람이 호랑이밥이 되면 그 귀신이 창귀가 되니, 이치상 호랑이를 원수로 여겨야 마땅할 것이다. 헌데, 원수로 여기지 않을 뿐만이 아니라 오히려 호랑이를 위해 일을 하는 것은 무슨 까닭인가? 나의 고향에도 원래

---

27 창귀(倀鬼) : 호랑이에게 잡혀 먹힌 사람의 영혼이 호랑이의 앞잡이가 되어 못된 짓을 일삼는 귀신을 말한다.

부터 호랑이가 많아서 사냥꾼들이 늘 미끼로 창귀를 유혹하곤 했다. 그러나 이제까지 호랑이에게 해를 당했다는 말은 들어보지 못했다.

淨慈寺羅漢, 其始止十八尊. 吳越王夢十八巨人, 而範其像. 南宋時, 僧道容增塑至五百尊, 覆以之田字殿, 殊容異態, 無一雷同. 焚香者按己年齒, 隨意數之, 遇愁者愁, 遇喜者喜. 按羅漢之異, 不止一端. 煙霞洞後石壁, 有石羅漢六尊, 亦見夢於吳越王, 乞完聚同氣, 王爲補刻其一十二.

又『願雲現果錄』載, 明時休寧趙賈, 出海病疽, 同舟者棄之窮島. 趙甦, 匍匐至一大寺. 見有異僧, 問: "彼沙彌! 知爲羅漢?" 賈向一僧求其送歸, 僧曰: "可入袖中." 卽越海擲賈室中, 飄然竟去. 賈還, 捐資造建初寺, 畫神僧之事於壁, 以彰佛力.

又明季太倉有一巨姓, 老年無子, 齋十萬八千僧訖. 有十八異僧, 復來求食, 家僮拒之. 一僧竟入堂中, 以指濡唾作行書, 書其几曰: "十八高人特地來, 謂言齋罷莫徘徊. 善根雖種無餘澤, 連理枝頭花未開." 隨書隨成金字. 家僮驚報, 主人急出, 僧已逝矣. 巨姓頂禮詩几, 積誠一載, 忽見'未'字轉動, 自下而上, 竟成'半'字. 遂得一女.

明末, 淨寺一僧嘗晝寢, 夢伽藍語之曰: "有張姓新貴人至矣, 急迎之!" 僧驚寤, 旋往山門物色, 見一書生倚松太息. 僧詢之曰: "君得無張姓某名乎?" 書生曰: "然!" 僧急拉之曰: "新貴人盍過我?" 書生急謝曰: "公勿誤! 我乃不取科舉秀士也. 今八月初六日矣. 諸試俱畢, 無計觀場, 過此排悶. 安得爲新貴人耶?" 僧曰: "君之爲新貴人, 神告之矣. 未錄科, 易事耳. 吾爲爾續取!" 書生曰: "續取須金." 僧曰: "吾爲若輸金." 書生曰: "吾觀場無費, 不如休也." 僧曰: "吾爲若措費, 第得科名後無相忘足矣." 書生曰: "斯何敢?" 僧續名爲投卷 · 市參 · 授餐 · 僦寓. 場事畢, 又爲卜筊於伽藍, 得大吉, 益喜躍. 榜將發, 拉書生曰: "君候放榜, 當必在我舍.” 書生曰 : “公無慮. 我捨公, 將安歸?” 於是轟飮徹夜. 將旦, 僧先入城觀揭榜, 果見姓名高列矣. 馳歸拉生赴宴. 至則再視, 視上名雖是而籍則非. 相顧錯愕. 生甚慚而僧甚悔, 各不復顧, 分道歎息而去.

張山來曰 : 此當是寺僧平時勢利炎涼, 故伽藍惡而戲之耳.

高麗寺者, 高麗國王爲某世子所建也. 宋神宗時, 國王嘗祈嗣於佛, 得一子, 晝夜啼, 惟聞木魚聲則暫止. 有聲自空中來, 或遠或邇. 王命尋聲所自起, 愈尋愈遙. 渡海而南, 傾耳淸聽, 得之於武林鏡湖之畔. 一僧端坐招提, 靜宣貝葉, 擊魚按節, 梵韻淸揚. 使者敬禮僧前, 請涉朝鮮以療世子. 僧曰 : “世子云何?” 使告以故, 且曰 : “其臂間湛然有‘佛無靈’字, 佛之所賜, 而題識謂之無靈, 此何說歟?” 僧曰 : “異哉! 爲爾往視.” 渡海見王. 王出世子, 僧合掌作禮, 世子笑而頷之. 王異之, 問何故, 僧曰 : “王之世子, 吾師也. 吾師曾爲比丘矣. 其先蓋輿夫也. 肩輿得金, 自給之外, 每以餘資投井底. 積旣久, 金益多, 出金建刹於湖上, 遂爲釋. 吾欽其德爲之徒. 乃師一年跛, 明年盲, 三年爲雷擊以死. 吾深不平, 因濡筆題‘佛無靈’字於其臂. 孰意其生於此歟?” 王曰 : “審如是乎, 佛有靈矣! 彼種種者, 安知非夙生之孼, 併報一世, 而後償其善果乎?” 因爲建寺於其舊地, 顔曰 : ‘高麗’. 且進金塔以表奇. 因誌失載, 碑不存矣, 余紀其畧以貽主僧. 今寺惟無梁殿尙在. 人比之魯靈光云.

張山來曰 : 使其徒不於臂間書‘佛無靈’三字, 則佛竟無靈矣.

三茅觀, 踞吳山之最勝. 按『茅山誌』記, 茅君示現, 以雲氣爲衣服, 而不辨眉目. 一道士曾於觀前見一幻影, 與此說符. 是靈奇不獨茅山矣. 觀中張山丰曾來寄跡, 故於其左肖三丰像, 建三仙閣. 中坐仙, 平平耳. 左立仙, 首戴笠, 玉質亭亭, 扶杖欲出. 右睡仙, 側臥覆衾, 曲肱加枕,如得五龍蟄法, 而呼吸有聲也. 其境不凡, 故仙踪恒集.

萬曆時, 有凌姓醫者, 事仙最虔, 每以鍼術施人, 而不孶孶於利者. 通觀中, 見羣乞兒席地惠飮. 候値隆冬, 同雲欲雪, 丐者且袒臂裸襟, 握拳射覆. 凌異而視之. 丐者授以一臠, 凌曰: "吾不茹." 酌以一盞, 凌曰: "吾不飮." 問何故, 曰: "以奉仙故." 一丐曰: "勿强之. 我輩醉, 宜歸矣!" 飄然而散. 所遺在地數荷葉, 鮮翠如盤, 似傾露珠而新出水者. 凌思: '木葉盡脫時, 焉得有此? 丐者殆眞仙, 而以此貽我也?' 拜而收之, 珍藏什襲. 每行鍼, 先以鍼鍼葉上, 療疾卽愈. 人擬之徐秋夫, 至今其裔以鍼名世.

一畝田, 在武林門內. 有誰菴者, 僧靜然主之. 靜然晨夕焚修, 誦經不怠. 於順治戊子元旦, 方宣梵唄, 有鼠窺於梁. 嗣後每叩魚聲, 其鼠卽至. 漸乃由梁及戶, 由戶及几. 僧呼: "鼠子, 爾來聽經耶?" 鼠卽點首, 蹲伏金經之右, 經止, 乃徐徐去. 率以爲常, 如是踰年. 一日者, 復來聽經, 經畢, 向僧如作禮狀. 禮畢, 寂然不動. 僧撫之曰: "爾圓寂耶?" 已涅槃矣. 越數日, 體堅如石, 有梅檀香. 僧爲製一小龕, 塔而瘗之, 如浮屠禮.

張山來曰: 余亦曾於講院聽經, 經不解所謂. 而婦人女子, 見其作點首會意狀, 殊不可解. 然異類往往能之, 則婦人女子聽經會意, 又不足奇矣.

吳山之最勝者, 曰紫陽山. 徑曲奧, 石玲瓏, 洞幽閒, 水潺湲, 巖秀刻, 故米芾書其石曰: "吳山第一峰". 仙境也, 眞仙出焉. 宋嘉定間, 有丁野鶴者全眞其處. 山麓有善姓, 恒齋丁. 一日丁受齋, 不卽去. 忽有無賴子數輩, 掖一垂斃乞兒, 投其家, 衆急走. 無何, 乞兒斃矣. 善姓遑急, 丁曰: "無恐. 盍閉我於靜室, 聞彈指聲, 方出." 俄而無賴之衆復轟然集矣, 聲以斃命, 裂眦攘臂, 正欲劫其資. 而斃者焂然自地起, 趨出戶. 衆呼之不應, 拉之不止, 追之不可及也. 歸於無賴之家, 復告斃. 衆錯愕, 急散去. 而丁彈指出室中, 謝善姓, 不復至矣. 人由是知丁之奇. 未幾, 召其妻王守素, 付偈與別曰 : "懶散六十年, 妙用無人識. 順逆兩俱忘, 虛空鎭長寂." 抱膝而逝. 守素遂漆其屍, 遺蛻尙在, 不異生平. 其妻後亦證道云.

張山來曰 : 此日假人命最多! 安得丁仙徧滿人間也?

崇禎末年, 有江右客, 寓珠寶巷. 携一硃盒, 中藏碧草一本. 上有生就小龍, 其大如指, 長踰三寸, 光似淡金. 鱗角爪牙, 無一不備. 循枝盤繞, 氣色如新. 博物者不知其所從出.

時潞王播越在浙, 售其府中. 按潞王名敬一, 精通釋典, 名潞佛子. 工書善畫, 尤精於蘭, 至今有石刻留虎跑寺. 製爲潞琴, 前委兩角, 材最精良. 其府中頗蓄異物. 有涕水石, 有竹節盆, 其大如輪. 有純陽像, 乃仙筆也. 風右則鬚飄而左, 風左則鬚飄而右. 有舍利一顆, 晦夜放光, 視其燥溼, 可占晴雨. 有四面觀音一尊, 得之大鱉腹中者. 王之繡佛長齋, 從剖鱉得佛像始, 而後陵谷變遷, 不知其烏有矣.

藩司治前有百獅池, 甚深廣. 順治八年季冬, 群兒繞欄嬉戲, 忽見赤蟹浮於池上. 共訝嚴寒焉得有此, 遂鉤取之. 有囊吞鉤而起, 擧之甚重. 視之, 一肢解人也. 急報藩伯, 藩伯陳姓, 曰 : "蟹具八足, 此間豈有行八之人, 與名八之地乎?" 一卒曰 : "去司不遠, 八足子巷中有丁八." 藩伯曰 : "速捕之!" 至則遁矣. 廉得巷中有皮匠婦, 與丁八有私, 而匠復數日不見, 鄰人疑而擧之. 捕匠婦, 一訊而伏, 誠與丁八成謀, 以皮刀磔匠而沈之池, 將偕奔而未逭也. 獄成, 究不得八.

藩伯旋開府粵西, 偶至一山寺. 寺僧具迎, 隨開府者一童子, 忽執一僧曰 : "殺人丁八在是矣!" 僧失色. 開府曰 : "若安識之?" 童子曰 : "余鄰也. 雖變服而貌不可變." 童子蓋浙人, 而挈之以適粵者也. 旣得八,械送之浙, 同伏法. 窮兇寃債, 雖髠髮萬里之外, 其能避乎?

武林山之最高者, 獨推五雲. 惟高斯寒, 故宋時山僧, 每在臘前進雪. 崇禎癸未, 時當重九, 有數書生, 約登此山, 以作龍山之會. 賈勇而上, 休息廟中. 爲時正早. 廟祀五通之神, 一生戲拈神筄卜曰: "我輩今日得入城否?" 筄語答以 "不能". 書生睨視堦晷, 大笑曰: "何神之有靈, 刻尙未午, 而云我輩不得歸家耶?" 隨步下, 至一溪頭, 見雙鯽游泳. 迥異凡魚, 書生共下捕之. 或遠或近, 或潛或躍, 或入手中, 潑剌又去. 書生以必得爲期, 脫衣作網, 濡手沾足, 良久得之. 貫以柳枝, 携出山麓, 至南屛酒家, 而月上東山, 禁門扃鑰矣. 因命童子烹魚取醉, 遣此良夜. 童子謂魚游釜中, 久之不熟. 命童子添薪益火, 而其游如故, 又加踴躍, 有碎釜聲. 書生急往視之, 儼然魚也, 取出乃木筄耳. 因共驚悔. 翌日歸筄廟中, 以牲醴禱神而去.

超山在臯亭山北, 山不深而穴虎. 順治十八年冬月, 有僧聞虎嘯, 欲拽杖往伏之, 竟爲所噬. 其徒延虎師捕虎. 師江右人, 捕虎有年矣. 初造阱, 卽知當獲七虎. 每獲一虎, 鄕人贈之以金. 其法: 以羊置阱中, 鳴以相誘, 煮靑螺斗許, 徧撒山隅. 虎至, 倀鬼導之, 倀見螺, 貪剔螺肉, 忘爲虎護. 虎遂孤行, 卽誤入阱, 虎師遂束之以歸. 蓋僧之徒, 隔山遙望, 所見如此. 越月師云: "今日當獲第七虎矣!" 鄕人益以金爲贈. 師懷金縱步往視. 虎在阱中大吼一聲, 猛如霹靂. 忽阱外二伏虎, 自草中起, 各銜師一足, 中裂其體而去.

夫擒虎乃祛害也, 虎宜不能與師讐. 而卒爲之害者, 意者有祛害之心, 而因之以爲利歟? 吁嗟! 虎師知虎之死於阱中, 不知己亦殉於阱外也!

張山來曰: 人爲虎所食, 其鬼爲倀, 理應仇虎. 乃不惟不仇之而已, 而反爲之用, 何耶? 吾鄕素多虎, 獵師亦必以餌誘倀. 然未聞其爲虎所害也.

꽃구경 중에 벌어진 기이한 일을 기록하다[看花述異記]

단록(丹麓) 왕탁(王晫)

호서(湖墅)의 서쪽 끝에 심씨(沈氏)의 정원이 있는데, 바로 수재(秀才) 형옥(衡玉)의 별장이었다. 수재는 꽃을 매우 좋아하여 스스로 '화둔(花遯)'이란 호를 지었다. 정원에는 오래된 계수나무·매화·옥란(玉蘭)·해당화·목부용(木芙蓉) 등이 잔뜩 심어져 있는데, 그중 모란이 가장 무성했다. 돌을 쌓아 가산(假山)을 만들어 [그 위까지 꽃을 심었기에] 아래 위에서 꽃들이 빛을 발했다. 꽃이 만발할 때는 뭇별처럼 반짝이고, 또 태양 아래 오색 비단을 펼쳐 놓은 듯 광채가 눈부셨다. 꽃구경하러 놀러 오는 원근의 사람들이 하루에도 수백 명이나 되었다.

3월 18일에 나도 꽃구경을 갔는데, 그 아래에서 서성이느라 날이 저무는데도 차마 돌아갈 줄 몰랐다. 주인은 술 한 잔 하자며 나를 잡았다. 술자리가 끝났을 때는 달이 이미 동쪽 담장 위에 떠 있었다. 주인이 자리를 뜨자 나는 침소로 가 조용한 밤에 혼자 앉아있었다. 맑은 바람이 서서히 불어오기에 나는 일어나 계단 앞으로 걸어갔는데, 꽃 그림자가 어지럽게 흩어지고 꽃향기가 옷자락으로 스며들어, 마치 이 몸이 인간 세상에 있는 것 같지 않았다.

잠시 후 어떤 여자가 돌산자락에서 나왔는데, 나이는 열 대여섯쯤 되어 보였고 옷이 매우 화려했다. 내가 놀라서 묻자 여자가 대답했다.

"첩은 위부인(魏夫人)[1]의 제자 황영징(黃令徵)[2]으로 꽃을 잘 심어 '화고(花姑)'라고 불리지요. 위부인이 그대를 중히 여기시어 특별히 저를 보내 모셔오게 하셨습니다."

그 말을 듣고 위부인께서는 무슨 일을 맡아 하느냐고 묻자 여자가 대답했다.

"봄을 꾸미는 일을 맡아 합니다. 세상의 모든 풀과 나무와 꽃의 수, 그리고 푸르고 희고 붉고 보랏빛의 색까지, 모두 이곳에서 내려주시지요."

"그렇다면 어찌해서 저를 중히 여기십니까?"

"가 보시면 절로 알게 되실 겁니다."

그리고는 나를 재촉했다. 나는 할 수 없이 여자를 따라 갔다.

태호석(太湖石)[3] 뒤로 들어가자 더 이상 늘 지나던 길이 아니었다. 언덕 사이로 맑은 시내가 흐르고 무성한 숲이 우거져 있었다. 시내를 따라 1리 쯤 가자 안개가 자욱이 끼어있었고, 온갖 꽃들이 눈에 가득 들어왔는데, 인간 세상에서 피는 사계절의 꽃들이 동시에 모두 피어 있었다. 조금 앞에 보이는 높이 한 장(丈) 남짓의 나무 한 그루에는 꽃이 흐드러지게 피어있었다. 붉은 치마를 입은 아름다운 여자 셋이 나무 아래에서 놀고 있었는데, 손님을 보고도 피하지 않았다. 내가 한참 동안 감탄하자 화고

---

1 위부인(魏夫人) : 위화존(魏華存)으로 진(晉)나라 사람이다. 『집선록(集仙錄)』 등의 책에 따르면 어렸을 때부터 신선의 도를 좋아하여 형산(衡山)에서 도를 닦았다고 한다. 도교 경전에서는 남악부인(南嶽夫人)으로 추앙되었다.

2 황영징(黃令徵) : 「위부인전(魏夫人傳)」을 보면 황영휘(黃令徽)라는 신선이 나오는데, 황영징은 황영휘의 오기인 듯하다.

3 태호석(太湖石) : 태호 지역에서 생산되는 구멍이 많고 투명한 돌이다. 정원을 꾸미거나 가산(假山)을 만들 때 많이 쓰인다.

가 말했다.

"이것은 학림사(鶴林寺 : 지금의 江蘇省 鎭江市 소재)의 두견화입니다. 은칠칠(殷七七)[4]이 꽃을 피운 후에 곧 이곳에 옮겨 심었지요."

또 몇 리쯤 가자 보이는 것이라곤 온통 매화뿐이었는데, 붉은 색과 흰색이 어우러진 가운데 푸른 꽃받침이 그 모습을 더욱 돋보이게 하였다. 꽃이 무성한 곳에 정자가 하나 있었고, '매정(梅亭)'이란 현판이 걸려 있었다. 정자 안에는 한 미인이 옅은 화장을 하고 품위 있는 자태로 꽃 옆에 비스듬히 서 있었다. 내가 잠시 추파를 던졌지만 조금도 동요하지 않았다. 화고가 말했다.

"어쩌시려고요? 이분은 매비(梅妃)[5]입니다. '매정' 두 글자도 상황(上皇)[6]께서 직접 써 주신 겁니다. 매비의 성격이 유하시니 망정이지 그렇지 않았다면 아마도 벌을 받았을 겁니다!"

나는 웃으며 사죄하고는 [추파 던지기를] 그만두었다.

다시 길을 나서 어떤 산에 도착했는데, 절벽과 골짜기가 수려함을 다투고, 꽃들은 더욱 기이했다. 나뭇가지 위에서 지저귀는 새소리를 들어보니 마치 생황을 연주하는 것 같았다. 점차 붉고 푸른 기와와 들쑥날쑥한 전각(殿閣)이 보이기 시작하더니 석교(石橋)를 두 번 건너자 이내 당도했다. 그 건물은 궁궐 보다 더 사치스러웠다. 옆에는 관서처럼 보이는 건물 두 채가 있었는데, 오른쪽 건물에 '태의원(太醫院)'이라고 적혀있었다. 나는 크게 놀라 화고에게 물었다.

"여기도 태의가 필요합니까?"

화고가 웃으며 말했다.

---

4 은칠칠(殷七七) : 당나라 때 도사. 이름은 천상(天祥)이고 또 다른 이름은 도전(道筌)인데, 자칭 칠칠이라고 한다. 꽃을 잘 길렀다고 한다.

5 매비(梅妃) : 당 현종(玄宗)의 후비로, 성은 강(江)이고 이름은 채평(采苹)이다. 총명하고 글을 잘 지어 현종의 총애를 받았으나 나중에 양귀비의 질투로 총애를 잃고 안녹산(安祿山)의 난 때 죽었다고 한다.

6 상황(上皇) : 당 현종을 말한다.

"바로 소직(蘇直)입니다. 꽃의 병을 잘 치료해서, 마른 것은 살지게 하고 병든 것은 편안하게 해주기에, 꽃과 나무의 의원이 되라 명했지요."

"왼쪽에 있는 '태사부(太師府)'는 무엇입니까?"

화고가 대답했다.

"낙양 사람 송중유(宋仲儒)가 사는 곳입니다. 송중유는 이름이 단보(單父)인데, 시를 잘 읊고 나무도 잘 기릅니다. 특히 모란 기르는 재주로 말할 것 같으면, 천 가지 조화신공을 부리기 때문에 사람들이 헤아릴 길 없지요. 상황께서 일찍이 그를 여산(驪山)[7]으로 불러 꽃 만 포기를 심게 했는데, 꽃들의 색과 모양이 각기 다른 것을 보시고는 그에게 금 천 냥을 하사하셨습니다. 내인들이 모두 그를 '화사(花師)'라고 불렀기에 지금까지도 그렇게 부르고 있습니다."

문으로 들어서서 서쪽 거리로 백여 걸음 가자 옆으로 알록달록 조각된 난간이 있는 작은 정원이 나왔다. 나는 급히 안으로 들어가려고 했으나 화고가 부인께서 너무 오래 기다리실까 염려된다며 들어가지 못하게 했다. 그러나 내가 들어가겠다고 재차 억지를 부리자 비로소 허락했다. 계단에 이르자 꽃과 꽃받침이 하나로 합쳐진 꽃이 보였는데, 향기가 얼마나 짙은지 옷자락에 밴 채 흩어지지 않았다. 정원에서 한 미인이 때때로 그 꽃을 따 향기를 맡았는데, 하늘하늘 팔과 허리를 흐느적거리는 것이 향기에 취한 듯했다. 나는 감히 자세히 보지 못했다. 화고가 말했다.

"이 꽃을 아십니까?"

내가 대답했다.

"알지 못합니다."

화고가 말했다.

"이 꽃은 숭산(嵩山 : 河南省 登封縣 서북쪽 소재) 언덕에서 나는데, 사람들은 그 이름을 모릅니다. 이 꽃을 딴 사람이 기이하게 여겨 수나라 양제

---

7 여산(驪山) : 섬서성(陝西省) 임동현(臨潼縣) 동남쪽에 있는 산이다. 산 위에는 당나라 화청지(華淸池)의 옛 터가 있다.

(煬帝)에게 바쳤습니다. 마침 어가가 그곳에 당도해 '영련화(迎輦花)'라는 이름을 하사했습니다. 그 향기를 맡으면 술도 깨고 잠자는 것도 잊는답니다."

내가 말했다.

"그렇다면 아까 본 미인은 사화녀(司花女) 원보아(袁寶兒)[8]입니까?"

화고가 말했다.

"그렇습니다!"

그리고는 그곳을 나왔다.

다시 가운데 길로 해서 대전을 지나다가 대전 모퉁이에서 두 젊은 부인을 만났다. 둘 다 곱게 단장을 하고는 나를 맞으며 웃는 얼굴로 말했다.

"어째서 늦게 오셨습니까?"

화고가 급히 물었다.

"부인께서는 어디에 계십니까?"

두 젊은 부인이 대답했다.

"내전에서 여러 미인들이 노래하고 춤추고 음악 연주하는 것을 보시며 즐기고 계십니다. 손님께서 오셨으니 들어가 부인께 알리겠습니다."

내가 급히 말리며 말했다.

"여보시오, 잠시만 기다리시오. 여러 미인들을 좀 훔쳐볼 수 있을까요?"

두 젊은 부인이 웃으며 말했다.

"그럼요."

그리고는 화고에게 말했다.

"잠시 군자를 모시고 계시면 우리 둘이 음악 연주가 끝날 때를 기다렸다가 모시고 들어가겠습니다."

---

8 원보아(袁寶兒) : 「남부연화기(南部煙花記)」에 따르면 원보아는 수나라 양제의 시녀였다. 낙양에서 수나라 양제에게 꽃과 꽃받침이 합쳐진 영련화를 바치자 양제는 그 꽃을 '사화녀'라고 불렀다고 한다.

둘이 떠나간 후에 내가 화고에게 물었다.

"두 부인은 누구입니까?"

화고가 대답했다.

"두 부인은 본래 이업후(李鄴侯)[9]의 첩으로, 푸른 옷을 입은 사람은 녹사(綠絲)이고 붉은 옷을 입은 사람은 취도(醉桃)입니다. 두 사람의 손을 거친 꽃 중 살아나지 않는 것이 없습니다. 그래서 부인께서 뽑아 들여 가까이서 모시는 시녀로 삼으신 것입니다."

그리고는 나를 대전 앞에 있는 주렴 밖으로 데리고 갔다. 주렴 안을 보았더니 온갖 악기들이 어지러이 널려있었는데, 연주 소리도 춤추는 모습도 너무 아름다웠다. [악기 소리가] 귓가를 가득 메우고 있을 때, 갑자기 한 미인이 귀밑머리를 뒤로 넘기고 소매를 걷어 올리더니 곧장 길게 소리를 뽑았는데, 그 어떤 악기 소리도 그 소리를 막을 수는 없을 것 같았다. 얼마 후 마치 아무도 없는 듯 넓은 무대가 고요해졌다. 나는 그 노래 소리를 듣고서 경탄하지 않을 수 없었다. 화고가 말했다.

"이것은 영신(永新)[10]이 부르는 노래입니다. '노래의 가치가 천금이나 된다'는 말은 바로 이 사람을 두고 한 말입니다."

말이 아직 끝나지 않았을 때 주렴 안에서 "왕생(王生)은 드시오!" 하는 소리가 들렸다.

낯빛을 고치고 옷매무새를 가다듬은 다음 안으로 들어가 대전 위에 앉아 있는 부인을 바라보았다. 위엄 있으면서도 아름다운 자태, 붉은 비단 옷에 물총새 깃털로 만든 관, 진주 귀걸이에 패옥을 찬 모습은 마치 후비(后妃)처럼 보였다. 시녀 수십 명도 하나같이 절세미인들이었다. 내가

---

9 이업후(李鄴侯) : 업후는 당나라 때 유명한 장서가로서 재상을 지내기도 한 이비(李泌)를 말한다. 후에 업후에 봉해졌기 때문에 이렇게 불렸다.

10 영신(永新) : 허영신(許永新)을 말한다. 『악부잡록(樂府雜錄)』의 기재에 따르면 당나라 개원연간(開元年間 : 713~741)에 궁녀 허영신이 소리를 잘했는데, 하루는 황제의 명을 받아 연회에서 노래를 부르자 드넓은 무대가 조용해져 한 사람도 없는 것 같았다고 한다.

재배하자 부인이 나에게 일어나라고 하며 말했다.

"여러 미인들을 한번 만나보시겠소?"

내가 사양하며 감히 보지 못하겠다고 하자 부인이 말했다.

"미인은 꽃의 진신(眞身)이고 꽃은 미인의 그림자요. 그대가 꽃을 아꼈기 때문에 이곳에 올 수 있었으니 그 인연이 얕지 않소. 일전에 그대가 지은 「꽃을 꺾지 말 것을 경계하는 글[戒折花文]」은 이미 위부인(衛夫人)[11]에게 해서(楷書)로 한 통 쓰도록 하여 자리 오른쪽에 놓아두었소."

나는 더욱 겸손히 사양했다. 잠시 후 자리에 앉으라고 하더니 백화고(百花膏)를 가져오게 했다. 부인이 좌우를 돌아보며 말했다.

"왕생께서 멀리에서 오셨는데, 너희들은 무엇으로 귀한 손님의 마음을 즐겁게 해드리려느냐?"

한 여자가 고상한 자태로 꼿꼿이 서 있다가 금(琴)을 안고 말했다.

"제가 금을 한번 타보겠습니다."

금 소리가 한 번 울려 퍼지자 좌중이 조용해졌다. 청아한 소리로 일곱 현(絃)을 두루 타니, 온갖 나무가 더욱 푸르러지고 강가에 뜬 달이 더욱 밝아졌다. 부인이 칭찬하며 말했다.

"옛날에 우적(于頔)[12]이 한번은 손님에게 금을 타게 했는데, 그의 형수가 소리를 듣고는 탄식하며 말하길, '삼분의 일은 쟁(箏) 소리요 삼분의 이는 비파 소리이니, 금 소리는 전혀 없구나'라고 했다 하오. 지금 노녀(盧女)[13]의 금 소리를 들어보니 현이 한번 튕길 때마다 마음이 한 번 맑아

---

11 위부인(衛夫人) : 위삭(衛鑠)을 말한다. 진(晉)나라 위항(衛恒)의 사촌 동생이자 이구(李矩)의 아내로 해서를 잘 써서 일찍이 왕희지(王羲之)가 스승으로 모셨다고 한다.

12 우적(于頔) : 당나라 때 하남성(河南省) 낙양 사람으로, 자는 윤원(允元)이다. 덕종(德宗) 때 호주자사(湖州刺史)를 지냈으며 헌종(憲宗) 때에는 재상까지 지냈다.

13 노녀(盧女) : 노희(盧姬)라고도 한다. 삼국시대 위(魏)나라 무제(武帝)의 궁녀였는데, 금을 잘 탔다고 전해진다. 『악부시집(樂府詩集)』「잡곡가사(雜曲歌辭)」에 「노녀곡(盧女曲)」 있는데, 송나라 곽무천(郭茂倩)은 그 곡의 해제(題解)에서 "노녀는 위나라 무제의 궁인이며 장군 음승(陰升)의 누이이다. 일곱 살에 궁에 들어가 금을 잘 탔다[盧女者, 魏武帝時宮人也, 故將軍陰升之姊. 七歲入漢宮, 善鼓琴]"고 기록하고 있다.

지는 것 같이, 저 수노(秀奴)나 칠칠(七七)[14]에 뒤지지 않는구나."

그리고는 태진(太眞)[15]을 불러 비파를 연주하게 했다. 나는 태진을 부르는 소리를 듣고 혼자 생각했다.

'한때 해어화(解語花)[16]라 칭해지고 또 해당화가 잠에서 아직 깨어나지 않았네[17]라고 칭해지던 저 여자를 뜻밖에도 이곳에서 만나게 될 줄이야.'

그때 허리가 가늘고 눈동자가 어여쁜 여인이 나왔는데, 누런 옷을 입고 옥관(玉冠)을 썼으며 서른 남짓한 나이에 용모가 몹시 빼어났다. 비파를 안고 연주하니, 그 음률이 구슬프고도 맑아 구름 밖으로 날아갈 것만 같았다. 내가 다시 쟁(箏) 연주를 청하자 부인이 웃으며 말했다.

"근자에는 이 악기만이 미인의 마음을 얻을 수 있지요. 그대가 유독 악기를 청하는 걸 보니, 속내가 말 속에 드러나 것 같군요!"

그리고는 여러 여인들을 돌아보며 말했다.

"누가 쟁을 잘 타느냐?"

여자들은 하나같이 이렇게 대답했다.

"아무래도 최고가는 솜씨로는 설경경(薛瓊瓊)[18]만한 자가 없겠지요."

잠시 후에 한 여인이 담홍색 적삼에 환한 비단 치마를 두르고 손에 악기 하나를 쥐고 나왔다. 악기는 위가 둥글고 아래가 평평했으며 속이 비

---

14 수노(秀奴)나 칠칠(七七) : 두 사람 모두 당나라 이견공(李汧公)의 노비이다. 『당어림(唐語林)』 권5에 따르면 이견공이 선무(宣武)를 다스릴 때 금서(琴書)를 좋아하여 직접 금을 제작하고 또한 금을 잘 타는 수노와 칠칠을 총애하였다고 한다. 두 사람 모두 금을 잘 탔고 직접 금보(琴譜)도 쓸 수 있었다고 한다.

15 태진(太眞) : 양귀비를 말한다. 포주(蒲州) 영락(永樂) 사람으로, 자는 옥환(玉環)이다. 당 현종의 총애를 받아 귀비로 봉해졌다.

16 해어화(解語花) : 사람 말을 알아듣는 꽃이라는 뜻으로, 미인을 상징하는 말이다. 『개원천보유사(開元天寶遺事)』에 따르면 당 현종이 태액지(太液池)에서 신하들과 함께 흰 연꽃을 감상하다가 좌우의 사람들이 감탄하자 양귀비를 좌우 사람들에게 보이며 "누가 나의 해어화와 미모를 다투겠느냐?"라고 말했다고 한다.

17 해당화가 …… 않았네 : 원문은 '해당수미성(海棠睡未醒)'이다. 당나라 현종이 어느 날 술에 취한 양귀비를 보고 해당화가 아직 잠에서 깨지 않았다고 말했다고 한다.

18 설경경(薛瓊瓊) : 『여정집(麗情集)』에 따르면 설경경은 당나라 개원연간(開元年間 : 713~741)에 궁중에서 쟁을 제일 잘 타는 궁녀였다고 한다.

어 있었고 현을 묶는 기둥이 12개였는데, 도무지 무슨 물건인지 알 수 없었다. 부인이 말했다.

"이것이 바로 쟁입니다."

잠시 후에 현 묶는 기둥 사이를 급히 오가며 궁상(宮商)을 고르고, 줄을 이리저리 넘나들며 오묘한 음색을 굴리니, 나는 그제야 최회보(崔懷寶)의 시[19]가 헛소리가 아님을 알았다. 연주가 막 끝나자마자 또 한 여인이 어떤 악기 하나를 들고 왔는데, 비파처럼 생겼으나 둥근 것이 달 모양을 본뜬 것 같았다. 그 악기를 타기 시작하니, 소리는 금과 같았고 음색은 청량했다. 나는 이번에도 그것이 무슨 물건인지 알지 못했다. 그 여자를 슬쩍 보았더니 손금 은밀한 부분이 붉은 실[紅線][20]처럼 생겼다. 부인은 나의 뜻을 살피고 내게 가르쳐 주며 말했다.

"이것은 완함(阮咸)이라고도 하고 월금(月琴)이라고도 하는 악기인데, 홍선만이 이 악기를 잘 다룬다오."

이에 나는 그 여자가 홍선임을 알았다. 부인이 갑자기 한 여자를 가리키며 말했다.

"하마터면 너를 잊을 뻔했구나. 너도 뛰어난 기예가 있으니, 훌륭한 손님에게 한번 들려 드리지 그러느냐?"

내가 일어나 보았더니 한 미인이 보였는데, 정만 머금은 채 말없이 가림벽 사이에 아리따운 자태로 기대어 있었다. 여자는 부인의 말을 듣고

19 최회보(崔懷寶)의 시 : 최회보는 설경경을 사랑했던 인물이다. 최회보가 어느 날 설경경을 보고 사랑에 빠져 다음과 같은 시를 보냈다고 한다. "평생 동안 소원이 없더니, 악기 중 쟁이 되길 바라네. 가까이서 옥인의 섬섬옥수를 만지고, 빛나는 비단 치마 위에서 아름다운 소리를 낼 수만 있다면, 죽어도 영화롭게 여기겠네[平生無所願, 願作樂中箏. 近得玉人纖手子, 砑羅裙上放嬌聲, 便死也爲榮]." 결국 두 사람은 사랑을 이루게 되었다고 한다.

20 붉은 실[紅線] : 홍선은 당나라 전기소설 「홍선」의 여주인공이다. 당나라 노주절도사(潞州節度使) 설숭(薛嵩)의 하녀로 완함을 잘 타고 경사(經史)에도 능통했다. 위박절도사(魏博節度使) 전승사(田承嗣)가 설숭을 무력으로 병합하려고 하자 홍선이 몰래 전승사의 침실에 침투하여 그의 베개 옆에 금합(金盒)을 놓고 나옴으로써 병합을 막았다.

미소를 지었다. 내가 부인에게 물었다.

"저 여인은 누구입니까?"

부인이 대답했다.

"북위(北魏) 고양왕(高陽王) 탁발옹(拓跋雍)[21]의 왕비 서월화(徐月華)[22]라오. 와공후(臥箜篌)[23]를 잘 타는데, 「명비출새곡(明妃出塞曲)」[24]을 탈 때면 애절한 소리가 구름까지 들어가, 듣는 사람 중에 마음이 움직이지 않는 자가 없소."

그 여자는 직접 악기 하나를 가지고 왔다. 악기는 몸체가 둥글고 길었으며 스물세 개의 현이 있었다. 악기를 가슴에 안고 [홍선과 더불어] 나란히 연주하는데, 과연 부인의 말과 같았다.

잠시 후에 한 여자가 붉은 봉황을 타고 등장하자 여자들이 일제히 말했다.

"취소녀(吹簫女)가 오십니다!"

그 여자가 부인에게 말했다.

"부인께서 손님을 모셔왔다는 소식을 듣고 농옥(弄玉)[25]이 새로운 소리를 들려 드리러 왔습니다."

부인이 농옥에게 퉁소를 불게 했다. 한 번 불자 맑은 바람이 불고, 두 번 불자 오색구름이 일어났으며, 세 번 불자 봉황이 하늘로 날아오르더

---

21 탁발옹(拓跋雍) : 북위 헌문제(獻文帝) 탁발홍(拓跋弘)의 아들이며 일찍이 고양왕에 봉해졌다.

22 서월화(徐月華) : 북위 고양왕 탁발옹의 왕비이다. 『낙양가람기(洛陽伽藍記)』에 따르면 공후를 잘 탔다고 한다.

23 와공후(臥箜篌) : 악기 이름으로, 공후의 일종이다.

24 「명비출새곡(明妃出塞曲)」 : 명비는 바로 서한(西漢) 원제(元帝)의 후비 왕소군(王昭君)을 말한다. 진(晉)나라 사마소(司馬昭)의 '소' 자를 피휘하여 명비라고 고친 것이다.

25 농옥(弄玉) : 『열선전(列仙傳)』에 따르면 농옥은 진(秦)나라 목공(穆公)의 딸로, 퉁소를 잘 불었다고 한다. 그래서 진 목공이 그녀를 소사(蕭史)에게 시집보내고 그들을 위해 봉루(鳳樓)를 지어 주었는데, 나중에 두 부부가 모두 하늘로 올라가 신선이 되었다고 한다.

니 이내 천천히 구름을 타고 떠나갔다. 귓가에는 여전히 퉁소 소리가 들리는 것 같았으나, 자세히 살펴보니 이미 퉁소 소리가 아니었다. 또 짧은 머리에 예쁜 옷을 입고 서 있는 여자가 있었는데, 용모가 매우 아름다웠다. 그 여자가 옥적(玉笛)을 가로로 부니, 그 소리가 매우 오묘하고 아름다웠다. 부인이 말했다.

"누가 마음대로 옥적을 부느냐?"

여자들이 말했다.

"석가(石家)네 녹주(綠珠)[26]입니다."

부인은 어서 나와 손님께 인사하라고 했다. 여자의 무리들도 여러 번 재촉했으나 녹주는 앞으로 나아가려 하지 않았다. 여자의 무리 중에 국색(國色)의 미모를 갖춘 또 한 명의 여자가 녹주에게 말했다.

"나도 옥적을 잘 부는데, 왜 하필 너니?"

녹주가 그 소리를 듣고 화내며 말했다.

"아기(阿紀),[27] 네가 감히 나와 장단을 겨루어 보자는 것이냐? 나는 평생 동안 계륜(季倫)[28]을 모셨으니 사인조(謝仁祖)[29]가 죽은 후에 다시 치담(郗曇)에게 시집간 너와는 다르다. 부끄러운 줄도 모르고 하찮은 기예를 자랑하려 하느냐?"

그 여자는 부끄럽고 분해 한 마디도 하지 못했다. 부인도 언짢아져 연주를 그만두게 했다.

26 녹주(綠珠) : 서진(西晉) 석숭(石崇)의 애첩으로 적(笛)을 잘 불었다. 당시의 권세가였던 손수(孫秀)가 석숭에게 사람을 보내 녹주를 달라고 청했으나 석숭이 거절하자 손수는 황제의 명을 빙자하여 석숭을 포박하고 녹주를 끌고 가려 했다. 이에 녹주는 그 주인을 배반할 수 없어 누각에 몸을 던져 죽었고 결국 석숭도 죽임을 당했다.

27 아기(阿紀) : 남조 양(梁)나라 사인조(謝仁祖)의 첩으로 적을 잘 불었다. 사인조 사후에 치담(郗曇)에게 재가했다.

28 계륜(季倫) : 서진(西晉)의 석숭이다. 석숭은 발해(渤海) 남피(南皮) 사람으로, 자가 계륜이다. 서진의 관리 중에 부호들이 많았는데, 그 대표적인 사람이라고 할 수 있다.

29 사인조(謝仁祖 : 308~356) : 진(晉)나라 사상(謝尙)으로, 인조는 그의 자이다. 상서복야(尙書僕射) · 예주자사(豫州刺史) 등을 지냈고 음악에 조예가 깊었다고 한다.

그때 갑자기 노래 한 소절이 울려 퍼졌는데, 그 소리는 아침 노을 위에서 들려왔다. 어떤 여자가 박판(拍板)을 들고 자리에 서서 사람들을 돌아보며 시선을 끌었다. 부인이 기뻐하며 말했다.

"오랫동안 염노(念奴)[30]의 노래를 듣지 못했더니, 사람 마음을 시원하게 풀어주기에 충분하겠구나!"

염노가 말했다.

"제가 어찌 나서겠습니까? 여연(麗娟)[31]이 노래 부르고 나면 저는 졸지에 창부(傖父)[32]가 되고 말 것입니다!"

부인이 손가락으로 가리키며 말했다.

"여연은 몸이 약해 옷도 이기지 못하니 노래나 부를 수 있을런지."

보았더니 여연은 겨우 열 너댓 살 쯤 되어 보였으며, 옥 같은 피부는 부드럽고 숨결은 난초 같았다. 걸음걸이는 비틀비틀 하는 것이 뼈마디에서 절로 소리가 나지는 않을까 의심스러울 정도였다. 여연이 이윽고 입을 열었다.

"훌륭한 손님을 대접한다는데, 추한 모습인들 어찌 사양하겠습니까?"

그리고는 「회풍곡(迴風曲)」을 부르자 정원의 꽃잎들이 가을 잎처럼 우수수 떨어졌다. 나는 그저 "어찌할꼬" 소리만 연발할 뿐이었다. 여연이 말했다.

"아직 강수(絳樹)[33]를 보지 못하셨지요? 강수는 한 목소리로 두 곡을 동시에 부를 수 있답니다. 두 사람이 자세히 귀를 기울여 들어보면 각각 다른 노래 한 수씩을 부르고 있는데, 가사 하나도 틀리지 않습니다. 매번

---

30 염노(念奴) : 당나라 천보연간(天寶年間 : 742~755)의 유명한 가기(歌妓)이다. 나중에 염노의 이름을 따서 만들어진 사패(詞牌)가 바로 「염노교(念奴嬌)」이다.

31 여연(麗娟) : 한나라 무제(武帝)의 가기이다. 『동명기(洞冥記)』에 따르면 여연은 14세의 나이에 옥 같은 피부를 지니고 있었으며 지생전(芝生殿)에서 「회풍(回風)」이란 노래를 부를 때면 꽃잎이 모두 떨어졌다고 한다.

32 창부(傖父) : 원래는 위진남북조(魏晉南北朝) 시기에 남방 사람을 거칠다고 멸시하던 말.

33 강수(絳樹) : 고대의 미인으로 노래와 춤에 뛰어났다고 한다.

따라해 보려고 하지만 그 기교는 도무지 헤아릴 길이 없습니다."

부인이 말했다.

"강수의 재주가 특이하기는 하나 너를 이기지는 못할 것이다. 나는 왕생과 함께 강수의 춤이나 보아야겠다."

보았더니, 나는 듯 춤추며 빙빙 맴돌면서 구름으로 솟구칠 듯한 자태를 선보이는데, 정말이지 교묘한 춤으로는 강수보다 뛰어난 자가 없을 것만 같았다. 강수가 여연에게 말했다.

"네가 나의 노래를 따라 해도 할 수 없듯이 나는 너의 춤을 배우려 해도 배울 수가 없구나."

부인이 크게 깨달으며 말했다.

"그랬었지! 한나라 무제(武帝)가 일찍이 꽃잎 빨아들이는 비단을 여연에게 하사하여 무의(舞衣)를 짓게 하고는 봄밤에 꽃 아래에서 연회를 열었었지. 여연이 춤을 추면서 일부러 소매로 꽃을 건드려 꽃잎을 떨어뜨리면, 온몸에 꽃잎이 달라붙었다 하여 사람들은 그것을 일러 '백화무(百花舞)'라고 불렀지. 오늘 어째서 왕생을 위해 한번 선보이지 않느냐?"

그러자 여연이 다시 일어나 춤을 추었는데, 그 자태가 더욱 아름다웠지만 행여 바람에 불려 갈까 걱정이었다. 갑자기 닭 울음소리가 들리자 나는 일어나서 떠나려 했다. 부인이 말했다.

"후에 다시 만날 날이 있으리니, 삼가 몸조심하시오."

그리고는 화고에게 나를 바래다주게 했다. 여러 미인들도 모두 연연해하며 이별을 안타까워하는 얼굴들이었다. 나 또한 어디서 나왔는지 모를 눈물이 주욱 흘러내렸다.

화고는 나를 데리고 샛길로 나왔는데, 길이 매우 험난했다. 고개를 돌렸더니 갑자기 화고가 어디론가 사라져 버렸다. 다만 샛별은 떨어지려 하고 달은 창문에 비스듬히 걸려있었으며, 꽃 그림자가 계단에 어른거리며 마치 나를 돌아보고 웃는 듯 하늘거렸다. 이슬 내린 돌 위에 앉아 보고 들은 것을 기억하노라니, 황홀하여 마치 다른 세상의 일인 것만 같았다. 이에 세상만사 모두 이러함을 개탄하며 이 일을 기록한다. 때는 강희(康熙) 무신(1668) 3월이다.

애탁암(哀籜菴)이 말한다.

재주와 정감을 십분 갖추었기에 이 글을 지을 수 있었던 것이다. 만약 재주만 있고 정감이 없었다면 진실됨이 없었을 것이고, 정감만 있고 재주가 없었다면 유려하지 않았을 것이다. 이 글을 읽고서야 비로소 그의 능력에 탄복한다.

이상북(李湘北)이 말한다.

이것은 단록(丹麓)이 지은 「꽃을 꺾지 말 것을 경계하는 글」에 대한 절묘한 주소(注疏)라 할 수 있다. 천고에 남은 미인들의 넋을 총동원하고 마치 살아있는 듯 담소를 나누었으니, 문성장군(文成將軍)이 이부인(李夫人)을 불러낸 것[34]도, 공도사(邛道士)가 양옥환(楊玉環)을 불러낸 것[35]도 이보다는 못할 것이다.

서죽일(徐竹逸)이 말한다.

빼어난 흥취는 떨어진 꽃잎이 풀에 의지하는 듯하니, 『우초지(虞初志)』 『염이편(艶異編)』의 미비한 곳을 보충할 수 있겠다. 아홉 구비를 돌고 돌아 문장을 구성하면서 풍류를 거의 다 보여주려 했다.

장산래가 말한다.

---

34 문성장군(文成將軍)이 …… 불러낸 것 : 문성장군은 귀신을 잘 다루어 죽은 사람의 영혼을 불러올 수 있었는데, 한 무제가 이부인을 그리워한 나머지 문성장군에게 부탁해 이부인의 영혼을 불러내게 했다.

35 공도사(邛道士)가 …… 불러낸 것 : 공도사 역시 죽은 사람의 영혼을 불러올 수 있었는데, 당 현종이 양귀비를 그리워한 나머지 공도사에게 부탁해 양귀비의 영혼을 불러내게 했다.

내가 일찍이 “꽃을 사랑하는 마음으로 미인을 사랑하면 깨달음에 있어 빼어난 흥취가 풍부할 것이고, 미인을 사랑하는 마음으로 꽃을 사랑하면 아끼고 보호하는 데 특별히 깊은 정이 있을 것이다”라고 말했는데, 단록은 목숨처럼 꽃을 아꼈으니 이러한 기이한 만남을 가진 것도 당연하다.

또 말한다.

예전에 『염이(艶異)』 등의 책을 읽으면서 꽃의 요정과 달의 자매가 종종 문인들과 인연이 닿은 것을 보고 내심 부러워 평생에 이러한 만남이 없음을 한탄하곤 했다. 그런데 지금 이 글을 읽으니 더욱 더 부럽구나!

湖墅西偏, 有沈氏園, 茂才衡玉之別業也. 茂才性愛花, 自號‘花遯’. 園故多植古桂・老梅・玉蘭・海棠・木芙蓉之屬, 而牡丹尤盛. 疊石爲山, 高下互映. 開時熒熒如列星, 又如日中張五色錦, 光彩奪目. 遠近士女游觀者, 日以百數.

三月十八日, 予亦往觀, 徘徊其下, 日暮不忍歸. 主人留飮. 飮竟, 月已上東牆矣. 主人別去, 予就宿廊側, 靜夜獨坐. 淸風徐來, 起步階前, 花影零亂, 芳香襲人衣裾, 幾不復知身在人世.

俄見女子自石畔出, 年可十五六, 衣服娟楚. 予驚問, 女曰: “妾乃魏夫人弟子黃令徵, 以善種花, 謂之‘花姑’. 夫人雅重君, 特遣相迓.” 予隨問夫人隸何事, 曰: “隸春工. 凡天下草木花片, 數之多寡, 色之靑白紅紫, 莫不於此賦形焉.” “然則何爲見重也?” 曰: “君至當自知.” 因促予行. 予不得已, 隨之去.

移步從太湖石後, 便非復向路. 淸溪夾岸, 茂林蓊鬱. 沿溪行里許, 但覺烟霧溟濛, 芳菲滿目, 人間四季花, 同時開放畧盡. 稍前一樹, 高丈餘, 花極爛熳. 有三女子, 紅裳艶麗, 偕游樹下, 見客亦不避. 予歎息良久, 花姑曰: “此鶴林寺杜鵑也. 自殷七七催開後, 卽移植此.” 又行數里, 一望皆梅, 紅白相間, 綠萼倍之. 當盛處有一亭, 榜曰 ‘梅亭’. 亭內有一美人, 淡粧雅度, 徙倚花側. 予流盼移時, 幾不能擧步. 花姑曰: "奈何爾? 此是梅妃. '梅亭'二字, 猶是上皇手書. 幸妃性柔緩, 不爾, 恐獲罪!" 予笑謝乃已.

行至一山, 巖壑爭秀, 花卉殆與常異. 聽枝上鳥語, 如鼓笙簧. 漸見朱甍碧瓦, 殿閣參差, 兩度石橋, 乃抵其處. 相厥棟宇, 侈於王者. 傍有二司如官署, 右曰: "太醫院". 予大驚訝, 問花姑曰: "此處亦須太醫耶?" 花姑笑曰: "乃蘇直耳. 善治花, 瘠者能腴, 病者能安, 故命爲花木醫." "其左曰'太師府'何?" 曰: "此洛人宋仲儒所居也. 名單父, 善吟詩, 亦能種植. 藝牡丹, 術凡變易千種, 人不能測. 上皇嘗召至驪山, 植花萬本, 色樣各不同, 賜金千兩. 內人皆呼'花師', 故至今仍其稱." 入門, 由西街行百步餘, 側有小苑, 畫檻雕欄. 予遽欲進內, 花姑慮夫人待久, 不令入. 予再三强之, 方許. 及階, 見一花合蒂, 濃艶芬馥, 染襟袖不散. 庭中有美女, 時復取嗅之, 腰肢纖惰, 多憨態. 予不敢熟視. 花姑曰: "君識是花否?" 予曰: "不識也." 曰: "此産嵩山塢中, 人不知名. 採者異之, 以貢煬帝. 會車駕適至, 爰賜名'迎輦花'. 嗅之能令人清酒, 兼能忘睡." 予曰: "然則所見美女, 其司花女袁寶兒耶?" 花姑曰: "然!" 遂出.

復由中道過大殿, 殿角遇二少婦. 皆艶粧, 迎且笑曰: "來何暮也?" 花姑亟問: "夫人何在?" 曰: "在內殿觀諸美人歌舞奏樂爲業. 客既至, 當入報夫人." 予遽止之曰: "姑少俟. 諸美人可得竊窺乎?" 二婦笑曰: "可." 謂花姑: "汝且陪君子, 我二人候樂畢相延也." 去後, 予乃問花姑: "二婦爲誰?" 曰: "二婦本李鄴侯公子妾, 衣青者曰綠絲, 衣緋者曰醉桃. 花經兩人手, 無不活. 夫人以是錄入近侍." 遂引予至殿前簾外. 見絲竹雜陳, 聲容備善. 正洋洋盈耳, 忽有美人撩鬢擧袂, 直奏曼聲, 覺絲竹之音不能遏. 既而廣場寂寂, 若無一人. 予聞之, 不勝驚歎. 花姑曰: "此永新歌. 所謂 '歌值千金', 正斯人也." 語未畢, 聞簾內宣 "王生入!"

予斂容整衣而進, 望殿上夫人. 丰儀綽約, 衣絳綃衣, 冠翠翹冠, 珠璫玉佩, 如后妃狀. 侍女數十輩, 亦皆妖麗絶人. 予再拜, 命予起, 曰: "汝見諸美女乎?" 予謝不敢, 夫人曰 : "美人是花眞身, 花是美人小影. 以汝惜花, 故得見此, 緣殊不淺. 向汝作「戒折花文」, 已命衛夫人楷書一通, 置諸座右." 予益遜謝. 旋命坐, 進百花膏. 夫人顧左右曰 : "王生遠至, 汝輩何以樂嘉賓之心?" 有一女亭亭玉立, 抱琴請曰 : "妾願撫琴." 一聲纔動, 四座無言. 冷冷然, 撫遍七絃, 直令萬木澄幽, 江月爲白. 夫人稱善, 曰 : "昔于頔嘗令客彈琴, 其嫂審聲, 嘆曰 : '三分中, 一分箏, 二分琵琶, 絶無琴韻.' 今聽盧女彈, 一絃能淸一心, 不數秀奴七七矣." 因呼太眞奏琵琶. 予聞呼太眞, 私意 : '當日稱爲解語花, 又曰海棠睡未醒, 不料邂逅於此.' 乃見一人, 纖腰修眸, 衣黃衣, 冠玉冠, 年三十許, 容色絶麗. 抱琵琶奏之, 音韻悽淸, 飄出雲外. 予復請搊箏, 夫人笑曰 : "近來惟此樂, 傳得美人情. 君獨請此, 情見乎辭矣!" 顧諸女輩曰 : "誰擅此技?" 皆曰 : "第一等手, 無如薛瓊瓊."

尋有一女, 着淡紅衫子, 繫砑羅裙, 手捧一器. 上圓, 下平, 中空, 絃柱十二, 予不辨何物. 夫人曰 : "此卽箏也." 頃乃調宮商於促柱, 轉妙音於繁絃, 始憶崔懷寶詩, 良非虛語. 曲纔終, 又有一女, 抱一器, 似琵琶而圓者, 其形象月. 彈之, 其聲合琴, 音韻淸朗. 予又不辨何物. 但微顧是女, 手紋隱處如紅線. 夫人察余意, 指示予曰 : "此名阮咸, 一名月琴, 惟紅線善此." 予方知是女卽紅線也. 夫人忽指一女曰 : "渾忘却汝. 汝有絶技, 何不令嘉客得聞?" 予起視, 見一美人, 含情不語, 嬌倚屛間. 聞夫人語, 微笑. 予遂問夫人 : "是女云誰?" 夫人曰 : "此魏高陽王雍美人徐月華也. 能彈臥箜篌, 爲明妃出塞之歌, 哀聲入雲, 聞者莫不動容." 已持一器. 體曲而長, 二十三絃. 抱於懷中, 兩齊奏之, 果如夫人言.

俄有一女跨丹鳳至, 諸女輩咸曰 : "吹簫女來矣!" 女謂夫人曰 : "聞夫人延客, 弄玉願獻新聲." 夫人請使吹之. 一聲而淸風生, 再吹而彩雲起, 三吹而鳳凰翔, 便冉冉乘雲而去. 耳畔猶聞嗚嗚聲, 細察之, 已非簫矣. 別一女子, 短髮麗服, 貌甚美而媚. 橫吹玉笛, 極要眇可聽. 夫人曰 : "誰人私弄笛?" 諸女輩報曰 : "石家兒綠珠." 夫人命亟出見客. 女伴數促不肯前. 中一女亦具國色, 乃曰 : "兒亦善笛, 何必爾也?" 綠珠聞之, 怒曰 : "阿紀敢與我較短長耶? 我終身事季倫, 不似汝謝仁祖歿, 逐嫁郗曇. 不以汗顏, 翻逞微技?" 是女羞憤無一言. 夫人不懌, 命止樂.

忽有囀喉一歌, 聲出於朝霞之上. 執板當席, 顧盼撩人. 夫人喜曰 : "久不聞念奴歌, 今益足暢人懷!" 念奴曰 : "妾何足言? 使麗娟發聲, 妾成傖父矣!" 夫人指曰 : "麗娟體弱不勝衣, 恐不耐歌." 予見其年僅十四五, 玉膚柔軟, 吹氣勝蘭. 擧步珊珊, 疑骨節自鳴. 乃曰 : "對嘉賓, 豈能辭醜?" 因唱「迴風曲」, 庭葉翻落如秋. 予但喚奈何而已. 麗娟曰 : "君尚未見絳樹也? 絳樹一聲能歌兩曲. 二人細聽, 各聞一曲, 一字不亂. 每欲效之, 竟不測其術." 夫人曰 : "絳樹術雖異, 恐無能勝子. 吾且欲與王生觀絳樹舞?" 乃見飛舞回旋, 有凌雲態, 信妙舞莫巧於絳樹也. 絳樹謂麗娟曰 : "汝欲效吾歌不得, 吾欲學汝舞亦不能." 夫人大悟曰 : "有是哉! 漢武嘗以吸花絲錦, 賜麗娟作舞衣, 春暮宴於花下. 舞時故以袖拂落花, 滿身都着, 謂之'百花舞'. 今日奈何不爲王生演之?" 麗娟復起舞, 舞態愈媚, 第恐臨風吹去. 忽聞雞鳴, 予起別. 夫人曰 : "後會尚有期, 愼自愛." 仍命花姑送予行. 視諸美人, 皆有戀戀不忍別之色. 予亦不知涕之何從也.

花姑引予從間道出, 路頗崎嶇. 回首忽失花姑所在. 但見曉星欲落, 斜月橫窗, 花影翻階, 翻然若顧予而笑. 露坐石上, 憶所見聞, 恍如隔世. 因慨天下事大率類是, 故記之. 時康熙戊申三月.

哀撦菴曰 : 具三十分才情, 方能有此撰述. 若有才無情, 則不眞, 有情無才, 則不暢. 讀竟始服其能.

李湘北曰 : 此丹麓「戒折花文」絶妙注疏也. 將千古艶魂, 和盤托出, 笑語如生, 不數文成將軍之於李夫人, 臨邛道士之於楊玉環矣.

徐竹逸曰 : 逸興如落花依草, 可補『虞初志』『艶異編』之所未備. 文心九曲, 幾欲佔盡風流.

張山來曰 : 予嘗謂 "以愛花之心愛美人, 則領畧定饒逸趣, 以愛美人之心愛花, 則護惜別有深情." 丹麓惜花如命, 固應有此奇遇.

又曰 : 向讀『艷異』諸書, 見花妖月姊, 往往於文士有緣, 心竊慕之, 恨生平未之遇也. 今讀此記, 益令我神往矣!

효견전(孝犬傳)

정구(定九) 진정(陳鼎)

효성스런 개는 광동(廣東) 동완현(東莞縣)에 사는 은사(隱士) 진공은(陳恭隱) 집의 암캐다. 몸통은 흰 색이고 꼬리는 붉었으며 네 발은 모두 검었다. 진공은은 아버지가 국난에 돌아가신 것이 애통해, 뜻을 세워 벼슬길에 나아가지 않겠노라 맹서하고는, 산속에 은거하면서 마음껏 시 읊고 마음껏 술 마시며 세상 사람들과 교류하지 않았다. 이 개는 진공은을 따라다니며 잠시도 떨어진 적이 없었다. 진공은이 외출할 때면 이 개는 마치 길이라도 인도하는 듯 수백 걸음 앞서 걸었다. 길에서 승냥이나 이리, 뱀이나 호랑이라도 만나면 재빨리 돌아가 진공은의 옷소매를 물어 끌면서 돌아가자고 했는데, 그 모습이 앞으로 나가지 못하게 하는 것 같았다. 진공은이 그 뜻을 알아차리고 즉시 되돌아가면 이번에는 마치 호위라도 하는 듯 뒤에서 수십 걸음 떨어져 따라오면서 큰 소리로 짖었다. 이것이 일상이 되었다. 밤이면 오두막 앞뒤를 순시하고 짖으면서, 아침이 될 때까지 조금도 쉬지 않았다.

몇 년 후에 개는 새끼 다섯 마리를 낳았는데, 모두 수컷이었다. 새끼들이 자라나 진공은이 사방 이웃집에 나누어 주고 키우게 하니, 모두들 집 지키기를 게을리 하지 않았다. 처음 나누어 주고 일 년 남짓 동안은 어미개가 날마다 나누어준 집들을 찾아가서 새끼들을 돌아보았는데, 그 모습이 마치 근면함을 가르치는 것 같았다. 먹을 것이 있으면 새끼 개들이 어미 개에게 양보해 먹게 했다. 새끼 개들이 자라자 어미 개는 더 이상 찾아다니지 않았고, 대신에 새끼 개들이 매일 아침 진공은의 집으로 찾아와 어미 개를 보았다. 몇 년 후에 어미개가 옴이 올라 말라 죽게 되었다. 그러나 새끼 개들이 날마다 찾아와 어미개의 옴을 혀로 핥더니 결국 다 병이 나았다. 매년 새해가 되면 마치 어미 개에게 새해를 축하라도 하는 듯, 새끼 개 다섯 마리가 모두 찾아와 어미 개를 둘러싸고 꼬리를 흔들었다. 후에 어미 개가 죽자 새끼 개 다섯 마리는 그치지 않고 슬피 울었다. 진공은은 어미 개를 가엾게 여겨 뒷산에 묻어 주었다. 그러자 새끼 개 다섯 마리는 매일 아침이면 모두 어미 개가 묻힌 곳에 올라가 울부짖었는데, 몇 년 동안을 한결같이 그렇게 했다.

외사씨(外史氏)가 말한다.

세상의 사람들은 술과 음식으로 부모를 봉양할 수 있으면 스스로 효도한다고 자부하며 만족해하는 기색이 역력하다. 공자께서 말씀하시길, "개나 말조차도 모두 부모 봉양을 하니, 하기 어려운 것은 공경하는 마음이다!"[1]라고 했다. 이 다섯 마리 개가 그 어미에게 정성을 다한 것을 보니, 실로 공경하는 마음이 있구나! 아아, 세상사람[2] 중에는 이만 못한 이들이 많고 많도다!

---

1 개나 …… 마음이다 : 『논어』 「위정(爲政)」에 나오는 말로, 원래 문장은 "자유가 효를 묻자 공자께서 말씀하셨다. '지금의 효라는 것은 [물질적으로] 잘 봉양하는 것을 말한다. 견마에게도 모두 봉양함이 있으니, 공경하지 않으면 무엇으로 구별하겠는가?' [子游問孝, 子曰 : '今之孝者, 是謂能養. 至於犬馬, 皆能有養, 不敬, 何以別乎?']"이다.

2 원문에는 '견(犬)'으로 되어 있으나 『필기소설대관(筆記小說大觀)』본에 근거하여 '인(人)'으로 고쳤다.

장산래가 말한다.

의로운 개에 대한 이야기는 너무 많아서 이루 다 기록할 수 없다. 지금 이 작품에 나오는 개는 효행으로 이름이 났기에 특별히 기록하여 보존한다.

孝犬, 廣東東莞縣隱士陳恭隱家牝犬也. 色白而尾騂, 四足皆黑. 恭隱痛父死國難, 矢志不進取, 隱居山中, 以吟飮自縱, 不與時人通. 此犬隨恭隱, 未嘗須臾離. 每出, 則犬先行數百步, 若以爲導者. 遇豺狼蛇虎, 則亟返, 嚙恭隱衣袂, 曳之還, 若不使前者. 恭隱悟, 卽旋, 犬又隨後, 離數十步, 作大聲嘷, 若以爲衛者. 以是爲常. 夜則於廬舍前後巡且吠, 達旦不少休.

數年, 犬一乳五子, 皆牡. 旣長, 恭隱分贈前後左右鄰家畜, 皆能司門戶不怠. 初分之歲餘, 母犬日往各家, 視乳犬一週, 若訓之勤者. 有食, 乳犬輒讓母犬食. 乳犬旣壯, 母犬卽不往視, 而乳犬每早輒齊來恭隱家視母犬. 又數年, 母犬病癩, 瘦將死. 乳犬日齊來, 爭與母犬舐癩, 遂愈. 每至元旦, 五乳犬輒齊來, 遶母犬搖尾, 若爲母犬賀歲狀. 後母犬死, 五乳犬皆哀號不止. 恭隱憫之, 瘞之後山. 五乳犬每早輒齊往瘞處號, 如是者數年不輟.

外史氏曰 : 世之人, 能以酒食養父母, 輒自詡曰孝, 且有德色. 子曰 : "至於犬馬, 皆能有養, 其難者敬耳!" 覩玆五犬之愍愍其母, 敬矣哉! 嗚呼, 世之犬不若者衆矣!

張山來曰 : 義犬事甚多, 不勝其載. 今此犬獨以孝聞, 故特存之.

우초신지 권13

만수별지서전(曼殊別志書磚)

대가(大可) **모기령**(毛奇齡)

만수(曼殊)는 풍대(豐臺)[1]의 꽃 파는 노인 딸이다. 【검토(檢討) 진유숭(陳維崧)[2]은 서(序)에서 "성긴 울타리 얼기설기 둘러쳐진 곳, 청문(靑門)[3]의 나무 심는 노인. 촘촘한 바구니 들고 오는 이, 흰 소매의 꽃 파는 노파"라고 말했다. 주사(主事) 왕무린(汪懋麟)[4]의 시는 다음과 같다. "황량한 촌락의 시녀는 꽃 팔고 돌아와, 등 넝쿨 끌어

1 풍대(豐臺) : 지금 북경의 서남쪽에 있다. 원나라 때부터 도성의 꽃장수들이 이곳에서 꽃과 나무를 길렀다.

2 진유숭(陳維崧 : 1625~1682) : 청나라 사인(詞人). 자는 기년(其年), 호는 가릉(迦陵)이며 강소성 의흥(宜興) 사람이다. 청나라 초기에 제생(諸生)이 되었다가 강희 18년(1679) 박학홍사(博學鴻詞)에 천거되어 한림원(翰林院) 검토(檢討)를 제수 받았으며 54세 때 『명사(明史)』 편찬에 참여했다. 양선파(陽羨派)의 영수로 호방한 풍격의 사를 많이 지었다. 저작으로 『호해루시문사전집(湖海樓詩文詞全集)』 54권이 있으며 이 중 사가 30권을 차지한다.

3 청문(靑門) : 퇴직하여 은거하는 곳을 말한다.

4 왕무린(汪懋麟 : 1640~1688) : 자는 계각(季角), 호는 교문(蛟門)으로 강소성 강도(江都) 사람이다. 강희 6년(1667) 진사가 되어 내각중서(內閣中書)를 제수 받았다. 서건학(徐乾學)의 추천으로 형부주사(刑部主事)로 사관(史館)에 들어가 편수관(纂修官)을

다 집수리 하고[5] 새벽에 거울을 꺼내네. 놀라워라, 작약 같은 미모! 소첩의 집은 어려서부터 풍대에 있었어요." 춘방(春坊) 왕즙(汪楫)[6]의 시는 다음과 같다. "봄이 온 장안에 작약 피어날 제, 꽃 찾아 일찍이 풍대에 이르렀네. 해어화(解語花)가 금곡(金谷)으로 돌아간 이래로,[7] 꽃 필 시절 아니어도 손이 찾아오시네." 학사(學士) 장영(張英)[8]의 시는 다음과 같다. "듣자니 풍대에 어린 아가씨 산다는데, 백 갈래로 땋아서 막 틀어 올린 머리는 세상에 둘도 없다네. 왕래하는 이들의 말까지 보태져, 작약이 필 때면 늘 만수 이야기를 한다네."】 만수가 태어날 때, 어머니는 이웃 노파가 흰 꽃 한 가지【한 뿌리이다】를 팔아 달라고 부쳐오는 꿈을 꾸었다. 앞집은 삼신할미 사당[9]이었고 뒷집은 전씨(錢氏) 집이었기에, 전날 꿈에 본 사람이 혹 전씨 노파가 아닐까 싶어 아이 이름을 아전(阿錢)이라 지었다. 【찬선(贊善) 주청원(周淸原)[10]은 「속장한가(續長恨歌)」에서 다음과 같이 노래했다. "장씨 댁 어린 딸 그

지냈으며 『명사』 편찬에 참여했다. 왕무린과 왕즙(汪楫)은 같은 고향 사람으로 모두 시를 잘 지어 '이왕(二王)'이라 칭해졌다. 저서로 『백척오동각집(百尺梧桐閣集)』 26권이 있다.

5 등 넝쿨 …… 하고 : 원문은 '보옥견라(補屋牽蘿)'이다. 등나무 넝쿨을 꺾어다 집의 구멍 난 곳을 막는다는 뜻으로 생활의 곤궁함을 형용한 것이다. 당나라 시인 두보(杜甫)의 시 「가인(佳人)」에 "시녀가 진주를 팔고 돌아와 등 넝쿨 끌어다 초가집 고치네[侍婢賣珠迴, 牽蘿補茅屋]"라는 구절이 있다.

6 왕즙(汪楫 : 1628~1689) : 자는 주차(舟次) 호는 회재(悔齋)이며 안휘성 휴녕현(休寧縣) 사람이다. 1679년 박학굉사에 천거되어 한림원 검토에 제수 되었고 『명사』 편찬에 참여했다. 유구국(琉球國)에 사신으로 다녀온 뒤 유구의 산천풍물을 서술한 『사유구록(使琉球錄)』 5권과 『중산연혁지(中山沿革志)』 2권을 지었다. 시문에 능했으며 저서로 『회재전집(悔齋全集)』 6권이 전해진다. 『청사고(淸史稿)』 「문원전(文苑傳)」에 전(傳)이 있다.

7 해어화(解語花)가 …… 이래로 : '해어화'는 당 현종이 양귀비를 가리켜 한 말로 기녀나 미인을 비유하는 말로 쓰인다. '금곡'은 진(晉)나라 석숭(石崇)이 지었던 금곡원(金谷園)인데 부귀한 사람이 지은 호화로운 원림(園林)을 가리킨다.

8 장영(張英 : 1637~1708) : 청나라 때 문인. 자는 돈복(敦復), 호는 낙보(樂圃). 동성(桐城) 사람으로, 청나라 저명한 대신인 장정옥(張廷玉)의 부친이다.

9 삼신할미 사당 : 원문은 '내내묘(奶奶廟)'로 곧 '낭낭묘(娘娘廟)'이다. '낭낭'은 아이를 점지해 주는 여신인 삼신할미이다.

10 주청원(周淸原) : 자세한 것은 알 수 없으나 강소성 사람이고, 강희 18년(1679)에 박학홍사과에 합격하였다. 「유안탕산기(遊安湯山記)」 등의 작품을 남겼다.

이름 아전, 꽃 심는 집은 풍대 옆에 있었다네. 타고난 몸이 한 떨기 꽃과 같아, 백화의 빛깔 가져다 옷을 입혔네."】

아전은 매우 지혜로웠고 온갖 새의 울음소리를 흉내 낼 수 있었다. 도성의 보따리장수들이 물건 실은 수레를 끌며 사라고 소리치면 그 소리가 앵앵거려 도무지 알아들을 수가 없었는데, 아전은 멀리서 듣고도 뭐라고 하는지 알아들었다. 열 살 때 앞마을에서 바느질을 배우더니, 가위를 잡으면 본을 그리지 않고도 온갖 꽃이며 사람이며 짐승을 만들어 냈는데, 영락없는 숙련공의 솜씨였다. 천 냥을 들고 앞마을로 가 수가 풍성히 놓인 장식 등(燈)을 사가던 손님도 막 배우기 시작한 아전의 수를 그 즉시 사가곤 했다. 자란 후에는 살결은 희고 눈동자는 그윽했으며 열 손가락은 옥을 다듬어 놓은 듯하고 검푸른 머리카락은 땅에 닿을 듯 길어 광채가 만발했다.【「속장한가」에서 다음과 같이 노래했다. "열 개의 봄 죽순[11]으로 비녀 매만지며 나오니, 한 마디 가로 물결이 귀밑머리로 흘러내리네. 쌍쌍의 은(銀) 주렴 고리[12]에 오색실 드리우니, 어렴풋한 새벽해가 여인네 사는 곳을 비추네." 편수(編修) 장정찬(張廷瓚)[13]의 시는 이러하다. "「자야가(子夜歌)」[14] 맑은 노래에 취해 아직 깨지 않았을 때, 머리 예쁘게 틀어 올리고 병풍에 기댄 것 보았었지. 능화경(菱花鏡)[15] 닫히고 구름머리 풀어졌건만, 애간장 끊이듯 봄 산은 여전히 푸르네."】 머리를 잘 매만져[16] [머리 모양의] 이름을 열 가지나 지었다. 그중 가장 훌륭한 것은

11 봄 죽순 : 원문은 '춘순(春筍)'으로 여자의 섬세하고 고운 손가락을 말한다.

12 은(銀) 주렴 고리 : 원문은 '은산(銀蒜)'으로 마늘 종대 모양의 은으로 만든 주렴 고리를 말한다.

13 장정찬(張廷瓚) : 장영의 장자이자 장정옥의 형이다. 자는 유신(卣臣), 호는 수재(隨齋). 강희연간에 진사에 급제하여 서길사(庶吉士)를 지냈고, 편수에 제수되었으며 소첨사(少詹事)를 역임했다. 『전공당집(傳恭堂集)』이 전한다.

14 「자야가(子夜歌)」 : 육조(六朝) 진(晉)나라의 곡이며, 진대에 오(吳) 땅에 살던 자야라는 여자의 노래 음조가 애절하여, 그 곡조를 「자야가」라 하였는데 대부분이 남녀가 창화(唱和)하는 사랑의 노래이다. 비슷한 것으로 「자야사시가(子夜四時歌)」가 있다. 민간에서 자연적으로 발생하여 가장 애창되었으며, 나중에는 문인들도 「자야가」를 지었다.

15 능화경(菱花鏡) : 마름 꽃모양이 그려진 거울을 가리킨다.

머리카락을 땋아 고리 고리 매듭을 지어 정수리 앞에 빙 말아 올린 것인데, 이를 '백환계(百環髻)'라 하였다. 【「유시도 자서(留視圖自序)」에서 다음과 같이 말했다. "평생 땋았던 백환계로 장식했다." 사인(舍人) 왕사괴(王嗣槐)[17]의 시는 이러하다. "동풍이 비단 옷에 스치니, 텅 빈 정원을 홀로 거니네. 천 가지 꽃을 따다, 백환계를 꾸미네." 「속장한가」에서 다음과 같이 노래했다. "여덟 폭 상(湘) 땅의 비단 치마 입고 이제야 걸어 나왔지만, 백환계 구름머리는 진작부터 봄에 잘 어울렸지." 편수 방상영(方象英)[18]의 시는 이러하다. "직접 만든 새 단장 그 이름 백환계라, 질탕한 봄 경치는 그림 같구나. 뜬금없는 꿈은 부처[19]를 따라갔지만, 쓸쓸한 풍대의 산만은 옛 모습 그대로구나." 중서(中書) 장예(張睿)[20]의 시는 이러하다. "백 가닥 땋아 올린 머리로 색다르게 장식하고서, 만수는 꽃을 뿌리며 무양(巫陽)[21]에게 점을 치네. 「유시도」는 지금도 남아 있지만, 살아생전 그 향기는 많이 사라졌구나." 교시독(喬侍讀)[22]의 시는 이러하다. "백환계를 하니 그 정신은 옥(玉)과도 같구나, 달리 농염한 빛이 있어 좋은 봄을 맞이하네. 빗긴 청산은 오래도록 그대로인데, 누가 있어 이 미인의 눈썹을

---

16 머리를 잘 매만져 : 원문은 '농두(櫳頭)'로, '농(櫳)'은 '농(攏)'과 통한다. '농두(攏頭)'는 머리를 빗는다는 의미이다.

17 왕사괴(王嗣槐) : 자는 중소(仲昭), 호는 계산(桂山)으로 절강성 인화(仁和) 사람이다. 강희 18년(1679)에 박학홍유(博學鴻儒)에 급제하여 내각중서(內閣中書)에 제수되었다. 그는 성격이 호방하고 세속에 구애받기 싫어해 매일 벗들과 함께 머리를 풀어헤치고 벌거벗은 채 시시덕 거렸다고 한다. 풍부(馮溥) 밑에서 노니면서, 오농상(吳農祥)・오임신(吳任臣)・모기령・진유숭(陳維崧)・서임홍(徐林鴻)과 더불어 '가산당육자(佳山堂六子)'로 일컬어진다.

18 방상영(方象英) : 『명사분고잔편(明史分稿殘編)』 2권을 편수한 인물로 모기령・왕사괴 등과 친분이 있었다.

19 부처 : 원문은 '공왕(空王)'으로 부처의 존칭이다. 부처가 세상은 모두 공(空)이라고 하였기에 '공왕'이라고 칭한다.

20 장예(張睿) : 미상.

21 무양(巫陽) : 전설 중의 여자 무당으로, 『초사(楚辭)』 「초혼(招魂)」 왕일(王逸) 주(注)에 "여자 무당은 '무'라고 한다. '양'은 그 이름이다[女曰'巫'. '陽', 其名也]"라고 설명했다.

22 교시독(喬侍讀) : 교래(喬萊 : 1642~1694). 자는 자정(子靜)・석림(石林). 강소성 보응(寶應) 사람이다. 강희 6년(1687)에 진사가 되어 내각중서에 제수되었다가 박학홍유에 일등으로 붙어 한림원편수에 제수되었다. 『명사』를 편수했으며, 문장이 고아하여 삼조전훈(三朝典訓)을 편수하고, 시강(侍講)이 되었다 시독을 역임했다. 왕사정과 친분이 두터웠다.

그려줄까?"】

만수는 성품이 바르고 정숙했다. 열두 살 때에 사당에서 집으로 돌아가는 길에 그 모습을 본 사람들이 혀를 내두르며 예쁜 아가씨라고 칭찬했다. 그러자 만수는 크게 화를 내며 돌아가서는 다시는 밖에 나오지 않았다. 내가 도성에 오니 익도(益都) 선생[23]께서 나를 위해 첩을 들이려 하였는데, 마침 아전 이야기를 하는 자가 있어 미리 이세형(二世兄)을 보내 가보고 오게 했으나 [첩이 될 것을] 허락하지 않았다. 【문학(文學) 오천사(吳闡思)[24]의 시는 이러하다. "어쩌면 그리도 풍대의 해어화 같은가! 맑은 눈빛과 발그레한 얼굴빛 아침노을과 어울리네. 매끄러운 벽옥(碧玉)은 나이 아직 어려서, 석숭(石崇) 같은 재상[25]은 좋아하지 않는다네." 교시독은 시에서 이렇게 말했다. "마을 사람들은 더 이상 동쪽 담[26]으로 가지 않고, 아름다운 꽃에 대해서만 관심이 있었네. 말하지 말게

---

23 익도(益都) 선생 : 풍부(馮溥 : 1609~1691)를 말한다. 그는 자가 공박(孔博)이고 호는 이재(易齋)이며, 문의(文毅)라는 시호를 받았다. 산동성 익도(益都 : 지금의 青州) 사람이기에 '익도'라고도 불린다. 정치적으로 영향력이 큰 인물이었으며 특히 인재를 모으고 길러낸 것으로 명성이 자자했다. 우수한 인재를 만나면 힘을 다해 조정에 천거하였기에 많은 문인들로부터 존경을 받았다. 『임구현지(臨朐縣志)』 「풍부전」에 따르면, "강희18년에 회시 정고관이 되었는데, 마침 박학홍유 시험이 있었기에 풍부는 법약진 · 조용 · 시윤장 · 심행 · 섭서숭 · 조화 …… 등을 천거해 모두 시독이나 편수에 제수되었다[康熙十八年, 爲會試正考官, 適詔試博學鴻儒, 溥所薦法若眞 · 曹溶 · 施閏章 · 沈珩 · 葉舒崇 · 曹禾 …… 等, 各授侍讀編修]"고 하고, "모기령 · 주이존 · 진유송 등이 모두 그 문하를 드나들었다[而毛奇齡 · 朱彝尊 · 陳維崧, 一時皆出其門下]"고 한다. 왕사정 또한 스스로 풍부의 '문하사(門下士)'라고 불렀다.

24 오천사(吳闡思) : 자는 도현(道賢). 강소성 무진(武進) 사람. 학사 오복암(吳復庵)의 손자이다. 약관에 시와 그림에 능했고, 북송의 산수화를 추종했다. 『와운당시집(臥雲堂詩集)』이 전한다.

25 석숭(石崇) 같은 재상 : 원문은 '청제재상가(青齊宰相家)'이다. 여기서 '청제'는 서진(西晉) 때의 관리이자 부호로 이름난 석숭을 가리킨다. 석숭은 청주(青州)에서 태어났으며 아명이 '제노(齊奴)'였다.

26 동쪽 담 : 동쪽 담은 '동쪽 집 딸이 담장 너머로 송옥(宋玉)을 훔쳐본다[東牆窺宋]'는 말에서 나온 것으로 미모의 여자가 남자에게 마음을 기울임을 비유한다. 동쪽 집 딸 이야기는 전국시대 초나라 송옥의 「등도자호색부서(登徒子好色賦序)」에 나오는데, "천하의 가인은 초나라가 으뜸이고, 초나라에서 아름다운 자는 저희 마을이 으뜸입니다. 또 저희 마을에서 아름다운 사람은 저희 집 동쪽에 사는 딸이 으뜸입니다 …… 그런데 이 여자가 담장을 올라가 저를 훔쳐본 지 3년이 되었지만, 저는 지금까

나, 가난한 집 딸 유벽옥(劉碧玉)[27]이, 평생 여남왕(汝南王)에게 시집가지 않는다고."】

이에 앞서 아전이 병이 났었는데 서산(西山)의 한 비구니가 그 집 문 앞을 지나다가 탄식하며 말했다.

"아전은 수명이 길지 않으니, 남의 아내가 되어서는 안 됩니다."

그런데 어떤 사람이 "첩이 되면 그 화를 면할 수 있다"고 하여 남의 첩으로 들이려고 했다. 그러나 찾아와 청하는 이들이 하나같이 지체 높고 교만한 자들이라서 아전은 정말이지 내키지 않았다. 나의 이세형이 찾아갔을 때도 그저 상공(相公) 댁 사람이려니 여겼다. 그러다 며칠 후에는 내가 직접 찾아가자 내게 이것저것 묻더니 무척 좋아하면서 나더러 글을 잘 짓는다는 과찬까지 해주었다. 【검토(檢討) 이징중(李澄中)[28]은 시에서 이렇게 말했다. "정절을 지키며 까다롭게 상대를 택하느라, 도도하게 벌써 몇 명의 사내를 물리쳤는가. 첩[29] 되는 것은 애석하지 않네, 통달한 유학자에게 시집가길 원할 뿐. 모랑(毛郎 : 모기령)은 문사(文史)의 지식이 풍부하여, 부(賦)를 지었다 하면 「삼도부(三都賦)」[30]를 능가하네." 「속장한가」에서 다음과 같이 노래했다. "좋은 음식 아무리 많아도 모두 속세의 것일 뿐, 부귀한 집에 몸 들이는 것 원치 않는다네. 난이 빈 골짜기에 자라나도 절로 알게 되듯, 장씨 집에 어진 딸 있다고 칭찬이 자자하네. 모군(毛君 : 모기령)이 지은 부, 그 기세가 하늘을 찌르니, 어사(御史)[31]의 재주와 명성 온

지 허락하지 않았습니다[天下之佳人, 莫若楚國, 楚國之麗者, 莫若臣里, 臣里之美者, 莫若臣東家之子 …… 然此女登牆闚臣三年, 至今未許也]"라는 기록이 있다. 후에 '동가자(東家子)'로 미녀를 지칭했다.

27 유벽옥(劉碧玉) : 남조 송나라 여남왕(汝南王)의 첩으로 가난한 집 출신이다. 양나라 원제(元帝)의 「채련부(采連賦)」에 "가난한 집 딸 벽옥, 여남왕에게 시집오네[碧玉小家女, 來嫁汝南王]"이라는 구절이 있다.

28 이징중(李澄中) : 미상.

29 첩 : 원문은 '하진(下陳)'으로 첩을 일컫는 말이다.

30 「삼도부(三都賦)」 : 서진(西晉)의 문인 좌사(左思)가 지은 것으로 당시 문단의 영수였던 장화(張華)에게 절찬 받았다. 낙양의 지식인들이 이것을 다투어 베껴 씀으로 '낙양의 종이 값이 올랐다'는 말이 생겼을 정도였다.

31 어사(御史) : 원문은 '주하(柱下)'로 '주하사(柱下史)'를 말한다. 진(秦)나라 때 주하사를 두었는데 보통 어전의 기둥 아래 시립하고 있었기에 붙여진 이름이다. 한나라 이후로는 어사의 다른 이름으로 불렸다.

천하에 알려졌네." 검토 용섭(龍燮)[32]은 시에서 이렇게 말했다. "상호(湘湖)[33]의 사객(詞客) 모선생, 지난 날 부름 받고[34] 연경(燕京 : 북경)에 들어왔네. 「자허부(子虛賦)」[35]를 바치며 임금을 모시니, 규중의 아녀자들까지 모두 그 이름을 알았네." 중윤(中允) 이개(李鎧)[36]의 시는 이러하다. "난파(鑾坡)[37]의 인재 모자(毛子 : 모기령), 문필에 오색이 선명하네. 꽃 찾아 나섰더니, 놀란 기러기[38] 어찌 그리 하늘하늘한가? 열 곡(斛)[39]의 진주가 있어야만, 삼생의 인연을 정할까! 고운 정이야 줄 수 있다지만, 의로움 사모하는 일만은 진실로 어려워라."】 이날 밤에 나는 대사께서 내게 동이 안의 꽃을 집어주는 꿈을 꾸었다. 다음날 나는 만수를 데려오기로 결심했다. 【북방에서는 결정을 내리는 것을 '삽대(揷戴)'라고 한다. 「속장한가」에서 다음과 같이

---

32 용섭(龍燮) : 대략 강희 10년(1672) 전후의 인물이다. 자는 이후(理侯) · 이위(二爲)이며 호는 석루(石樓) · 개암(改庵) · 뇌안(雷岸)이다. 망강(望江) 사람으로, 강희연간에 박학홍사과에 합격하여 검토에 제수되었다. 시를 잘 지어, 왕사정 · 방애(龐塏) 등과 창화하였다.

33 상호(湘湖) : 모기령의 고향인 절강성 소산(蕭山)에 있는 호수 이름이다.

34 부름 받고 : 원문은 '봉격(棒檄)'인데 '봉(棒)'은 '봉(捧)'과 통한다. 동한 때 효자로 유명했던 모의(毛義)가 격문을 받고 기뻐하며 수령으로 부임하였는데 후에 어머니가 돌아가시자 더 이상 관직을 맡지 않았다. 그래서 '봉격'은 이후 어머니를 위해 벼슬길로 나가는 것을 비유하게 되었다. 여기서는 모기령이 박학홍사로 천거되어 관직에 나가게 된 것을 말한다.

35 「자허부(子虛賦)」 : 서한의 문인 사마상여(司馬相如)가 지은 부(賦)이다. 내용은 자허가 초(楚)나라 왕을 위해 제(齊)나라 사신으로 가서 초나라 풍물의 아름다움 등을 제나라 왕 앞에서 자랑하니, 오유선생(烏有先生)이 제나라 토지의 광활함과 산물의 풍부함을 이야기하여 자허를 반박한 것이다. 상상력이 풍부하며 기세가 웅장하지만 대부분의 내용이 제왕의 넓은 정원과 수렵의 성대함을 묘사하여 당시 통치자가 좋아하는 향락적인 풍토에 부합하는 것으로 보인다.

36 이개(李鎧) : 자는 공개(公凱). 순치 18년(1661)에 진사에 급제하여 봉천(奉天) 개평현(蓋平縣) 지현(知縣)이 되었다. 강희18년에 박학홍사과에 천거되어 한림원 편수에 제수되었으며, 『명사』를 편수하였다. 후에 내각학사가 되었다. 『독서잡술(讀書雜述)』 · 『사단(史斷)』 등을 지었다. 중윤은 의례를 시중들고 상주문의 반박과 교정 등을 담당하던 관직명이다.

37 난파(鑾坡) : 당나라 덕종(德宗) 때 학사원(學士院)을 금란전(金鑾殿) 옆의 금란 언덕으로 옮긴 이후 한림원(翰林院)의 별칭으로 사용되었다.

38 놀란 기러기 : 자태가 나긋나긋한 미녀를 가리킨다.

39 곡(斛) : 1곡은 10말이다.

노래했다. "성긴 울타리 쳐진 시골길은 한가하기도 하구나, 사람 없는 푸른 창에 꽃잎만 떨어지는 밤. 타고난 향기와 고결함은 이 세상에서 나온 것 아니요, 우담바라[40]의 화신이라네." 문학 호위생(胡渭生)[41]의 시는 다음과 같다. "매파가 옥 휘장 소식[42]을 새로이 전해주니, 두 마음 맺는 데 수많은 황금이 뭐 필요하리? 주렴 앞에서 한 번 보고도 예전에 알던 사람인 것만 같기에, 그대 위해 대모잠(玳瑁簪)에 연꽃을 꽂아주었네." 학사 구상승(邱象升)[43]은 시에서 이렇게 말했다. "이슬 맺힌 우담바라가 간밤에 피어나더니, 한 관리께서[44] 먼 길 돌아 풍대에 오셨네. 상비죽(湘妃竹) 주렴 닫히자 봄내음 질펀하고, 만 송이 꽃 빛이 잠자리로 쏟아져 들어오는구나."】 아전의 외삼촌과 어머니는 내가 나이도 많고 가난한데다가 본처의 질투 또한 심하다는 소문을 듣고는 혼사를 물리려고 하였다. 그러나 아전은 그렇지 않았다. 【진유숭은 「서」에서 이렇게 말했다. "원사(原思)[45]는 벼슬길에 나가갔어도 여전히 가난했고, 자로(子路)[46]는 관직에 있었어도 온포(縕袍)[47]를 벗어나지 못했다. 하물며

---

40 우담바라 : 원문은 '우발담화(優鉢曇花)'로, 불경에서 여래(如來)나 전륜성왕(轉輪聖王)이 나타날 때만 핀다는 상상의 꽃이다. 3천년 만에 한 번 꽃이 피는 신령스러운 꽃으로, 매우 드물고 희귀하게 여겨진다.

41 호위생(胡渭生) : 자는 비명(朏明)이고 절강성 덕청(德淸) 사람이다.

42 옥 휘장 소식 : 원문은 '옥장음(玉帳音)'으로, '옥장'은 옥으로 장식한 화려한 휘장을 말한다. 진(晉)나라 왕가(王嘉)의 『습유기(拾遺記)』「주목왕(周穆王)」에 "서왕모가 물총새 깃털로 장식한 봉황모양의 수레를 타고 …… 함께 옥 휘장 안에서 만났다[西王母乘翠鳳之輦而來 …… 共玉帳高會]"는 기록이 있다. 여기서 연유하여 '옥장'은 화려한 남녀의 만남을 비유하게 되었다.

43 구상승(邱象升 : 1629~1689) 자는 서계(曙戒), 호는 남재(南齋)로, 강소성 산양(山陽) 사람이다. 학문도 뛰어났고 시가도 잘 지어 아우 구상수(邱象隨)와 더불어 명성을 날리면서 당시 '이구(二邱)'로 일컬어졌다. 순치 12년(1655)에 과거에 급제했다. 한림원 서길사(翰林院庶吉士)가 되었다가 편수를 맡았다.

44 한 관리께서 : 원문은 '잠화(簪花)'로 관(冠)에 꽃을 꽂는 것을 말하는데, 과거시험에서 진사로 합격한 사람이 관에 꽃을 꽂고 의례에 참석하였으므로 관리를 지칭한다.

45 원사(原思) : 공자의 제자 원헌(原憲)으로 자는 자사(子思)이고 원사 혹은 중헌(仲憲)이라고도 불린다. 공자가 세상을 떠나자 위(衛)나라에 은거하며 쑥대풀로 엮은 집에 살며 안빈낙도했다고 한다. 후에 안연과 더불어 가난한 선비의 상징이 되어, 백거이(白居易)는 「도잠의 시체를 모방함[效陶潛體詩]」 제10수에서 "원생은 옷을 백 번 기워 입었고, 안자는 겨우 한 소쿠리의 밥을 먹었다네[原生衣百結, 顔子食一簞]"라고 읊기도 했다.

환가(桓家)의 본처는 성품이 너무도 사납고,[48] 오국부인(吳國夫人)은 귀한 집 여자랍시고 의기양양하지 않았던가.[49] 왕무홍(王茂弘)은 장차 구석(九錫)을 하사받으려 할 때 황당한 비난을 들었고,[50] 유효표(劉孝標)는 [馮敬通과] 세 가지 같은 점을 한탄하면서 분분한 의론을 지었다.[51] 그런데도 그대는 굳은 사랑으로 한번 허락하더니, 그 자리에서 삼생의 인연을 허락하였구나." 「속장한가」에서 다음과 같이 노래했다. "상국(相國) 풍공(馮公 : 馮溥)은 고풍을 좋아하여, 이름난 미녀를 만나러 위곡(韋曲)을 찾아갔네. 봄꽃이 흐드러지게 핀 위곡에서, 청혼하며 「답사행(踏莎行)」을 세 번이나 불렀지. 그때 홀연 본처가 질투 심하다는 소식이 들려와 거의 유야무야될 뻔하니, 관리들

46 자로(子路) : 원문은 '중로(仲路)'로, 곧 공자의 제자 중 한 사람인 '중유(仲由)'이다.

47 온포(縕袍) : 거친 마를 솜 대신 넣어 만든 옷으로 주로 가난한 사람들이 입었다.

48 하물며 …… 사납고 : '환가(桓家)'는 진(晉)나라 장군 환온(桓溫)으로, 명제(明帝)의 딸 남강장공주(南康長公主)가 그의 본처였는데 투기가 매우 심했다. 왕가의 『습유기』에 "환온은 촉땅을 평정하고 이세의 딸을 첩으로 삼았는데, 그의 처 남강장 공주는 사납고 질투심이 강해 시녀 십여 명과 함께 칼을 들고 가서 그녀를 죽이고자 했다[桓溫平蜀, 以李勢女爲妾, 妻南郡主悍妬, 與數十婢拔白刃襲之]"는 기록이 있다.

49 오국부인(吳國夫人)은 …… 않았던가 : '오국부인'은 삼국시대 오나라 손견(孫堅)의 딸이자 손책(孫策)의 누이로 유비(劉備)의 아내가 된 손부인을 말한다. 손부인은 드나들 때마다 매우 당당한 자세였다고 한다.

50 왕무홍(王茂弘)은 …… 들었고 : '무홍'은 동진(東晉) 왕도(王導 : 276~339)의 자이다. 사마예(司馬睿)를 도와 동진 정권 수립에 공을 세웠다. 『투기(妬記)』에 "왕도의 처 조부인은 투기가 아주 심해서, 왕도는 아내 몰래 별관에 첩들을 데려다 놓았다. 어느 날 아침 조부인이 누대에서 바라보고는 수레를 타고 자기가 직접 가서 그들을 없애겠다고 했다. 왕도도 역시 말을 타고 나는 듯이 문을 나섰는데, 총채를 쥐고 마부를 도우며 소를 몰아 먼저 도착했다. 훗날 채사도가 그것을 듣고 웃으며 말했다. '조정에서 공에게 구석을 하사하고자 하는데, 짧은 끌채, 송아지 수레와 손잡이가 긴 총채라오.' 왕공은 크게 부끄러워했다[王導曹夫人性甚忌, 王公乃密營別館置衆妾. 一旦夫人於臺中望見, 命車駕自出尋討. 王公亦飛轡出門, 乃捉麈尾以柄助御者, 驅牛得先至. 他日蔡司徒聞而笑之, 曰 : '朝廷欲加公九錫, 有短轅犢車長柄麈尾.' 王公大愧]"는 기록이 있다. 구석(九錫)이란 천자가 제후나 대신들에게 하사한 거마·의복·악칙(樂則)·주호(朱戶) 등 아홉 가지 예물을 말한다.

51 유효표(劉孝標)는 …… 지었다 : 양(梁)나라 유준(劉峻)은 자가 효표(孝標)이며, 배송지(裴松之)가 『삼국지(三國志)』에 주를 단 방식으로 『세설신어』에 주를 단 것으로 유명하다. 유효표 「자서」에 "나는 풍경통과 같은 것이 세 가지 있고, 다른 것이 세 가지 있다. …… 세 번째는 풍경통에게는 질투심 강한 처가 있고, 내게는 사나운 처가 있다는 것이다. 이것이 세 가지 같은 점이다[余比馮敬通有同之者三, 異之者三. …… 其三曰, 敬通有忌妻, 余有悍室. 此三同也]"라고 하였다.

은 그가 다시 마을을 떠날까 걱정하였네. 하지만 아전은 도리어 재자에게 시집가는 것을 기뻐하며, 몸 바쳐 생사를 함께 하길 진심으로 원했네." 문학 유석단(劉錫旦)[52]의 시는 이러하다. "꿈에서 꽃가지 하나 받아 이슬과 함께 심었거늘, 연리지(連理枝)가 구름에 가리도록 놔두겠는가?"】 아전을 첩으로 맞이한 후 검토 진군(陳君 : 진유숭)이 술 한 잔 하자고 나를 찾아왔다가 이름을 '만수(曼殊)'[53]로 고쳐주었다. 만수는 불화(佛花)이다.【왕주사(汪主事 : 汪懋麟)의 시는 이러하다. "엊저녁 꿈에 양지로(楊枝露)[54]를 얻었으니, 이제부터 이름을 고쳐 만수라 하였네." 진검토는 「서」에서 다음과 같이 말했다. "나는 완부(阮婦)[55]의 신혼 이야기에서 유정(劉偵)이 똑바로 쳐다본 것[56]을 배웠다. 병풍 앞에서 언뜻 보고는 하늘에서 내려온 사람이 아닐까 의심스러웠다. 촛불 아래에서 살며시 엿보고는 그 빼어난 미모에 깜짝 놀랐다. 마침 이 친구가 술에 취해서는 자꾸만 애첩을 위해 이름을 지어달라고 했다. 그래서 어려서부터 총명하고 정숙했으며 선가(禪家)를 몹시 좋아한다고 하기에 불경을 두루 살펴서 '만수'라는 이름을 내려주었다." 주승(州丞) 강계(姜啓)[57]의 시는 이러하다. "만타화(曼陀花)[58]가 인간 세상에 흩뿌려졌는가, 단아한 그 모습 보살의 쪽진 머리 했구

52 유석단(劉錫旦) : 미상.

53 만수(曼殊) : 원래 불교의 보살 이름으로 지혜를 관장하는 '만수실리(曼殊室利)' 또는 '문수사리(文殊師利)'를 가리킨다.

54 양지로(楊枝露) : '양지수(楊枝水)'와 같다. '양지수'는 불교에서 만물을 다시 소생시킨다는 '감로(甘露)'를 비유하는 말이다. 『진서(晉書)』「불도징전(佛圖澄傳)」에 석륵(石勒)의 아들 무(武)가 병으로 죽자 징(澄)이 버드나무 가지에 물을 묻혀 뿌리고 기도하여 무를 다시 살아나게 했다는 기록이 있다.

55 완부(阮婦) : 동진(東晋) 허윤(許允)의 아내인 완덕위(阮德尉)의 딸 완씨를 말한다. 허윤은 신혼 첫날밤에 아내의 추한 외모를 보고는 밖으로 나가버렸다고 한다. 그러나 완덕위는 그에게 덕보다 색을 더 좋아하니 독서인의 갖춰야할 백행을 제대로 갖추지 못했음을 깨닫게 해 주었다. 『세설신어』「현원(賢媛)」편에 나온다.

56 유정(劉偵)이 …… 쳐다본 것 : 유정은 건안칠자(建安七子) 중 한 명으로 자는 공간(公干)이며 산동성 동평(東平) 사람이다. 『삼국지(三國志) · 위지(魏志)』「유정전(劉偵傳)」 배송지(裴松之) 주에 "태자[曹丕]가 여러 문학인들을 초청했는데, 술이 거나해지고 술자리가 홍겨워지자 부인 견씨에게 나와 인사하게 했다. 좌중의 모든 이들은 땅에 엎드렸으나 유정만은 견씨를 똑바로 쳐다보았다[太子嘗請諸文學, 酒酣坐歡, 命夫人甄氏出拜. 坐中衆人咸伏, 而偵獨平視]"라는 기록이 있다.

57 강계(姜啓) : 미상.

나.” 수찬(修撰) 채승(蔡升)[59]은 「정월 비단 창가에 밤 까마귀 울다[元月上紗牕夜烏啼]」 사(詞)에서 다음과 같이 노래했다. “단향나무 같은 마음에 난초 같은 자질 꼿꼿도 하여라! 해어화가 ‘가릉(迦陵)’[60]도 아는구나. 인자한 구름에서 양지로 한 방울 떨어뜨려 삼생의 인연을 정하니, 하늘 꽃 떨어진 곳 바라보며 전생을 기억하네.” 「속장한가」에서는 다음과 같이 노래했다. “동료들은 종종 수레를 멈추고, 청아(青娥 : 미소녀)에게 인사하고 싶어 떠나질 못하네. 가릉태사(迦陵太史)가 그를 위해 이름을 지어주니, 만수는 본래 서쪽에서 왔다네.”】

만수는 첩으로 들어온 후 예물【즉 패물이다】을 들고 와 인사하며[61] 나를 좇아 공부를 하고 싶다고 했다. 그리고는 책을 가져다 읽고 곧 깨달음을 얻었으며 겨우 붓을 잡자마다 곧 글씨를 쓸 줄 알았다. 글씨는 또 나를 닮아서, 그것을 본 사람들은 모두 내가 대신 써준 것이라 여겼다.【황문(黃門) 임진단(任辰旦)[62]은 「전(傳)」에서 다음과 같이 말했다. “모검토는 시문을 잘 지었고, 글씨를 잘 썼으며, 음률에도 밝았다. 만수는 이것들을 열심히 익히더니 이내 모검토와 비슷해졌다.” 방편수(方編修 : 方象英)는 시에서 이렇게 말했다. “선생께서 강동에서 일찍이 이름을 날리더니, 만수는 그 글을 배우나 글씨를 배우나 모두 빼어났네.” 문학 오진염(吳陳琰)[63]은 시에서 이렇게 말했다. “위부인(衛夫人)[64]의 글씨 배우지 않

---

58 만타화(曼陀花) : 범어의 음역으로 인도에서 신성한 식물로 여겨졌다. 줄기・꽃・잎에 모두 독이 있어 약용으로 쓰인다.

59 채승(蔡升) : 자는 경동(景東)이고 오강(吳江) 사람이다. 『진택편(震澤編)』을 남겼다.

60 ‘가릉(迦陵)’ : ‘가능빈가(迦陵頻伽)’의 줄임말로 불경에 나오는 음색이 가장 아름답다는 상상의 새이다. 호성조(好聲鳥)・미음조(美音鳥)・묘음조(妙音鳥)라고도 번역한다.

61 예물을⋯⋯ 인사하며 : 원문은 ‘집지(執摯)’. ‘집지(執贄)’라고도 하며, 고대 예법에 상견례를 할 때 예물을 가지고 가서 선물하던 것을 말한다.

62 임진단(任辰旦 : 1623~1692) : 자는 천지(千之), 호는 대암(待庵)이며 절강성 소산(蕭山) 사람이다. 강희 6년(1668)에 진사가 되어 상해현(上海縣) 지현(知縣)에 제수되었는데, 6년간 지현을 맡으면서 훌륭한 치적을 쌓았다. 후에 병과장인급사중(兵科掌印給事中)이 되었다가 대리시승(大理寺丞)을 역임했다.

63 오진염(吳陳琰) : 절강성 전당(錢塘) 사람이며, 절서사파(浙西詞派)에 속하는 사인이다. 절서파의 선구자라 불리는 조용(曹溶)의 학생이기도 하다. 강희 20년(1682)에 치천(淄川) 사람 당몽뢰(唐夢賚)와 창화하여 130여 수의 사를 남겼으며, 그밖에도 절서파 사인들과 광범위하게 교유했다.

고, 달리 잠화체(簪花體)[65] 격식을 지녀 느낌이 새롭네. 괴이함을 다투는 붓놀림도 어쩌면 남편을 그리 닮았을까? 제비 비녀 예물로 바치며 흉내 내더니 어느새 진짜가 되었네." 시독 시윤장(施閏章)[66]은 시에서 이렇게 말했다. "부인은 붓을 쥐자마자, 단번에 일소(逸少)[67]가 되었네. 이렇게 훌륭한 남편이니, 뭐든 닮지 않을 수 있을까?" 주공봉(朱供奉)은 「엽아악부(葉兒樂府)」에서 다음과 같이 노래했다. "박판(拍板)[68]에 맞춰 절묘한 가사를 부르고, 은 장신구[69] 하고서 '상사(相思)'자 쓰는 것 배우네."】 한번은 나를 위해 명함을 써 주었는데, 아침 일찍 일어나 언 손을 호호 녹여가며 연이어 십여 장을 쓰다가 심장이 너무 아파 급히 그만두었다. 【진유숭은 「서」에서 다음과 같이 말했다. "이에 책을 만들기도 하였고 틈틈이 문사(文史)를 가까이 했다. 눈썹 그리는 다락 옆이 곧 서재였고 분 바르는 방 안은 바로 사숙(私塾)이었다. 현 위에서 새로운 소리를 배우고, 베개 맡에서 어려운 글자를 물었다. 빳빳한 황지(黃紙)가 매끄러워지도록 몰래 선생의 관직명을 썼고, 옥비녀도 대수롭지 않게 문하생의 예물로 삼았다." 검토 장홍렬(張鴻烈)[70]은 시에서 이렇게 말했다. "선녀를 언뜻 본 지 어느덧 칠년, 매번 들리는 소리 흰 손목으로 난전(鸞牋)[71] 위에 글씨를 쓴다고." 검토 반뢰(潘耒)[72]는 시에서 이렇게 말했다. "잠화체를 배우니 그 글자체 새로

64 위부인(衛夫人 : 272~349) : 동진(東晋)의 유명한 여류 서예가로 이름은 삭(鑠), 자는 무의(茂漪)이며 왕희지(王羲之)의 스승이었다고 전해진다.

65 잠화체(簪花體) : 고대 서체 중의 하나로, 서법이 예쁘고 단정한 것을 잠화격(簪花格)이라 한다.

66 시윤장(施閏章 : 1618~1683) : 자는 상백(尙白) 혹은 기운(屺雲)이고 호는 우산(愚山)이다. 안휘성 선성(宣城) 사람으로 청나라 초기 가장 중요한 시인 중 한 사람으로 꼽힌다.

67 일소(逸少) : 동진의 서예가 왕희지(王羲之 : 307~365)의 자.

68 박판(拍板) : 원문은 '단판(檀板)'으로 박달나무로 만든 박판을 말한다.

69 은 장신구 : 원문은 '은구(銀鉤)'로 은으로 된 부녀자들의 장신구의 일종이다.

70 장홍렬(張鴻烈) : 자는 의문(毅文)이며 강남 산양(山陽) 사람이다. 강희 18년(1679)에 박학홍사과에 뽑혀 검토에 제수되었다.

71 난전(鸞牋) : 색깔 있는 편지지를 말한다.

72 반뢰(潘耒 : 1646~1708) : 자는 차경(次耕) 혹은 가당(稼堂)이며 만년에는 지지거사(止止居士)라는 호를 썼다. 오강(吳江) 사람이다. 강희 18년에 박학홍사과에 뽑혀 한림원검토에 제수되었다.

워, 만전(蠻牋)[73] 열 폭이 아름다운 꽃밭이로구나. 외전(外傳)을 짓노라니 사모의 정 가득해라! 이게 다 등잔 앞에서 쪽진 머리 끌어안고 우는 사람[74] 때문이라네." 나는 「만수가 병이 나다[曼殊病]」 시를 지어 이렇게 노래했다. "눈썹 먹 담긴 그릇, 누가 명함을 썼나? 은으로 장식한 침상, 매달아 놓은 주전자 생각이 나네. 만타화 한 송이, 석양녘에 시드는구나."】 나는 평소에 노래를 좋아했는데, 술 마신 후 노래를 부르면 그때마다 반드시 나에게 다시 한 번 해달라고 청했다. 그러고 나서 세 번 반복해주면 벌써 다 배워서 할 줄 알았으며, 음의 높낮이에서부터 절주까지 하나도 틀리지 않았다. 특히 진정(眞定)의 「축씨 집 정원[祝家園]」 노래를 부르기 좋아했다. 【양사농(梁司農)이 지은 곡 「계수나무 가지 향기[桂枝香]」의 첫구절은 다음과 같다. "즐거운 일에 마음도 흡족해라, 축씨 집 정원에서." 태부(太傅) 풍부자(馮夫子 : 馮溥)가 길게 노래했다. "자고로 규방에서는 미인을 아껴, 박달나무 박판[75]만 치려 하면 소리를 곧 멈추었지. 듣자니 그대가 본디 음률을 잘 분별한다더니,[76] 첩들이 노래할 제 귀 기울여 자세히도 듣네." 「속장한가」에서 다음과 같이 노래했다. "글씨를 배워 곧 잠화체를 모방하더니, 훔쳐들은 노래 부르자마자 박자에 맞네." 또 이렇게 노래했다. "중년의 말단관리 어찌 그리 초라한가? 하지만 만수를 보면 온갖 시름 사라졌지. 술에 취해 「축씨 집 정원」 노래라도 한번 부르면, 온유향(溫柔鄕)[77] 속에서 늙어가는 것도 견딜 수 있어라. 얼음같이 차가운 현과 박달

73 만전(蠻牋) : 옛날 사천성(四川省)에서 생산되던 편지지를 일컫는다.

74 쪽진 머리 끌어안고 우는 사람 : 원문은 '옹계인(擁髻人)'이다. 한나라 영현(伶玄)의 『조비연외전(趙飛燕外傳)』에 덧붙여진 「영현자서(伶玄自敍)」에서는, "통덕은 소매를 부여잡고 촛불에 비친 그림자를 돌아보며 손으로 쪽머리 끌어안고 슬피 눈물을 흘렸다[通德占袖, 顧視燭影, 以手擁髻, 淒然泣下]"라고 되어 있다.

75 박달나무 박판 : 원문은 '홍아(紅牙)'로 박달나무의 별칭이며, 또 악곡의 리듬을 조절하는 박달나무로 만든 박판을 가리킨다.

76 음률을 잘 분별한다더니 : 원문은 '주랑고(周郎顧)'로 '주랑'은 삼국 시대 오나라 장수 주유(周瑜)를 가리킨다. 주유는 음악에 정통하여 음률을 들은 후 잘못이 있으면 반드시 알아차리고 돌아보았다. 그래서 당시 사람들이 "노래가 틀리면 주랑이 돌아본다네[曲有誤, 周郎顧]"라고 했으며(『삼국지』 「주유전」), 이후에 '주랑고'는 음악에 정통하여 음률을 잘 분별한다는 뜻으로 쓰였다.

77 온유향(溫柔鄕) : 미색이 사람을 홀릴 정도의 경지를 비유한다. 한나라 영현의 「조비연외전」에 의하면 조비연의 동생인 합덕(合德)이 피부가 매끄럽고 아름다워 성제(成

나무 박판이 한데 어울려 즐거우니, 꽃나무 아래 노래 부르다 달빛 아래 잠든다." 편수 전삽(田霎)[78]의 시는 다음과 같았다. "백 가닥으로 땋은 구름머리 아름다운 모습으로 치장하고, 담황색 치마는 가벼운 몸과 잘 어울렸네. 박판만 두들기면 맑은 노래 잘도 불러, 콩으로 박자를 기록했다는 장홍홍(張紅紅)[79]의 명성에 뒤지지 않았네." 호문학(胡文學 : 胡渭生)의 시는 다음과 같았다. "「자야(子夜)」와 「전계(前溪)」를 새롭게 불러도, 음률을 잘 아는 주랑(周郎 : 周瑜)은 전혀 헷갈리지 않았지. 「황계(黃鷄)」를 부르는 끊어질 듯 아름다운 목소리, 퉁소 소리와 어우러져 봉루(鳳樓) 서쪽까지 들렸네." 광록(光祿) 왕삼걸(王三傑)[80]의 시는 다음과 같았다. "부르다 만 「금루곡(金縷曲)」 슬픔에 겨워, 남원(南園)에서 병들어 누워있던 때를 떠올리네. 밤에 일어나 낭군과 함께 꽃그늘 아래 앉아, 이마를 찌푸리며 「축씨 집 정원」 노래를 불렀지." 만수가 직접 시를 지어 이렇게 노래했다. "섬돌에 자란 풀은 텅 빈 난간을 향해있고, 정자 옆 석류나무는 무너진 담에 닿아있네. 그대 술이 얼큰해지거들랑 비단 거문고 들고 와, 「축씨 집 정원」 노래를 불러주세요."】 다만 탈 줄 아는 이가 없어 안타까워했는데, 그래도 그만둘 수가 없어서 결국 길에서 비파를 타는 눈 먼 여자를 불러왔다. 만수는 눈 먼 여자가 연주하는 여러 곡을 들으며, 누르고 뜯고 다루는 모습을 자세히 살피더니 금세 비파를 탈 수 있게 되었다. 【주공봉은 사(詞) 「동정추색(洞庭秋色)」에서 다음과 같이 노래했다. "생각건대 암암리에 마음과 통하는 무언가가 붉은 현에 있었는가! 모든 책들을 가져와 옥 경대 앞에 놓았네." 검토 우동(尤侗)[81]은 곡(曲) 「신양사시화(新樣四時花)」에서 다음과 같이 노래했다. "내

帝)가 '온유향'이라 부르며 총애하였다고 한다.

78 전삽(田霎) : 전문(田雯 : 1635~1704)의 오기로 보인다. 전문은 자가 윤하(綸霞) 혹은 자륜(紫綸)이며 호는 산강(山姜) 혹은 몽재(蒙齋)다. 덕주(德州) 사람. 강희 3년(1664)에 진사가 되어 비서원중서(秘書院中書)에 제수되었다. 특히 시문에 뛰어나 당시 문학 대가인 왕사홀(王士鎡)·시윤장 등과 나란히 명성을 누렸다. 『고환당집(古歡堂集)』 36권 및 『검서(黔書)』 2권 등의 저서를 남겼다.

79 장홍홍(張紅紅) : 당나라 유명한 가기이다. 단안절(段安節)의 『악부잡록(樂府雜錄)』 「가(歌)」에 장홍홍이 장군 위청(韋青)의 첩이 된 후, 한 악공이 새로운 리듬으로 부르는 노래를 병풍 뒤에서 들으며 콩으로 그 박자를 기록했다가 그대로 불렀다는 기록이 있다.

80 왕삼걸(王三傑) : 미상.

집에는 온통 나부(羅敷)[82]의 거문고[83] 소리. 요새는 오(吳) 땅 노래 「자야가(子夜歌)」[84]를 외운다네." 편수 원우(袁佑)[85]의 시는 다음과 같았다. "낭군께서 오 땅 노래를 잘 부르신다면, 저는 쟁[86]을 잘 타지요. 대들보 위에 깃든 쌍쌍의 제비, 해어화는 봄 소리를 흉내 내고 있어요." 검토 풍욱(馮勗)[87]의 시는 다음과 같았다. "홍두(紅豆)를 세심히 던져 상사곡 짓나니, 애끓는 한 가닥 비파[88]소리. 대들보의 먼지[89] [청아한 노랫소리에] 놀라 흩어진 뒤, 술에 취해 여전히 「축씨 네 정원」을 부를 수 있을까." 별가(別駕) 오융(吳融)[90]의 시는 다음과 같았다. "맑은 물가에 아름다운 봄이 찾아오니, 밤이면 비파소리 절로 울리네. 저자거리 누각에 눈 먼 여자 있으니, 단씨(段氏) 스승[91]께

81 우동(尤侗 : 1618~1704). 자는 동인(同人) 혹은 전성(展成)이고 호는 회암(悔庵) 혹은 간재(艮齋)이며 만년의 호는 서당노인(西堂老人)이다. 소주(蘇州) 사람. 순치제가 일찍이 '진정한 재자'라고 칭송한 바 있고, 강희제는 '노명사(老名士)'라 기린 바 있다. 명말청초의 대표적인 시인이자 희곡작가. 강희 18년 박학홍사과에 뽑혀 한림원검토에 제수되었다.

82 나부(羅敷) : 고대 미녀 진나부(秦羅敷)이다. 진(晉)나라 최표(崔豹)의 『고금주(古今注)』 「음악」편에 그녀와 「맥상상(陌上桑)」에 대한 기록이 있다. 왕인(王仁)의 아름다운 처 진나부가 뽕밭에서 뽕잎을 따고 있는데 조왕(趙王)이 멀리서 그녀를 보고 그녀를 희롱하려고 하였다. 이에 나부는 쟁(箏)을 타며 「맥상가(陌上歌)」를 불러 거절했다.

83 거문고 : 원문은 '조슬(趙瑟)'로 큰 거문고를 말한다. 이 악기가 전국시대 때 조나라에서 유행했기 때문에 붙여진 이름이다.

84 오(吳) 땅 노래 「자야가(子夜歌)」 : 『악부시집(樂府詩集)』에서는 「청상곡사(淸商曲辭)」 오성가(吳聲歌)에 속하기 때문에 '자야오가(子夜吳歌)'라고 한 것이다.

85 원우(袁佑) : 자는 두소(杜少), 호는 제헌(霽軒). 하남성 동명(東明) 사람이다. 강희 20년(1681)에 공생에 선발되었다. 시를 잘 지었으며 행서를 잘 썼다.

86 쟁 : 원문은 '진쟁(秦箏)'으로 진(秦) 지역에서 주로 연주하던 현악기이다.

87 풍욱(馮勗) : 자는 방인(方寅)이고 호는 면증(勉曾) 혹은 우동일사(藕東逸史)이다. 강남 원화(元和) 사람. 역시 박학굉사에 뽑혀 검토에 제수되었다. 『우동집(藕東集)』이 세상에 전한다.

88 비파 : 원문은 '금조(金槽)'로 원래는 금으로 만든 비파의 현 받침대를 말하는데, 비파를 상징하는 말로 사용된다.

89 대들보의 먼지 : 원문은 '양진(梁塵)'이다. '양진비(梁塵飛)'라는 말이 있는데, 청량하고 마음을 울리는 노랫소리에 대들보 위의 먼지가 다 날라갔다는 뜻이다.

90 오융(吳融) : 미상.

91 단씨(段氏) 스승 : 원문은 '단사(斷師)'이다. 건중연간(建中年間 : 780~783) 장안에 큰 가뭄이 들자 동가(東街)·서가(西街) 두 저자거리에서 기우제를 지내며 노래 경연을

보이는 꼴 되지 마시오."】

그러다 이상한 병에 걸렸는데, 처음에는 명함을 쓰다가 심장이 아프다기에 그저 위가 차가워져서 그런가보다 생각했다. 그 후 간이 상해 아픈가 했더니, 봄바람에 나무가 스치듯, 봄이 되면 발병했다가 가을이면 괜찮아지곤 했다. 또 얼마 후에는 속병이 생겼는가 싶었는데, 위 옆에 묵직한 것이 자라나 있어 기(氣)가 막혀 순환되지 않았다. 몇 년 동안 옆에서 증세를 살펴보았으나 도무지 원인을 파악할 수 없었다. 병세가 발작할 때면 온몸이 불덩이 같아 하녀에게 주무르게 했다. 그것으로 부족하면 보자기로 둘둘 말아 업고 다녔고, 그것으로도 부족하면 광주리를 매달아 거기에 앉히고 마치 그네처럼 동쪽으로 서쪽으로 밀고 당기고 했다. 【임황문(任黃門 : 任辰旦)이 「전」에서 이렇게 말했다. "그런데 이상한 병에 걸렸다. 병이 심해지면 마치 꽃바구니처럼 비단 끈을 묶어 자루를 만든 다음 그 안에 태우고 공중에 매달아 좌우로 흔들었는데, 그러면 병세가 좀 나아졌다. 하지만 끝내 병을 고칠 수는 없었다. 방술(方術)도 두루 구해보았지만, 그래도 낫지 않자 몸을 바쳐 불제자가 되고자 했다. 그래도 낫지 않자 화공을 불러다 만수를 그리게 하고는 그 그림에 「유시도(留視圖)」라 이름 붙였다. 그 후 끝내 병을 고치지 못했다." 문사 육홍정(陸弘定)[92]은 시를 지어 이렇게 말했다. "병이 난 후 바구니 수레에 기대어 푸른 노을만 바라보니, 뒤뜰엔 길이 났건만 둥근 난간은 비스듬하네. 비단 자루에 실려다녀 비록 흔적은 없지만, 금련(金蓮 : 전족한 발)이 밟고 지나간 곳은 전부 다 꽃이로다."】 만수는 이웃 사당의 할머니가 돌아가라고 소리치는 꿈을 늘 꾸곤 했는데, 하루는 꿈에 그 할머니가 아이를 데리고 나타나 이렇게 말했다.

"너는 본래 우리 집 아이였으니, 내가 눈짓을 하거든 나를 따라 나서

벌였다. 이때 동가(東街)의 강곤륜(康崑崙)이라는 자가 비파를 아주 잘 타서 서가(西街)에 대적할 이가 없었는데 갑자기 한 여자가 나타나 악기를 안고 노래하는 것이 거의 입신의 경지에 이른 듯 했다. 강곤륜이 깜짝 놀라 그녀를 스승으로 모셨다. 그 여자는 장엄사(莊嚴寺)의 승려였고 원래 성은 단씨였다.

92 육홍정(陸弘定) : 자는 자도(紫度)이고 해녕(海寧) 사람이다. 자가 빙수(冰修)인 형 육가숙(陸嘉淑)과 더불어 '이륙(二陸)'이라 일컬어졌다.

야 한다."

데리고 온 아이가 말했다.

"집에 가요! 가지 않으면 할머니가 혼내요."

만수는 꿈에서 깨어나 복숭아나무로 인형을 깎은 다음, 옷을 입히고 평생 해온 백환계로 머리를 꾸며주고는 눈물을 흘리며 사당으로 보냈다. 【편수(編修) 조집신(趙執信)[93]은 시를 지어 이렇게 말했다. "희고 발그레한 아리따운 얼굴, 머리를 구름처럼 틀어 올려 백환계를 만들었네. 애초에 불화(佛花)로 부른 것부터가 잘못이었지, 이제 와서 인간 세상에 머물려 하겠는가?" 문학 오진염은 시를 지어 이렇게 말했다. "아전은 어려서부터 자태가 고왔으나, 병이 많아 수불(繡佛) 앞에 귀의했다네. 믿을 수 없네, 만타화 한 송이가, 차마 석양지는 하늘 아래서 시들어가다니." 또 다음과 같이 노래했다. "할미 따라 돌아가는 요상한 꿈 자주 꾸더니, 향단목 분신 만들어 연대(蓮臺)[94] 앞에서 예를 올렸네. 잘 틀어 올린 백환계를 직접 남겨 보여주었으나, 그림 속 사람은 불러도 오지 않는구나." 문학 심계우(沈季友)[95]의 시는 다음과 같았다. "향나무로 [자기모습] 깎아 눈물 속에 보내고, 육척의 모습은 그림으로 남겼네. 흰 옷 가져다 입고 감실 밖에 섰는 걸 보니, 전생에 아마도 용녀(龍女)였던 것 같아." 나는 「송우인(送偶人)」이라는 시에서 다음과 같이 노래했다. "아름다운 소녀를 보내니, 할미 따라 간다고 하네. 연꽃을 펼쳐 얼굴 만들고, 국화 잎 잘라 옷을 마르네. 중도의 헤어짐에 눈물도 다 말랐나니, 홀로 떨어진 영혼은 어디로 돌아갈까? 훗날 향안(香案) 아래서, 어긋나지 말고 우리 다시 만나세나." 만수는 스스로 시를 지어 이렇게 노래했다. "백방으로 의원 모셔봤으나 병은 오히려 심해져, 이제 잠시 할미 옆으로 돌아가려 하네. 이 몸은 오래 전에 혼이 빠져나간 껍데기, 처량했던 또 하나의

---

93 조집신(趙執信 : 1662~1744) : 자는 신부(伸符)이고 호는 추곡(秋谷)이다. 산동성 청주(靑州) 사람이다. 당시 명사였던 주이존(朱彝尊) · 진유숭 · 모기령 등이 그의 재능을 높이 사 "중망으로써 서로 그를 끌여들여 망년지교를 맺었다[尤相引重, 訂爲忘年交]"고 한다(『淸史稿』「趙執信傳」). 또한 왕사정도 그의 재능에 탄복해 많은 창화시를 주고받았다.

94 연대(蓮臺) : 불좌(佛座)를 말하며 '연화대(蓮花臺)'라고도 한다.

95 심계우(沈季友) : 자는 객자(客子)이며 절강성 평호(平湖) 사람이다. 강희 26년(1687)에 공생이 되어 왕완(汪琬) · 모기령 등과 시로 창화하였다.

사람이라 여기지 마시라."】 그리고는 또 자신의 모습을 그리게 하여 「유시도」라 이름 붙이고 그 위에 시를 적었다.【사농(司農) 양부자의 시는 다음과 같았다. "백 송이 구름 빛 마냥 비스듬히 땋아 올린 머리, 향을 사르다 잠시 앉아 엷은 화장 하네. 봄바람 맞으며 그림 펼쳐져 있으니, 풍대의 으뜸가는 꽃을 잘 보호하시라." 임황문의 시는 다음과 같았다. "몸 바치고 이제 자애로운 구름에 예를 올리는데, 가는 허리 달이 갈수록 줄어 반이 되었네. 어인 일로 화공은 색까지 입히어, 담홍색 옷 접힌 곳 주름가게 하였나?" 명부(明府) 심호일(沈皞日)[96]의 시는 다음과 같다. "앉아 거문고 타던 돌이 얼음처럼 차가워서 몇 자의 비단결 같은 봄바람이 불어와 녹여 주었네. 단향목으로 조각한 분신 떠나보낸 이래로, 깊은 밤이면 부처님 앞에 등불 켜고 앉았었네." 서상(庶常) 완이순(阮爾詢)[97]의 시는 다음과 같았다. "같은 꿈 자주 꾸어 단향목을 새로 깎고, 푸른 명주옷 입고서 부처 앞에 몸을 바치네. 자고로 선골(仙骨)은 둘일 수 없는 법, 두 개의 붓으로 미인을 그렸다는 말 믿을 수 없네." 춘방(春坊) 왕빈(汪霦)[98]의 시는 다음과 같았다. "보전(寶篆)[99]은 수불 앞에 아물거리고, 향대(香臺)[100]에 기대앉은 땋아 올린 머리 기우는구나. 아득히 떠도는 꿈속의 영혼 어디 있는 줄 아는가? 가을 호숫가에 핀 연꽃에 있다네." 징사(徵士) 고조(高兆)[101]의 시는 다음과 같았다. "백번 틀어 올린 머리 흙먼지에 버려지고, 한 상자에 든 미녀의 옥골(玉骨)

96 심호일(沈皞日) : 자는 융곡(融谷)이고 호는 자서(柘西)다. 절강성 평호 사람. 시와 사에 능해 주이존 · 이양년(李良年) · 이부(李符) · 공상린(龔翔麟) · 심안등(沈岸登)과 더불어 '절서육가(浙西六家)'라 일컬어진다.

97 완이순(阮爾詢) : 자는 우악(于岳)이고 안휘성 흡현(歙縣) 사람이다. 『남기당시집(南紀堂詩集)』과 『향유루집(向庾樓集)』 등의 저서를 남겼다.

98 왕빈(汪霦) : 자는 조채(朝采)로 절강성 전당 사람이다. 강희 18년에 박학홍사과에 뽑혀 편수에 제수되었고, 후에 호부시랑까지 지냈다.

99 보전(寶篆) : 전설 중에 봉황이 요(堯)임금에게 가져다 준 옥새로 그 새겨진 글자 모양이 전서 같았으므로 '보전'이라 했다. 이후에 이것으로 천명(天命)을 상징하는 도록(圖籙)을 비유한다.

100 향대(香臺) : '향실(香室)'과 같은 뜻으로 불당, 불전 등 향을 사르며 부처에게 기도하는 곳을 가리킨다.

101 고조(高兆) : 자는 운객(雲客)이고 호는 고재거사(固齋居士) 혹은 서현학인(栖賢學人)이다. 복건성 민현(閩縣) 사람이다. 글을 잘 지었고, 작은 해서와 행서를 잘 썼다. 은일에 관한 자료를 수집해 『속고사전(續高士傳)』 5권을 지었다.

강가에 묻혔구나. 가련해라, 봄바람에 떨어진 그림자여! 아직도 꽃 앞에 매달려 사람들을 질투하는구나." 표기(驃騎) 정훈(鄭勛)[102]의 시는 다음과 같았다. "가랑비 천상의 꽃을 적시기 어려우니, 봄빛은 아득하고 흰 구름은 저 멀리. 가련하다, 화장한 모습만 남았구나! 애간장이 끊어지는 도다, 유벽거(油壁車)[103] 타던 그때 모습이여!"】

한편, 당초에 내 아내가 온다고 하여 남서문(南西門) 무덤가로 이사가 살았는데 집이 아주 좁았다. 익도가 곤궁한 처지를 불쌍히 여겨 첩을 내보내라고 내게 권하자 만수는 이를 책망했다. 그 후 내 뜻인 것처럼 가장하여 억지로 보낸 적이 있었는데, 그때 만수는 죽었다 다시 살아났다. 【만수는 「회생기(回生記)」에서 다음과 같이 말했다. "만수는 임술년(1682) 10월 11일에 죽었다가 사흘 뒤 고우(高郵)의 갈선생(葛先生)이 살려주어 다시 소생했다." 이검토는 시 「만수」에서 다음과 같이 노래했다. "가난하게 살아온 이삼 년, 두 사람의 사랑 짧기도 하여라. 어찌 생각이나 했으리 남쪽에서 온 이가, 뜻밖의 사태 벌어지게 할 줄을! 온 집안사람들 참담해할 때, 승상이 만수에게 말했네. 모랑(毛郎)은 이제 저물어가는 인생인데다가, 가난하고 보잘것없는 관리에 지나지 않네. 뜻을 바꾼 것은 당신을 위해서이니, 어리석게 자신의 앞가림을 해서는 안 될 것이네. 만수는 한 마디 말도 못하고, 붉은 비단 저고리에 눈물만 떨구었네." 또 다음과 같이 노래했다. "처음에는 다 그치더니, 이내 야유하네. 낭군의 뜻이라면 늘 함께했는데, 어찌하여 일을 계획하심이 이리도 어리석은가요? 만수는 크게 슬퍼하였네! 하늘이시여 어찌 저를 저버리시나요? 낭군이 이제 신의를 저버렸다며, 크게 통곡하였네. 기(氣)가 막히고 장이 끊어질 듯, 생사가 경각에 달렸구나. 황급히 양의(良醫)를 찾아, 억지로 일으켜 바로 앉혔네. 약을 천천히 먹이자, 며칠 후 영혼이 겨우 소생하였네." 이중윤(李中允 : 李鎧)의 시는 다음과 같았다. "머뭇머뭇 별관에 우두커니 섰노라니, 지척에 은하수가 걸려있네. 하염없이 바라만보고 있는데, 낭군의 말 전해오네. 이제 날개가 어긋났으니, 원앙현을 잇고

102 정훈(鄭勛) : 강희연간에 표기도위를 지낸 인물이나, 정확한 행적은 알 수 없다.

103 유벽거(油壁車) : 옛 사람들이 타던 수레의 일종으로 수레 벽을 기름칠 하여 장식하였으므로 이러한 이름이 붙었다. 여인들이 타던 유벽거는 '유벽향거(油壁香車)'라고도 한다.

자 하네. 그 말을 듣자 비분이 솟구쳐 올라, 기가 막혀 숨이 실처럼 끊어질 듯. 이윽고 소리 삼켜 울면서, 고개 들어 하늘이시여! 하고 소리쳤네.” 「속장한가」에서 다음과 같이 노래했다. “가난했던 삼 년 동안 사랑이 깊어, 그 사랑 오래 오래 지키자고 약속했건만, 환가(桓家)의 마나님[104]이 갑자기 들이닥쳐, 깊은 밤 꿈꾸는 원앙을 놀라 헤어지게 하였네. 정은 깊지만 믿을 수 없는 저 금문객(金門客),[105] 근심스런 회오리바람에 혼백이 요동치누나. 다급히 무덤가에 아교(阿嬌)[106]를 숨겨, 독거(犢車)[107]로 하여금 찾을 수 없게 하였네. 생각이나 했으랴! 흐르는 시간은 번개처럼 빠르고, 좋은 소식은 오지 않고 유언비어만 퍼짐을. 들꽃 핀 마을 백양나무 교외에서, 신선 같은 낭군을 날마다 만날 수 있으리? 사랑만 가슴에 품고 슬퍼하다 옥산(玉山 : 미녀)이 무너지더니, 아득히 멀리 세상을 떠났다네. 갈옹(葛翁)이 약을 주어 일으키긴 했으나, 복사꽃 어찌 다시 열매 맺을 수 있을까? 그림을 펼쳐 옛날 모습 보았더니, 옥 같은 미모도 꽃 같은 자태도 이젠 모두 변했다네.” 감주(監州) 맹원(孟遠)[108]의 「기(記)」는 다음과 같았다. “처음 첩으로 올 때, 늙었다고 해서 배필이 될 수 없다고는 생각지 않고 오로지 재자와 짝이 될 수 있는 것을 행운으로 여겼다. 위독해졌을 때에 여러 가지 말들이 분분해도, 금석의 맹세만을 생각하며 오로지 재자 손에서 죽을 수 있기만을 바랐다.” 시강 팽손휼(彭孫遹)[109]의 시는 다음과 같았다. “우담바라는 본래부터 속세에 물들지 않아, 뜬금없이 애 끊는 봄을 울부짖었네. 그 누가 지하에서 세 번 손가락을 튕겨, 석

104 환가(桓家)의 마나님 : 주석 48 참조.

105 금문객(金門客) : 벼슬아치나 귀빈을 말한다.

106 아교(阿嬌) : 한무제(漢武帝)의 비인 진황후(陳皇后)의 아명으로, 미인을 비유하는 말로 쓰인다.

107 독거(犢車) : 소가 끄는 수레로, 한나라 제후 중 가난한 사람들이 타던 수레였는데, 후에는 귀한 신분의 사람이 타는 것으로 바뀌었다.

108 맹원(孟遠) : 미상.

109 팽손휼(彭孫遹 : 1631~1700) : 자는 준손(駿孫), 호는 선문(羨門) 혹은 금속산인(金粟山人). 절강성 해염(海鹽) 사람. 팽손이(彭孫貽)의 사촌아우이다. 강희 18년 박학홍사과에 1등으로 뽑혔다. 시와 사에 뛰어나며 『청시기사초편(清詩紀事初編)』에 의하면 “여러 시체를 두루 겸했으나 그가 지은 향렴체를 사람들이 특히 좋아했다[各體皆備, 世獨賞其香奩艷體]”고 한다. 왕사정과 이름을 나란히 하여 당시 ‘팽왕(彭王)’으로 일컬어졌다.

가모니[110] 옆에 앉은 이들을 불러일으킬 수 있으리." 문학 장암연(張闇然)[111]의 시는 다음과 같았다. "남원에서 병들어 누워있을 때도, 비파로 여전히 「축씨 네 정원」 노래를 연주했다지. 새로운 소리 풍대를 향해 고르지 않고, 옛 가지 그리워 우는 꾀꼬리에 부쳤네." 학사 조화(曹禾)[112]의 시는 다음과 같았다. "막 피어난 작약 진흙에 버려졌는데, 풍대에는 여전히 풀이 무성하도다. 멀리 서시(西施)의 마을에 묻히는 것도 달가와하며, 가난한 관리와 질투하는 아내를 못내 그리워하네." 문학 양와(楊臥)[113]의 사 「장부인이 막 돋은 달에게 절하다에 잇다[續張夫人拜新月]」에서는 다음과 같이 노래했다. "막 돋은 달에게 절하네, 앞 계단에서 달 보고 절하네. 죽은 혼 다시 살아나고, 남은 눈썹 아직 남아 있을 때에."】 병이 더 심해지자 만수는 "만약 좀 괜찮아지면 비구니가 되어 죄를 참회하겠습니다"라고 말했다. 【이중윤의 시는 다음과 같았다. "고금의 상심한 이들, 비분에 차 길게 탄식한다. 부처의 힘만이, 이 긴 한의 끝을 떨칠 수 있는 방법이리. 밝게 빛나는 푸른 연꽃, 할미의 꿈에 끌려갔네. 그래서 비단 옷 입고, 고요한 참선을 좋아했다네." 「속장한가」에서 다음과 같이 노래했다. "이때부터 화장갑 늘 닫아 둔 채, 오랫동안 재계하며 정례(頂禮)[114]를 행했으나 소원 이루긴 어렵구나. 비단 자루엔 향진(香塵)[115]만 가득하고, 텅 빈 방 병상에 누운 작은 가슴 놀라네."】 그런 후 나에게 말했다.

"이전에 아삼(阿三)이 병이 났을 때【내 조카 아삼이 도성에서 죽었다】, 저는 그 정원을 빌려 머물면서 당신이 매일 와주시는 것을 행복으로 여겼습니다. 하지만 지금 당신은 남쪽으로 가셔야 하고, 저는 또 병 때문에 절

---

110 석가모니 : 원문은 '가문(迦文)'이다. 석가모니를 '석가문불(釋迦文佛)'이라고도 부르는데, 이를 줄여 가문이라 한다.

111 장암연(張闇然) : 미상.

112 조화(曹禾 : 1637~1699) : 자는 송가(頌嘉), 호는 미암(未庵) 혹은 아미(峨嵋)이며 강소성 강음(江陰) 사람이다. 박학홍사과에 뽑혀 한림원편수에 제수되었다. 시문에 능해 전문·송락(宋犖) 등과 '시중십자(詩中十子)'로 일컬어졌다.

113 양와(楊臥) : 미상.

114 정례(頂禮) : 불교 예절로, 무릎을 꿇어 두 손으로 땅을 짚고 존경하는 사람의 발밑에 머리를 대는, 가장 공경하는 뜻으로 하는 절이다.

115 향진(香塵) : 불교 용어로 육진(六塵) 중 하나인데, 육진은 색(色)·성(聲)·향(香)·미(味)·촉(觸)·법(法)을 말한다.

에 남아야 하니 여기에 오실 수 있겠어요?"

또 울면서 말했다.

"훗날 돌아오시거든 저는 비구니가 되어 당신을 따라갈 것이니, 당신 마음대로 하셔요."

그러고는 얼마 후 병 나 죽었다. 【만수가 죽으니 조정 인사들이 다투어 조문을 지었는데, 사농 양부자로부터 장(張)·조(曹) 등 여러 학사에 이르기까지 그들이 지은 시며 사며 문장이며 부(賦)며 이루 다 적을 수 없을 정도였다. 또 고자사(鼓子詞)를 지은 사람도 있었는데, 같은 운으로 창화하여 권질을 이루기도 했다. 예를 들면 운간(雲間)의 이농(李穠)·이진(李榛)·고사원(顧士元)·마좌(馬左), 서령(西泠)의 하원장(何源長), 위리(魏里)의 주가(周珂), 같은 군의 성조장(成肇璋)·달지(達志)·김진갑(金振甲)·마회가(馬會嘉)·왕인유(王麟遊)·도보(陶簠)·유의림(劉義林) 등 여러 사람들이 그렇게 했다. 한림원에서 함께 재직하고 있는 동료들의 경우, 「벽허선사기(碧虛仙史記)」를 지은 자도 있고 「앙중화(盎中花)」 잡극(雜劇)을 지은 자도 있었는데, 모두 모아 별집(別集)에 실었다. 만수는 죽을 때 매우 말라있었다. 그러나 염을 할 때는 얼굴에 생기가 돌았고, 앉혀놓고 옷을 입힐 때는 뼈마디가 생전처럼 부드러웠다. 임황문은 다음과 같은 시를 지었다. "주렴 드리우고 힘없이 난간에 기대어, 정원에 핀 꽃들이 일찍 시들까 두려워했네. 속상해라, 와관(瓦棺) 묻힐 곳, 해당화는 잠자고 있는 것이라 여기려네."】

당초 진검토의 부인이 죽었을 때, 그는 나를 찾아와 묘지명을 써달라고 하며 내게 비단을 주었다. 비단은 옅은 황색이었는데, 그것으로 치마를 지어 주니 기뻐하며 이렇게 부탁했다.

"만약 복숭아 빛 붉은 색 비단을 받게 되면 치마 한 벌 더 지어 주세요."

그러나 그 후 4년이 지나도록 주는 사람이 없었다. 그래서 염을 끝내고 난 뒤 비파를 팔아 치마 한 벌을 지은 다음 버드나무 관에 넣어 주었다. 【「속장한가」에서 다음과 같이 노래했다. "가는 길 망망하니 그 어드메뇨? 고개 들어보니 희미한 안개만 끼어있구나. 비파 판 돈으로 붉은 치마를 지어다, 가지 말라며 만수를 목 놓아 부른다네.” 고징사의 시는 다음과 같다. “담황빛으로 비단 치마 지어, 백옥 침상 위 가는 허리에 두르네. 세상 밖에 사람 없음을 길게 한탄하여, 날아다니며 반혼향(返魂香)[116]을 찾고 있구나.” 오문학의 시는 다음과 같다. “점점 말라가는 허리 소만(小蠻)[117]을 능가하고, 담황색 치마는 허리에 두르고도 넉넉하네. 가련해라 붉은 비단 부질없이 말라다가, 금 상자에 넣지도 못하고 옥 관에 넣었구나.”】

장산래가 말한다.

나 역시 안타까움이 커서 간간이 시 오십 수를 지어 「청루흔(清淚痕)」이라 이름 지었으며, 동인들도 모두 애도하는 시를 지어 주었다. 지금 이 글을 읽으니 나도 모르게 옛 한이 북받쳐 오른다.

曼殊, 豐臺賣花翁女.【陳檢討維崧序云:“疏籬織處, 青門種樹之翁. 纖籠携來, 縞袂賣花之嫗.” 汪主事懋麟詩云:“荒村侍婢賣花回, 補屋牽蘿曉鏡開. 怪底紅顏如芍藥! 妾家生小住豐臺.” 汪春坊楫詩云:“春到長安芍藥開, 尋花曾一到豐臺. 自從解語歸金谷, 不是花時客也來.” 張學士英詩云:“聞說豐臺住小姑, 百環新髻世應無. 又添一段游人話, 芍藥開時說曼殊.”】生時, 母夢鄰嫗以白花一當.【一根也】寄使賣. 其前鄰奶奶廟也, 後鄰錢氏, 疑昔者乃錢氏嫗, 因名阿錢.【周贊善清原「續長恨歌」云:“張家小女名阿錢, 種花家住豐臺側. 生成骨格一枝香, 斟酌衣裳百花色.”】

阿錢慧甚, 能效百鳥音. 京城販兒推貨車行叫賣, 嘤嘟不可辨, 阿錢遙聞便知之. 十歲, 前村學針線, 把剪即能刻花種人獸, 不構譜, 儼熟習者. 客有以千錢購蕃繡旛燈於前村家, 阿錢方學繡, 立應之去. 既長, 色

116 반혼향(返魂香) : 죽은 이를 다시 살리는 향 또는 이미 죽은 친한 사람의 영혼을 볼 수 있게 해 주는 향을 말한다.

117 소만(小蠻) : 당대 백거이(白居易)의 가기(家妓) 중 춤을 잘 추고 허리가 매우 가늘었던 기녀의 이름이다. 당대 맹계(孟棨)의 『본사시(本事詩)』 「사감(事感)」편에 “백상서의 첩인 번소는 노래를 잘 하고, 기녀 소만은 춤을 잘 췄다[白尙書姬人樊素善歌, 妓人小蠻善舞]. …… 앵도같은 번소의 입술, 버드나무 같은 소만의 허리[櫻桃樊素口, 楊柳小蠻腰]”라는 구절이 있다.

白, 目有曼光, 十指類削玉, 黝髮委地可鑑.【「續長恨歌」云 : “十枝春笋扶釵出, 一寸橫波入鬢流. 銀蒜雙雙垂綵索, 曉日瞳朧射妝閣.” 張編修廷瓚詩云 : “子夜淸歌醉不醒, 曾看寶髻倚銀屛. 菱花掩後香雲散, 腸斷春山一樣靑.”】才櫳頭, 作十種名. 最上以髮緋綰作連環百結, 蟠頂前, 名百環髻.【「留視圖自序」云 : “飾予生平所梳百環髻.” 王舍人嗣槐詩云 : “東風吹羅衣, 空園自搖曳. 採將千種花, 攏作百環髻.” 「續長恨歌」云 : “八幅湘裙初拂地, 百環雲髻早宜春.” 方編修象英詩云 : “自製新妝號百環, 春風搖漾畵圖間. 無端夢逐空王去, 凄絶豊臺舊日山.” 張中書睿詩云 : “百結雲鬟別樣妝, 曼殊花放卜巫陽. 祇今留視圖猶在, 減却生時一段香.” 喬侍讀詩云 : “百環髻就玉爲神, 別有穠華領好春. 斜傍靑山長不掃, 有誰堪作畵眉人?”】

顧性貞靜. 十二, 從廟歸, 路人觀者嘖嘖稱好姑. 則大慍, 歸不再出. 予來京師, 益都夫子爲予謀買妾, 有以阿錢言者, 預遣二世兄往視, 不許.【吳文學闡思詩云 : “爭似豊臺解語花! 臉波春色襯朝霞. 盈盈碧玉年嬌小, 不愛靑齊宰相家.” 喬侍讀詩云 : “村庄無復往東牆, 但對名花引興長. 莫道小家劉碧玉, 一生不嫁汝南王.”】先是阿錢病, 西山尼師過其門, 咨嗟曰 : “阿錢不年, 不宜爲人妻.” 或曰 : “爲小妻卽免.” 遂決計作妾. 然往請者率驕貴, 深不自願. 及二世兄往, 謂猶是相公家也. 越數日, 予親往, 詢余喜甚, 且有謬譽予善文者.【李檢討澄中詩云 : “守身堅擇對, 偃蹇已數夫. 不惜充下陳, 但願嫁通儒. 毛郎富文史, 作賦邁「三都」.” 「續長恨歌」云 : “紛紛粱肉皆塵土, 不願將身入朱戶. 蘭生空谷人自知, 嘖嘖張家有賢女. 毛君一賦奏凌雲, 柱下才名天下聞.” 龍檢討燮詩云 : “湘湖詞客毛先生, 日昨棒檄來燕京. 「子虛賦」獻官侍從, 閨中兒女皆知名.” 李中允鎧詩云 : “毛子孌坡彦, 文筆五色鮮. 造訪出花下, 驚鴻何翩翩? 豈有十斛珠, 乃訂三生緣! 盈盈賦麗情, 慕義良獨難.”】是夜, 予夢大士, 取盎中花手授予. 次日插戴.【北方以下定爲‘插戴’. 「續長恨歌」云 : “疎籬野徑多閒暇, 落花無人碧牕夜. 天然芳潔不由人, 優鉢曇花是化身.” 胡文學渭生詩云 : “媒氏新傳玉帳音, 定情何用百黃金? 簾前一見如相識, 爲揷蓮花玳瑁簪.” 邱學士象升詩云 : “昨夜優曇帶露開, 簪花迤邐到豊臺. 湘簾一控春如海, 萬朶花光入座來.”】其母兄與其母, 疑予年大又貧, 且相傳婦妒, 欲悔之. 阿錢不然.【陳序云 : “原思入仕, 仍然環堵之家, 仲路居官, 不離縕袍之色. 況乎桓家郡主, 性極矜嚴, 吳國夫人, 理多貴倨. 王茂弘將膺九錫, 時來悠謬之談, 劉孝標永憾三同, 屬有紛紜之論. 而乃情堅一諾, 面許三生.” 「續長恨歌」云 : “相國馮公重古風, 爲訪名姝到韋曲. 韋曲春花爛熳生, 求婚三唱「踏莎行」. 忽傳婦妒幾中止, 官賓復恐離鄕里. 阿錢却喜嫁才人, 委身情願同生死.” 劉文學錫旦詩云 : “夢授一枝和露種, 肯敎連理被雲遮?”】及娶, 檢討陳君就予飮, 更名‘曼殊’. 曼殊者, 佛花也.【汪主事詩云 : “昨宵夢乞楊枝露, 從此更名號曼殊.” 陳序云 : “僕於阮婦之新婚, 曾學劉偵之平視. 屛前乍見, 遽訝天人. 燭下潛窺, 已驚絶世. 値此同官之被酒, 屢爲愛妾以徵名. 以姬夙悟靜因, 親耽禪喜, 遂傍稽夫梵夾, 肇錫之以曼殊.” 姜州丞啓詩云 : “曼陀花散到人間, 色相端然菩薩鬘.” 蔡修撰升「元月上紗牕夜烏啼」詞云 : “檀心蕙質玉亭亭! 解語識迦陵. 慈雲一滴楊枝露, 訂三生, 却向天花落處認前身.” 「續長恨歌」云 : “同官往往停驂御, 欲拜靑娥不能去. 迦陵太史爲徵名, 曼殊本在西來處.”】

曼殊旣歸, 執摯【卽贄】願從學. 取書觀, 有悟, 才把筆, 卽能畵字. 其字每類予, 見者輒謂予假爲之.【任黃門辰旦傳云 : “檢討善詩文, 能書, 曉音律. 曼殊心習焉, 輒似檢討.” 方編修詩云 : “夫子江東早擅名, 學書學字儘聰明.” 吳文學陳琰詩云 : “學書不學衛夫人, 別有簪花體格新. 爭怪拈毫似夫壻? 燕釵作贄仿來眞.” 施侍讀閏章詩云 : “夫人才把筆, 便作逸少字. 如此好夫壻, 何處不可似?” 朱供奉「葉兒樂府」云 : “檀板能歌絶妙詞, 銀鉤學寫相思字.”】嘗爲予書刺, 早起呵凍, 連作十餘刺, 心痛遽罷.【陳序云 : “於是雜弄簡編, 閒親文史. 畵眉樓畔, 卽是書林, 傅粉房中, 便成家塾. 學新聲於絃上, 詢難字於枕間. 硬黃紙滑, 竊書夫子之銜, 縹碧釵輕, 戱作門生之贄.” 張檢討鴻烈詩云 : “暫見仙姝漫七年, 每聞素腕寫鸞牋.” 潘檢討耒詩云 : “學得簪花字體新, 蠻牋十幅簇芳茵. 修成外傳多情思! 爲有燈前擁髻人.” 予有「曼殊病」詩云 : “黛梳誰書刺, 銀牀想挈壺. 曼陀花一朶, 看向日邊枯.”】予生平好歌, 至是酒後歌, 每歌必請予復之. 三復則已能矣, 按刌度節, 絲黍不得爽. 尤喜歌眞定夫子「祝家園」詞.【梁司農夫子「桂枝香」曲開句 : “賞心樂事, 祝家園裏.” 馮太傅夫子長歌云 : “從來繡閣惜娉婷, 紅牙欲按聲轉停. 聞君雅擅周郞顧, 妾若歌時君細聽.” 「續長恨歌」云 : “學書便仿簪花格, 偸曲初成按拍時.” 又云 : “拙宦中年何草草? 但看曼殊愁頓掃. 酒闌一唱「祝家詞」, 溫柔鄕裏眞堪老. 冰絃檀板兩怡然, 花底徵歌月底眠.” 田編修雯詩云 : “百縚雲鬢巧樣成, 淡黃裙子稱身輕. 清歌按板偏能會, 不數紅紅記豆名.” 胡文學詩云 : “新翻「子夜」與「前溪」,

顧曲周郎總不迷. 一唱「黃鷄」嬌欲絶, 簫聲同徹鳳樓西.” 王光祿三傑詩云: “歌殘「金縷」不勝悲, 記得南園臥病時. 夜起與郎花下坐, 含顰一唱「祝家詞」.” 曼殊自爲詩云: “階草銜虛檻, 亭榴接斷垣. 酒闌攜錦瑟, 請唱「祝家園」.”】第苦無彈者, 不可已, 呼盲女街前琵琶. 聽數曲, 諦視其攏撚剔撥, 遂能彈.【朱供奉「洞庭秋色」詞云: “想暗通心曲, 朱絲絃裏! 盡携書卷, 玉鏡臺前.” 尤檢討侗「新樣四時花」曲云: “羅敷趙瑟儂家占, 「子夜」吳歌近日諳.” 袁編修佑詩云: “郎自豔吳曲, 儂自緩秦箏. 雙栖梁上燕, 解語弄春聲.” 馮檢討勗詩云: “細拋紅豆譜相思, 腸斷金槽一縷絲. 誰道梁塵驚散後, 酒闌猶唱「祝家詞」.” 吳別駕融詩云: “淥水春來豔, 金槽夜自彈. 市樓盲女在, 莫作段師看.”】

顧得奇疾, 初書刺心痛, 謂脘寒也. 既謂傷肝輸, 東風木揚, 春作而秋止. 又既謂中懣, 有瘕癖, 在胃傍, 氣積不行. 歷數載, 審候終不得其要領. 每疾作, 遍體若焞, 使婢按摩之. 不足, 以帔作兜, 負之行, 又不足, 縋筐而坐之, 東西推挽, 若鞦韆然.【任黃門「傳」云: “然有奇疾. 疾劇, 則必約綵爲兜, 有若花籃, 坐其中, 懸諸空際, 左旋右轉, 乃少可. 特終不可治. 嘗遍搜方術, 不治, 遂立願捨身作佛弟子. 不治, 乃召繪者圖之, 名曰「留視圖」云. 已而竟不可治.” 陸文學弘定詩云: “病倚籃輿挹翠霞, 後庭編徑曲欄斜. 綵兜行遍雖無跡, 猶長金蓮處處花.”】嘗夢鄰廟奶奶喚歸去, 一日携兒至, 曰: “汝本吾家物, 我擠眼, 汝當隨我行.” 其兒曰: “家去罷! 不去, 奶奶么喝.” 醒乃刻桃木爲偶人, 飾之衣, 被以生平所梳百環髻, 流涕送廟間.【趙編修執信詩云: “淡紅香白好容顔, 寶髻堆雲作百鬟. 喚作佛花元自悞, 如今爭肯住人間?” 吳文學陳琰詩云: “阿錢生小態嬋娟, 多病皈依繡佛前. 不信曼陀花一朶, 忍教憔悴夕陽天.” 又云: “妖夢頻隨阿母回, 香檀分影禮蓮臺. 百鬟巧髻親留視, 畫裏眞眞喚不來.” 沈文學季友詩云: “雕香分送淚模糊, 六尺生綃便作圖. 認取白衣龕外立, 前身應是小龍姑.” 予『送偶人』詩云: “且送青娥去, 言隨阿母歸. 荷花開作面, 菊葉翦爲衣. 淚盡中途別, 魂離何處依? 他時香案下, 相待莫相違.” 曼殊自爲詩云: “百計延醫病轉深, 暫回阿母案傍身. 此身久已魂離殼, 莫道含顰又一人.”】乃復圖其形, 名「留視圖」, 而題詩焉.【梁司農夫子詩云: “百朶雲光綰髻斜, 焚香小坐澹鉛華. 畫圖展向春風裏, 好護豊臺第一花.” 任黃門詩云: “捨身現在禮慈雲, 月月纖腰減半分. 何事畫工還染色, 淡紅衣褶藕絲紋?” 沈明府皞日詩云: “彈窩石畔冷如冰, 消得春風數尺綾. 一自檀雕分影去, 夜深只坐佛前燈." 阮庶常爾詢詩云: "新鏤香檀舊夢頻, 碧綃留供佛前身. 由來仙骨原無二, 不信雙毫寫玉人." 汪春坊霦詩云: "寶篆依微繡佛前, 香臺倚坐髻鬟偏. 夢魂縹緲知何處? 只在蓮花秋水邊." 高徵士兆詩云: "百結雲鬟委陌塵, 一函玉骨瘞江濱. 可憐遺落春風影! 挂向花前還妒人." 鄭驃騎勛詩云: "細雨難滋天上花, 春光沓渺白雲賒. 可憐粉黛空留視! 腸斷當時油壁車!"】

初, 予婦將至, 徙居南西門墳園, 廬不容也. 益都夫子憐其窮, 强予開閣, 而曼殊難之. 其後有假予意逼遣之者, 曼殊死復活.【曼殊「回生記」云: "曼殊以壬戌十月十一日死, 越三日, 高郵葛先生治之, 復甦." 李檢討「曼殊」詩云: "食貧二三載, 兩情如斯須. 何意南來者, 事變出不虞! 擧家色慘凄, 丞相謂曼殊. 毛郎生遲暮, 官貧徒區區. 改圖便爾爲, 作計莫太迂. 曼殊一無語, 淚落紅羅襦." 又云: "始至相逼迫, 旣乃復揶揄. 郎意久異同, 計事一何愚? 曼殊大悲摧! 天乎我何辜? 郎今負義信, 慟哭聲嗚嗚. 氣結腸欲斷, 死生在須臾. 倉皇覓良醫, 强起事跏趺. 藥餌徐徐下, 數日魂始蘇." 李中允詩云: "躕踟貯別館, 咫尺明河懸. 脉脉但相望, 郎言邃浪傳. 謂當羽翼乖, 聽續鴛鴦絃. 聞言一悲憤, 氣絶如絲聯. 已乃泣吞聲, 仰首呼蒼天!" 「續長恨歌」云: "食貧三歲恩情重, 恩情祗道長相共, 桓家郡主驀地來, 驚散鴛鴦夜深夢. 深情無賴金門客, 愁煞飄風蕩魂魄. 倉卒墳園貯阿嬌, 將使犢車無處覓. 那料流光迅如電, 好信不來飛語遍. 野花村落白楊郊, 安得仙郎日相見? 含情一慟倒玉山, 杳杳冥冥去世間. 葛翁投藥雖扶起, 那得桃花還結子? 畫圖試展舊時容, 玉貌花姿全不是." 孟監州遠記云: "其初歸也, 則不以遲暮爲非匹, 而惟以得偶乎才子爲幸. 其瀕危也, 羣言紛構, 猶矢若金石, 惟願得死於才子之手." 彭侍講孫遹詩云: "優鉢從來不染塵, 無端號作斷腸春. 憑誰地下三彈指, 喚起迦文坐畔人." 張文學闇然詩云: "曾說南園臥病時, 金槽猶撥「祝家詞」. 新聲不向豊臺度, 付與啼鶯戀舊枝." 曹學士禾詩云: "芍藥初開驟委泥, 豊臺猶見草萋萋. 甘心遠葬西施里, 苦戀貧官與忌妻." 楊文學臥「續張夫人拜新月」詞云: "拜新月, 拜月在前墀. 死魂回生後, 殘眉未掃時."】至是病轉劇, 嘗曰: "令吾小可者, 吾當爲尼懺除之."【李中允詩云: "古今傷心人, 慷慨以永歎. 庶幾法王力, 遣此長恨端. 灼灼青蓮花, 阿母夢所驀. 因之綺羅中, 愛參淸靜禪." 「續長恨歌」云: "從此香奩日日扃, 長齋頂禮願難成. 綵兜虛約香塵滿, 伏枕空房小膽驚."】旣而謂予曰: "向阿三病時【予從子阿三死京師】, 予藉其園居, 邀君日來以爲幸. 今君將南行, 而予以病殘留尼寺中, 其能來乎?" 泣曰:"他日君歸者, 吾請以尼隨君行, 惟君置之." 旣而病發死.【曼殊之死, 京朝爭作挽弔, 自梁司農夫子, 曁張·曹諸學士下, 詩詞文賦, 不可勝紀. 又有作鼓子詞, 同韻唱和成帙. 如雲間李禮·李棒·顧士元·馬左, 西泠何源長, 魏里周珂, 同郡成肇璋·達志·金振甲·馬會嘉·王麟遊·陶篔·劉義林諸君. 至同館生, 有記「碧虛仙史」, 作「盎中花」雜劇者, 皆彙載別集. 死時羸甚. 及斂, 面有生色, 坐而衣, 骨節緩澤如平時. 任黃門詩云:"垂簾無力倚闌干, 怕見庭花易早殘. 偏怪瓦棺將掩處, 海棠猶作睡時看."】

初, 陳檢討孺人死, 索予爲墓銘, 而貽予以絹. 絹淺黃色, 爲制裙而喜, 囑曰:"假使貽絹有桃暈紅者, 當復製一裙." 越四年, 無有貽者. 旣斂, 乃賣金槽, 裁一裙納柳棺中.【「續長恨歌」云:"去路茫茫在何處? 矯首空濛隔烟霧. 金槽賣却剪紅裙, 大叫曼殊將不去." 高徵士詩云:"羅裙淺澹剪鵝黃, 一束纖腰白玉牀. 長恨無人十洲外, 飛行爲覓返魂香." 吳文學詩云:"減盡纖腰勝小蠻, 淡黃裙子帶圍寬. 可憐紅絹空裁剪, 不付金箱付玉棺."】

張山來曰: 予亦復有長恨, 間爲詩五十首, 名「清淚痕」, 同人皆有贈輓詩歌. 今讀此, 不覺觸予舊恨也.

장영과 최영의 합전을 보충하다[補張靈崔瑩合傳]

구연(九烟) 황주성(黃周星)

젊었을 때 당해원(唐解元)[1]의 『육여집(六如集)』을 읽었는데, 이러한 구절이 있었다.

"육여는 축지산(祝枝山)[2] · 장몽진(張夢晉)과 함께 큰 눈이 내리던 날 거지 흉내를 내며 「연화락(蓮花落)」[3]를 불렀다. 그래서 얻은 돈으로 술을 사

---

1 당해원(唐解元 : 1470~1523) : 당인(唐寅)을 가리킨다. 당인은 오현(吳縣 : 蘇州) 사람으로 자는 백호(伯虎) 또는 자외(子畏), 호는 육여(六如) · 도화암주(桃花庵主) · 도선야사(逃禪野史) · 강남제일풍류재자(江南第一風流才子) 등이다. 명나라의 유명한 화가이자 문학가로 재주가 출중하고 자유분방한 성격을 지녔다. 29세에 응천부(應天府) 향시에 해원(解元)으로 합격하였으나 다음 해 회시(會試) 때 시험장에서의 부정행위에 연루되어 하옥되었다가 제적당했다. 36세에 별장 도화암을 지어 글과 그림을 팔며 생활했다. 저서로 『육여거사화보(六如居士畫譜)』 · 『육여거사전집(六如居士全集)』이 있다. 축윤명(祝允明) · 문징명(文徵明) · 서정경(徐禎卿) 등 서화가와 교유하여 이들과 함께 '오중사재사(吳中四才子)'로 칭해졌다.

2 축지산(祝枝山) : 축윤명(祝允明)으로 명나라 때 서예가이자 문학가이다. 자는 희성(希聖), 호는 지산이다. 지현(知縣) · 통판(通判) 등의 관직을 역임하였고 저서에 『회성당집(懷星堂集)』이 있다.

들판의 절에서 실컷 마시고는 '이러한 즐거움을 이태백에게 보이지 못함이 애석하도다!'라고 말했다."[4]

속으로 기이하다고 여겼으나 장몽진이 어떤 사람인지는 알지 못했다. 얼마 전 소설을 읽다가 『십미도(十美圖)』라는 책을 읽게 되었는데, 장몽진과 최소경(崔素瓊)의 일이 상세히 실려 있었다. [처음엔] 나도 모르게 놀랍고 기뻐서 소리쳤으나[5] 이내 눈물이 줄줄 흘러내렸다. 이는 실로 고금이래의 재자가인의 일사(軼事)로서, 세상에 전하지 않을 수 없기에 마침내 그들을 위하여 전을 짓는다.

장몽진은 이름이 영(靈)이고 정덕연간(正德年間 : 1506~1521)에 오현(吳縣)에 살았던 사람이다. 준수한 용모를 타고났으며 재주 또한 세상에 둘도 없이 빼어났다. 시도 잘 짓고 그림도 잘 그렸을 뿐 아니라 풍류를 알고 성품까지 호방하여 세상에 비할 자가 없었다. 집안은 아주 가난했지만 어려서부터 총명했다. 열세 살에[6] 부친이 장영에게 동자시(童子試)[7]를 치르게 하니, 바로 장원급제하여 제자원(弟子員)[8]이 되었다. 장영은 그다지 기뻐하지 않으면서, 재주 있는 사람이 왜 하필 사서오경의 장구(章句) 해

3 「연화락(蓮花落)」: 원문은 '연화(蓮花)'로 옛날 거지들이 구걸할 때 부르던 가요 중 하나이다. 손으로는 죽판(竹板)을 흔들어 쳐서 소리를 내고 입으로는 노래를 불렀다고 한다.

4 육여는 …… 말했다 : 이 구절은 『육여거사전집』 「외집(外集)」 권1 '유사(遺事)'에 수록된 장일규(蔣一葵)의 『요산당외기(堯山堂外記)』 중의 한 기록이다.

5 기뻐서 소리쳤으나 : 원문은 '영규(怜叫)'로 되어 있으나 하북인민출판사본(1985)에 근거하여 '희규(喜叫)'로 해석한다.

6 열세 살에 : 원문은 '무작(舞勺)'으로 되어있다. '무작'은 고대에 아동 시기에 배우던 무용의 일종으로, 후에 이것으로 어린 시절을 가리키게 되었다. 『예기』 「내칙(內則)」 편에 "열세 살이 되면 음악을 배우고 『시경』을 외우며 작무를 춘다[十有三年, 學樂, 誦詩, 舞勺]"라고 되어 있다.

7 동자시(童子試) : 명청시대에 생원(生員 : 秀才) 자격을 얻는 입학시험으로 동시(童試)·소시(小試)·소고(小考)라도 했으며, 현시(縣試)·부시(府試)·원시(院試)의 세 단계를 포함한다. 3년에 두 번 행해졌다.

8 제자원(弟子員) : 한나라 때에 태학에서 공부하는 사람을 '박사제자원(博士弟子員)'이라 했는데, 명청시대에는 현학의 생원을 '제자원'이라 했다.

석[9] 따위에나 얽매여야하는가 생각하다가, 드디어 결심하고 다시는 과거에 응시하지 않았다. 날마다 실컷 술이나 퍼마시며 큰 소리로 시를 읊조렸으나 함부로 사람을 사귀려하지 않았고, 사람들 역시 감히 그와 가볍게 사귀지 못했다. 오직 육여 당해원하고만 나이를 초월한 벗이 되었다. 장영은 나이가 찬 후에도 장가들지 않았다. 당육여가 짐짓 [왜 장가들지 않느냐고] 묻자 웃으면서 "내 배필감으로 점찍어놓은 사람이라도 있소?"라고 말했다. 당육여도 웃으며 말했다.

"없소. 다만 자고이래로 재자는 가인과 짝이 되는 게 마땅하기에 한번 그대를 떠본 것뿐이오."

장영이 말했다.

"그야 그렇지만, 지금 그런 사람이 어디 있단 말이오? 수천 년 동안 재자가인이라 칭할 수 있는 이는 오로지 이태백(李太白)과 최앵앵(崔鶯鶯)[10]뿐이오. 내 비록 재주는 없지만 이태백[11] 빼고 다른 사람에게는 그다지 뒤지지 않는다고 감히 자부하고 있소. 그러나 쌍문(雙文)과 같은 가인은 안타깝게도 정항(鄭恒)에게나 시집갈 뿐, 과연 장군서(張君瑞)를 알아 볼 수 있을지 의문이오."[12]

---

9 사서오경의 …… 해석 : 원문은 '장봉(章縫)'으로 사서오경의 장구(章句)에 대한 해석을 말한다. 명청시대 과거 시험에서 짓던 팔고문은 사서오경을 제목으로 삼고 주희(朱熹)의 『사서장구』와 『사서집주(四書集注)』로 해석해야 했다.

10 최앵앵(崔鶯鶯) : 당나라 원진(元稹)이 지은 「앵앵전(鶯鶯傳)」의 여주인공이다.

11 이태백 : 원문은 '적선(謫仙)'이다. 인간 세상에 귀양 온 신선이라는 뜻으로 이백을 가리킨다. 『신당서(新唐書)』 「이백전(李白傳)」에서 하지장(賀知章)이 "그대는 인간 세상에 귀양온 신선이오[子, 謫仙人也]"라고 한 데서 유래했다.

12 쌍문(雙文)과 …… 의문이오 : '쌍문'은 최앵앵을 가리킨다. 원진은 「잡억(雜憶)」·「증쌍문(贈雙文)」 등의 시에서 여러 차례 '쌍문'을 언급했다. 앵앵이란 이름이 바로 두 개의 '앵'자를 쓴 '쌍문'이다. '정항'은 왕실보(王實甫)의 『서상기(西廂記)』에 나오는 인물로 최앵앵의 사촌 오빠다. 앵앵의 어머니가 앵앵을 그에게 시집보내기로 약조했었지만 결국 결혼하지는 못했다. '장군서'는 『서상기』에 등장하는 남주인공 장공(張珙)의 자(字)로 「앵앵전」에서는 '장생(張生)'으로만 표현된다. 여기에서 장영은 자신을 장군서에 비유하여 자신의 배필이 될 만한 앵앵과 같은 가인이 자신을 알아볼 수 있을지 애석해 한 것이다.

당육여가 말했다.

"삼가 가르침을 받들겠소. 내 지금부터 그대를 위해 수소문을 하여 쌍문 같은 가인을 찾으면 알려주리다. 어떠하오?"

그러고는 크게 웃으며 헤어졌다.

장영은 어느 날 혼자 앉아 「유영전(劉伶傳)」을 읽다가 시동에게 술을 가져오라 명하더니, 반복해서 읽고 거듭 감탄하면서 책상을 두들겨가며 큰 술잔에 술을 부어 마셨다. 한참 후에 시동이 무릎 꿇고 아뢰었다.

"술이 다 떨어졌습니다요! 오늘 당해원과 축경조(祝京兆)[13] 두 분이 호구(虎邱)[14]에서 연회를 여신다고 하니, 이 책을 끼고 가서 취하도록 마시고 오시는 게 어떻겠습니까?"

장영은 크게 기뻐하며 당장 길을 나섰지만 불청객이 되고 싶지는 않았다. 그래서 의관을 모두 벗어던지고 맨 머리 맨 발에 상투를 쌍으로 틀었다. 또 누더기 옷차림[15]에 왼손에는 「유영전」을 들고 오른 손은 나무지팡이를 짚은 채 「도정사(道情詞)」[16]를 부르며 구걸하면서 걸어갔다. 호구에 도착하여 보니 지체 높으신 분들이 개미떼처럼 모여, 비단 자리를 깔아 놓고 떠들썩하니 놀고 있었다. 장영은 한 곳을 지날 때마다 책을 들고서 "유영이 술 한 잔 하겠습니다"라고 손님에게 말했다. 손님들은 그가 잘생긴 남자인데다가 거지처럼 보이지도 않았기에 다투어 그에게 술과 안주를 주었다. 상인 몇 명이 한창 술을 마시며 시를 짓고 있었

---

13 축경조(祝京兆) : 축윤명을 가리킨다. 그는 일찍이 응천부(應天府) 통판을 지낸 적이 있는데, 응천부의 최고 관청 소재지는 명나라의 수도였던 남경이었기에 축경조라고 불렀다.

14 호구(虎邱) : 강소성 소주시 서북쪽에 위치하며 호구탑(虎邱塔)·운암사(雲巖寺)·검지(劍池) 등의 명승고적이 있다.

15 누더기 옷차림 : 원문은 '순결(鶉結)'로 메추라기 꽁지처럼 옷이 짧고 매우 낡아 너덜너덜한 것을 말한다.

16 도정사(道情詞) : 민간 산곡(散曲) 가사의 일종으로 '황관체(黃冠體)'라고도 한다. 원래 도사(道士)가 부르는 노래였으나 후에 민간에서도 많이 불렸으며 강소·절강 일대에서 매우 유행했다.

는데, 장영이 그 앞에 가서 화답시를 짓겠다고 청하자 상인들이 비웃었다. 그들이 지은 시에 '창관(蒼官)' · '청사(靑士)' · '복악(扑握)' · '이니(伊尼)'[17]라는 네 가지 물건이 있었는데, 그들은 그 글자를 가리키며 [뭔지 아느냐고] 장영에게 물었다. 장영이 "소나무 · 대나무 · 토끼 · 사슴이라는 것은 누가 모르겠습니까?"라고 대답했다. 상인들이 그제야 깜짝 놀라 화답시를 짓게 하자 그 즉시 절구 백 수를 적어 놓고 떠나갔다. 당육여와 축지산 등 몇몇이 저 멀리 가중정(可中亭)에 모여 있는 것을 보고 장영은 그 앞으로 달려가 책을 들고 술을 청했다. 당육여는 그가 장영임을 일찌감치 알고 있었지만 그가 미친척하며 장난치는 것을 보고는 좌석에 있던 손님들에게 짐짓 모르는 척 대하라고 주의시켰다. 당육여가 장영에게 말했다.

"거지이면서 책을 들고 다니며 구걸하는 것을 보니, 시를 지을 줄 아는 게로구나. 「오석헌(悟石軒)」이라는 제목으로 절구를 하나 지어 보거라. 만약 훌륭하게 지으면 너에게 술을 한 잔 하사할 테지만 그렇지 못하면 마땅히 네 정강이를 칠 것이야."

장영이 말했다.

"식은 죽 먹기입니다."

시동이 곧 붓과 종이[18]를 대령하자 곧 시를 지었다.

하늘이 낸 명승지로는 호구를 꼽는데,
가중정 옆은 더더욱 홍겹게 놀 만하구나.

---

17 '창관(蒼官)' …… '이니(伊尼)' : 소나무는 짙은 녹색이므로 '창관'이라 하고 대나무는 푸른색이므로 '청사'라 한다. 당나라 번종사(樊宗師)의 「강수거원지기(絳守居園池記)」에 "측백나무가 있는데 창관과 청사가 둘러싸고 있고 홰나무와 벗이 되었다[有柏, 蒼官靑士擁列, 與槐朋友]"라는 구절이 있다. '복악'은 토끼를 가리키는데 「목란시(木蘭詩)」에 '숫토끼는 다리가 비틀비틀, 암토끼는 눈이 어질어질[雄兎脚扑握, 雌兎眼迷離]'이라는 구절에서 나왔다. '이니'는 범어의 음역으로 사슴을 말한다.

18 붓과 종이 : 원문은 '호저(毫楮)'이다. '호'는 붓을 가리키며, '저'는 닥나무인데 닥나무 껍질로 종이를 만들기 때문에 종이의 대칭(代稱)으로 사용된다.

나의 시가 어찌 축도생(竺道生)[19]의 설법만 못할까?

무딘 돌은 어찌하여 고개를 끄덕이지 않는가?

시를 다 짓고는 붓과 종이를 땅에 내던지며 "좋구나! 땅에 떨어지는 소리도 쨍그랑 하는구나!"[20]라고 말했다. 그 모습을 본 당육여는 크게 웃으며 그를 불러 함께 술을 마셨다. 이때 구경꾼이 담을 에워쌌는데, 모두들 서로 쳐다보며 놀라워했다. 장영은 술에 취하자 곧장 옷깃을 떨치고 일어나더니 다시 책을 손에 들고 오석헌을 향해 길게 읍하며 말했다.

"유영에게 술을 주셔서 감사합니다."

그러고는 자리에 있던 손님들에게 작별 인사도 하지 않고 곧장 돌아갔다. 당육여가 축지산에게 말했다.

"오늘 우리들의 이 모임은 진(晉)나라 문인들의 풍류에도 뒤지지 않네. 족자 한 폭을 만들어 「장영행걸도(張靈行乞圖)」라고 하세. 내가 그림을 맡고 그대가 제발(題跋)을 쓰면 이 또한 천추에 길이 남을 아름다운 이야기가 되지 않겠나."

그러고는 곧 종이를 펼쳐 붓을 휘두르니, 순식간에 그림이 완성되었다. 축지산이 그 뒤에 몇 글자 적으니 자리에 있던 손님이 너도나도 돌려 보며 감탄했다.

그때 흰 옷을 입고 흰 관을 쓴 웬 노인이 문득 앞으로 다가와 읍하며 말했다.

---

19 축도생(竺道生): 원문은 '생공(生公)'으로 동진 말의 고승 축도생을 말한다. 그는 일찍이 호구사에서 돌을 모아 놓고 불경을 설명했는데 돌들이 이것을 들은 후 모두 고개를 끄덕였다고 한다.

20 땅에 …… 하는구나: 원문은 '척지금성(擲地金聲)'으로 잘 지어진 시를 칭찬하는 말이다. '금성'은 '금석성(金石聲)'이라고도 하며 문사가 잘 다듬어지고 음운이 맑고 높게 울리는 것을 비유한다. 진(晉)나라 손작(孫綽)이 「천태산부(天台山賦)」를 지어 친구인 범영기(范榮期)에게 "그대가 이것을 땅에 던지면 분명 금석 소리(鐘이나 磬 등의 악기 소리)가 날 것이네[卿試擲地, 當作金石聲]"라고 했다는 이야기에서 유래했다. 『세설신어』 「문학」편과 『진서』 「손작전」에 이 일이 기록되어 있다.

"두 공이 바로 당해원과 축경조이십니까? 소인이 두 분을 흠모해온 지 여러 해인데, 이렇게 한형주(韓荊州)를 알게 되어 어찌나 기쁜지요!"[21]

당육여가 겸손하게 인사한 후 천천히 물어보니, 그는 바로 남창(南昌 : 지금의 江西省 남창시)의 명경과(明經科) 출신 최문박(崔文博)이라는 사람으로, 해우현(海虞)의 교유(敎諭)[22]로 있다가 휴가를 청해 집으로 돌아가는 중이었다. 노인은 그림을 자세히 보더니 차마 손에서 놓지 못하고서 방금 구걸하던 사람이 누구냐고 물었다. 당육여가 말했다.

"저희 마을의 재자 장영이라는 사람입니다."

노인이 말했다.

"정말 그러하군요. 진짜 재자가 아니고서는 이렇게 할 수 없겠지요."

노인은 곧 당육여에게 그 그림을 달라고 청해 돌아갔다. 배로 돌아가려고 보니 배는 이미 다른 곳으로 옮겨 정박해있었다. 노인이 소리쳐 부르자 그제야 배가 왔다. 노인에게는 소경(素瓊)이라는 딸이 있었는데, 이름은 영(瑩)으로 재주도 미모도 모두 당대 제일이었다. 막 모친상을 당해 아버지를 따라 영구를 모시고 집으로 돌아가는 중이었다. 앞서 배를 강가에 대고 있을 때 사람들 소리가 시끌시끌하기에 최소경이 선실 문을 살짝 열고 엿보았는데, 웬 거지 한 명이 보였으나 용모가 속되지 않았다. 거지도 한참동안 선실 안을 들여다보다가 갑자기 배에 올라 한쪽 무릎을 꿇더니, '장영이 뵙기를 청합니다'라고 아뢰었다. 여러 차례 내쫓아도 떠나지 않더니 한참 뒤에 시동이 배에 들어와 억지로 끌어내자 그제야 자리를 떠났다. 이 때문에 최영이 배를 옮기라 해 그를 피했던 것이다. 최씨 노인은 배로 돌아와 최영에게 그림을 꺼내 보이며 전후 상황을 설

21 한형주(韓荊州)를 …… 기쁜지요 : 원문은 '식한(識韓)'이다. 이백의 「한형주에게 드리는 편지[與韓荊州書]」에 "태어나 만호후에 봉해지는 것은 필요 없으나 다만 한형주와 알게 되길 바라네[生不用封萬戶侯, 但願一識韓荊州]"라는 구절이 있다. 한형주는 당시 형주장사(荊州長史)였던 한조종(韓朝宗)을 가리킨다. 후에 '식한'은 처음 만났을 때 하는 인사말로 사용되었다.

22 교유(敎諭) : 원문은 '광문(廣文)'으로 명청시대 부·현의 유학 교관의 별칭이다.

명했다. 최영은 그제야 구걸하던 사람이 장영이었음을 알고 탄식하며 말했다.

"이 사람이야말로 진짜 풍류 재자로구나!"

그리고는 그림을 가져다 상자 속에 보관해 두었다. 노인은 다음 날 당육여와 축지산을 찾아가 장영을 방문할 생각이었으나 갑자기 병이 나 며칠 동안 일어나지 못하다가 뱃사공[23]이 하도 재촉하는 바람에 급히 예장(豫章)으로 돌아갔다.

장영은 배 안에서 최영을 보고난 후 그러한 절세가인은 세상에 다시 얻기 어렵다고 생각해 매일같이 호구로 달려가 수소문했는데, 오래도록 소식이 묘연했다. 그때 근(靳) 사람 방지(方誌)가 생원들을 시찰하러[24] 왔다. 그는 고문으로 쓴 문장을 매우 싫어하는데다가 장영이 자유분방하여 얽매이기 싫어한다는 소리를 듣고는 마침내 그를 제생에서 제적시켰다. 장영은 이 소식을 듣고 크게 기뻐하며 말했다.

"내 마침 사서오경의 장구 해석에 구속받는 걸 몹시 고통스러워하던 중이었는데, 이제는 다행히도 거기서 벗어나게 되었구나! 게다가 한 번 제적당하면 다시 제적당할 근심도 없지 않겠나? 저 사람이 나에게서 제생의 이름은 없앨 수는 있을지 모르지만, 재자의 명성도 없앨 수 있겠는가?"

장영은 곧 당육여의 집을 찾아갔는데, 수레와 말들이 문을 메우고 문무 하급관리들이 자리를 가득 채우고 있었다. 알고 보니 강우(江右 : 강서성)의 영왕(寧王) 주신호(朱宸濠)[25]가 사자를 보내 당육여를 맞이해 오도록 한 것이었다. 당육여가 그의 부름에 응하여 가려고 하자 장영이 말했다.

"아주 잘 되었구려! 내 마침 그대에게 크게 바라는 것이 있소. 내가 지

---

23 뱃사공 : 원문은 '방인(傍人)'이지만 하북인민출판사본(1985)을 근거로 '방인(榜人)'으로 해석했다.

24 생원들을 시찰하러 : 원문은 '교사(校士)'로 생원들의 성적을 살펴보는 것을 말한다.

25 주신호(朱宸濠) : 명나라 황족으로 홍치연간(弘治年間 : 1488~1505) 영왕에 봉해졌다. 후에 병사를 일으켜 황위를 찬탈하고자 했으나 왕수인(王守仁)에게 패해 사로잡혔다.

난 날 호구에서 만난 가인이 바로 예장 사람이오. 제발 날 위해 여러 군데 수소문해서 찾게 되거든 꼭 좀 알려주시오. 이는 천지개벽 이래 가장 중요한 일이니 부디 잊지 마시오!"

당육여는 "알겠소!" 하고는 영왕의 사자와 함께 예장으로 갔다.

당시 주신호는 오래전부터 다른 마음을 품고 있었다. 그가 당육여를 불러들인 것은, 한편으로는 현자를 좋아한다는 허명(虛名)을 얻기 위함이고, 다른 한편으로는 당육여가 시와 그림에 두루 뛰어난 것을 흠모하여 그에게 「십미도」를 그려달라고 해서 황제에게 바치고자 함이었다. 그때 영왕의 궁중에서는 이미 아홉 명의 미녀는 찾아 놓았으나 한 명이 아직 비어있는 상태였다. 당육여는 우선 그림을 그리겠다고 청해, 아홉 미녀의 모습을 그리고 끝에 각각 칠언 절구 한 수씩을 적어 놓았다. 아홉 미녀란 바로 광릉(廣陵)의 탕지알(湯之謁)【자는 우군(雨君), 그림을 잘 그린다】, 고소(姑蘇)의 목계(木桂)【자는 문주(文舟), 거문고를 잘 탄다】, 가화(嘉禾)의 주가숙(朱家淑)【자는 문유(文孺), 글씨를 잘 쓴다】, 금릉(金陵)의 전소(錢韶)【자는 봉생(鳳生), 춤을 잘 춘다】, 강릉(江陵)의 웅어(熊御)【자는 소풍(小馮), 춤을 잘 춘다】, 형계(荊溪)의 두약(杜若)【자는 방주(芳洲), 쟁을 잘 켠다】, 낙양(洛陽)의 화악(花萼)【자는 주방(朱芳), 생황을 잘 분다】, 전당(錢唐)의 유춘양(柳春陽)【자는 서재(絮才), 슬을 잘 탄다】, 공안(公安)의 설유단(薛幼端)【자는 단청(端清), 퉁소를 잘 분다】이었다. 그림과 시가 완성되자 당육여는 이것을 주신호에게 진상했다. 주신호는 크게 기뻐하며 당육여에게 성대한 특별 연회를 마련해주고, 자신의 관료 계생(季生)을 따로 보내어 그를 돕게 했다. 계생은 음험하고 아첨하기 좋아하는 사람이었다. 그는 술 마시는 자리에서 「구미도(九美圖)」를 좀 보여 달라고 하더니 주신호에게 이렇게 말했다.

"열 명 중 한 명이 모자란다는 것은 대단한 결함이니, 제가 한 명을 추천하여 그 수를 채우고자 합니다. 내일 아침 그림을 가져다 바치겠습니다."

그가 그림을 가져와 바치기에 보았더니 바로 최영이었다. 주신호는 그 그림을 보더니 "진정 경국지색이로다!"라고 말했다. 그리고는 계생에게 최영을 설득해 데려오라고 했다. 이 일에 앞서, 최씨 노인이 집에 있을 때부터 최영의 재주에 대한 명성이 이미 자자해 구혼하는 이가 줄을 이었다. 하지만 노인은 최영의 배필감은 아니라고 여겨 모두 거절하고 받아들이지 않았다. 그러다 호구에서 장영을 보고는 몹시 마음에 들었으나 뜻밖에 병이 나는 바람에 급히 집으로 돌아오고 말았다. 노인은 다시 오중(吳中)으로 가서 당육여에게 혼사를 주선해달라고 부탁하려 했다. 그런데 그때 하필 계생이 아내 상을 당해 고향으로 돌아왔다가, 최영의 명성을 익히 듣고 여자 화공을 보내 몰래 그 모습을 그려오게 한 다음 노인에게 청혼했다. 노인이 최영과 상의했으나 최영이 허락하지 않았다. 계생은 이에 분을 품고 주신호의 손을 빌어 사사로운 원한을 갚으려 했던 것이다. 당시는 주신호의 권세가 워낙 대단했던 터라 노인이 여러 번 강력히 거절했지만 결국은 굴복하고 말았다. 최영은 궁지에 몰리자 격분하여 스스로 목숨을 끊으려했지만, 그때마다 노인이 갖은 방법으로 딸을 지켜냈다. 최영은 탄식하며 "운명인가보다! 이제 다 끝났으니 더 이상 무슨 말을 하랴!" 하고 말하더니 상자에서 「행걸도(行乞圖)」를 꺼내 그 위에 다음과 같이 시를 적었다

세상에 제일가는 풍류재자,
그대 따라다니며 구걸하고 가난함을 즐겼으면.
입궁하고 나면 행여 단풍잎이 없을까봐,[26]
이별하매 시를 적어 앵앵의 마음[27] 대신하네.

---

26 입궁하고……없을까봐: 이 말은 소식을 전해 부부가 될 방법이 없다는 뜻으로 송나라 유부(劉斧)의 『청쇄고의(青瑣高議)』에 수록된 작품 중 하나인 「유홍기(流紅記)」의 내용을 인용한 것이다. 당 희종(僖宗) 때 유생 우우(于祐)는 궁녀 한씨(韓氏)가 시를 적은 단풍잎이 황실 도랑에서 떠내려 오는 것을 보게 되었는데 후에 한씨가 궁에서 쫓겨나자 이 둘은 부부가 되었다는 내용이다.

27 앵앵의 마음: 원문은 '회진(會眞)'으로 원래 「앵앵전」의 별칭이다. 「앵앵전」에서 장

최영은 그것을 노인에게 주며 말했다.

"이것을 장랑(張郞 : 장영)에게 가져다주어, 세상에 최소경과 같이 정에 연연해하는 여자도 있으니, 당대 재자로서의 명성이 헛되지 않음을 알게 해주세요."

그런 다음 곧 통곡하며 입궁했다.

주신호는 최영을 얻고 매우 기뻐하며 당육여에게 그림과 시를 부탁하고는 열 명의 미인 가운데 으뜸으로 삼았다. 당육여는 그 전에 계생이 바친 그림을 한 점 모사하여 보관해두고 있었다. 당육여가 궁 안에 있다는 사실을 안 최영은 기회를 틈타 몰래 그에게 편지를 보내어 자신의 뜻을 이야기했다. 당육여는 편지를 받고 크게 놀라 탄식하며, 최영이 바로 장영이 찾아달라고 부탁한 사람이었음을 그제야 알았다. 일을 성사시키지도 못하고 거기다 그림까지 그려 진상하였으니 어찌 천고의 죄인이 아니겠는가? 장차 무슨 면목으로 친한 벗을 보겠는가? 이에 당육여는 급히 최씨 노인을 찾아가 「행걸도」를 달라고 하여 궁으로 가지고 돌아갔다. 장차 기회를 보아 상황을 해결해 보려 했으나 뜻밖에도 열 명의 미인은 이미 그날로 길을 떠나 버린 후였다. 당육여는 회한에 휩싸였다. 그런데다가 주신호의 변절이 점점 두드러지자 그는 급히 작별하고 돌아가려 했다. 하지만 주신호가 괴롭게도 붙잡아둔 채 놓아 주지 않자 그는 곧 미친척하면서 소리 지르고 비틀비틀 거리며 대소변을 아무렇게나 싸버렸다. 주신호는 이런 상황이 오래되자 더 이상 견딜 수 없어 사자 편에 그를 돌려보내주었다. 당육여는 한 달 남짓 두문불출하다 일어났다. 그가 장영에게 갔을 때 장영은 이미 쓰러져 병중에 있었다.

장영은 당육여와 헤어진 뒤 우울하고 무료하여, 날마다 술을 잔뜩 마시고 미쳐 소리치면서 노래를 불렀다 울었다 했다. 그러던 어느 가을날, 홀로 호구의 천인석(千人石) 주위를 거닐다가 배우들이 공연하는 것을 보

생이 「회진시」 30운을 지었다는 내용이 있어 「회진기」라고도 한다.

게 되었다. 장영은 한참동안 우두커니 서서 지켜보다가 갑자기 큰 소리를 치며 말했다.

"너희들이 하는 연극은 정말 형편없구나. 내가 왕자진(王子晉)[28] 역을 맡아 생황을 불면서 학을 탈 테니 한번 보아라."

그러고는 곧 시동 하나를 땅에 쓰러뜨리고 그 등에 걸터앉더니, 배우의 생황을 낚아채 불었다. 시동에게 학처럼 나는 흉내를 내라고 하면서, 사람들이 아무리 채찍질해도 일어나지 않았다. 시동은 화가 나서 장영을 땅에 내동댕이쳤다. 장영이 일어나 말했다.

"학이 날려고 하지 않네. 이제 천선(天仙) 되기는 글렀으니 수선(水仙)이 될 수밖에!"

그러더니 바로 검지(劍池)로 뛰어들었다. 사람들이 급히 구해냈으나 얼굴과 이마에 모두 상처가 났고 다리도 다쳐서 걸을 수 없었다. 사람들이 집까지 데려다 주었는데, 이후로 자리에서 일어나지 못하고 날마다 꿈에 취해 지냈다.

이때 문득 당육여가 왔다는 소리를 듣고는 침상에서 벌떡 일어나 급히 예장의 가인 소식을 물었다. 당육여는 모사한 최소경의 그림을 꺼내 보였다. 장영은 그 그림을 보고 선녀라고 혀를 내두르더니, 급히 책상에 올려놓고는 예를 갖춰 절하면서 '재자 장영이 배알합니다' 어쩌고저쩌고 했다. 그러다 최영이 이미 입궁을 했다는 소식을 듣고는 그림을 어루만지며 통곡했다. 당육여는 다시 최영이 시를 적어 넣은 「행걸도」를 꺼내 보여주었다. 시를 다 읽은 장영은 더욱 크게 통곡하며 "가인 최소경이여!" 하고 부르짖더니 끝내 땅에 쓰러져 계속해서 피를 토해댔다. 집안 사람들이 그를 침상으로 옮겼으나 병이 날로 심해졌다. 사흘 뒤에 장영은 당육여를 불러 영영 작별을 고했다.

---

28 왕자진(王子晉) : 왕자교(王子喬)라고도 한다. 『열선전(列仙傳)』에 따르면, 그가 본래 주(周) 영왕(靈王)의 태자로 생황을 잘 불었는데 도사에게 이끌려 숭산(嵩山)에 가서 수련을 한 뒤 학을 타고 신선이 되어 날아갔다고 한다.

"끝났소. 당군(唐君 : 당육여)! 나는 이제 정말로 죽을 게요. 죽은 다음 이 그림을 같이 묻어주시오."

그러더니 붓을 가져오게 하여 종이 위에 몇 글자 적었다.

"장영, 자는 몽진으로 풍류를 즐기던 방탕한 사람이었다. 사랑을 위해 죽었노라."

그리고는 붓을 던지고 세상을 떠났다. 당육여는 애통하게 울부짖다가 그를 현묘산(玄墓山 : 江蘇省 蘇州市 소재) 기슭에 장사지내고 그림도 함께 묻어주었다. 장영이 평생 지은 문장을 찾았으나 이미 직접 불태워버린 뒤여서 그의 시고(詩稿)와 「행걸도」만 수습해 돌아갔다.

이때 최영은 이미 열 미인과 함께 도성으로 갔는데, 어가가 유림(楡林)[29]으로 행차하신 탓에 오랫동안 입궁하지 못하고 있었다. 주신호는 반란을 일으켰다가 왕수인(王守仁)에게 패하여 곧 체포되었다. 어가가 도성으로 돌아온 후, [황제는] 열 미인 모두 역적이 바친 것이라 하여 [내치시고는] 각각 자기 집으로 되돌려 보내 원하는 곳으로 시집가게 했다. 이렇게 해서 최영은 예장으로 돌아올 수 있었다. 그러나 최씨 노인은 이미 세상을 떠나[30] 늙은 종 최은(崔恩)이 장사를 지냈다. 최영은 매우 비통해 했다. 의지할 곳 없이 외로운 신세가 되어, 아버지의 장례를 마치자마자 행장을 꾸려 오문으로 갔다. 그런 다음 최은에게 당육여를 모셔오라고 하여 배가 정박한 곳에서 만나고자 했다. 최영이 장영의 근황부터 묻자 당육여는 눈물을 거두며 슬피 말했다.

"아가씨께서는 사랑을 찾아 이렇게 멀리 찾아와 주셨는데, 그 사람은 복도 없어 이미 정귀(情鬼)가 되고 말았습니다!"

최영은 이 말을 듣고 목 놓아 통곡했다. 장영이 현묘산에 묻혀있다는

---

29 유림(楡林) : 지금의 섬서성 유림현이다. 명 무종(武宗) 주후조(朱厚照)가 정덕(正德) 13년(1518) 10월에 유림에 갔다가 다음 해 2월에 돌아왔다.

30 세상을 떠나 : 원문은 '연관사(捐館舍)'로 집을 버린다는 의미인데, 사망하는 것을 에둘러 말하는 것이다.

것을 알아내고는 다음 날 함께 가서 제사지내기로 약속했다. 이튿날 당육여는 과연 장영의 시고(詩稿)와 「행걸도」를 가지고 나타나, 최영과 각각 배를 타고 묘소를 찾아갔다. 최영은 상복[31]을 입고 땅에 엎드려 절하며 매우 슬피 울었다. 곧이어 「행걸도」를 무덤 앞에 걸고 제사상을 차렸다. 그런 다음 돌로 된 단상에 앉아 천천히 장영의 시고를 읽었다. 시 한 장(章) 읽을 때 마다 술 한 잔 땅에 부으며 "재자 장영이여!"라고 크게 부르짖었다. 부르짖었다가 통곡했다가, 통곡이 끝나면 또 다시 시고를 읽었다가, 끝없이 이를 반복했다. 당육여는 차마 들을 수가 없어 눈물을 닦으며 배로 돌아왔다. 최은은 오랫동안 서서 기다리다가 어떻게 위로해볼 방도도 없고 하여 하는 수 없이 일어나 무덤가를 배회했다. 그러다 돌아와 보았더니 최영이 이미 단상 옆에서 목을 맨 후였다. 최은이 크게 놀라 당육여에게 달려가 알렸다. 당육여가 쫓아가 보았으나 최영은 이미 죽어 있었다. 그는 탄식하며 무릎 꿇고 절했다.

"큰일이로다, 큰일이로다! 나 당인은 오늘 기이한 사람, 기이한 일을 보았도다!"

그리고는 관과 수의를 마련해와 옷을 갈아입히고 염을 하려 했다. 그러나 최영 몸에 입혀진 옷이 조금의 틈도 없이 꽉 꿰매져 있는 것을 보고는 이미 오래 전부터 죽을 결심을 하고 있었음을 알게 되었다. 당육여는 이에 시고와 「행걸도」를 가져다 관에 나란히 묻어주고, 장영의 묘혈을 파서 최영과 합장하고는 비석을 세우고 그 위에 다음과 같이 적었다.

"명나라 재자 장몽진과 가인 최소경이 합장되어 있는 묘소."

당시 온 성의 선비들이 떠들썩하게 이 소식을 전하며 감탄하니, 귀한 자건 천한 자건, 현명한 자건 어리석은 자건 간에 모두 다투어 찾아와 조문했다. 줄줄이 찾아오는 사람들로 떠들썩하였으며, 비구름처럼 많은 사람이 몰려들어 애통해하는 소리가 천지를 진동할 정도였는데, 어디서부

---

31 상복 : 원문은 '최질(縗絰)'로, '최'는 거친 삼베로 만들어 가슴 앞에 걸치는 것이고 '질'은 상복 중 허리에 묶는 삼베로 만든 허리띠를 말한다.

터 시작되었는지조차 모르겠다. 당육여는 장영과 최영을 합장하고 나서, 최영이 남긴 짐 속의 물건들을 찾아내 묘지의 땅을 샀다. 그곳에 재실을 지어놓고는 최은에게 거기 살면서 봄 가을 제사와 성묘를 맡게 했다.

아아! 재자가인이 하루아침에 이리 되고 말았으니, 장영과 최영의 이야기가 끝났으면 당육여의 이야기도 끝난 것 아니겠는가. 그러나 당육여는 다음 해 봄이 한창일 때 직접 묘소를 찾아가 제사를 지냈다. 그날 밤 재실 옆에서 묵었는데 몸을 뒤척이며 잠을 이루지 못하였다. 창문을 열고 바라보니 매화꽃이 가득하고 하늘에는 달빛이 휘영청 하여 인간세상이 아닌 듯 했다. 당육여가 슬피 탄식하며 말했다.

"몽진은 평생 방탕하게 떠돌아다니다 실의하여 짝도 만나지 못했으나, 이제 최미인(崔美人 : 최영)과 함께 이곳에 묻혀서 이러한 향기를 맡고 경치를 보며 지낼 수 있으니, 내가 그를 그다지 저버린 것은 아니로다! 다만 장차 누가 나 당인을 장사지내줄지 그걸 모르겠구나!"

그러면서 저도 모르게 흐느끼며 눈물을 흘렸다. 그때 문득 멀리서 어떤 사람이 낭랑하게 시 읊조리는 소리가 들렸다.

> 꽃 가득한 산중에 고결한 선비 누워있고,
> 달빛 밝은 숲 아래로 아름다운 사람 오는구나.[32]

당육여가 급히 일어나 숲으로 들어가 읍을 하며 맞이하니, 바로 장영이었다. 당육여가 놀라 말했다.

"그대는 죽은 지 이미 오래되었는데 어떻게 여기에 와서 고계적(高季迪)[33]의 시를 읊을 수 있는가?"

---

32 꽃 가득한 …… 오는구나 : 이 두 구는 명나라 초기의 시인 고계(高啓)의 「매시(梅詩)」 중에 나오는데, 원시는 "눈 가득 쌓인 산중엔 고결한 선비 누워있고, 달빛 밝은 숲 아래론 아름다운 사람이 오는구나[雪滿山中高士臥, 月明林下美人來]"이다.

33 고계적(高季迪) : 명나라 초기 유명한 시인 고계(高啓)의 자이다. 호는 청구(靑邱), 강소성 장주(長州 : 지금의 蘇州) 사람이다. 일찍이 한림원(翰林院) 편수(編修)를 지냈

장영이 웃으며 말했다.

"그대는 내가 진짜로 죽었다고 여기는가? 몸뚱이는 죽었지만 성정(性情)은 죽지 않았다네. 일세를 풍미한 재자였던 내가 어떻게 죽었다고 해서 다른 사람들처럼 사라져버릴 수 있겠는가? 마침 산 가득 꽃이 피고 고결한 선비가 누워있는 때를 틈타 방문하러 왔을 뿐이라네."

그러더니 손을 들어 앞을 가리키며 "이것이 바로 '달빛 밝은 숲 아래로 아름다운 사람 오는구나'가 아니겠는가?"라고 말했다. 당육여가 고개를 돌려 보니, 한 미인이 느릿느릿 앞으로 오고 있었는데, 바로 최영이었다. 두 사람은 손을 잡고 옷깃을 단정히 매만지고는 합장해 준 당육여의 은덕에 감사를 드렸다. 당육여가 막 그들을 부축하여 일으키려는데, 갑자기 또 어떤 사람이 나타나 크게 소리쳤다.

"나 고계적의 매화시는 천고의 절창이거늘, 장영이라는 놈이 누구길래 함부로 재자를 칭하며 '눈'을 '꽃'으로 바꾸는가? 이 늙은이의 주먹맛을 봐야 하겠구나!"

당육여가 잠시 눈을 돌리는 사이에 장영과 최영 모두 사라졌다. 소리치던 사람은 곧바로 앞으로 달려오며 "시를 고친 이 몹쓸 놈의 재자를 내리쳐야 해!"라고 하면서 당육여를 붙잡고 때리려 했다. 당육여가 놀라 깨어보니, 밝은 달만 창문에 반쯤 걸려있고 고요하니 아무도 없었다. 당육여는 망연자실해 하며 진정한 재자가인은 죽었어도 죽은 게 아니라는 것을 비로소 믿게 되었다. 이에 매화 가득 핀 창 아래 자세를 바로 잡고 앉아 「장영과 최영의 합전(合傳)」을 지어 이 일을 기록했다. 그러나 오늘날 『육여집(六如集)』에는 이 전이 보이지 않으니, 내가 어찌 급히 이를 보충하지 않을 수 있겠는가?

기사씨(畸史氏)가 말한다.

아아! 『십미도편(十美圖編)』을 읽은 후에야 세상에 진실로 재자가인이

다. 주원장(朱元璋)에게 협조하지 않아 요참(腰斬)을 당했다. 시문을 잘 지었으며 『고태사대전집(高太史大全集)』이 전해진다.

있음을 알게 되었도다. 자고로 패관소설에는 진실과 거짓이 반반 섞여있게 마련이다. 장몽진의 이름은 『육여집』에 분명히 기재되어 있지만 최소경의 일은 고증할 바가 없다. 그렇다고 해도 일화가 전해져 오는데 그런 사람이 없었다고 할 수 있겠는가? 또 작자가 뜻한 바가 있어 그런 것을 지은 게 아닌지 어찌 알겠는가? 다만 이상한 것은 장몽진의 재주는 세상에 어떠한 것도 비할 바가 아니었으나 그가 재자가인을 논하며 이태백과 최앵앵을 맨 처음으로 꼽았다는 점이다. 이태백은 진실로 하늘이 낸 재주를 지닌 자로 세상에 둘이 있을 수 없다. 하지만 천고의 가인이라면 응당 탁문군(卓文君)[34]이 으뜸일 것이다. 장몽진은 탁문군을 버리고 도리어 최앵앵을 꼽더니, 후에 정말로 최소경을 만났다. 최앵앵을 생각하다 최소경을 얻은 것은 혹 예언에 딱 들어맞은 것인가? 장영이 사랑 때문에 죽고 최영이 사랑 때문에 따라 죽을 때, 서로 애당초 일언반구의 약속도 없었다. 그런데도 비분에 겨워 조용히 행동에 옮기면서 태산처럼 무거운 죽음을 기러기 깃털만큼 가벼이 여긴 것은,[35] 상대의 재주와 미모를 사랑했기 때문이었다. 이러한 뜻을 헤아려 보면, 그 서늘한 기운은 해와 달과 빛을 다툴 정도이니, 사마상여(司馬相如)가 거문고로 탁문군의 마음을 사로잡은 것이나 [탁문군이] 앞치마를 두르고 술장사를 했던 것[36] 보다 훨

---

34 탁문군(卓文君) : 서한 때 임공(臨邛 : 지금의 사천성 邛崍) 사람으로 탁왕손(卓王孫)의 딸이다. 거문고를 잘 탔으며 남편을 여읜 후 친정에 와 있다가 사마상여(司馬相如)와 사랑에 빠져 함께 성도(成都)로 도망갔다.

35 태산처럼 …… 여긴 것은 : 이는 사마천의 「임소경에게 답하는 편지[報任少卿書]」 중 "사람은 모두 죽기 마련이나, 어떤 죽음은 태산보다 무겁고, 어떤 죽음은 기러기 깃털보다 가벼우니 이것은 죽음으로써 이루고자 하는 바가 다르기 때문이다[人固有一死, 或重於泰山, 或輕於鴻毛, 用之所趨異也]"라는 구절에서 나온 말이다. 여기에서는 죽음이란 중대한 것인데 그러한 죽음을 가벼이 여겼다는 뜻으로 쓰였다.

36 사마상여(司馬相如)가 …… 했던 것 : 원문은 '금심독비(琴心犢鼻)'이다. '금심'은 거문고 소리로 정을 전달한다는 뜻으로 사마상여가 거문고를 연주하여 탁문군의 관심을 끌었던 것을 말하며, '독비'는 '독비고(犢鼻褌)'라고도 하는 일종의 앞치마로 사마상여가 탁문군과 임공(臨邛)으로 도망가 생계를 위해 앞치마를 두르고 술을 팔았던 것을 말한다. 후에 '독비'는 술 파는 것을 일컫게 되었으며, 이 일은 『사기』 「사마상여열전」에 보인다.

씬 훌륭하다! 어떤 이는 그래도 장몽진이 요절한 것을 안타까워하면서, 장몽진이 만약 죽지 않았다면 최소경이 집으로 돌려보내진 날 둘은 맺어질 수 있었을 것이며, 그 후 백발이 될 때까지 해로하며 자손이 가득했을지도[37] 모른다고 한다. 아! 그러나 이것은 평범하고 어리석은 자들의 다복함일 뿐, 재자가인에 있어서야 어찌 그러하겠는가!

장산래가 말한다.

장몽진이 만약 일찍 죽지 않았다면 최소경이 따라 죽는 기이한 일은 일어나지 않았을 것이다. 이것이 바로 장몽진과 최소경 이야기의 가장 중요한 부분이다.

余少時閱唐解元『六如集』, 有云 : “六如嘗與祝枝山・張夢晉, 大雪中效乞兒唱「蓮花」. 得錢沽酒, 痛飮野寺中, 曰 : ‘此樂惜不令太白見之!’” 心竊異焉, 然不知夢晉爲何許人也. 頃閱稗乘中, 有一編曰『十美圖』, 乃詳載張夢晉・崔素瓊事. 不覺驚怜叫跳, 已而濟然雨泣. 此眞古今來才子佳人之軼事也, 不可以不傳, 遂爲之傳.

張夢晉, 名靈, 蓋正德時吳縣人也. 生而姿容俊奕, 才調無雙. 工詩善畵, 性風流豪放, 不可一世. 家故赤貧, 而靈獨蚤慧. 當舞勺時, 父命靈出應童子試, 輒以冠軍補弟子員. 靈心顧不樂, 以爲才人何苦爲章縫束縛, 遂絶意不欲復應試. 日縱酒高吟, 不肯妄交人, 人亦不敢輕交與. 惟與唐解元六如作忘年友. 靈旣年長, 不娶. 六如試叩之, 靈笑曰 : “君豈有中意人, 足當吾耦者耶?” 六如曰 : “無之. 但自古才子宜配佳人, 吾聊以此探君耳.” 靈曰 : “固然, 今豈有其人哉? 求之數千年中, 可當才子佳

37 자손이 가득했을지도 : 원문은 ‘난옥영계(蘭玉盈堦)’로 자손이 집에 가득함을 비유한다. ‘난옥’은 ‘지란옥수(芝蘭玉樹)’로 훌륭한 자손을 가리킨다. 이 말은 『진서(晉書)』「사현전(謝玄傳)」에 사현이 “비유컨대 지초, 난초, 옥수가 마당 계단에서 자라게 하고자 하는 것과 같습니다[譬如芝蘭玉樹, 欲使其生於庭階耳]”라고 한 데서 나왔다.

人者, 惟李太白與崔鶯鶯耳! 吾雖不才, 然自謫仙而外, 似不敢多讓. 若雙文, 惜下嫁鄭恒, 正未知果識張君瑞否." 六如曰 : "謹受敎. 吾自今請爲君訪之, 期得雙文以報命. 可乎?" 遂大笑別去.

一日, 靈獨坐讀「劉伶傳」, 命童子進酒, 屢讀屢叫絶, 輒拍案浮一大白. 久之, 童子跽進曰 : "酒罄矣! 今日唐解元與祝京兆讌集虎邱, 公何不挾此編一往索醉耶?" 靈大喜, 卽行, 然不欲爲不速客. 乃屛棄衣冠, 科跣雙髻. 衣鶉結, 左持「劉伶傳」, 右持木杖, 謳吟「道情詞」, 行乞而前. 抵虎邱, 見貴游蟻聚, 綺席喧闐. 靈每過一處, 輒執書向客曰 : "劉伶告飮." 客見其美丈夫, 不類丐者, 競以酒饌貽之. 有數賈人, 方酌酒賦詩, 靈至前, 請屬和, 賈人笑之. 其詩中有'蒼官'·'靑士'·'扑握', '伊尼'四事, 因指以問靈. 靈曰 : "松·竹·兎·鹿, 誰不知耶?" 賈人始駭, 令賡詩, 靈卽立揮百絶而去. 遙見六如及祝京兆枝山數輩, 共集可中亭, 亦趨前執書告飮. 六如早已知爲靈, 見其佯狂遊戲, 戒座客陽爲不識者以觀之. 語靈曰 : "爾丐子持書行乞, 想能賦詩. 試題「悟石軒」一絶句. 如佳, 卽賜爾巵酒, 否則當叩爾脛." 靈曰 : "易耳!" 童子遂進毫楮, 靈卽書云 : "勝跡天成說虎邱, 可中亭畔足酣遊. 吟詩豈讓生公法, 頑石如何不點頭?" 遂幷毫楮擲地曰 : "佳哉! 擲地金聲也!" 六如覽之, 大笑, 因呼與共飮. 時觀者如堵, 莫不相顧驚怪. 靈旣醉, 卽拂衣起, 仍執書向悟石軒長揖曰 : "劉伶謝飮." 遂不別座客徑去. 六如謂枝山曰 : "今日我輩此擧, 不減晉人風流. 宜寫一幀, 爲「張靈行乞圖」. 吾任繪事而公題跋之, 亦千秋佳話也." 卽舐筆伸紙, 俄頃圖成. 枝山題數語其後, 座客爭傳玩歎賞.

忽一翁縞衣素冠, 前揖曰 : "二公卽唐解元·祝京兆耶? 僕企慕有年, 何幸識韓!" 六如遜謝, 徐叩之, 則南昌明經崔文博, 以海虞廣文告歸者也. 翁得圖諦觀, 不忍釋手, 因訊適行乞者爲誰. 六如曰 : "敝里才子張靈也." 翁曰 : "誠然. 此固非眞才子不能." 卽向六如乞此圖歸. 將返舟, 見舟已移泊他所. 呼之始至. 蓋翁有女素瓊者, 名瑩, 才貌俱絶世. 以新喪母, 隨翁扶櫬歸. 先艤舟岸側時, 聞人聲喧沸, 乍啓檻窺之, 則見一丐者, 狀貌殊不俗. 丐者亦熟視檻中, 忽登舟長跪, 自陳'張靈求見'. 屢遣不去, 良久, 有一童子入舟, 强挽之, 始去. 故瑩命移舟避之. 崔翁乃出圖示瑩, 且備述其故. 瑩始知行乞者爲張靈, 歎曰 : "此乃眞風流才子也!" 取圖藏笥中. 翁擬以明日往謁唐・祝二君, 因訪靈, 忽抱疴, 數日不起, 爲傍人所促, 遽返豫章.

靈旣於舟次見瑩, 以爲絶代佳人, 世難再得, 逐日走虎邱偵之, 久之杳然. 屬靳人方誌來校士. 誌旣深惡古文詞, 而又聞靈跅弛不羈, 竟褫其諸生. 靈聞乃大喜曰 : "吾正苦章縫束縛, 今幸免矣! 顧一褫何慮再褫? 且彼能褫吾諸生之名, 亦能褫吾才子之名乎?" 遂往過六如家, 見車騎塡門, 胥尉盈座. 則江右寧藩宸濠遣使來迎者也. 六如擬赴其招, 靈曰 : "甚善! 吾正有厚望於君. 吾曩者虎邱所遇之佳人, 卽豫章人也. 乞君爲我多方訪之, 冀得當以報我. 此開天闢地第一吃緊事也, 幸無忽忘!" 六如曰 : "諾!" 卽偕藩使過豫章.

時宸濠久蓄異謀. 其招致六如, 一博好賢虛譽, 一慕六如詩畫兼長, 欲倩其作「十美圖」, 獻之九重. 其時宮中已覓得九人, 尙虛其一. 六如請先寫之, 遂爲寫九美, 而各綴七絶一章於後. 九美者, 廣陵湯之謁【字雨君, 善畫】, 姑蘇木桂【文舟, 善琴】, 嘉禾朱家淑【文孺, 善書】, 金陵錢韶【鳳生, 善歌】, 江陵熊御【小馮, 善舞】, 荊溪杜若【芳洲, 善箏】, 洛陽花萼【朱芳, 善笙】, 錢唐柳春陽【絮才, 善瑟】, 公安薛幼端【端淸, 善簫】也. 圖咏旣成, 進之濠. 濠大悅, 乃盛設特讌六如, 而別一殿僚季生副之. 季生者, 憸人也. 酒次, 請觀「九美圖」, 因進曰 : "十美欠一, 殊屬缺陷, 某願擧一人以充其數. 詰朝請持圖來獻." 比持圖以獻, 卽崔瑩也. 濠見之曰 : "此眞國色矣!" 卽屬季生往說之. 先是崔翁家居時, 瑩才名噪甚, 求姻者踵至. 翁度非瑩匹, 悉拒不納. 旣從虎邱得張靈, 遂雅屬意靈, 不意疾作遽歸. 思復往吳中, 託六如主其事. 適季生旋里喪耦, 熟聞瑩名, 預遣女畫師潛繪其容, 而求姻於翁. 翁謀諸瑩, 瑩固不許. 於是季生銜之, 因假手於濠以洩私忿. 時濠威殊張甚, 翁再三力辭, 不得. 瑩窘激欲自裁, 翁復多方護之. 瑩歎曰："命也! 已矣, 夫復何言!" 乃取笥中「行乞圖」, 自題詩其上云："才子風流第一人, 願隨行乞樂淸貧. 入宮祗恐無紅葉, 臨別題詩當會眞." 擧以授翁曰："願持此復張郎, 俾知世間有情癡女子如崔素瓊者, 亦不虛其爲一生才子也." 遂慟哭入宮.

濠得之喜甚, 復倚六如圖咏, 以爲十美之冠. 而六如先已取季生所獻者摹得一紙藏之. 瑩旣知六如在宮中, 乘間密致一緘, 以述己意. 六如得緘, 乃大驚惋, 始知此女卽靈所託訪者. 今事旣不諧, 復爲繪圖進獻, 豈非千古罪人? 將來何面見良友? 因急詣崔翁, 索得「行乞圖」返宮. 將相機維挽, 不意十美已卽日就道. 六如悔恨無已. 又見濠逆節漸著, 急欲辭歸. 苦爲濠羈縻, 乃發狂, 號呼顚擲, 溲穢狼藉. 濠久之不能堪, 仍遣使送歸. 杜門月餘乃起. 過張靈時, 靈已頹然臥病矣.

蓋靈自別六如後, 邑邑亡憀, 日縱酒狂呼, 或歌或哭. 一日中秋, 獨走虎邱千人石畔, 見優伶演劇. 靈佇視良久, 忽大叫曰："爾等所演不佳. 待吾演王子晉吹笙跨鶴." 遂控一童子於地, 而跨其背, 攫伶人笙吹之. 命童子作鶴飛, 捶之不起. 童子怒, 掀靈於地. 靈起曰："鶴不肯飛. 吾今旣不得爲天仙, 惟當作水仙耳!" 遂躍入劍池中. 衆急救之出, 則面額俱損, 且傷股, 不能行. 人送歸其家, 自此委頓枕席, 日日在醉夢中.

至是忽聞六如至, 乃從榻間躍起, 急叩豫章佳人狀. 六如出所摹素瓊圖示之. 靈一見, 詫爲天人, 急捧置案間, 頂禮跪拜, 自陳'才子張靈拜謁'云云. 已聞瑩已入宮, 乃撫圖痛哭. 六如復出瑩所題「行乞圖」示之. 靈讀罷, 益痛哭, 大呼："佳人崔素瓊!" 隨踣地嘔血不止. 家人擁至榻間, 病愈甚. 三日後, 邀六如與訣曰："已矣. 唐君! 吾今眞死矣! 死後, 乞以此圖殉葬." 索筆書片紙云："張靈, 字夢晉, 風流放誕人也. 以情死." 遂擲筆而逝. 六如哭之慟, 乃葬靈於玄墓山之麓, 而以圖殉焉. 檢其生平文章, 先已自焚, 惟收其詩草及「行乞圖」以歸.

時瑩已率十美抵都, 因駕幸楡林, 久之未得進御. 而宸濠已擧兵反, 爲王守仁所敗, 旋卽就擒. 駕還時, 以十美爲逆藩所獻, 悉遣歸母家, 聽其適人. 於是瑩仍得返豫章. 値崔翁已捐館舍, 有老僕崔恩殯之. 瑩哀痛至甚. 然煢孑無依, 葬父已畢, 遂挈裝徑抵吳門. 命崔恩邀六如相見於舟次. 瑩首訊張靈近狀, 六如愴然收涕曰 : "辱姊鍾情遠顧, 奈此君福薄, 今已爲情鬼矣!" 瑩聞之, 嗚咽失聲. 詢知靈葬於玄墓, 約明日同往祭之. 六如明日果携靈詩草及「行乞圖」至, 與瑩各拏舟抵靈墓所. 瑩衣縗絰, 伏地拜哭甚哀. 已乃懸「行乞圖」於墓前, 陳設祭儀. 坐石臺上, 徐取靈詩草讀之. 每讀一章, 輒酹酒一巵, 大呼"張靈才子!" 一呼一哭, 哭罷又讀, 往復不休. 六如不忍聞, 掩淚歸舟. 而崔恩佇立已久, 勸慰無從, 亦起去, 徘徊丘壟間. 及返, 則瑩已自經於臺畔. 恩大驚, 走告六如. 六如趨視, 見瑩已死. 歎息跪拜曰 : "大難大難! 我唐寅今日得見奇人奇事矣!" 遂具棺衾, 將易服斂之. 而瑩通體衫襦, 皆細綴嚴密無少隙, 知其矢死已久. 六如因取詩草及「行乞圖」幷置棺中爲殉, 啓靈壙與瑩同穴, 而植碑題其上云 : "明才子張夢晉佳人崔素瓊合葬之墓". 時傾城士人閧傳感歎, 無貴賤賢愚, 爭來弔誄. 絡繹喧闐, 雲蒸雨集, 哀聲動地, 殆莫知其由也. 六如旣合葬靈・瑩, 檢瑩所遺槖中裝, 爲置墓田, 營丙舍, 命崔恩居之, 以供春秋奠掃之役.

嗚呼! 才子佳人, 一旦至此, 庶乎靈・瑩之事畢, 而六如之事亦畢矣. 而六如於明年仲春, 躬詣墓所拜奠. 夜宿丙舍傍, 輾轉不寐. 啓窗縱目, 則萬樹梅花, 一天明月, 不知身在人世. 六如悵然歎曰 : "夢晉一生狂放, 淪落不偶, 今得與崔美人合葬此間, 消受香光, 亦差可不負矣! 但將來未知誰葬我唐寅耳!" 不覺欷歔泣下. 忽遙聞有人朗吟云 : "花滿山中高士臥, 月明林下美人來." 六如急起入林迎揖, 則張靈也. 六如訝曰 : "君死已久, 安得來此吟高季迪詩?" 靈笑曰 : "君以我爲眞死耶? 死者形, 不死者性. 吾旣爲一世才子, 死後豈若他人泯沒耶? 今乘此花滿山中, 高士偃臥, 來造訪耳." 復擧手前指曰 : "此非'月明林下美人來'乎?" 六如回顧, 有美人姍姍來前, 則崔瑩也. 於是兩人攜手整襟, 向六如拜謝合葬之德. 六如方扶掖之, 忽又聞有人大呼曰 : "我高季迪梅花詩, 乃千古絶唱, 何物張靈, 妄稱才子, 改雪爲花? 定須飽我老拳!" 六如轉瞬之間, 靈・瑩俱失所在. 其人直前呼曰 : "當捶此改詩之賊才子!" 捽六如欲毆之. 六如驚寤, 則半窗明月, 闃其無人. 六如憮然, 始信眞才子與眞佳人, 蓋死而不死也. 因匡坐梅窗下, 作「張靈・崔瑩合傳」, 以紀其事. 然今日『六如集』中, 固未嘗見此傳也, 余又安得而不亟補之哉?

畸史氏曰 : 嗟呼! 蓋吾閱『十美圖編』, 而後知世間眞有才子佳人也. 從來稗官家言, 大抵眞贋參半. 若夢晉之名, 旣章章於『六如集』中, 但素瓊之事, 無從考證. 雖然, 有其事何必無其人? 且安知非作者有爲而發乎? 獨怪夢晉之才, 目空千古, 而其尙論才子佳人, 則耑以太白與鶯鶯當之. 夫太白誠天上仙才, 不可有二. 若千古佳人, 自當以文君爲第一. 而夢晉顧舍彼取此, 厥後果遇素瓊. 毋乃思崔得崔, 適符其讖耶? 至於張以情死, 崔以情殉, 初非有一詞半縷之成約. 而慷慨從容, 等泰山於鴻毛, 徒以才色相憐之故. 推此志也, 凜凜生氣, 日月爭光, 又遠出琴心犢鼻之上矣! 而或者猶追恨於夢晉之蚤死, 以爲夢晉若不死, 則素瓊遣歸之日, 正崔・張好合之年, 後此或白頭唱和, 蘭玉盈堦, 未可知也. 噫! 此固庸庸蚩蚩者之厚福也, 何有於才子佳人哉!

張山來曰 : 夢晉若不蚤死, 無以成素瓊殉死之奇. 此正崔・張得意處也.

진노련 별전(陳老蓮別傳)

대가(大可) 모기령(毛奇齡)

진홍수(陳洪綬)[1]는 연꽃 그림을 잘 그려 스스로를 '노련(老蓮)'이라 불렀다. 그는 겨우 몇 살 때에 이공린(李公麟)[2]이 그린 「공문제자(孔門弟子)」 석각본을 보고서 바로 잘못된 곳을 지적해낼 수 있었다. 열네 살에는 자신의 그림을 저자거리에 걸어 놓고 금세 돈을 벌어들였다. 처음에 부염(傅染)[3]을 배울 때, 전당(錢塘)의 남영(藍瑛)[4]이 사생(寫生)에 빼어나다고 하기에

1 진홍수(陳洪綬 : 1599~1652) : 명말청초의 화가이자 시인이다. 자는 장후(章侯), 호는 노련(老蓮)이다. 절강성(浙江省) 제기(諸暨) 출신이다. 최자충(崔子忠)와 함께 남진북최(南陳北崔)라는 말을 들을 정도로 도석미인화(道釋美人畵) · 산수화 · 화조화를 잘 그렸다.

2 이공린(李公麟 : 1049?~1106) : 중국 북송(北宋)의 문인화가. 자는 백시(伯時), 호는 용면(龍眠)으로 안휘(安徽) 서성(舒城) 출신이다. 박학다식하고, 불교 이론에도 정통했으며, 옛 동기(銅器)를 많이 수집한 것으로도 유명하다. 또 많은 기자(奇字)를 알고 있었기 때문에 고증에 능하였고, 서예는 진(眞) · 행(行) · 초(草)에 뛰어나 진송(晉宋)의 풍격을 갖추었다. 그림은 고개지(顧愷之) · 육탐미(陸探微) · 장승요(張僧繇) 및 전대의 명수들을 연구, 화가로서 일가를 이루었다. 그의 회화의 본령은 말을 그리는 데 있었으며, 유서 깊은 백묘화(白描畵)를 부흥시키기도 했다.

그에게 부염을 가르쳐달라고 했는데, 다 배우고 나서는 남영을 대수롭지 않게 여겼다. 남영 자신도 진노련에 미치지 못한다고 여겨 죽을 때까지 사생을 하지 않으면서 "이는 하늘이 낸 솜씨다!"라고 말했다.

진노련은 술을 무척 좋아해서 사람들로부터 돈을 받으면 받는 족족 다 써버렸다. 그는 특히 가난한 선비에게 그림 그려주는 것을 좋아해서, 가난한 선비는 진노련의 그림 덕분에 주린 배를 채울 수 있었다. 그러나 부자들이 그의 그림을 구하려하면 천 꿰미의 돈으로도 얻을 수 없었다. 그가 제생(諸生)의 신분일 적에 독학(督學)[5]이 그의 그림을 얻으려하였으나 그 역시 얻지 못했다. 다만 평생 여자를 좋아하여 여자가 자리에 없으면 술을 마시지 않았고 밤에 잠을 잘 때에도 여자가 없으면 잠을 자지 못했다. 그래서 여자를 데리고 가서 그림을 청하면 곧바로 허락했다. 숭정연간(崇禎年間 : 1628~1644) 말, 민황제(愍皇帝 : 숭정황제)가 그를 공봉(供奉)에 명했으나 미처 제수받기 전에 바로 병란이 일어났다. 후에 감국(監國 : 魯王)[6]이 또 그를 대조(待詔)로 삼으려 했다. 청나라 군사가 절동(浙東) 지역을 함락한 후에 대장군인 무군(撫軍)[7] 고산(固山)이 포위되어 있던 성 안에서 진노련을 발견했다. 이에 크게 기뻐하며 그에게 어서 그림을 그려보라고 하였으나 그리지 않았다. 칼로 위협해도 그리지 않다가 술과 여자로 유혹하자 그제야 그렸다. 한참 후에 자기 그림을 다 모아달라고 하여 서명

---

3 부염(傅染) : 중국 회화에서 수묵이나 엷은 채색으로 외곽을 덧칠하여 사물을 도드라지게 하는 수법.

4 남영(藍瑛 : 1585~1664) : 명말 절강 출신의 직업화가이다.

5 독학(督學) : 학정(學政)의 다른 명칭이다. 명청 때에 각 성에 파견되어 교육행정 및 과거 시험을 감독하던 관원이다.

6 감국(監國) : '감국'이란 태자가 임금을 대신하여 국사를 돌보거나, 임금에게 사고가 생겨 근친이나 권신이 대신 국사를 돌보는 것을 말한다. 여기서는 명나라가 망한 후 청 순치 2년(1645) 청에 항거하는 군사들과 관리들의 지지 하에 절강성 소흥(紹興)에서 감국 역할을 하게 된 남명(南明) 정부의 노왕(魯王)을 말한다. 노왕 주이해(朱以海)는 주원장의 14세 손이자 노왕 주수강(朱壽鏞)의 다섯 째 아들이다. 노왕이 진노련을 아껴 대조로 삼으려했으나 진노련은 사양하고 이에 응하지 않았다.

7 무군(撫軍) : 관직명으로 명청시대 순무(巡撫)의 별칭이다.

을 하고, 또 밑그림을 가져다 색칠까지 다 마치고는 술을 실컷 마신 뒤 밤새 그림을 끌어안고 잤다. [다음 날] 가서 살펴보니 그는 이미 도망치고 없었다.

조선・우량허(兀良哈 : 지금의 몽고 동부 지역)・일본・사마르칸드(撒馬兒罕 : 우즈베키스탄)・우스장(烏思藏 : 티베트) 등지에서 진노련의 그림값을 무겁게 쳐주었고, 나라 안에도 그의 그림을 모사하는 것을 업으로 삼는 자가 수천 명에 이르렀다. 용동(甬東 : 지금의 浙江省 定海縣)의 원곤(袁鵾)은 가난하여 바닷길 다니는 선박에서 장부 기록을 맡아보고 있었다. 그는 진노련의 그림 두 폭을 대나무 속에 넣어갔다가 돌아갈 즈음에 일본 주인에게 주었다. 주인은 매우 기뻐하여 크게 연회를 베풀어 주고 진주 한 보따리를 하사했는데, 그 그림도 모작이었다.

진노련은 주장사(周長史)[8]의 그림을 모방했던 적이 있는데, 여러 번 그리고도 그만두려하지 않았다. 사람들이 그가 모방하여 그린 그림을 가리키며 말했다.

"이 그림은 이미 주장사의 것을 넘어섰는데 여전히 흡족해하지 않는 것은 어째서입니까?"

그러자 진노련이 말했다.

"이것이 바로 주장사에 미치지 못하는 까닭이오. 내 그림은 쉬이 좋아 보이나 지극한 솜씨에 이르는 데 있어서는 아직 미진한 점이 많소. 주장사는 지극한 능력을 지니고 있으면서도 능력이 없는 것처럼 보이는데, 이것이 진정 어려운 능력이오. 문장 짓는 것을 가지고 한번 얘기해 보겠소. 요즘 짓는 문장은 논설을 설파하는 것 아니면 일화 따위를 주워 모으는 것뿐이오. 의론으로 문장을 짓고, 문장으로 사건을 나열하니, 아무

8 주장사(周長史) : 당나라 주방(周昉)을 가리킨다. 주방은 자가 경원(景元)으로 월주장사(越州長史) 및 선주장사(宣州長史) 등을 역임했으며, 장훤(張萱)에게 인물화를 배웠는데 후에는 그를 능가했다. 그리하여 당시에 그가 그린 선비와 여자의 인물화가 고금의 으뜸이라 칭찬받았다.

리 잘 구상하여 짓는다 한들, 그 안 어디에 작가의 뜻이 들어갈 틈이 있겠소? 작가라는 자들이 생겨난 이래로 작문법이 질서정연해져, 한 문장을 지을 때면 먹물 적신 붓 끝을 빨아가며 [법도에 맞추느라] 고심들 하오. 만약 글을 쓰기에 앞서 작가가 의도한 바가 있어 의론(議論)과 서사(敍事)를 버리고 자신의 법도를 따른다면, 이러면 되고 이러면 안 된다고들 떠들어 대니, 이에 문장은 없어지고 마는 것이오! 그림 중에 기운과 운치에 힘이 있어 콸콸 흘러가듯 하는 것은 주진(周秦)의 문장이오. 섬세한 맹금도(猛禽圖)[9]를 그리듯 상황에 맞춰 변화를 준 것은 한위(漢魏)의 문장이오. 법도 안으로 몰아넣어 전 시대의 것에 기준을 두고 후세의 것을 경시하며,[10] 기세등등하고[11] 기복과 변화가 풍부하여[12] 작가의 느낌이 가득한 것은 당송팔가(唐宋八家)의 문장이오. 그러므로 그림에도 입신의 경지에 든 입신가(入神家)가 있고 명가(名家)가 있고 전문가[當家]가 있고 작가(作家)가 있고 기술자가 있는데, 나는 작가에서 벗어나지 못한 것 같아 이렇게 불만을 지니고 있는 것이오."

그의 의론은 대체로 이와 같았다.

진노련의 그림은 천부적인 면이 많았지만 그래도 각각 스승으로 삼은 대상은 있었다. 골격 잡는 법은 오생(吳生 : 吳道子)을 본받았고, 붓 놀리는

---

9 맹금도(猛禽圖) : 원문은 '착륵(捉勒)'으로 중국의 화조화(花鳥畵) 중에서 맹금(猛禽)이 먹이를 잡는 것을 제재로 한 작품을 말한다. 예를 들면, 남당(南唐) 관건휘(郭乾暉)의 「창응포리도(蒼鷹捕狸圖)」, 북송 최백(崔白)의 「준금축토도(俊禽逐兎圖)」 등과 같은 그림이 있다.

10 전 시대의 것에 …… 경시하며 : 원문은 '정전연후(飣前燕後)'로 '연'은 경시하다는 뜻이다. 이것은 고문운동가들이 육조 이후 내용이 공소(空疎)하며 화려한 사륙변려체(四六騈驪體)의 문장이 유행하자 이를 반대하며 진한(秦漢) 이전의 고문(古文)으로 돌아가, 유교적 정신을 바탕으로 간결하며 뜻의 전달을 지향할 것을 주장한 것을 두고 한 말이다.

11 기세등등하고 : 원문은 '능력긍일(陵轢矜軼)'이다. '능력'은 '능력(凌轢)'이라고도 하며, '배척하다, 따돌리다, 업신여기다'의 뜻이고, '긍일'은 우쭐거리고 자랑하는 것을 말한다.

12 기복과 …… 풍부하여 : 원문은 '단렬돈작(摶裂頓斫)'으로 '억양돈좌(抑揚頓挫)'와 비슷하게 회화나 서예, 문학에서 기복과 변화가 풍부한 것을 말한다.

법은 정법사(鄭法士)[13]를 본받았으며, 먹 쓰는 법은 형호(荊浩)[14]를 본받았다. 또 성글게 물들이는 부염법은 관중희(管仲姬)[15]를 본받았고, 옛 황제와 성철(聖哲)・공문제자(孔門弟子)를 그린 그림은 이공린을 본받았으며, 관음(觀音)을 소략하게 그리는 법은 오생을, 섬세하게 그리는 법은 이공린을 본받았다. 제천(諸天)・나한・보살・종규(鍾馗)[16]・추한 귀신 등을 그리는 법은 장표기(張驃騎)를, 의관 정제한 선비 그림은 염우상(閻右相 : 閻立本)[17]을, 선비와 여자 그림은 장사(長史) 주방(周昉)을, 책상과 휘장, 술잔과 술통, 병과 집기, 융의(戎衣)・천막・말・낙타・양・개 등의 그림은 조승지

---

13 정법사(鄭法士) : 수나라의 화가로 오(吳 : 지금의 蘇州) 땅 사람이다. 인물과 누대그림을 잘 그렸고 장승요(張僧繇)에게서 배웠으며, 상해(上都) 해각사(海覺寺) 등에 벽화를 많이 그렸다. 『정관공사화사(貞觀公私畫史)』・『선화화보(宣和畫譜)』 등에 그의 작품 20점이 거론되었으나 지금은 남아있지 않다.

14 형호(荊浩) : 당말 오대(五代) 때의 화가로 자는 호연(浩然), 산서성 심수(沁水) 사람이다. 경서와 역사에 정통하였고 문장에도 뛰어났으나 일생 동안 관직에 나가지 않고 그림에만 전념하였다. 불화도 그렸지만 산수화에 뛰어났으며 오도자(吳道子)・항용(項容)・이사훈(李思訓)・왕유(王維) 등의 장점을 절충한 화풍이었던 것으로 전해진다.

15 관중희(管仲姬 : 1262~1319) : 조맹부(趙孟頫)의 아내인 관도승(管道昇)을 가리킨다. 자가 중희(仲姬)이다. 원대의 유명한 여성 서예가이자 화가・시사(詩詞) 작가로 특히 대나무 그림을 잘 그려 『묵죽보(墨竹譜)』 1권을 남겼으며 「수죽도권(水竹圖卷)」・「추심첩(秋深帖)」・「산루수불도(山樓綉佛圖)」 등이 전해진다.

16 종규(鍾馗) : 당나라 오도자(吳道子)가 종규의 상을 그려놓고 그 위에 글을 써 놓았는데 대략 다음과 같은 내용이다. 현종이 병석에 누워 있을 때 꿈을 꾸었다. 한 소귀(小鬼)가 나타나서 평소 현종이 소중하게 간직하고 있는 향낭(香囊)을 훔치기도 하고 옥피리를 불기도 하며 법석을 떨기에 큰 소리로 신하를 부르자 한 대귀(大鬼)가 나타나서 그 소귀를 붙잡아, 손가락으로 눈알을 파먹고 죽여 버렸다. 현종이 놀라서 누구냐고 물으니 "신은 종남산(終南山) 진사(進士) 종규라고 합니다"라고 대답하더니 계단에 걸려 죽고 말았다. 현종이 정중하게 장례를 지내주었더니 종규는 "앞으로 천하의 요마들을 물리치겠습니다"라고 맹세하였다. 현종이 꿈에서 깨어나니 병이 깨끗이 나았다. 꿈에서 본 종규는 검은 의관을 걸치고 눈이 크고 수염이 많은 무서운 얼굴을 하고 칼을 차고 있었으므로 그와 똑같은 화상을 그려 수호신으로 하였으며 악귀를 쫓는 데 사용했다.

17 염우상(閻右相 : 601~673) : 염입본(閻立本)이다. 화가 염비(閻毗)의 아들이자 염입덕(閻立德)의 동생이다. 서화에 능했으며 종교인물, 거마, 산수 등 다방면의 그림을 그렸는데 특히 인물초상화를 잘 그렸다. 대표작으로 「역대제왕도(歷代帝王圖)」가 있다.

(趙承旨)[18]를 본받았다. 대나무 치는[19] 법은 유경(劉涇)[20]을, 복숭아 · 모란 · 매화 · 수선화, 그리고 풀과 꽃 등의 절지화(折枝畵)[21]는 황검교(黃檢校)[22]와 전선(錢選)[23]을 본받았다. 새 눈동자 · 꽃술, 그리고 점칠하는 법과 두텁게 올라오게 만드는 법은 선화(宣和)[24]를 본받았고, 벌 · 매미 · 나비 · 굼벵이 · 사마귀 · 귀뚜라미 등도 선화를 본받았다. 그밖에 최(崔)[25] · 서(徐)[26] ·

---

18 조승지(趙承旨 : 1254~1322) : 원나라 화가이자 서예가인 조맹부(趙孟頫). 자는 자앙(子昻), 호는 집현(集賢) · 송설도인(松雪道人)이며, 시호는 문민(文敏)으로 절강성 오흥현(吳興縣) 사람이다. 서예에서 왕희지의 전형에 복귀할 것을 주장하고 그림에서는 당 · 북송의 화풍으로 되돌아갈 것을 주장하였다. 그림은 산수 · 화훼 · 죽석 · 인마 등에 모두 뛰어났고, 서예는 특히 해서 · 행서 · 초서의 품격이 높았으며, 당시 복고주의의 지도적 입장에 있었다.

19 대나무 치는 : 원문은 '구륵(鉤勒)'이다. '구'는 필치의 순세(順勢)이고 '륵'은 필치의 역세(逆勢)인데 보통 '구륵'이라 하면 선으로 사물의 윤곽을 그리는 것을 말한다.

20 유경(劉涇) : 송나라 양안(陽安) 사람으로 자는 거제(巨濟)이다. 임석(林石)과 대나무를 잘 그렸다.

21 절지화(折枝畵) : 꽃이 피어 있는 가지의 일부를 그린, 작은 화면의 꽃 그림. 흔히 큰 줄기에서 잘린 가지와 꽃을 그린다.

22 황검교(黃檢校) : 오대 때의 화가인 황전(黃筌 : 903?~965). 자는 요숙(要叔)이고 성도(成都) 사람이며 인물, 산수, 특히 화조화에 뛰어났다. 명료한 윤곽선과 풍부한 색채를 사용한 구륵전채(鉤勒塡彩)의 장식적인 그림으로 황씨체(黃氏體)를 이룩했다.

23 전선(錢選 : 1239~?) : 원나라 세조 때의 화가로 조맹부를 우두머리로 하는 오흥팔준(吳興八俊)의 한 사람으로 꼽혔다. 화조화는 서씨체(徐氏體)에 황씨체(黃氏體)를 도입하였고, 산수화는 남북 양종(兩宗)의 경향을 종합한 복고적인 것이었다. 특히 화훼(花卉)의 절지화(折枝畵)에 뛰어났다.

24 선화(宣和) : 송나라 휘종(徽宗) 조길(趙佶 : 1082~1135)을 말한다. 선화는 그의 연호이다. 문화재를 수집 · 보호하고 궁정서화가를 양성하였으며 그 자신도 시문과 서화에 뛰어났고, 특히 그림은 전문가의 경지에 달하여 풍류천자라는 칭호를 얻었다.

25 최(崔) : 최자충(崔子忠 : ?~1644)을 말한다. 초명은 단(丹), 자는 개여(開予)이며, 호는 북해(北海) · 청인(靑蚓) · 내양(萊陽)이다. 뒤에 이름을 자충(子忠), 자를 도모(道母)로 고쳤다. 산동 출신으로 북경에서 활동하였는데 인물화에 능했으며 당나라의 옛 그림 화풍을 변형해서 새로운 그림을 그렸다. 진홍수(陳洪綬)와 함께 '남진북최(南陳北崔)'라고 불린다. 주요 작품에 「야연도(夜宴圖)」 등이 있다.

26 서(徐) : 오대 때의 화가 서희(徐熙)를 말한다. 종릉(鍾陵 : 지금의 南京) 사람으로 그의 집안은 대대로 남당(南唐)에 벼슬하던 강남의 명족이었다. 특히 화조와 화죽임목(花竹林木), 그 밖에 초충도(草蟲圖) 등을 잘 그렸다. 황전과 함께 '황서(黃徐)'로 병칭되며 송초 화조화의 양대 유파를 형성했다.

황(黃)씨 부자[27]에게서도 이것저것 본받았지만 연꽃만은 자신의 것을 고집했다. 【청년시절에는 연꽃 그림으로 명성이 자자했다】

장후(章侯 : 진노련)의 「박고패(博古牌)」[28]를 신안(新安) 사람 황자립(黃子立)이 판각했는데, 솜씨가 훌륭하다. 장후 사후에 황자립은 대낮에 장후가 찾아온 것을 보았는데, 그러고 나서 곧 처자에게 명하여 수의를 짓게 하며 말했다. "진공(陳公 : 진노련)이 지옥의 천태만상을 그렸다며 나더러 판각하러 오라는구려." 진노련의 그림이 귀한 대접을 받는 것이 어찌 인간 세상에서 뿐이겠는가? 【原評】

장산래가 말한다.

진장후의 「수호패(水滸牌)」[29]는, 요즘 화등(畵燈)이나 연회 자리에 놓이는 작은 병풍 같은 데서 모두 그 원본을 가져다 쓴다. 세상에 유익함을 매우 많이 주었으니 앞으로도 분명 그 보답을 받을 것이다.

洪綬好畵蓮, 自稱'老蓮'. 數歲, 見李公麟畵「孔門弟子」勒本, 能指其誤處. 十四歲, 懸其畵市中, 立致金錢. 初法傳染時, 錢塘藍瑛工寫生, 蓮請瑛法傳染, 已而輕瑛. 瑛亦自以不逮蓮, 終其身不寫生, 曰 : "此天授也!"

蓮游於酒, 人所致金錢隨手盡. 尤喜爲窶儒畵, 窶儒藉蓮畵給空. 豪

27 황(黃)씨 부자 : 오대 때의 화가 황전(黃筌) 및 그의 아들 황거실(黃居實) · 황거보(黃居寶)와 황거채(黃居寀)를 말한다. 이들의 화풍은 화려했으며 모두 화조화에 능했다.

28 박고패(博古牌) : 일명 '박고엽자(博古葉子)'라고도 하며 역사인물 고사를 내용을 그려 넣은 주령(酒令) 놀이 카드이다. 도주공(陶朱公)으로부터 시작하여 백규(白圭)까지 총 48개의 그림(秦代 이전 인물 17명, 漢代 인물 22명, 晉唐代 인물 9명)으로 이루어져 있다.

29 수호패(水滸牌) : 일명 '수호엽자(水滸葉子)'라고도 하며 소설 『수호전』에 나오는 인물을 그려 넣는 주령 놀이 카드를 말한다.

家索之, 千緡勿得也. 嘗爲諸生, 督學使索之, 亦勿得. 顧生平好婦人, 非婦人在坐不飲, 夕寢非婦人不得寐. 有携婦人乞畫, 輒應云. 崇禎末, 愍皇帝命供奉, 不拜, 尋以兵罷. 監國中待詔. 王師下浙東, 大將軍撫軍固山, 從圍城中搜得蓮. 大喜, 急令畫, 不畫. 刃迫之, 不畫. 以酒與婦人誘之, 畫. 久之, 請彙所爲畫署名, 且有粉本, 渲染已, 大飮, 夜抱畫寢. 及伺之, 遯矣!

朝鮮・兀良哈・日本・撒馬兒罕・烏思藏購蓮畫, 重其直, 海內傳模爲生者數千家. 甬東袁鵾貧, 爲洋船典簿記. 藏蓮畫兩幅截竹中, 將歸, 貽日本主. 主大喜, 重予宴, 酬以囊珠, 亦傳模筆也.

蓮嘗模周長史畫, 至再三, 猶不欲已. 人指所模畫, 謂之曰 : "此畫已過周, 而猶嗛嗛, 何也?" 曰 : "此所以不及者也. 吾畫易見好, 則能事未盡也. 長史本至能, 而若無能, 此難能也. 吾試以爲文言之. 今夫爲文者, 非持論, 卽摭事耳. 以議屬文, 以文屬事, 雖備經營, 亦安容有作者之意存其中耶? 自作家者出, 而作法秩然, 每一文至, 必銜毫吮墨. 一若有作者之意先於行間, 舍夫論與事而就我之法, 曰如是則當, 如是則不當, 而文亡矣! 故夫畫, 氣韻兼力, 渢渢容容, 周秦之文也. 勾綽捉勒, 隨境塹錯, 漢魏文也. 驅遣於法度之中, 釘前燕後, 陵轢矜軼, 搏裂頓斫, 作氣滿前, 八家也. 故畫有入神家, 有名家, 有當家, 有作家, 有匠者家, 吾惟不離乎作家, 以負此嗛也." 其論如此.

蓮畫以天勝, 然各有法. 骨法法吳生, 用筆法鄭法士, 墨法荊浩. 疏渲傅染法管仲姬, 古皇聖賢・孔門弟子法李公麟, 觀音疏筆法吳生, 細公麟. 諸天・羅漢・菩薩・神道・鬼醜法張驃騎, 衣冠士法閻右相, 士女法周長史昉, 几幃・尊卣・缾罌・什器・戎衣・穹廬・番馬・駱駝・羊犬法趙承旨. 鉤勒竹法劉涇, 折枝桃・牡丹・梅・水仙・草花法黃檢校・錢選. 鳥睛・花鬚・點漆・凸厚法宣和, 螽蟬・蛺蝶・蠐螬・蝳蝍・蟋蟀法宣和. 亦雜法崔・徐・黃父子, 蓮法於蓮. 【於靑年以蓮稱.】

章侯「博古牌」, 爲新安黃子立摩刻, 其人能手也. 章侯死後, 子立晝見章侯至, 遂命妻子辦衣斂, 曰 : "陳公畫地獄變相成, 呼我摩刻." 然則蓮畫之貴, 豈獨人間耶?【原評】

張山來曰 : 陳章侯「水滸牌」, 近年如畫燈, 如席上小屛風, 皆取爲稿本. 其爲益於世者甚多, 則其食報於將來者, 所必然耳.

산인 상씨 이야기[桑山人傳]

대가(大可) **모기령**(毛奇齡)

산인(山人)[1] 허씨(許氏)는 변주(汴州 : 지금의 河南省 開封市) 사람으로 젊어 수재(秀才)에 급제했다. 숭정연간(崇禎年間 : 1628～1644)에 각부(閣部)[2]의 독사(督師)[3] 양공(楊公)에게 적을 소탕하는 세 가지 계책을 올렸으나 채택되지 않았다. 또 동평후(東平侯) 유택청(劉澤淸)의 막객이 되었으나 함께 이야기하다가 뜻이 서로 맞지 않아 떠나왔다. 그와 원수지간인 고향 사람이 변주를 진압하고 있던 청나라 장수에게 그의 비밀을 고발하는 바람에 뽕나무 아래로 도망가 숨었다. 그래서 성을 상(桑)이라 하고 상산인(桑山人)이라 불렀다.

산인은 숭양(嵩陽)의 조도사(曹道士)와 교유했다. 하루는 밤에 가만 앉아 있는데, 귓가에 웽웽 소리가 울리더니 천천히 음악 소리가 나면서 마치

1 산인(山人) : 산에 은거하는 선비를 말한다.

2 각부(閣部) : 명청시대 내각(內閣) 또는 내각대신(內閣大臣)의 별칭이다.

3 독사(督師) : 명나라 관명으로 군대를 통솔 지휘하는 대장을 일컫는다.

무언가가 정수리를 잡아당기는 것 같았다. 이윽고 몸이 한 장 남짓 솟구쳐 오르더니 온몸의 뼈마디가 모두 통했다. 한 번은 숭산(嵩山 : 河南省 洛陽 소재의 산)의 묘시(廟市)에서 약을 팔다가 벙어리에게 물을 떠주어 말을 하게 해주었고, 허주(許州 : 지금의 河南省 許昌縣)의 남자 아이가 여우에 홀려 고통 받고 있는 것을 보고는 그 여우를 불러내어 베어 죽였다.

그가 변주로 돌아오자 원수가 그를 보고 말했다.

"이 사람이 수재 허징(許澄)이요."

장수의 포졸 십여 명이 그가 있는 곳으로 찾아 왔다. 산인은 혼자서 지휘해 포졸들을 모두 포박한 다음 원수에게 읍하고 떠나갔는데, 늘 형양(衡陽 : 지금의 湖南省 衡陽市)에서만 노닐며 돌아가지 않았다고 한다.

장산래가 말한다.

이러한 도사를 내 만나보지 못한 것이 한스럽구나.

山人許氏, 汴人, 少擧茂才. 崇禎中, 嘗獻剿賊三策於閣部督師楊君, 不用. 旣而爲東平侯劉澤淸幕客, 與澤淸語不合, 辭去. 鄕人怨家發其隱事於我師之鎭汴者, 走匿桑下. 因姓桑, 號桑山人.

山人乃與嵩陽曹道士遊. 夜坐耳鳴, 絲竹徐發, 若有物拔其頂. 聳身丈餘, 骨節皆通. 嘗賣藥嵩山廟市, 以水酌喑者, 能言, 許州小男爲狐所苦, 呼狐斬之.

旣還汴, 怨家見曰 : "此許澄茂才也." 帥捕十許人跡至. 山人乃獨身指揮, 盡縛諸捕者, 揖怨家去謝之, 而身遊衡陽不返云.

張山來曰 : 此等道士, 我恨不得遇之.

이희전(李姬傳)

조종(朝宗) 후방역(侯方域)

이희는 이름이 향(香)이다. 기생어멈은 이름이 정려(貞麗)다. 정려는 호협 기질이 있어서 하룻밤에 도박을 해 천금을 그 자리에서 다 잃기도 했다. 교제하는 사람들도 모두 당대 호걸들이었으며 특히 양선(陽羨 : 지금의 강소성 宜興縣)의 진정혜(陳貞慧)[1]와 친했다. 이희는 정려의 양녀로, 역시 호협 기질이 있고 영특했으며 글도 어느 정도 읽을 줄 알아 사대부가 현명한지 그렇지 못한지 식별할 수 있었다. 학사(學士)인 장부(張溥)[2]와 이부(吏

1 진정혜(陳貞慧 : 1604~1656) : 자는 정생(定生), 강소성 의흥(宜興) 사람으로 진유숭(陳維嵩)의 아버지이다. 명말청초 산문가이며 복사(復社)의 성원으로 모양(冒襄)·후방역(侯方域)·방이지(方以智)와 더불어 명말 사공자(四公子)로 불린다. 오응기(吳應箕)와 함께 완대성(阮大鋮)을 성토하였다가 탄압받았으며 항청(抗淸)운동에 참여했다. 문집으로 『진정생선생유서삼종(陳定生先生遺書三種)』이 있다.

2 장부(張溥 : 1602~1641) : 자는 천여(天如), 호는 서명(西銘), 강소성 태창(太倉) 사람이다. 천계(天啓) 4년(1624) 동림당(東林黨)의 전통을 계승한 복사를 조직하여 활발한 문학 활동과 정치 활동을 펼쳤으며 당시에 미친 영향력이 매우 컸다. 천계 6년(1626) 「오인묘비기(五人墓碑記)」를 지어 엄당(閹党)을 비판했으며, 숭정 원년(1628)

部) 하윤이(夏允彝)[3]도 극구 칭찬한 바 있다. 이희는 어려서부터 격조가 고매하여 다른 아이들과 달랐다. 열세 살에 오(吳) 땅 사람 주여송(周如松)에게서 노래를 배웠는데, 옥명당(玉茗堂) 전기(傳奇) 4종[4]의 가락과 절주를 모두 소화해 냈고, 특히 「비파사(琵琶詞)」에 능했다. 하지만 가벼이 부르지는 않았다. 기묘년(1639), 설원사(雪苑社)[5]의 후생(侯生 : 侯方域)은 금릉(金陵 : 지금의 江蘇省 南京市)에 왔다가 이희를 알게 되었다. 이희는 후생을 모셔와 시를 지어 달라 청하고, 자신은 노래로써 보답했다.

이에 앞서, 완(皖) 땅 사람 완대성(阮大鋮)은 위충현(魏忠賢)에게 아부했다는 죄로 성 쌓는 노역[6]의 형벌을 받았는데, 금릉에 칩거하였으나 청의(淸議)[7]에게 거부당했다. 양선의 진정혜과 귀지(貴池)의 오응기(吳應箕)[8]가 실제로 이 일에 앞장 서 힘껏 저지했다. 완대성은 별 도리가 없어서 후생에게 대신 해결해달라고 부탁할 참이었다. 이에 평소 잘 알고 지내던 왕장군(王將軍)을 보내 날마다 음식과 술을 가지고 가서 후생과 교유하게 했다. 이희가 말했다.

"왕장군은 가난하여 손님들과 어울리는 사람이 아닌데, 무슨 연유인

장채(張采)와 함께 태창에서 엄당의 핵심 인물인 고병겸(顧秉謙)을 탄핵하며 투쟁했다. 저서로 『칠록재집(七錄齋集)』 등이 있으며 『한위육조백삼가집(漢魏六朝百三家集)』을 집록했다.

3 하윤이(夏允彝) : 상해 송강(松江) 사람이다. 숭정 17년(1644) 진사(進士) 출신으로 기사(幾社)를 조직하였으며 항청운동에 가담했다가 패하자 자살했다.

4 옥명당(玉茗堂) 전기(傳奇) 4종 : 옥명당은 명말 희곡 작가 탕현조(湯顯祖)의 호다. 옥명당의 전기 4종이란, 「모란정환혼기(牡丹亭還魂記)」·「한단기(邯鄲記)」·「자차기(紫釵記)」·「남가기(南柯記)」를 가리킨다.

5 설원사(雪苑社) : '설원사'는 후방역이 고향에서 가개종(賈開宗) 등과 만든 문사(文社)의 이름이며, 후방역의 호도 '설원'이다.

6 성 쌓는 노역 : 원문은 '성단(城旦)'으로 진한(秦漢) 때에 있었던 형벌의 이름이다. 4년간 병역(兵役)하면서 밤에는 성을 쌓고 낮에는 적을 수비했다.

7 청의(淸議) : 시정(時政)에 대한 의론이나 사회 여론을 말한다.

8 오응기(吳應箕 : 1594~1645) : 자는 차미(次尾), 호는 누산(樓山)으로 안휘성 귀지(貴池) 사람이다. 복사의 영수였으며 명이 망한 후 고향에서 항청 활동을 하였다. 그의 시풍는 질박하고 호방했으며, 저서로는 『국조기사본말(國朝記事本末)』·『유도견문록(留都見聞錄』·『누산당집(樓山堂集)』 등이 있다.

지 한번 물어보시지 그러십니까?"

후생이 여러 번 묻자 왕장군은 그제야 다른 사람들을 물리고 완대성의 뜻을 전했다. 그러자 이희가 후생에게 은밀히 말했다.

"소첩은 어려서부터 기생어미를 통해 양선의 진정혜와 알고 지냈습니다. 그 분도 지조가 높으신데, 듣자하니 오군(吳君 : 오응기)은 더욱 꼬장꼬장하다고 합니다. 그분들과 그리 잘 지내시면서, 어찌하여 완대성 때문에 좋은 우정을 저버릴 수 있습니까? 더욱이 공자처럼 명망 높으신 분이 어찌 완대성을 섬길 수 있겠습니까? 공자께서는 만 권의 책을 읽으셨는데 식견이 어찌 천한 소첩만도 못하십니까?"

후생은 훌륭하다며 큰 소리로 칭찬했다. 그가 술에 취해 누워버리자 왕장군이란 자는 매우 못마땅해 하다가 작별인사를 하고 떠났으며, 더 이상 왕래하지 않았다.

얼마 후 후생은 과거에 낙방하였다. 이희는 도엽(桃葉) 나루[9]에 술상을 차려놓고 「비파사」[10]를 부르며 그를 송별했다.

"공자의 재능과 명성, 그리고 아름다운 문장은 채중랑(蔡中郎)[11]에 견주어도 전혀 손색이 없습니다. 그러나 채중랑의 학문은 품행에 도움이 되지 못했습니다. 「비파사」에서 전하는 이야기가 헛소리이긴 하지만, 그렇다고 채중랑이 동탁(董卓)과 가까웠던 사실을 엄폐할 수는 없습니다. 공자께서는 거리낌 없이 호방하신 성품에 뜻까지 이루지 못하셨으니, 이번에 떠나가시면 서로 만날 기약 없겠지만, 바라옵건대 시종 자중자애하시고 소첩이 노래한 「비파사」를 잊지 마십시오. 소첩 또한 다시는 부르지 않을 것입니다."

후생이 떠난 후, 예전에 순무(巡撫)를 지냈던 전앙(田仰)[12]이라는 자가

---

9 도엽(桃葉) 나루 : 남경 진회하(秦淮河)에 있는 나루터이다.

10 「비파사」 : 고명(高明)이 지은 「비파기(琵琶記)」를 말한다. 「비파기」는 채옹(蔡邕)과 그의 조강지처 조오낭(趙五娘)이 우여곡절 끝에 다시 만난다는 내용이다.

11 채중랑(蔡中郎) : 동진의 유명한 문학가 채옹을 가리킨다. 동한 말, 동탁(董卓)이 권력을 잡았을 때 그 밑에서 좌중랑장(左中郎將)을 역임했기에 채중랑이라 칭한다.

돈 삼백 환(鍰)[13]으로 이희를 한 번 보고자 불렀으나 이희는 이를 굳게 거절했다. 전앙은 부끄러우면서도 화가 나서 이희를 중상모략했다. 그러나 이희는 탄식하며 "전공(田公 : 전앙)이 완공(阮公 : 완대성)과 뭐가 다르단 말인가? 내 전에 후공자(侯公子 : 후생)에게 뭐라고 말했던가? 그런데 돈이 탐나 그에게 간다면 이는 공자를 저버리는 짓이다!"라고 말하고는 끝내 가지 않았다.

장산래가 말한다.

나의 벗 안당주인(岸堂主人 : 孔尙任)이 지은 『도화선(桃花扇)』은 이 일을 희극으로 옮긴 것인데, 「비파사」를 언급하지 않은 것은 애석하다. 그 언사가 고상하지 못하여 빼 버린 것인가?

李姬者, 名香. 母曰貞麗. 貞麗有俠氣, 嘗一夜博, 輸千金立盡. 所交接皆當世豪傑, 尤與陽羨陳貞慧善也. 姬爲其養女, 亦俠而慧, 略知書, 能辨別士大夫賢否. 張學士溥・夏吏部允彝, 亟稱之. 少風調皎爽不羣. 十三歲從吳人周如松受歌, 玉茗堂四傳奇, 皆能盡其音節, 尤工「琵琶詞」. 然不輕發也. 雪苑侯生已卯來金陵, 與相識. 姬嘗邀侯生爲詩, 而自歌以償之.

初, 皖人阮大鋮者, 以阿附魏忠賢論城旦, 屛居金陵, 爲淸議所斥. 陽羨陳貞慧, 貴池吳應箕, 實首其事, 持之力. 大鋮不得已, 欲侯生爲解之. 乃假所善王將軍, 日載酒食與侯生游. 姬曰 : "王將軍貧, 非結客者, 公子盍叩之?" 侯生三問, 將軍乃屛人述大鋮意. 姬私語侯生曰 : "妾少

12 전앙(田仰 : 1590～?) : 전앙은 자가 백원(百源)으로, 귀주(貴州) 사남(思南) 사람이다. 만력 42년(1614) 진사가 되었으며 사천(四川) 및 낙양(洛陽) 등의 순무를 거쳐 후에 태자태보병부상서(太子太保兵部尙書) 겸 도찰원우부도어사(都察院右副都御使)를 지냈다. 전앙이 이희, 즉 이향군(李香君)을 취하려 한 이야기는 공상임(孔尙任)의 희곡 『도화선(桃花扇)』에 보인다.

13 환(鍰) : '환'은 중량을 세는 단위로 6냥(兩)이 1환이다.

從假母識陽羨君. 其人有高義, 聞吳君尤錚錚. 今皆與公子善, 奈何以阮公負至交乎? 且以公子之世望, 安事阮公? 公子讀萬卷書, 所見豈後於賤妾耶?" 侯生大呼稱善. 醉而臥, 王將軍者殊怏怏, 因辭去, 不復通.

未幾, 侯生下第. 姬置酒桃葉渡, 歌「琵琶詞」以送之, 曰: "公子才名文藻, 雅不減中郎. 中郎學不補行. 今「琵琶」所傳詞固妄, 然嘗昵董卓, 不可掩也. 公子豪邁不羈, 又失意, 此去相見未可期, 願終自愛, 無忘妾所歌「琵琶詞」也. 妾亦不復歌矣!"

侯生去後, 而故開府田仰者, 以金三百鍰邀姬一見, 姬固却之. 開府慚且怒, 且有以中傷姬. 姬歎曰: "田公寧異於阮公乎? 吾向之所贊於侯公子者謂何? 今乃利其金而赴之, 是妾賣公子矣!" 卒不往.

張山來曰: 吾友岸堂主人作『桃花扇』傳奇, 譜此事, 惜未及「琵琶詞」. 豈以其詞不雅馴故略之耶?

목매 죽은 귀신을 기록하다[記縊鬼]

금초(金樵) 왕명덕(王明德)

누군가가 목매 죽으면 그 집 안이나 목매 죽은 곳에서 종종 따라서 목매 죽거나 여러 사람이 목매 죽는 일이 생기는데, 민간에서는 이를 두고 '대신할 몸을 찾는다'라고 말한다. 이미 죽은 귀신이 자기를 대신할 사람을 찾는다는 말이다. 이러한 황당무계하고 혹세무민하는 이야기를 군자가 어찌 즐겨 듣겠는가? 『논어』에서는 "공자께서는 괴이한 이야기는 하지 않으셨다"[1]고 했다. 그러나 괴이한 것에 대해 '말하지 않았다'고만 했으니, 괴이한 일은 또한 세상에 존재했다는 것, 세상에 괴이한 일이 전혀 없다는 말은 아니다.

내 고향 사람 장씨(張氏)는 집안이 근근이 먹고 살만했다. 남편은 먼저 잠자리에 들고 아내는 아직 바느질을 하고 있을 때, 도둑이 밤에 물건을

1 공자께서는 …… 않으셨다: 『논어』「술이(述而)」에 나오는 말이다. "공자께서는 괴이한 것, 무력에 관한 것, 어지러운 것, 귀신에 관한 이야기는 하지 않으셨다[子不語怪力亂神]."

훔치러 담을 넘었다. 그러나 감히 들어가질 못하고 창 밖에서 기웃거리고 있었는데, 보았더니 침상 옆에 한 여자 귀신이 장씨의 아내를 향해 처음에는 웃다가 나중에는 울면서 두 세 차례 무릎을 꿇고 절을 하는 것이었다. 그러자 장씨의 아내가 몇 차례 곁눈질 하더니 갑자기 길게 탄식하며 눈물을 줄줄 흘렸다. 도둑은 깜짝 놀라 더욱 열중해서 엿보았다. 장씨의 아내는 직접 비단 끈을 만들었으나 차마 행동에 옮기지는 못하는 듯 보였다. 여자 귀신이 계속해서 절을 해대며 애원하자 장씨 부인은 스스로 목을 매려 했다. 다급해진 도둑이 크게 소리쳤으나 남편은 코를 고느라 듣지 못하는 것 같았다. 도둑은 어찌 구해볼 방법이 없었는데, 마침 처마 아래 대나무 막대기가 있는 것을 보고는 그것을 격자창으로 던져 여자 귀신을 맞추었다. 그 바람에 여자의 남편이 깨어나자 도둑은 급히 문을 열라고 소리치고는 서로 도와 여자를 구해냈다. 장씨 아내는 자신이 왜 죽으려고 했는지 영문을 몰랐고, 남편도 문 열라고 소리친 사람이 누군지 묻지 않았으며, 도둑도 자신이 도둑이라는 사실을 잊어버렸다. 일이 수습된 후 각각 자세한 상황을 말하고는 침상 옆 벽을 뜯어보았다. 그랬더니 벽 안의 대들보 옆에 과연 예전에 목매 자살했던 밧줄이 아직 걸려 있었다. 비록 썩어 문드러져 원래 그대로는 아니었지만 모습과 흔적은 완연했다. 이로 미루어 볼 때 속세에서 전하는 이야기가 모두 근거 없는 이야기거나 황당한 의론만은 아닌 것이다.

어르신들이 알려준 사악한 기운을 없애는 비법은 그 출전이 어딘지는 알 수 없으나 실험해 본 결과 제법 효험이 있다고 한다. 목맨 사람에게 쓰는 비법은 다음과 같다. 몸이 공중에 매달린 채 아직 풀어 내리지 않았을 때, 바로 몸이 매달렸던 곳 아래에 몰래 표시를 해 둔다. 몸을 막 풀어 내릴 때에는 철로 된 그릇이나 큰 돌로 그 곳을 눌러 둔다. 그런 다음 눌러 놓은 곳의 사면을 깊이 파내면, 눌러 놓은 흙 속 3촌에서 5촌 쯤 되는 곳, 혹은 1척 남짓 되는 곳, 혹은 2~3척 되는 곳에 층층마다 반드시 닭 뼈처럼 생기거나 각종 뼈처럼 생긴 것이 나올 것이다. 그것을 꺼내 버리거나 불태우면 장차 올 화를 제거하여 다시 목매어 죽는 일이 발생하지 않게 할 수 있다. 이는 실로 여러 번 시도해 그때마다 효험을 본 비법이기는 하나 무슨 이치인지는 잘 이해되지 않는다. 다만 때를 놓치지 않고 즉시 땅을 파면 얕게 파고도 뼈를 쉽게 얻을 수 있지만, 시간을 지체하면 깊이 파야하고 또 얻기도 쉽지 않다. 그러나 역시 8~9척을 넘지는 않는다. 황당무계한 이야기인데, 어찌하여 실제로 행해보면 증거가 나오는지 모르겠다. 성철들이 말씀하신 "넓은 천지에 무엇인들 없을까?"[2] "이치상 분명 없다는 것을 알지만, 정리상 있을 수도 있다는 것을 또 어찌 알겠는가?"[3]는 말이 이를 두고 한 말인가? 그래서 내 이 일을 기록해 둔다. 설령 행하여 효험이 없더라도, 어리석은 사내와 아녀자의 불안한 마음은 풀어줄 수 있으니, 이 역시 스스로 목매 죽는 것을 구하는 한 가지 예방책이 아니라고는 할 수 없다.

장산래가 말한다.

강물에 투신하거나 스스로 목매거나 스스로 목을 베어 죽은 사람들처럼 스스로 목숨을 버린 사람들을 보고 민간에서는 그들이 반드시 자신을 대신할 사람을 찾는다고 말한다. 그러나 나는 그런 말을 믿지 않는다. 정말 그렇다면 이런 귀신들은 반드시 정해진 인원이 있어 그 수가 늘어나거나 줄어들 수 없는 것 아닌가? 정말로 이해할 수가 없다.

凡係有人縊死, 其宅內及縊死之處, 往往有相從而縊, 及縊之非一人者, 俗謂之討替身. 謂已死之鬼, 求以自代. 此種渺茫幻妄, 惑世誣民之談, 豈君子所樂聞? 然書謂'子不語怪'. 夫於怪僅曰'不語', 則是怪亦世

2 넓은 천지에 …… 없을까: 이 말은 기윤(紀昀)의 『사고전서총목제요』 등에 보인다.

3 이치상 …… 알겠는가: 탕현조(湯顯祖)는 『모란정(牡丹亭)』 「제사(題詞)」에서 두여낭(杜麗娘)이 죽었다가 다시 살아나는 장면을 두고 "이치상 없다고 하는 게 마땅하겠지만, 정리상 있을 수도 있을지 또 어찌 알겠는가[第云理之所必無, 安知情之所必有邪]"라고 해설한 바 있다.

所嘗有, 非云世絶無怪也.

吾鄕有張姓者, 其家僅足自食. 夫先臥, 婦則仍工女紅, 偸兒乘夜踰垣往竊. 未敢竟入, 伺於窗外, 見牀側一鬼婦, 向本婦先嬉後泣, 拜跪再三. 本婦睨視數次, 忽長歎, 潸然淚下. 偸兒心驚, 專心伺之. 婦卽自理絹帛, 仍有不忍卽行之狀. 鬼婦更復再拜祈求, 本婦方行自縊. 偸兒急甚, 大聲疾呼, 其夫鼾嚀若不聞. 偸兒無法以救, 適簷下有竹竿, 取從窗櫺中攛擊鬼婦. 其夫方覺, 偸兒呼令急爲開門, 相助解救. 在此婦固不自解覓死爲何事, 其夫亦不問呼門爲何人, 而偸兒亦自忘乎其爲偸兒矣. 事後, 各道其詳, 因發牀側之壁視之. 其中梁畔寔有先年自縊繩頭尙存. 雖云朽爛非眞, 而其形其跡, 則仍宛然. 由此以觀, 則凡世俗所傳, 亦未盡屬無根之談, 荒唐之論矣.

據故老所示辟除秘法, 不知出自何典, 頗有行之而驗者. 法於自縊之人. 尙在懸掛未解時, 卽於所懸身下, 暗爲記明. 於方行解下時, 或卽用鐵器, 或卽用大石, 鎭而壓之. 然後於所鎭四面, 深爲挖取, 將所鎭土中, 層層撥視, 或三五寸, 或尺許, 或二三尺, 於中定有如鷄骨, 及如各骨之物在內. 取而或棄或焚, 則可辟除將來, 不致有再縊之事. 寔爲屢試屢驗, 其理殊不可解. 但及時卽挖則得之淺而易, 遲則深而難. 然亦不出八九尺外也. 雖云幻妄無稽, 不知何以行之實有可據. 得毋如聖哲所云'天地之大, 何所不有?' '心知理之所必無, 安知非情之所必有?' 其殆是歟? 愚故從而筆之. 卽或行之未驗, 聊以解愚夫愚婦之疑, 亦未必非拯救自縊之一預道也.

張山來曰 : 世間自盡之鬼, 如投河 · 自縊 · 自刎之類, 俗謂其必討替身. 予素不之信. 審若此, 則此等鬼必有定額, 不容增減耶? 眞不可解.

우초신지 권14

묘족을 평정할 때 벌어진 신이한 일을 기록하다[平苗神異記]

위재(撝齋) **왕겸**(王謙)

성보(城步)는 읍이 아니다. 옛날에는 호광(湖廣)의 보경(寶慶) 무강주(武岡州)에 속해있었으며 성보 순검사(巡檢司)가 설치되어 있었다. 묘족(苗族)과 백성이 섞여 살고 있어서 한족은 열에 하나도 되지 않았다. 몇 년마다 걸핏하면 반란이 발생했는데, 그곳을 지키던 장리(將吏)들은 싸워 이기지 못해 늘 해를 당하곤 했다. 명나라 홍치(弘治)[1] 갑자년(1504)에, 동묘(峒苗) 이재만(李再萬)이 난을 일으키자 순무(巡撫) 염공(閻公)이 이를 토벌했다. 그리고는 상소를 올려 현(縣)을 설치해 다스림으로써 [반란을] 탄압할 수 있도록 해 줄 것을 청하니, 이에 무강의 수(綏)·녕(寧) 두 리(里)의 반을 잘라내어 예속시켰다. 성보성은 무수(巫水) 가에 있었는데, 다섯 개 동족 열여덟 개의 부락이 그 주위를 에워싸고 있었다. 수령된 사람은 부로(父老)들이 들려주는 옛 이야기를 듣고는 눈을 휘둥그렇게 뜨고 다리를 부들

1 홍치(弘治) : 원문은 '굉치(宏治)'로 되어있으나, '굉(宏)'은 '홍(弘)'의 피휘자이다.

부들 떨면서 하루도 못 버틸 듯 굴었다. 성치(城雉)는 채 백이 안 되었는데, 동서남쪽에 세 개의 문이 나있고, 북문에는 옛날 한나라 장군 관제(關帝)를 모신 사당이 우뚝 성 위로 솟아있어서 읍 사람들이 존경하며 섬겼다. 빌면 반드시 응험함이 있었으나 아직까지 직접 모습을 드러내어 기이함을 내보인 적은 없었다.

나는 강희(康熙) 경신년(1680)에 관리 전형에 참가했다가 이 고을 수령이 되었다. 나를 위해 전별연에 참석한 친구들은 내가 위험에 처했다고 걱정했지만 나는 웃으면서 감사할 뿐이었다. 막 다스리러 갔을 때에는 묘족들이 감히 창궐하지 못했지만 계미년(1703) 7월 그믐날, 월서(粵西) 전주(全州) 서연(西延)의 동묘 양응룡(楊應龍)[2]이 묘족 오랑캐 1700여 무리를 모아 성보를 침략하려 했다. 사람을 죽여 깃발에 제사지내면서 이레 만에 승부를 결판내겠다고 맹서했다. 또 아무 방비도 없는 성 하나는 웃으면서 함락할 수 있다고 말했다. 이에 앞서 나는 미리 변란이 일어날 것임을 짐작하고 몰래 죽기를 각오한 병사 삼백을 모아 병법을 연습시켰는데, 반란 사실을 정탐해낸 뒤 혼자 말을 타고 가 지세를 살핀 다음 비밀리에 계책을 주었다. 이레 후에 역적이 성 아래까지 곧장 들이닥쳤는데, 성을 바라보니 깃발이며 창칼이 가지런하고도 엄숙하게 꽂혀있었다. [이를 본 역적들은] 서로 넋이 나가 쳐다보다가 마치 신의 계략에서 나온 것만 같구나 생각되어 투지를 상실했다. 나는 전사(典史)[3] 서사기(徐士奇)와 파총(把總)[4] 왕명(王明)에게 명하여 북쪽을 지키게 하고 연총(練總) 양응

---

2 양응룡(楊應龍 : 1551~1600) : 양응룡은 사천(四川) 파주(播州)의 세습 토사(土司)로 양씨 지방정권의 29대 통치자였으며, 후에 명나라 조정에 반기를 들고 반란을 일으켰다가 피살되었다.

3 전사(典史) : 관직명. 지현(知縣) 아래에 설치하여 범인을 체포하거나 감옥을 관리하는 등의 일을 맡던 속관이다. 만일 현승(縣丞)이나 주부(主簿)가 없으면 전사가 그 관직을 대신하기도 했다.

4 파총(把總) : 하급 무관. 명청시대에는 각 지방 총병(總兵) 밑에 설치하였고 명나라 때는 도성을 지키는 삼대영(三大營)에, 청나라 때는 도성 순포(巡捕) 오영(五營)에도 파총을 설치하였다. 청나라 때는 사천(四川)과 운남(雲南) 등의 토사(土司)도 토파총

화(楊應和)는 남쪽 성을 지키게 했으며 무묘(撫苗) 진천무(陳天武)는 서쪽 성을 지키게 했다. 나는 홀로 동쪽을 맡아 저들의 돌격을 막으며 정예부대를 이끌고 성 밖으로 나가 역적들의 사기가 떨어진[5] 틈을 타서 장애물 깊숙이 들어갔다. 그러자 양응룡은 당황하여 어쩔 줄 몰라 했고, 누군가가 미신에서 하는 부적과 주문법까지 써보았지만 아무런 효험도 없었다. 나는 그들을 직접 손으로 베어 죽였다. 나머지 무리들도 간담이 떨어져라 혼비백산했으나 채 2리도 못가 복병들이 사방에서 일어나니, 칼이나 화살에 맞아 죽고 화약에 맞아 죽은 자를 빼고도 사로잡은 자만 오백여 명이었다. 저들의 괴수 양응룡은 옛 마보(馬寶) 밑에 있던 비장(裨將)이었다. 역적들을 도와 요사스런 짓을 꾸민 자는 황양산(黃羊山)의 도사 주대성(周大聖)이었다.

왜 도망가 숨지 않고 머리 숙여 생포되었느냐고 역적들에게 물으니, 저들이 한결같이 말하길, "막 도망가려고 할 때 어렴풋이 붉은 얼굴에 긴 수염을 한 대장이 보였는데, 백마를 타고 하늘에서 내려와 신병(神兵)을 지휘하면서 팔방을 에워싸는 바람에 도망갈 수 없었다"고 했다. 이상한 일이라 생각하고 바로 우리 측 병사들에게 물어보았더니, 우리 병사들이 본 것 또한 저들의 말과 다르지 않았다. 포시(晡時 : 오후 3~5시)가 지나 군사들을 위무하여 돌려보내고는 급히 성에 올라 관제를 배알했는데, 우러러 관제의 얼굴을 보니 막 갑옷을 벗은 듯 비 오듯 땀을 흘리고 있었다. 나는 황공한 마음이 더해만 가 머리를 조아리며 감사를 올렸다.

스스로 생각해보건대, 박덕한 내가 어찌 감히 관제의 도움을 입을 수 있었을까? 혹 정의는 사악함을 이기고, 정성은 하늘도 돌릴 수 있어서인가? 묘족의 반란을 평정하고 요사한 자들을 참수하는 일에 한 명의 병사도 청하지 않고 한 명의 백성도 다치게 하지 않은 것은 진실로 신의 도

(土把總)을 설치할 수 있었다.

5 사기가 떨어진 : 원문은 '모기(暮氣)'인데, 정신이 피폐해져 진취적이지 못하거나 사기가 진작되지 못하는 상태를 가리키는 말이다.

움이지 인력으로 된 일은 아니다. 나 같은 자가 어찌 감히 망령되이 하늘의 공을 차지하려 하겠는가! 이에 사당을 새롭게 고치고 제사 도구를 엄숙히 정돈하니, 원근에서 분주히 찾아오는 자가 나날이 늘어갔다. 읍의 인사들은 「평요전(平妖傳)」 및 시가(詩歌)·전기(傳奇)·기사(紀事) 등을 지어 백년 이래 없었던 일이라 말했다. 묘족의 반란이 더 이상 일어나지 않은 지 벌써 20년이다. 매년 칠석날이면 나는 반드시 몸을 재계하고 관제께 제사를 올리면서 그 공덕을 잊지 않는다. 다만 이상한 것은 관제가 타고 다니던 말은 본래 붉은 색이었는데, 그때는 흰색이었다는 점이다. 혹자는 의심하길, "마원(馬援)[6]이 오계(五溪)의 오랑캐[7] 정복하였다고 하니, 복파장군(伏波將軍)께서 오신 게 아닐까?"라고 한다. 그러나 내 생각엔 그렇지 않다. 신상(神像)이 기왕 땀까지 흘리면서 신명함을 드러내 보였으니, 나는 말을 타고 오신 분이 관제가 아니라고는 의심하지는 않는다. 다만 관제의 말이 어째서 흰색인지를 의심하는 것이다. 일단은 의문으로 남겨둔 채 나중에 고증해보기로 한다.

城步, 非邑也. 故屬湖廣寶慶之武岡州, 設官城步巡檢司. 苗民雜處, 民不及什一. 數歲輒竊發, 守土將吏不能勝, 恒被害. 有明宏治甲子, 峒苗李再萬倡亂, 巡撫閻公討平之. 疏請建縣治, 用資彈壓, 爰割武岡之綏寧二里半隷焉. 城於巫水之上, 凡五峒十八寨環其外. 爲宰者聞父老談舊事, 目瞪股慄, 若不終日. 城雉不盈百, 東西南列三門, 北門故有漢前將軍關帝祠, 巋然踞城上, 邑人敬事之. 禱求必應, 然未嘗現身示異也.

---

6 마원(馬援 : B.C. 14~49) : 마원은 자가 문연(文淵)이며 부풍(扶風) 무릉(茂陵 : 지금의 陝西省 興平懸 東北) 사람으로 동한 시기 유명한 장군이다. 공을 세워 복파장군(伏波將軍)에 임명되었고 신식후(新息侯)에 봉해졌다. 『후한서』 「마원열전」에 그에 관한 자세한 기록이 나온다.

7 오계(五溪)의 오랑캐 : 오계는 지명으로 웅계(雄溪)·만계(樠溪)·무계(無溪)·유계(酉溪)·진계(辰溪)를 가리킨다. 일설에는 웅계·포계(蒲溪)·유계·완계(沅溪)·진계를 가리킨다고도 한다. 한나라 때 무릉군(武陵郡)에 속해있던 소수민족의 거주지로서 지금의 호남성(湖南省) 서부 및 귀주성(貴州省) 동부에 해당한다.

余以康熙庚申謁選, 得是邑宰. 親故餞別者, 爲余危, 余笑謝之. 初莅治, 苗不敢猖獗, 迨癸亥七月朔, 粵西全州西延峒苗楊應龍, 嘯聚苗猺一千七百餘黨, 將侵城步. 殺人祭旗, 誓以七夕決勝. 謂孤城無備, 可談笑取. 先是, 余逆揣變作, 陰募敢死士三百人, 練習有法, 及偵得實, 單騎相地勢, 秘授計. 閱七日, 賊直薄城下, 望見旌旗刀戟, 皆嚴整. 相顧錯愕, 如出神算, 不復有鬪志. 余屬典史徐士奇, 把總王明守北面, 練總楊應和守南城, 撫苗陳天武守西城. 余獨當東面, 扼其衝, 率精銳出城, 乘賊暮氣, 深入其阻. 應龍倉猝失措, 有左道用符演咒法, 無一效. 皆手戮之. 餘黨膽落奔潰, 不二里, 伏兵四起, 除被刀箭中火器死者, 生擒五百餘人. 渠魁應龍, 故馬寶部下裨將. 助賊爲妖者, 黃羊山道士周大聖也.

及訊賊曷不奔竄, 而屈首受擒, 僉曰 : "方將遁, 恍惚有赤面長髥大將, 乘白馬自天而下, 指揮神兵, 八面旋繞, 不得脫." 余始驚異, 旋問我軍, 所見無異辭. 日旣晡, 振旅歸, 亟登城謁帝, 仰見帝面, 汗浹如雨, 如甫釋甲狀. 益加悚愓, 叩首謝.

自惟涼德, 何敢辱帝力? 或者正可勝邪, 誠可回天? 今玆平苗斬妖, 不請一兵, 不傷一民者, 眞神助, 非人力也. 余何人斯, 敢妄據天功哉! 爰是新廟貌, 肅几筵, 遠近奔走者日盛. 邑人士作「平妖傳」, 及詩歌傳奇紀事, 謂百年來所未有. 苗患遂不復作, 今又二十餘稔矣. 每歲七夕, 余必齋肅祀帝, 無忘厥功. 獨怪帝乘馬故赤色, 此獨白. 或疑 : "馬援嘗伏五溪蠻, 得毋伏波將軍來耶?" 余謂不然. 神像旣汗浹示靈爽矣, 余非疑乘馬者非帝也. 疑帝之馬何以白也. 姑闕疑以俟考.

부록

오보애(吳寶崖)[1]가 말했다.

찾아보니, 명나라 초 아무개 훈척 집안에 백마 한 마리를 키우고 있었다. 그 말은 살지고 건장했다. 어느 날 저녁 관제가 꿈에 나타나, "아무 성에 역적이 반란을 일으켰으니, 네 집의 말을 빌려가 군사를 도우려 한다"고 말했다. 아침에 일어나 보니 마구간에 있던 말이 뻣뻣이 누운 채 일어나지 못했다. [관제가] 말의 혼을 가져가버린 것이었다. 공훈을 세웠다는 상주문이 올라오자 훈척은 더욱 더 탄복하며 존경하게 되었다. 도성 사람들은 이 일을 기이하게 여겨 백마묘(白馬廟)를 세우고 관제를 모셨는데, 이때부터 관제는 직접 모습을 드러내 신령함을 보이고 왜적을

1 오보애(吳寶崖) : 오진염(吳陳琰)이다. 절강성 전당(錢塘) 사람이며, 절서사파(浙西詞派)에 속하는 사인이다. 절서파의 선구자라 불리는 조용(曹溶)의 학생이기도 하다. 강희 20년에 치천(淄川) 사람 당몽뢰(唐夢賚)와 창화하여 130여 수의 사를 남겼으며, 그밖에도 절서파 사인들과 광범위하게 교유했다.

막아 물리치실 때면 늘 백마를 타고 나타났다. 지금 대사마(大司馬)로 있는 수녕(遂寧) 장공(張公)이 일찍이 내게 해준 말이다. 그러니 성보에서 묘민을 평정한 신이한 일도 확실히 관제가 한 것임에 의심의 여지가 없다. 다만 예부터 전하는 바에 따르면 관제가 타고 다니던 적토마는 하루에 천리를 달렸다고 하는데, 어째서 한번 넘어지더니 다시는 일어나지 못했을까? 혹시 너무 오래 타서 지쳐있었기에 인간세상의 말을 빌려 힘을 얻었던 것일까? 부록을 달아 전해오는 이야기의 서로 다른 점을 자료로 구비해놓는다.

吳寶崖曰 : 按明初某勳戚家, 畜一白馬. 肥且健. 一夕關帝夢示云, 某省寇亂, 欲假而馬助兵. 旦起視廐中馬, 僵臥不起. 蓋攝其神往矣. 迨奏凱, 勳戚益敬服. 京師人異之, 因建白馬廟奉帝, 自是帝現身顯靈, 捍倭破賊, 輒騎白馬以爲常. 今大司馬遂寧張公嘗云爾. 則城步平苗神異, 信哉爲帝無疑也. 特舊傳帝馭赤兎馬, 一日千里, 豈一蹶不復振耶? 抑久用而瘏, 用人間馬協力耶? 附識以資傳聞之采云.

부록 향목으로 상(像) 만든 일을 기록하다[紀香木作像]

전당(錢塘) **보애**(寶崖) **오진염**(吳陳琰)

관찰사(觀察使) 영년(永年) 왕공(王公 : 王謙)은 처음 성보로 벼슬살이 나가 동묘의 반란을 평정했다. 그때 관제가 이끈 신병(神兵)의 도움에 감사하는 마음에 특별히 관제의 상(像)을 만들어 제사 올리고자 했다. 그런데 어느 날 무수(巫水)가 갑자기 불어나더니 향목(香木) 하나가 장가충(張家沖) 마을 수승암(殊勝菴) 앞에 떠올랐다. 법철(法徹) 스님은 그것을 보고 기이하게 여기면서, 마치 신이 운반해 와서는 절문 앞에 남겨놓고 간 것 같다고 했다. 백성들은 왕공에게 신상을 만들어 받들게 해달라고 청했다. 왕공은 비문(碑文)을 지어 기록했다.

어리석은 내가 살펴보건대, 선배이신 황패보(黃貝父)가 이런 말을 한 적이 있다.

"강남의 문덕교(文德橋)에 향남목(香楠木) 한 그루가 있는데, 길이는 약 다섯 장(丈) 남짓으로 진회(秦淮)에서 떠내려 왔다. 제생(諸生) 서가빈(徐嘉賓)의 꿈에 신이 나타나 고하길, '이것은 취보문(聚寶門) 밖 관제묘의 물건이다'라고 하기에, 이를 가져다가 베어 삼의상(三義像)[1]을 만들었다."

이 두 가지 일은 어쩌면 그리도 앞뒤가 부합하는가? 신물(神物)이란 아무 때나 나오는 것이 아니라, [그것을 가질만한] 주인이 있으면 영험함을 드러내는 법이다. 저 무수에 떠내려 온 나무가 혹 왕공의 정의로운 기세에 감복한 나머지, 오계의 오랑캐를 진압해 백 대 동안 다시는 반란을 일으킬 생각조차 싹트지 못하게 만든 징조가 되어준 것이 아닐지 또 어찌 알겠는가? 강남의 나무가 꿈에 감응하자 단 하나도 함부로 가져가지 못했으니, 천하의 일이란 모두 마찬가지인 것이다. 그러나 주(周)나라 선왕(宣王)의 솥이 엄숭(嚴嵩) 차지가 된 것처럼,[2] 권세를 믿고 신물을 사사로이 차지하는 일이야 이루 다 헤아릴 수 있으랴!

장산래가 말한다.

올 임오년(1642)에 묘족이 변발을 하고 귀순해오면서 황제의 위엄과 신령함 앞에 삼가 엎드렸다. 이는 곧 우제(虞帝)가 간우(干羽) 춤을 추게 하며 유묘(有苗)를 다스린 일[3]과 더불어 앞뒤에서 빛을 발할만하니, 이 기록을 읽고 나서 이를 더욱 믿게 되었다.

觀察永年王公, 初仕城步, 平峒苗之亂. 感關帝神兵之助, 將特立帝像以祀. 一日巫水暴漲, 浮一香木於張家冲殊勝菴前. 僧法徹見而異之,

1 삼의상(三義像): 유비(劉備)·관우(關羽)·장비(張飛) 셋이 도원(桃園)에서 결의한 것을 일러 '삼의'라 표현했다. 여기서는 이 세 명의 신상을 만들었다는 의미로 쓰인 듯하다.

2 주(周)나라 …… 것처럼: 주나라 선왕의 솥이란 모공정(毛公鼎)을 말한다. 엄숭과 엄세번(嚴世蕃) 부자가 정권을 장악하고 있을 당시 천하의 진귀한 보물과 골동품은 모두 엄부(嚴府)로 들어왔는데, 대우정(大盂鼎)과 대극정(大克鼎), 그리고 모공정은 당시에 "해내삼보(海內三寶)"라 일컬어졌다고 한다.

3 우제(虞帝)가 …… 다스린 일: 『상서』「대우모(大禹謨)」에 보면, "순임금께서 문덕(文德)을 베푸시고, 두 계단에서 방패와 깃털을 쥐고 춤추니 칠십일 만에 유묘가 항복했다[帝乃誕敷文德, 舞干羽於兩階, 七旬有苗格]"라는 기록이 나온다. 후에 문덕의 교화가 널리 베풀어지는 것을 상징하는 용어로 쓰였다.

謂若有神運, 當留鎭山門. 士民請於公, 作像奉之. 公爲碑文以紀.

愚按先輩黃貝父云: "江南文德橋, 有香楠木一株, 長五丈許, 浮秦淮而下. 諸生徐嘉賓夢神告曰: '是乃聚寶門外關廟物也.' 於是收而斲之, 作三義像". 二事何後先合符也? 大抵神物不世出, 有主則靈. 巫水之木, 安知非感王公正氣, 爲彈壓溪蠻百世不復萌亂之兆耶? 江南之木感於夢, 則一介不可妄取, 天下事類然矣. 矧倚恃權要, 竊據神物, 如周宣王鼎, 爲嚴嵩祟者, 可勝道哉!

張山來曰: 今壬午歲, 苗民投誠薙髮, 懾伏於皇天子之威靈. 直當與虞帝之舞干羽, 而格有苗者輝映後先, 讀此記而益信.

늙은 서생이 망령되이 소송 건 일을 기록하다[紀老生妄訟]

보애(寶崖) 오진염(吳陳琰)

영년(永年 : 지금의 河北省 영년현)의 마조규(馬兆煃)는 숭정(崇禎) 경신년(1640) 진사에 급제했다. 계미년(1643)에는 우리 조정에서 실시한 전시(殿試)를 통해 행인(行人 : 하급관리)에서 호북(湖北) 순안어사(巡按御史)[1]로 선발되었다. 운양(鄖陽)의 늙은 서생 아무개가 소장을 올려 말했다.

"국운이 장차 변하려 하는데, 한수관공(漢壽關公)[2]이 우리 조정의 운을 도와주었다는 이야기를 들어보지 못했습니다. 청컨대 명령을 내려 관공을 심문해보시기 바랍니다."

마조규는 그 청을 받아들여 운양의 사리(司理) 아무개를 보내 친히 국문하게 했다. 사리는 조심스레 명령을 받들어 서리를 보내 관제(關帝)를

1 순안어사(巡按御史) : 명나라 때 관직명이다. 각지로 나가 순시하는 일을 맡아봤는데, 직책이 무거워서 관리를 탄핵하고 중요한 안건을 심리하는 일을 책임졌기에 지부(知府) 이하 모두 그 명을 받들어야 했다. 간단히 '순안(巡按)'이라고도 칭한다.

2 한수관공(漢壽關公) : 관우(關羽)가 한(漢)나라 헌제(獻帝) 건안(建安) 6년(201) 한수정후(漢壽亭侯)로 봉해졌기에 한수관공이라 칭한 것이다.

모셔오게 했다. 서리는 어찌할 바를 모르고 관제묘를 찾아가 머리를 조아리며 사죄했다. 머리를 들어 보았더니 향로 옆에 백금 한 덩이가 있었는데, 전에 본 적이 없는 것이었다. 이에 신도 사람처럼 노고를 치하한다는 것을 깨달았다. 그는 돌아가 사리에게 보고하고는 패(牌)를 매달아 아무 날 국문을 하겠노라고 적었다. 그 날이 되자 늙은 서생이 과연 도착했고 갑자기 회오리바람이 성 남쪽에서 불어오더니 관제 상(像)이 홀연 모습을 드러냈다. 의관(衣冠)은 지금의 것과 같았으니, 기수(氣數)는 돌이키기 어려워 아무리 관제라도 시대의 제도를 따르고 있음을 은연중에 보여주고 있었다. 모습을 드러낸 지 얼마 되지 않아 공중으로 올라가 사라졌다. 사리와 서리는 공포에 질려 거의 기절할 지경이었고 늙은 서생은 이미 혼절해 넘어가 있었는데, 일곱 구멍에서 피를 흘리며 죽어있었다.

어리석구나, 늙은 서생이여! 천운을 모르고 신을 탓했으니, 신이 용서할 수 있겠는가? 순안어사가 무모하게 허락한 일이나 사리가 무모하게 이를 집행한 일, 그리고 서리가 무모하게 찾아간 일 등은 어리석고도 어리석은 짓이었다. 그러나 관제가 직접 모습을 드러내 도를 깨우치셨으니, 어리석은 자를 경계하는 뜻이 지극하다 하겠다. 함부로 남을 모욕하는 자는 귀감으로 삼을만하다. 마씨는 아직까지 당시의 송사 문건을 보존하고 있다. 이 일은 영년의 관찰사(察觀使) 왕공(王公 : 王謙)이 직접 보았다.

장산래가 말한다.

만약 순안어사가 무모하게 허락하지 않고, 사리가 무모하게 그 일을 집행하지 않았으며 서리가 무모하게 찾아가지 않았다면 이와 같은 신령함과 기이함은 드러낼 길이 없었을 것이다.

永年馬兆煃, 中崇禎庚辰進士. 癸未殿試本朝, 由行人考選, 巡按湖北. 有鄖陽老生某, 投牒云 : “運將鼎革, 不聞漢壽關公, 扶我國祚. 請下令訊之.” 馬可其請, 遽發鄖陽司理某親鞫. 司理奉令惟謹, 委胥役往招之. 役亦莫知所從, 謁關廟叩首謝過. 起見, 香爐側白錠, 始未嘗見也. 迺悟神亦如人世賞勞然者. 旋復司理, 懸牌某日聽鞫. 屆期, 老生果至, 空際忽有旋風自城南來, 突現帝像. 衣冠皆與今世同, 隱示氣數難回, 帝亦從時制也. 現身未久, 駕空而去. 司理及胥吏驚怖欲絶, 老生已昏仆, 七竅流血死.

愚哉, 老生! 懵天運而咎神, 神其能主乎? 若巡方貿然許, 司理貿然行, 胥役貿然往, 皆愚之愚者. 而帝必現身說法, 所以儆愚者至矣哉. 冒瀆者可鑒矣. 馬氏尙存案卷. 永年王察觀公, 猶及見之.

張山來曰 : 若巡方不貿然許, 司理不貿然行, 胥役不貿然往, 亦不能顯此靈異.

회선기(會仙記)

죽일(竹逸) 서계봉(徐階鳳)

회선(會仙)이란 진짜 신선이 아니다. 신선과 비슷한 점이 있으니 신선이라 해야겠지만 그 얼굴을 본 것은 아니다. 그러나 그 말소리를 들으면 그 얼굴을 본 것이나 마찬가지다. 신선과 비슷한 점이 있다는 것은 무슨 말인가? 사람 마음속을 알고, 미래의 화복을 아니, 신선이 아니고서 그럴 수 있겠는가? 그 얼굴을 본 것이나 마찬가지라는 것은 무슨 말인가? 그 모습을 보지는 못했으나 목소리를 들을 수 있으며, 물으면 반드시 대답하고 하는 말마다 적실하니, 그 얼굴을 본 것이나 마찬가지 아니겠는가?

임술년(1682) 봄 정월에 부풍교(扶風橋)에 허생(許生)이란 자가 살고 있었는데, 이름은 단(丹)이요 자는 약기(若夔)였다. 그는 부친 옥경(玉卿)과 함께 친지를 찾아뵈러 성안으로 들어갔다. 성에서 한 3리쯤 떨어진 곳에서 우연히 두 명의 미인을 만났는데, 두 미인이 그를 바라보며 웃음을 보냈다. 그러나 허생은 본디 근엄하고 순박한 사람이라 마음이 흔들리지 않았다. 그날 저녁은 친척 원씨(袁氏) 집에서 잤다. 작은 다락 위에 누워있을 때,

등불이 꺼지더니 갑자기 똑똑[1] 하는 소리가 들렸다. [누구냐고] 물으니 "소녀이옵니다"라고 말했다. 허생 부자는 이상한 생각이 들어 급히 주인집 문을 두드리며 귀신이 나왔다고 크게 소리쳤다. 주인이 동복과 여종을 데리고 등불을 들고 나와 보았으나 아무 것도 보이지 않았다. 주인은 한 시각쯤 앉아 있다가 인사를 하고 돌아갔다. 주인이 물러가자 다시 소리를 내면서 허씨 집안에서 평소 일어났던 일을 이야기했는데, 매우 상세하고도 정확했다. 또 말하길, "소녀가 허생과 부부의 인연이 있어 이렇게 찾아오게 되었다"고 했다. 허생은 더욱 이상하고도 무서워 짐짓 자는 체하며 더불어 이야기하지 않았다. 그러자 여자는 다락에 기대 당시 유행하던 곡자(曲子) 몇 결(闋)을 부른 뒤 새벽이 되자 떠나갔다.

열흘 뒤, 허생이 밖에서 침소로 돌아왔는데, 보았더니 지난 번 길에서 만났던 미녀가 화려한 옷을 입고 침상 위에 앉아있었다. 옆에는 아름다운 여종이 시중을 들고 있었다. 허생은 이상한 생각이 들어 어떻게 오게 되었는지 자세히 캐물었다. 그러자 여자가 직접 말했다.

"소녀 성은 호(胡)이고 자는 숙정(淑貞)입니다. 소녀는 오백년 전 송나라 진종(眞宗) 때 궁중에 있었고, 당신은 내시의 노비였는데, 소녀를 아내로 맞았지요. 둘이 서로 몹시 좋아하여 내세에 부부의 연을 맺기로 했으나, 어쩌다 그만 여우 뱃속으로 떨어지게 되어, 몇 대를 전전하며 환생하면서 서로 만나지를 못했습니다. 지금 소녀의 연단술이 장차 이루어지려 하기에, 부인께서 친정에 간 틈을 타 숙세의 인연을 맺고자 찾아온 것뿐이니, 저를 의심하지 말아주십시오."

허생은 이 사실을 그의 조부인 허한소(許漢昭)에게 알렸다. 허한소는 옛 명나라 때 수재(秀才) 출신으로 이미 일흔이 넘었다. [허한소는 허생으로부터] 그러한 이야기를 듣고 괴이하게 여기며 급히 방안으로 들어가 보

1 똑똑 : 원문은 '박탁(剝啄)'으로 문 두드릴 때 나는 소리를 형상화한 것이다. 한유(韓愈)의 시 「박탁행(剝啄行)」에 "똑똑 똑똑, 객이 문에 오셨네[剝剝啄啄, 有客至門]"라는 표현이 나온다.

았는데, 아무 것도 보이지 않고 그저 '태공(太公)'하고 부르는 여인네의 목소리만 들릴 뿐이었다. 여인네는 "앉으셔서 소녀의 절 받으십시오"라고 말했다. 허한소는 요괴임을 알아차렸으나 물리칠 방도가 없었다. 밤에 숙정은 허생과 함께 잠을 잤는데, 매우 조심스레 부도(婦道)를 지켰으며 허한소와 이야기 나눌 때도 경전을 인용하거나 옛 일들에 근거를 두는 등 단 한 마디 비속한 말도 하지 않았다. 허한소가 있었기에 허생과 시시덕거리지도 않았다. 새벽녘에 마을 사람들이 [귀신이 나타났다는] 사실을 알고 너도나도 몰려와 물어보았다. 숙정은 한 사람 한 사람마다 대답을 해주었는데, 자식 된 자에게는 효도를, 아우 된 자에게는 공경을, 시어머니 된 자에게는 자애를 며느리 된 자에게는 순종을 일러주었으니, 대유(大儒)의 말과 다름없었다. 간혹 고사(故事)로써 시비 거는 자가 있어도 숙정은 그 자초지종을 다 꿰뚫고 있어서 사람의 의표를 벗어났기에 시비 건 자가 오히려 답이 궁해지기 일쑤였다. 이에 허한소는 숙정이 비록 요괴이나 사악하지 않다는 것을 믿고 직접 나서 부부의 인연을 맺어주었다. 처음 왔을 적에는 시를 지었고 마음을 확인하고서는 사(詞)를 지었으니, 그 아름다운 풍류는 실로 사랑밖에 모르는 여자라 이를만하다.

한편 허씨는 외척가문이라, 모두 허생을 위해 염려해주었는데, 혹자는 질책하기도 하고 혹자는 노하여 꾸짖기도 했으며, 심한 경우 칼을 가져와 공중을 향해 휘두르기도 하고 혹자는 생을 옆에 끼고 가 도피시키려고도 했다. 그러자 숙정이 말했다.

"내가 사랑을 위해 왔지만 사람들은 나를 사랑으로 대해주지 않으니, 돌아가야 하지 않겠는가?"

그리고는 원망 섞인 이별시를 읊고 떠나가 다시는 돌아오지 않았다.

하지만 시녀 소아(素娥)는 때때로 찾아와 소식을 전하곤 했는데, 신발 만드는 법을 가져다가 신발을 만들면 보통 아녀자들이 만든 것보다 훨씬 정교했다. 소아가 숙정이 지은 「상사곡(相思曲)」을 읊조리니, 그 마음이 너무도 은근했다. 하루는 허생이 소아의 미색에 침을 흘리며 희롱하자 소아는 정중히 거절하였으니, 가지고 놀기 쉬운 세간 여종과는 사뭇 달랐다. 그 후 소아는 올 적마다 반드시 추홍(秋鴻)과 함께 왔고, 어떤 때는 여종 여러 명과 함께 오기도 하였는데, 춘연(春燕)이라는 둥 일지홍(一枝紅)이라는 둥, 청청류(靑靑柳)라는 둥 모두 옛날 미인들의 이름으로 듣기만 해도 마음이 동하였다. 계해년(1683) 오월에 숙정은 추홍을 보내 허생을 맞이해오게 했다. 허생이 난색을 표하자 추홍이 말했다.

"눈을 감고 제 어깨에 붙어 계시면 금세 도착할 겁니다."

허생이 그 말대로 했더니 귓가에 풍랑 이는 소리가 들렸다. 감히 눈도 못 뜨고 있노라니 얼마 있다 추홍이 말했다.

"다 왔습니다."

허생이 눈을 뜨고 보았더니 깎아지른 듯한 석벽이 있었다. 추홍이 부채로 석벽을 스치자 대문이 활짝 열리고 허생을 안으로 인도했다. 안은 모두 정사(精舍)였고 여악(女樂)이 두 줄로 늘어서 음악을 연주하고 있었는데, 그 오묘함은 형용할 길이 없었다. 숙정은 언니, 여동생 한 명과 함께 나와 접견했다. 주인과 객이 각각 정좌하자 소아가 여자 아이 하나를 안고 나와 말했다.

"아기씨가 낳은 딸인데, 열 달이나 되었습니다. 녹음 아래서 태어났다 하여 이름을 '녹음(綠陰)'이라 지었습니다."

허생이 받아 무릎위에 올려놓자 여자 아이는 바로 '아버지'하며 불렀다. 허생을 그곳에 머무르게 하였는데, 접대하는 것들이 모두 호화롭기 그지없어서 인간 세상에서 볼 수 있는 것들이 아니었다. 숙정은 언니, 여동생과 아침저녁으로 향을 사르고 염불만 하였으며, 허생과는 나란히 앉아있을 뿐, 동침하지 않았다. 묵은 지 나흘째 되던 날 숙정이 말했다.

"관인(官人 : 許生)께서는 돌아가 보셔야겠습니다. 집안 부인께서 강에 몸을 던지려 하시는데, 뜻밖의 일이라도 생기면 어찌합니까?"

그리고는 추홍을 시켜 모셔다 드리게 했다. 돌아와 보았더니 부인이 이미 강둑에 서서 울고 있었다. 숙정은 이별할 적에 직접 베 윗도리와 베 바지를 지어 허생에게 주었는데, 돌아와 보았더니 민(閩) 땅의 베옷과 비슷했다. 그해 겨울에 또 여종을 보내 [허생을] 맞이해오게 했다. 이번에는 지난번보다 길이 좀 가깝게 느껴졌다. 허생이 어디냐고 묻자 소아가 대답했다.

"이전의 황산(黃山)으로 지금은 동봉(銅峯)이라고 하지요."

소아나 추홍 등은 가끔 허생의 집에 와서 집안일을 해주었으며 아무리 자질구레한 일이라도 다 맡아 했다.

허생은 나의 처가 쪽 조카뻘이다. 전에 내게 자세한 이야기를 들려주었는데, 나는 의심스럽기도 하고 부럽기도 했다. 나는 허생에게 소아를 한번 오게 하여 길흉을 물어볼 수 있게 해달라고 부탁했다. 허생이 내 뜻을 소아에게 전했더니 소아는 "그러지요. 갑자년(1684) 정월 12일로 약속을 잡지요"라고 대답했다. 기일이 되어 작은 배를 타고 그곳으로 갔더니 허생은 술상을 차려놓고 있었다. 실컷 술을 마신 뒤 내가 말했다.

"신선이 약속을 어기지는 않겠지요?"

허한소가 말했다.

"절대 어길 리 없네. 편히 누워 기다리시게."

물시계가 채 두 번 떨어지기도 전에 침상 앞에서 "상공 어르신, 요환(了鬟)이 왔습니다"라며 부르는 소리가 들렸다. 상공 어르신은 허한소를 부르는 말이었다. 내가 옷을 걸치고 일어나 "오신 분은 혹 소아 아가씨입니까?"라고 물었더니 "그렇습니다. 서상공(徐相公 : 徐階鳳), 편히 누워 계십시오. 일어나실 것 없습니다. 저희 아기씨께서 서상공과 주부인(周夫人)께 드리는 시를 주셨습니다"라고 대답하면서 이러쿵저러쿵 시를 읊었는데, 처음 들어서는 그 뜻을 알 수 없었다. 그래서 무슨 뜻이냐고 물었더니 다시 한 번 읊고서 이렇게 말했다.

"아기씨께서 서상공에게만 드리려고 지으신 시가 또 있습니다."

그리고는 이러쿵저러쿵 시를 읊었다. 내가 "다는 알아들을 수 없군요"라고 말하자 다시 한 번 읊었는데, 그래도 알 수 없는 부분이 있었다. 그래서 [그 부분의 뜻을] 물으니 일일이 설명해주었다. 그리고 나서 말했다.

"상공은 아흔까지 사실 것이며, 만년 운도 좋습니다."

내가 물었다.

"나는 전생에 어떤 사람이었소?"

소아가 말했다.

"상공께서는 전생에 의원이셨는데, 약을 잘못 써 남의 집 자식을 망쳐놓았습니다. 부인께서는 전생에 지관(地官)이셨는데, 땅을 잘못 봐 남의 집안 후사를 끊어놓으셨습니다. 이 때문에 이생에 자식을 못 낳으셨지만, 상공께서는 충직하고 후덕하시어 말년에 반드시 아들 하나를 얻으실 겁니다. 다만 덕업을 쌓는 것이 중요하지요."

당시 모임에 함께 했던 주운사(周雲槎)·구장문(仇長文)·육구성(陸求聲) 등도 각자 질문을 하였는데, 모두 그 일에 맞게 바로바로 대답을 해주었으며 애매한 대답[2]은 하지 않았다. 한참을 이야기하다가 하직하며 떠나갔는데, 떠날 즈음에 "추홍 아우가 향긋한 물을 가져와 마시게 할 겁니다"라고 말했다. 얼마 후 공중에서 "추홍이 여기 향긋한 물을 가져왔습니다"라고 전하는 소리가 들려왔다. 등불을 옮겨가 비추어보니 과연 상 위에 호리병이 하나 놓여있었다. 손으로 호리병을 만져보니 막 찻물을 끓인 듯 병이 뜨거웠다. 추홍이 혼잣말을 했다.

"허이관(許二官)을 모셔와 따르게 해야겠네."

그리고는 허생을 나오라고 불러 향긋한 물을 가져가 나눠 따라주게 했다. 향긋한 냄새와 달콤한 맛, 선가(仙家)에서 말하는 경장(瓊漿)이란 게 바로 이것이 아닐까? 걸음 소리가 들리더니 [누군가가] 문을 열고 들어와 구성진 소리로 끊임없이 노래를 부른 다음 밖으로 나가 이별을 고하고 떠나갔다. 나는 여자를 붙잡으며 말했다.

---

2 애매한 대답: 원문은 '영향어(影響語)'이다. 영향(影響)에는 '모호하거나 근거 없는 말'이라는 뜻이 있는데, 여기서 인신하여 대충 비슷한 말, 혹은 애매한 말을 뜻하는 말로 쓰인다.

"추홍 아가씨, 우리 모두 좋은 소리 한번 듣게 노래 한 곡조 더 해 주시지 그러십니까?"

그러자 추홍은 바로 노래를 불렀는데, 비록 무슨 노래인지는 알 수 없었지만, 그 아득하기만 한 아름다운 음성은 듣는 사람으로 하여금 혼이 다 날아가게 만들었다. 노래를 마치고는 표연히 떠나갔다. 내 그 시를 기록해 동인(同人)들에게 보여주니, 동인들이 창화하였다. 시와 사 몇 편을 얻어 모아 기록한 다음 '선음집(仙音集)'이라 제목을 달았다.

아아, 공자께서 괴력난신(怪力亂神)을 이야기하지 않으신 것은 사람을 현혹할까 두려워서이다. 그렇다면 숙정의 일은 괴이함에 속하는가, 속하지 않는가? 그 모습을 허생 앞에서만 드러냈을 뿐이어서 다른 사람들은 보지 못했다. 올 적에도 그림자 하나 없고, 가고 나서도 흔적 하나 없으며, 창도 문도 열지 않고 갑자기 나타나 남의 침상 위에 앉았다. 그러니 괴이하다 하자면 정말로 괴이하다. 그렇지만 사랑으로 시작해 의로움으로 이어갔으며 하는 말은 모두 중용의 도에 맞았고 익힌 것은 모두 인간세상의 상도(常道)였다. 시와 사를 보내면 바로 운에 맞춰 화답해왔다. 그러니 괴이하지 않다고 하자면 정말로 괴이하지 않다.

호(胡)란 여우[狐]다. 아름다운 자태를 지니고 인연에 충실하고자 하는 것은 바로 숙(淑)이다. 모습을 숨긴 채 다른 사람 앞에 드러내지 않는 것은 바로 정(貞)이다. 여우이지만 신선에 가까운 것이다. 옛 사람들은 산악을 오르고 바다를 건너면서 신선을 찾아다녔으나 신선을 쉽사리 만나지 못했다. 그런데 나는 지척에서 직접 문답을 주고받았으며 향긋한 물을 받아 마시고 오묘한 노래를 경청하였으니, 신선을 만났다고 하여도 괜찮을 것이다. 다만 그 딸 녹음은 허생 소출이니 여우는 아니다. 후에 필시 세상에 나타날 때가 있을 터, 내가 정말로 장수한다면 아마도 볼 수 있을 것이다.

장산래가 말한다.

여우이면서 정숙한 것은 타고난 본성이다. 박식하고 예의를 아는 것은 배운 것이다. 누구에게서 배웠는지 모르겠다.

會仙者, 非眞仙也. 有似乎仙則仙之矣, 非會其面也. 聞其言, 如會其面矣. 曷言乎有似乎仙也? 知人心中之事, 知人未來之禍福, 非仙而能之乎? 曷言乎如會其面也? 不見其形, 得聞其聲, 有問必答, 語皆切中, 非如會其面乎?

壬戌春正月, 扶風橋許生, 名丹, 字若夔. 同其父玉卿, 入城探親. 去城三里許, 遇兩美女, 覘之而笑. 許生素謹樸不動念. 是夕宿親袁氏家. 臥小樓上, 燈滅忽聞剝啄聲. 問之則稱"奴家". 許生父子怪之, 急叩主人門, 大呼有鬼. 主人率僮婢秉燭出, 一無所見. 坐踰時許, 辭主人. 主人退, 復作聲, 述許家平日事, 詳而確. 且說, "奴與生有夫婦緣, 故來相訪." 許益疑而畏之, 假寐不與言. 遂倚樓唱時曲數闋, 達旦而去.

閱十日, 生自外入臥室, 見前途遇美女, 艶服坐其床. 旁一美婢侍. 許生怪之, 細詢其來歷. 自言 : "姓胡, 字淑貞. 五百年前, 在宋眞宗宮, 生寺人奴釆女. 意甚相悅, 訂來世爲夫婦, 不意奴墮狐胎, 生轉數世, 不相値. 今奴修煉將成, 乘生娘子歸寧, 了此夙緣, 毋疑我也." 生以告其祖漢昭. 漢昭故明秀才, 年已七十餘. 聞而怪之, 急入室, 無所見, 但聞婦人聲, 以太公呼之. "請坐, 受奴家拜." 漢昭心知是妖, 而無法袪之. 夜伴生寢, 淑貞執婦道甚謹, 與漢昭叙談, 引經據古, 無一俚語. 以漢昭在, 未嘗與生押. 比曉, 里人知之, 競來訊詰. 淑貞因人而語, 與子言孝, 與弟語悌, 與姑言慈, 與婦言順, 一如大儒之言. 間有以故事相難者, 淑貞悉其原委, 出人意表, 往往難者, 反爲所窮. 於是漢昭信其妖而不邪, 故出以成其夫婦緣. 其初至也有詩, 定情也有詞, 風流芳艶, 允爲情種.

乃許氏戚族, 咸爲生慮, 或叱之, 或怒詈之, 甚或持刀向空揮之, 或掖生匿避之. 淑貞曰 : "吾爲情來, 諸人不以情待我, 盍去諸?" 唫怨別詩而去, 去遂不復來.

然侍女素娥時通音問, 取履式製履, 精緻勝於常婦. 口誦淑貞「相思曲」, 情甚殷. 一日生涎其美, 以手戲之, 素娥嚴辭拒, 不似人間婢子之易挑者. 自後素娥來, 必偕秋鴻, 有時偕數婢來, 曰春燕, 曰一枝紅, 曰青青柳, 皆古美人之名, 使人聞之而魄動. 癸亥五月, 淑貞遣秋鴻迎生去. 生難之, 秋鴻曰 : "閉目附吾肩, 可頃刻至." 生如其言, 耳聞風浪聲. 目不敢開, 少頃, 秋鴻曰 : "至矣." 生開眼視, 石壁削立. 秋鴻以扇拂壁, 豁大門, 肅生入. 內皆精舍, 女樂兩行, 鼓吹音, 妙不可狀. 淑貞一姊一妹, 俱出見. 分主客坐, 素娥抱一女孩, 曰 : "此小姐所産, 十閱月矣. 以其生綠陰下, 因名'綠陰'." 生接置膝上, 女卽以'爹'呼之. 留生宿, 其供具鮮華, 都非塵世所有. 淑貞隨其姊若妹, 早暮焚香誦佛, 與生竝坐而不與同寢. 留四日, 淑貞曰 : "官人宜歸矣. 家中娘子欲投河, 倘不測, 奈何?" 卽遣秋鴻送生歸. 歸而婦已泣河干矣. 臨別, 手製葛衣葛褲贈生, 歸而視之, 頗與閩葛類. 是年冬, 又遣婢迎去. 其路較前略近. 生問何地, 素娥曰 : "前黃山, 今銅峯也." 素娥秋鴻輩, 時到生家, 爲之理家事, 雖瑣屑必當.

許生, 余之內甥也. 向余述其詳, 余疑之而亦羡之. 屬生致素娥, 求一會以問休咎. 生果以余意致之, 素娥曰 : "諾. 當以甲子正月十二日爲期." 屆期, 余放小舠往, 生設酒饌. 暢飲畢, 余曰 : "仙莫爽約乎?" 漢昭曰 : "必不爽. 請安枕以待之." 漏未二下, 忽榻前呼曰 : "老相公, 了鬟來矣." 老相公, 稱漢昭也. 余披衣起, 問之曰 : "來者素娥姐乎?" 應曰 : "是. 徐相公, 請安臥. 不消起來. 我小姐有詩贈徐相公周夫人." 誦詩云云, 初聞不盡曉. 問之, 又誦一遍, 曰 : "小姐更有詩, 專贈徐相公的." 誦詩云云. 余曰 : "亦未盡曉." 又誦一遍, 倘有未曉處. 問之, 一一說明. 旣而曰 : "相公壽有九旬, 晩景都佳." 余問曰 : "我前世是何等人?" 曰 : "相公前世是醫生, 誤用藥, 傷人之子. 夫人前世是堪輿, 誤看地, 絶人之嗣. 是以今世生而不育, 然相公忠厚正直, 暮年必得一子. 只是積德要緊." 時同候會者, 周子雲槎, 仇子長文, 陸子求聲, 各有所問, 皆就事直答, 不作影響語. 語久辭去, 瀕行曰 : "吾妹秋鴻, 卽送香水來飮." 頃之, 空中忽報曰 : "秋鴻送香水在此." 移燈照之, 果有一壺在几. 手撫壺, 壺熱如新瀹茶. 秋鴻自言 : "須請許二官來斟." 呼許生出, 取香水分酌之. 氣馨味甘, 仙家所謂瓊漿者非乎? 聞有步屧聲, 推門入, 口唱曲嫋嫋不絕, 出卽告去. 余留之曰 : "秋鴻姐, 何不歌一曲, 使吾輩共聽好音乎?" 秋鴻應聲而唱, 雖不辨其爲何曲, 而曼聲緲縹, 聞者莫不神飛. 曲終, 飄然去. 余錄其詩示同人, 同人屬而和. 得詩詞若干首, 彙錄之, 顏曰'仙音集'.

噫嘻, 子不語怪, 恐惑人也. 若淑貞之事, 怪耶非耶? 其形但與許生見, 他人未有見者. 來也無影, 去也無跡, 窗戶不啓, 倏而坐人之牀. 以爲怪則眞怪也. 然始以情, 繼以義, 所言者中庸之道, 所習者人事之常. 投以詩詞, 輒次韻和答. 以爲非怪則眞非怪也.

蓋胡者, 狐也. 美姿容, 篤因緣者, 淑也. 匿其貌, 不與他人見者, 貞也. 狐而近於仙也. 夫古人登嶽涉海以求仙, 而仙未易得會. 今余於咫尺間親爲問答, 飮香水聆妙曲, 直以爲會仙可矣. 第其女綠陰, 許生所生, 非狐矣. 後必有出世之時, 余果壽, 尙得見之.

張山來曰 : 狐而貞且淑者, 其性也. 淹博而知禮義者, 則其學也. 吾不知其以誰氏爲師.

태한생전(太恨生傳)

천벽(天璧) **서요**(徐瑤)

태한생은 동해(東海)의 훌륭한 공자(公子)다. 우리는 늘 붙어 다니면서 서로 정신적 교감을 나누었기에, 태한생의 사랑 이야기에 대해 잘 알고 있다. 생의 부친이신 사리공(司李公)[1]께서는 당대에 명망이 높았다. 생은 가학을 이어받아 스스로를 절제하며[2] 글공부를 하여 당대 이름난 인사들조차 모두 그의 능력에 압도당했다. 풍모가 빼어났으며 성품이 고결하고 욕심이 적어 예법에 어긋나는 여색은 탐하는 법이 없었다.

원녀부인(元女夫人)을 아내로 맞이했는데, 부인은 아름답고 정숙하였기에 마치 손님인 양 공경했다. 부인이 한번은 생에게 이렇게 말했다.

"저는 본디 청정함을 몹시 좋아하는지라, 속세의 인연이 너무도 싫습니다. 슬하의 자식들도 다행히 일찌감치 많이 두었으니, 평생의 소원은

---

1 사리공(司李公) : 사리는 관직명으로 사리(司理)라고도 한다. 형법을 집행하는 일을 맡았는데, 명나라 때에는 추사(推事), 즉 집법관의 별칭으로 사용되었다.

2 스스로를 절제하며 : 원문은 '절절(折節)'로, 스스로를 절제하며 힘쓰는 것을 가리킨다.

이것으로 이미 족합니다. 달리 얌전한 여자 하나를 찾아 당신 첩[3]으로 삼아주고, 저는 목차계(木叉戒)[4]를 받고 불가에 귀의하여[5] 이만 부부의 연[6]을 접을까 합니다."

생이 말했다.

"당신이 우리 집 며느리로 들어온 뒤로 집안이 늘 화목하였소. 이제 백년해로하기를 바랄 마당에 내 차마 어찌 당신에게 「백두음(白頭吟)」[7]을 읊게 하겠소? 비록 그렇긴 하나 당신 운명이 그러하다면 내 어찌 내 멋대로 할 수 있겠소? 단, 첩을 고르려면 반드시 재주와 여색을 겸비한 여자로 고르는 것이 좋겠소. 하지만 일개 서생인 나는 팔자가 박복한 탓에 그런 기이한 인연 만나기가 어려울 테니, 당신의 좋은 뜻을 저버리지나 않을까 걱정이오."

그 전에 태원(太原) 사람 아무개는 대대로 동정산(洞庭山 : 蘇州 太湖 소재의 산)에서 살았는데, 집이 가난하여 자신의 처를 생의 아들의 유모로 팔았다. 얼마 후 아무개가 죽자 의지할 데라곤 없는 하나 남은 딸은 부호

3 첩 : 원문은 '소성(小星)'이라 되어있다. 이는 『시경(詩經)·소남(召南)』의 편명인데, 서(序)에 "소성은 은혜가 아래로 미친다는 뜻이다. 부인이 질투하지 않고 은혜를 천한 첩에게까지 베푸는 것을 의미한다[小星, 惠及下也. 夫人無妬忌之行, 惠及賤妾]"라는 말이 있어 후에 첩을 대신하는 말로 사용되었다.

4 목차계(木叉戒) : '목차'는 범어(梵語) 파라제목차(波羅提木叉)의 약칭으로 불교에서 말하는 업(業)을 방지하는 계의 하나이다. 한역(漢譯)으로는 별해탈(別解脫)이라고 하는데, 살생(殺生)·투도(偸盜)·사음(邪淫)·망어(忘語)·기어(綺語)·양설(兩舌)·악구(惡口) 등 일곱 가지의 업을 방지하는 계이다.

5 불가에 귀의하여 : 원문은 '수불장재(繡佛長齋)'로 수놓은 불상 앞에서 오래 재계한다는 뜻인데, 보통 여성이 불가에 귀의할 때 상투적으로 쓰는 말이다.

6 부부의 연 : 원문은 '화미(畵眉)'이다. 『한서』「장창전(張敞傳)」에 "장창은 위엄이라곤 없어 …… 부인을 위해 눈썹을 그려주었다[敞無威儀 …… 又爲婦畵眉]"라는 말이 나오는데, 후에 부부 사이가 돈독한 것을 이르는 말로 사용되었다.

7 「백두음(白頭吟)」 : 악부(樂府) 곡명. 『서경잡기(西京雜記)』 권3에 "사마상여가 무릉 사람의 딸을 첩으로 맞이하려 하자 탁문군이 「백두음」을 읊고 자결하려 했다. 사마상여는 이에 그 뜻을 접었다[相如將聘茂陵人女爲妾, 卓文君作「白頭吟」以自絶. 相如乃止]"라는 내용이 보인다. 즉 남편이 첩을 맞이하는 꼴을 보게 되는 것을 빗대어 하는 말이다.

아무개 집에 맡겨졌다. 그러나 아무개 집 부인이 사나워 명분상으론 양녀였으나 실은 하녀처럼 부림당했다. 딸은 갖은 고생을 다 하면서 살아갈 희망이라곤 없었다. [그녀의 어머니인] 유모가 몹시 화가나 그 집을 찾아가 싸웠다.

"일전에 내 딸을 당신네 딸로 주었거늘, 딸아이가 이 지경으로 곤욕을 치르고 있으니, 의리도 이미 다 끊겨버렸소. 내 딸을 데리고 가겠소."

아무개 집에서도 그 딸을 미워하고 있던 터라 유모가 딸을 데리고 생의 집으로 가도록 내버려두었다. 그때 딸은 나이 열여섯이었다. 비록 초췌하고 행색이 볼품없었으나 부드럽고 아름다운 자태는 사람의 마음을 흔들어놓았다. 부인은 그 아이를 한번 보자마자 몹시 예뻐하며 친히 가르침을 주었다. 바느질을 가르쳤더니 정교하게 못하는 것이 없었다. 때는 무진년(1688) 겨울이었는데, 생이 무원(茂苑)에서 돌아와 어디서 온 아이냐고 물었다. 부인이 자초지종을 이야기하고 생에게 말했다.

"옛날부터 당신을 위해 첩을 하나 들이려고 했는데, 고르기가 쉽지 않았습니다. 지금 이 아이는 총명하고 단정한 것이, 하늘이 내려주신 것만 같습니다. 마음이 있으신지요?"

생은 흘깃 쳐다보더니 웃으며 말했다.

"당신이 시키는 대로 하리다."

생의 모친도 그 아이의 현숙한 모습을 보고는 몰래 유모에게 알려주면서 생을 위해 [첩 들이는] 일을 성사시켜 주려고 했다. 그러나 하필 생이 또 무원으로 간데다 얼마 후 외가 쪽 상까지 당하는 바람에 그 일이 유야무야 되고 말았다.

반년 후에 부인이 틈을 보아 그녀에게 말했다.

"내 보아하니, 너는 곧고 순한 덕성을 지녔고 몸가짐 또한 단정하여 명문가 규수라도 너보다 훌륭하지는 못할 것이다. 그러니 어찌 종의 부인 따위가 되겠느냐? 우리 서방님은 재주며 풍류며 실로 너의 서방이 될 만하니, 붉은 실로 두 사람을 매어주어야겠다. 다행이 일이 성사되면 내 너를 아우 대하듯 할 터이니, 속히 결정을 내리는 것이 어떻겠느냐?"

그녀는 침묵하며 대답하지 않다가 이윽고 울며 절을 올리고 이렇게 말했다.

"의지할 데 없는 우리 모녀는 곤궁하고 외로워 이렇게 댁을 찾아와 의지해 살고 있습니다. 부인께서는 그런 저를 자식 이상으로 대해주시니, 이 한 몸을 으깨어 부수어도 그 은혜에 보답할 길 없는 것이 늘 한스럽습니다. 죽이시든 살리시든 복을 내려주시든 화를 내려주시든 감히 명령에 따르지 않을 수 있겠습니까? 그런데도 지금 이렇게 가벼이 허락하지 못하고 있는 것은, 사람의 마음이란 예측할 수 없고 일의 변화란 어찌 될지 알기 어려우며, 삼생(三生)의 인연은 얕고 좋은 일에는 마(魔)가 많기 때문에 염려하는 것입니다. 제가 영광스럽게도 마님과 서방님의 약속으로 인해 첩이 될 기회를 얻기는 했습니다만, 서방님께서는 대대로 명문가의 자손으로 아직 조상의 가업을 다 이루지 못하였으니, 더욱 크고 빛나는 일을 도모하시어 높은 관직에 오르도록 노력하셔야지, 아녀자와의 사랑 따위를 키우느라 영웅의 기운을 줄게 만들어서는 절대 안 됩니다. 게다가 태부인(太夫人)의 춘추 높으시니, 어머님을 봉양하고 뜻에 순종하는 일은 단연코 서방님께서 하셔야 합니다. 그러니 어찌 한가한 사랑 놀음에 빠져 색양(色養)[8]의 도리를 거스를 수 있겠습니까? 이것이 첫 번째입니다. 서방님과 마님께서는 닭이 울어[9] 새벽을 알릴 때까지 서로 공경하며 사이좋게 지내셨는데,[10] 만에 하나 그 사랑을 쪼개고 총애

8 색양(色養):『논어』「위정(爲政)」에 다음과 같은 구절이 나온다. "자하가 효에 대해 묻자 공자께서 말씀하시기를, '낯빛이 어렵다'고 했다[子夏問孝, 子曰:'色難']." 주희(朱熹)는 『집주(集注)』에서, "낯빛이 어렵다는 것은 부모를 보실 때에 얼굴빛을 바로 하기가 어렵다는 뜻이다[色難, 謂事親之際, 惟色爲難也]"라고 했다. 일설에는 모두의 안색을 잘 살펴 받드는 것이라고 한다.

9 닭이 울어:『시경·제풍(齊風)』「계명(鷄鳴)」에, " 닭이 이미 울었으니, 아침이 밝은 게로군. 닭이 운 것이 아니라 파리들 소리에요[雞既鳴矣, 朝既盈矣. 匪雞則鳴, 蒼蠅之聲]"라는 구절이 나오는데, 이것은 아침이 밝았는데도 이를 부정하며 사랑하는 임을 깨우지 않고 계속 누워 있고 싶어 하는 부부의 깊은 정을 노래한 시이다.

를 나누어 「녹의(綠衣)」[11]의 비난을 남긴다면, 제 죄가 큽니다. 이것이 두 번째입니다. 서방님께서는 아직 외가의 상을 당해 상복도 벗지 못하고 계십니다. 이는 중요한 예법과 관련된 일이니, 저는 여자로서 몸을 소중히 간직하고 있다가 상복을 벗으시면 그때 부모님께 고하고 명실공이 혼례를 올리도록 하겠습니다. 만일 조금 인연을 서두르면서 남들의 곱지 않은 시선도 아랑곳하지 않는다면, 저야 상관없다지만 사람들이 서방님을 두고 무어라 이야기하겠습니까? 이것이 세 번째입니다. 제 말을 이해해주신다면 저는 아무 후회 없습니다."

부인이 웃으며 말했다.

"네가 생각이 깊은 아이라는 것은 본디 알고 있었다. 자중자애하거라."

그리고는 그 말을 생에게 전했다. 그러자 생이 놀라 기뻐하며 말했다.

"어디서 그런 훌륭한 말을 배웠을까! 삼가 시키는 대로 하리다."

그때부터 생은 기필코 그녀를 얻고자 하였고 그녀도 오로지 생에게만 몸을 맡기고자 하였다. 부인 또한 그녀를 남편의 배필로 삼지 못할까 걱정할 뿐이었다.

그녀의 사람됨으로 말하자면 타고난 성품이 영민하고 행동거지가 조심스러웠다. 또 아주 진실하고 정이 많았으며 웃고 떠드는 일이 적었다. 집안에는 늘 여자들이 짝을 지어 돌아다녔는데, 그녀만은 곱게 단장하고 그윽한 자태로 쓸쓸히 혼자 떨어져 있었다. 종일 방안에 앉아 수를 놓으

---

10 서로 공경하며 …… 지내셨는데 : 원문은 '홍안상장(鴻案相莊)'이다. 『후한서(後漢書) · 일민전(逸民傳)』「양홍(梁鴻)」에 보면, 가난하지만 지조 있는 선비 양홍의 아내 맹광(孟光)은 식사 때마다 상을 눈썹 높이까지 들어 올려 바침으로써 남편에 대한 존경을 나타냈다고 한다. 후에 '홍안상장'은 부부가 화목하고 서로 존경하는 것을 나타내는 말로 사용되었다.

11 「녹의(綠衣)」 : 『시경 · 패풍(邶風)』「녹의(綠衣)」에, "녹색이여, 옷이여, 녹색 웃옷에 누런 치마로다[綠兮衣兮, 綠衣黃裳]"라는 구절이 나오는데, 전하는 바에 따르면 위(衛) 장강(莊姜)이 스스로 마음 아파하는 시라고 한다. 옛날 사람들은 누런색을 정색(正色)이라 여기고 녹색을 간색(間色)이라 여겼으니 간색으로 웃옷을 만들고 누런색으로 치마를 만들었다는 것은 존비귀천이 뒤바뀐 것을 상징한다. 이로 인해 정실(正室)이 첩에 의해 지위를 빼앗긴 것을 의미하는 전고로 사용되었다.

면서 그림자도 모습도 감춘 채 지냈다. 유모가 부르지 않으면 안채에 들어가지 않았다. 간혹 생과 마주치면 멀찍이 몸을 피했기에 한 해가 다 가도록 한 집에 살면서 말 한마디 주고받지 못했다. 생은 감정을 자제할 수 없어 한번 만나 이야기해보고자 부인에게 다리를 놓아달라고 했다. 그러나 그녀는 난색을 표했다. 이에 부인이 거듭 부탁하며 말했다.

"서방님께서 다른 뜻이 있어서 그러는 게 아니라 그저 너랑 좋은 말 친구가 되고 싶어 그러시는 거란다."

그녀는 와서도 조용히 앉아서 말똥말똥 쳐다만 볼 뿐이었다. 생도 남들의 이상한 시선을 피하느라 자주 만나자고 부탁하지 못했다. 또 그녀는 생을 만나러 와도 반드시 부인과 함께 왔으며 잠깐 말하다 침묵하다가 했기 때문에 가까운 것 같기도 하고 먼 것 같기도 했다. 간혹 달빛 아래 나란히 앉기도 하였고 꽃그늘 밑을 함께 걷기도 하였는데, 각자 위로와 안부의 말을 하는 중에 그리움의 말을 반쯤 토하곤 했다. 비록 서로의 감정이 갈수록 진지해지기는 했으나 사적인 감정 표현은 전혀 없었기에 삼년이 지나도록 사사로운 짓은 하지 않았다. 부인은 늘 옆에 따라다니면서 이렇게 놀리곤 했다.

"두 사람은 속으론 친하면서 겉으로는 소원한 체 하시네요. 설마한들 사랑의 감정이 없겠어요?"

생의 침실은 그녀의 거처[12]와 비록 떨어져있었으나 방은 매우 가까웠다. 그래서 생이 한밤중에 낭랑한 소리로 시라도 읊조릴 때면 그녀의 마름질하는 소리와 때때로 서로 응답했다. 그녀가 한번은 생에게 이렇게 말했다.

"서방님께서는 놀라운 재주와 빼어난 운치를 지니고 계시니, 제가 만일 옆에서 모실[13] 수 있게 되어 영원히 문인과 함께할 수 있다면, 제 평

12 거처 : 원문은 '장각(妝閣)'이다. 부녀자가 묵는 거실, 방을 가리킨다.

13 옆에서 모실 : 원문은 '시건책(侍巾幘)'이다. 이는 아내나 첩이 되어 남편의 두건 등을 시중든다는 뜻이다. 후에는 아내나 첩이 되는 것을 의미하는 말로 쓰였다.

생 소원은 그것으로 족합니다. 다만 한스럽게도 제가 글을 잘 알지 못하여 훗날 규방에서 벼루 시중을 들지 못하면 어찌합니까?"

생이 웃으며 말했다.

"너처럼 똑똑한 아이가 어찌 글자를 모를까 걱정이겠느냐? 혼례[14]를 올리고 나면 제자의 예를 갖추어 나를 스승으로 모시어라. 그러면 등불 앞에서 달빛 아래서 네게 『여논어(女論語)』·『효경(孝經)』, 그리고 옛날의 시사(詩詞) 등을 가르쳐 줄 테다. 어떠하냐?"

그녀는 머리를 끄덕이며 말했다.

"『법화경(法華經)』과 『다심(多心 : 般若心經)』 등 불경도 가르쳐주셔야해요."

이에 생은 그 즉시 입으로 「관저(關雎)」 몇 장(章)을 가르쳐주며 그 뜻도 아울러 설명해주었다. 그러자 그녀는 미소를 지으며 그대로 따라했는데, 한 글자도 틀리지 않았다. 생이 출타하면 부인을 따라 서재로 갔다. 책상이며 벼루 위에 먼지가 있는 것을 보면 털어냈고 어지러이 널려있는 책들을 보면 가지런히 정리했다. 마당의 꽃이 색이 바래있으면 바로 물을 길어다 주었다.

본디 향 사르는 것을 무척 좋아하여, 온 몸에서 향내가 풍겨났다. 고상하게 옅은 화장을 좋아하였고 비녀며 치마도 늘 말쑥하고도 깔끔하여 정갈했다. 생이 향이나 비녀 등을 보낼 때면 한사코 거절했는데, 간혹 부인이 명령을 하면 비로소 받았다. 한번은 비단 주머니 하나를 만들어달라고 부탁했더니 안 된다고 했다. 그래도 우기자 "2년 뒤에 서방님을 위해 만들어 드릴게요"라고 말했다. 조심스럽고 예법을 아는 것이 이와 같았다.

그녀가 처음 아무개네 집에 양녀로 맡겨졌을 당시는 [그 집에서] 그녀

14 혼례 : 원문은 '결리(結褵)'이다. '결리(結縭)'라고도 한다. 친정어머니가 띠를 엮어 옆에 차고 다니는 수건을 만들어 줌으로써 시집간 뒤 시부모를 잘 공양하고 집안을 잘 다스릴 것을 당부하던 일종의 의식이다. 『시경 · 빈풍(豳風)』「동산(東山)」의 "직접 띠를 엮어 주시니, 아홉이며 열인 그 거동이로다[親結其縭, 九十其儀]"라는 구절에서 유래했다. 결혼을 의미하는 말로 사용되기도 한다.

를 몹시 미워했으나 후에 아름답고 현숙하다는 이야기를 듣고는 크게 후회했다. 이에 양녀를 양며느리로 바꾸고 유모의 오라비와 조카를 유인하여 혼례를 주선하게 했다. 그런 다음 매파를 보내 유모의 생질들에게 시켜 번갈아가며 "저 여자는 원래 아무개 집 부인인데, 생이 차지하려 한다"는 유언비어를 퍼뜨려 생의 뜻을 막았다. 생 아래 있던 한 못된 하인이 돈을 탐하여 기이한 재주를 가지고 유모 앞에서 농간을 부렸다.[15] 그리고는 몰래 아무개 집에 그 사실을 알리고 계략을 지시했다. 생은 본디 명예와 의리를 지켜온 사람인데 가까이 부리는 하인들 사이에 모함하는 자가 많은 것을 보고는 어찌해야 좋을지 결정을 내리지 못하고 있었다. [그러던 중] 마침 일이 있어 먼 길을 떠나게 되자, 아무개 집에서는 그 말을 듣고 잽싸게 유모의 생질을 시켜 혼례금 오십 냥을 들고 가 유모의 오라비에게 주면서 유모를 협박해 돈을 받게 했다. 이에 유모는 아무 날 아내로 주기로 약조를 하고 말았다. 생은 돌아와 [이와 같은 사실을 알고는] 더욱 혼란스러워 어찌해야할 바를 몰라 하다가 밤에 부인과 함께 그녀를 찾아가 말했다.

"내 너를 주머니 속 물건인 양 여겨왔건만, 이렇게 예측할 수 없는 일이 생겨나 이제는 돌이키기조차 어려우니, 이를 어찌하면 좋으냐?"

그녀가 말했다.

"소첩은 이미 결심했습니다! 상황이 정말로 막다른 골목에 몰리게 되면 죽어버리겠습니다. 그렇지 않으면 삭발하고 그저 중이나 되겠습니다. 저는 이 두 가지 외에 다른 방법은 모릅니다."

생이 말했다.

15 농간을 부렸다: 원문은 '작초가(作楚歌)'다. 『사기』 「고조본기(高祖本紀)」에, "항우는 한나라 군사들이 초나라 노래를 부르는 것을 듣고 한이 초나라 땅을 모두 차지했다고 여겼다. 항우는 결국 패해 달아나고 초나라 군대는 크게 패했다[項羽卒聞漢軍之楚歌, 以爲漢盡得楚地. 項羽乃敗而走, 是以兵大敗]"는 기록이 있다. 여기에서 초가를 불렀다는 것은 못된 하인이 거짓된 정보로 보모를 혼란스럽고 곤란한 지경에 빠뜨렸음을 뜻한다.

"어찌하여 가벼이 죽는다는 말을 하느냐? 내 너와 애틋하게 지내온 지 벌써 삼년이다. 늘 마주하고 이야기를 나누면서 공손하기가 마치 손님과 스승 같았다. 정도 내던지기 어렵다만, 서로 지킨 의리야 가히 알만하지 않느냐. 지금 간사한 인간들이 너의 모습만 보여도, 목소리만 들려도 졸졸 따라다니며 어떻게든 너를 손에 넣어보려 한다. 만일 네가 나 때문에 가벼이 목숨을 버린다면, 바깥에 떠도는 소문에서 너를 어떤 사람이라고들 떠들겠느냐? 죽는 것으로 한을 씻어낼 수는 없으니, 그저 내 슬픔만 더해줄 뿐이다. 게다가 네가 네 목숨하나 아까워하지 않는다손, 네 어미 생각은 어찌 안하느냐? 오직 부처[16]께 살려달라고 비는 것은 그나마 해볼 만한 방법이겠다. 스승을 모시는 일[17]이나 부처께 공양하는데 들어가는 비용은 내가 모두 대겠다. 그러나 너 혼자 처량히 선방에 앉아 청춘을 보내야 하는 일은 내 차마 너더러 그리 하라고도 못하겠다."

그녀는 한참을 흐느끼다가 "아, 서방님! 이생에서는 이제 끝입니다!"라고 말하고는 벽을 보며 길게 통곡했다. 생이 여러 차례 불렀지만 더 이상 대답하지 않았다. 때는 임신년(1692) 정월 십이일 밤이었다.

이에 앞서, 그녀는 몰래 짐독과 가위를 옷 속에 감춰두었다가 함께 있던 여자에게 들켜 빼앗긴 적이 있었다. 그러다 일이 이렇게 되자 손수 비구니의 의관을 지은 다음 유모에게 시등(試燈)[18] 날 저녁에 함께 비구니 암자로 들어가자고 재촉했다. 떠날 때가 되자 부인은 그녀를 부여잡고 통곡하며 차마 떠나보내질 못했다. 좌우 사람들도 모두 얼굴을 가리

16 부처 : 원문에는 '공왕(空王)'이라 되어있다. 이는 불교 용어로서 부처에 대한 존칭이다. 불가에서는 세상 모든 것을 '공(空)'으로 보기 때문에 부처를 '공왕'이라 칭하는 것이다.

17 스승을 모시는 일 : 원문은 '판향(瓣香)'이다. 일판향(一瓣香) 혹은 일주향(一炷香)이라고도 한다. 불교 선종에서는 불경을 강할 때 세 번째 향을 사를 때가 되면 "이 향은 법도를 전수해 준 아무아무 법사께 바칩니다"라고 이야기하는데, 여기서 유래되어 법을 전수해준, 혹은 앙모하는 스승을 가리키는 말로 사용되었다.

18 시등(試燈) : 음력 정월 대보름날 저녁에 등회(燈會)를 열어 풍년을 기원했는데, 대보름이 되기 전에 먼저 등불을 켜놓아 감상하도록 하는 것을 일러 시등이라 했다.

고 울면서 고개 들어 쳐다보지 못했다. 생은 그저 눈으로 전송했을 뿐이다. 우미인(虞美人)이 초나라 장막을 떠날 때도, 왕장(王嬙 : 王昭君)이 한나라 궁궐과 이별할 때도 지금의 슬픔에 비할 바 못되었다. 암자의 늙은 비구니는 사정을 캐묻더니 출가하여 불자가 되는 것을 허락하려하지 않았다. 애절하게 거듭 간청했으나 끝내 허락하지 않았다. 한편 아무개 집에서는 이와 같은 사실을 정탐해내고는 상황이 바뀔까 두려워 급히 유모의 동서들을 암자로 보내 삼엄하게 경비를 서게 했다. 그녀는 이제 어쩔 수 없음을 알고는 밤중에 일어나 유모을 부르더니 통곡하며 말했다.

"어머니! 제가 이리 된 것도 운명이겠지요! 저 대신 말씀 전해주세요."

말을 마치더니 숨이 막혀 더 이상 소리를 내지 못했다. 유모가 급히 끌어안으며 "얘야, 무슨 말을 하고 싶은 거니?"라고 하자 무슨 말을 하려다 다시 큰 소리로 통곡하며 이내 혼절했는데, 그러기를 세 차례나 반복했다. 한참 뒤에 비로소 말했다.

"저와 서방님은 남이나 다름없으나, 서로의 정은 지기(知己)보다 더 깊습니다. 평생 지켜온 뜻도 해와 별처럼 깨끗합니다. 본래 한번 죽음으로써 서방님께 보답하고자 했는데, 이렇게 떨어진 채 전전하게 되었으니, 다시 돌이킬 방법이 없겠지요. 죽고 싶어도 죽지 못하고, 비구니가 되고 싶어도 되지 못하니, 박복하다 박복하다 이 지경까지 이르렀군요! 그러나 다 하늘의 뜻이니 원망할 것 무엇 있겠어요? 서방님 때문에 뻑뻑한 눈에 눈물도 다 말라버리고 놀란 혼도 흩어진지 오래입니다. 생각해보니 아무 명분 없는 죽음으로 성 안에서 허무하게 죽게 되면 그저 원업(冤業) 하나 더 쌓을 뿐입니다. 이제는 서방님과 사랑도 의리도 다 끊기고 말아, 이 세상이 끝날 때까지 영원히 만날 기약이 없습니다. 마님께 꼭 감사하다 전해주시고, 서방님을 잘 위로하여 다시는 제 생각일랑 하지 마시고, 저를 이미 죽었다 여겨달라고 전해주세요."

말을 마치고서 모녀는 끌어안고 대성통곡하다가 부처상 앞에 쓰러졌다. 얼마 후 아무개 집 사람들을 태운 배가 마침 도착하더니, 벌떼처럼 암자로 들어가 그녀를 데리고 갔다.

생은 그녀와 영영 이별한 후 마음이 어지럽고 정신이 산란하여 마치 무어라도 잃어버린 듯 정신이 나가있었다. 유모가 그녀 이야기를 전해준 뒤로는 더욱 미친 사람처럼 정신이 나가 있었으며, 무엇을 보건 가슴 아파했다. 부인은 근심이 되어 위로도 하고 책망도 했다.

"본래는 당신에게 좋은 인연을 맺어주려 한 것인데, 뜻하지 않은 일이 벌어져 당신께 이렇게 누를 끼치게 되었군요. 그렇지만 당신이 그 아이와 인연이 없는 것이기도 합니다. 일찌감치 그 아이를 들이지 않고 차일피일 일을 진행시키지 못하더니, 앉아서 기회를 놓쳤지 뭡니까. 간사한 놈들이 계략을 부릴 때라도 당신의 힘이라면 저들과 한번 다투어볼 만했습니다. 직접 나서서 앞으로 나아갔다면 안 되리라는 법도 없거늘, 수수방관하면서 저들이 하는 대로 내버려두셨지요. 벌써 일은 다 결판이 났는데 후회한들 무슨 소용 있어요? 게다가 세상에 좋은 여자가 얼마나 많은데, 그 아이에게만 그리 연연해하십니까?"

생이 하늘을 보며 탄식하면서 말했다.

"부인, 그만두시오! 나는 등도자(登徒子)[19]도 아니고, 아랫것들이나 하는 것처럼 아침에는 이 여자 저녁에는 저 여자 그런 식의 잡스러운 짓거리는 배우지 않겠노라 맹세했었소. 그러나 그 아이를 보고난 뒤로는 평생의 강직함이 나도 모르게 무너지고 말았소. 물어보겠는데, 아무리 잘 어울리는 사이라도 그 아이 같은 사람이 있었소? 내가 한번 보고 사랑에 빠진 것이, 그 아이 같은 사람이 있었소? 두 마음이 서로 잘 맞기가 그 아이 같은 사람이 있었소? 같은 방안에서 애틋하게 삼년이란 세월을 보냈는데, 나 또한 감정 없는 남자는 아니라오. 그런데도 사사로운 욕망을 막으면서 가슴에만 품고 문란한 짓을 하지 않았던 것은, 올곧게 시작한 일에 좋은 결말이 있어 각자의 본래 마음을 밝힐 수 있기를 바라서였소.

19 등도자(登徒子) : 송옥(宋玉)이 지은 「등도자호색부(登徒子好色賦)」에 등장하는 고대 호색한의 대명사로 통하는 인물이다.

일이 다 되어가려는 마당에 하루아침에 구름이 흩어지고 말았소. 만약 정성으로 감동시킬 수 있다면 비록 정수리가 닳고 이 몸이 없어진다 한들 아까울 것 있겠소! 그러나 눈물을 머금고 소리도 삼키며 기꺼이 간사한 놈들에게 당했던 것은, 시종 예(禮)를 지키고 싶었기 때문이오. 쥐 이빨이나 까치 뿔[20]은 부끄러움만 더하기 딱 좋으니, 어떻게 채소나 파는 품팔이에게 나의 장단을 논하게 할 수 있단 말이요? 앞으로 나는 사랑을 위해 죽을 것이오! 피가 흥건히 흐르고 장이 찢겨 뼈도 형체도 다 없어진다 해도, 이 끝도 없는 한이야 끝날 날 있겠소! 당신도 다시는 다른 생각 마시오. 낙수(絡秀)[21]처럼 어질고 녹주(綠珠)처럼 아름다운 여자라 해도 내 한을 돌이킬 수는 없을 것이오!"

이때부터 생은 더더욱 의지할 바를 몰라 하면서, 어떤 때는 종일 고목처럼 앉아있기도 하고, 어떤 때는 밤새 슬픈 노래를 부르기도 하더니 결국 쌓이고 쌓여 마음의 병이 되었다.

나는 이를 보고 마음이 아파 「돌돌음(咄咄吟)」 한 권과 「정참사(情懺詞)」 한 권을 지어 그의 뜻을 널리 알렸다. 생과 그녀는 이토록 서로 아끼고

---

20 쥐 이빨이나 까치 뿔 : 원문은 '서아작각(鼠牙雀角)'이다. 『시경 · 소남(召南)』 「행로(行露)」에 "뿔도 없는 까치가, 어떻게 내 집을 뚫겠느냐고 누가 말하는가? 집도 없는 여자가, 어떻게 나를 감옥에 보낼 수 있느냐고 누가 말하는가? …… 이빨도 없는 쥐가 어떻게 내 집 담장을 뚫을 수 있느냐고 누가 말하는가? 집도 없는 여자가 어떻게 나를 감옥에 보낼 수 있느냐고 누가 말하는가?(誰謂雀無角, 何以穿我屋? 誰謂女無家, 何以速我獄 …… 誰謂鼠無牙, 何以穿我墉? 誰謂女無家, 何以速我訟)"라는 구절이 나온다. 원래는 폭행으로 인한 송사를 가리키는데, 인신하여 포악한 세력을 비유하는 말로 쓰이기도 한다.

21 낙수(絡秀) : 진(晉)나라 주의(周顗)의 모친인 이씨(李氏)의 이름. 주의의 부친 주준(周浚)이 안동장군(安東將軍)으로 있을 때 사냥을 나갔다가 비를 만나 낙수의 집에 묵었는데, 그녀를 보고 마음에 들어 아내로 달라고 했다. 그러나 아비와 오라비가 허락하지 않자 낙수는 "집안이 이 꼴인데, 어찌 딸 하나를 아까워하십니까? 만일 귀족과 인척이 될 수 있으면 장래 큰 이익이 있을 지도 모릅니다(門戶殄瘁, 何惜一女? 若連姻貴族, 將來或大益)"라고 말했다. 이에 그녀의 뜻대로 하게 했다. 후에 낳은 자식들이 모두 높은 지위에 올랐고 이씨 집안도 정당한 예우를 받았다고 한다. 이 이야기는 『세설신어(世說新語)』 「현원(賢媛)」에 보인다.

사랑했건만 끝내 함께하질 못하였으니, 천고의 한으로 남을만하다. 그러니 어찌 숨겨둔 채 전하지 않을 수 있겠는가? 그러나 잘 모르는 사람들이 오히려 태한생의 염문거리로 삼기에 상세히 기술하여 천추만세에 생처럼 미련할 정도로 정에 연연해하는 자가 있음을 천상과 인간 세상에 고한다.

환사씨(幻史氏)가 말한다.

생과 그녀를 보니, 사랑의 정이 있었으나 끝내 예의를 지켰다. 이 어찌 보통 아녀자가 배울 수 있는 바이겠는가? 우연히 만난 것도 이치상 합당하고 당시 상황도 괜찮았으며, 거기다 본부인마저 그렇게 도와주었는데도 이처럼 만나지를 못했으니, 인생에 있어 신나는 일을 조물주가 고의로 방해하여 좋은 결말을 맺지 못하도록 한 것인가? 그게 아니라면 생과 그녀의 운명이 실로 같지 않아서인가? 그러나 앞뒤의 언행을 추적해볼 때, 그녀가 생을 저버리려고 한 것이 아니라 상황이 불가피하여 그런 일이 생긴 것이기에 어쩔 수 없었을 뿐이다. 생은 차라리 도리를 지킬지언정 권력을 쓰고자 하지 않았으니, 속물들에게는 말하기 어려운 일이다. 슬프구나! 『세설신어(世說新語)』에서 "정이야 없을 수 없으니, 누구인들 이를 버리고 살 수 있겠느냐?"[22]라고 했다. 나는 예의로써 서로를 자제했던 사람들의 마음에 탄식을 금할 수가 없다.

장산래가 말한다.

나는 태한생의 그 도리를 지켰다는 마음이 대체 무슨 마음인지 모르겠다. 그녀를 저버렸을 뿐만 아니라 원녀부인 또한 저버렸으니 말이다!

22 정이야 …… 있겠느냐: 남조 송(宋)나라 유의경(劉義慶)이 지은 『세설신어』 「언어(言語)」에 나오는 내용이다. 본문은 "이토록 아득한 것을 보니 나도 모르게 만감이 교차하는데, 정이란 게 없을 수 없으니 누구인들 이를 버리고 살 수 있겠는가?(見此茫茫, 不覺百端交集, 苟未免有情, 亦復誰能遣此)"이다.

太恨生, 東海佳公子也. 與余形影周旋, 神魂冥合, 因熟悉生情事. 生父司李公, 望重一世. 生承家學, 折節讀書, 當代名流, 咸傾其才調. 丰神俊邁, 性高潔寡欲, 未嘗漁非禮色.

娶元女夫人, 婉嫕貞淑, 生相敬如賓. 夫人嘗謂生曰 : "吾夙耽清淨, 苦厭凡緣. 膝下芝蘭, 幸蚤林立, 生平志願已足. 當覓一窈窕, 備君小星, 吾卽守木叉戒, 繡佛長齋, 不復煩君畵眉矣." 生曰 : "自卿爲余家婦, 門庭雍睦. 方期百年偕老, 豈忍令卿誦「白頭吟」耶? 雖然, 卿業有命, 余寧矯情? 第選妾須德才色皆備乃善. 正恐書生命薄, 難獲奇緣, 有辜卿意耳."

先是, 太原某, 世爲洞庭山人, 以貧故, 賃其妻爲生子保媪. 未幾, 某死, 遺一女無依, 寄養豪右某家. 某家婦悍, 名曰養女, 實婢畜之. 女受困百端, 無生理. 媪恚甚, 往爭曰 : "向固以吾女爲若女, 而女困辱至此, 於義已絶. 吾挈女去矣." 某家咸憎女, 聽媪挈歸生家. 年十六矣. 女雖支離憔悴, 而柔婉之態, 楚楚動人. 夫人一見絶憐之, 親爲薰沐. 敎以女紅, 無不精致. 時戊辰冬, 生自茂苑歸, 問所從來. 夫人語之故, 因謂生曰 : "曩欲爲君置妾, 而難其選. 今此女明慧端懿, 乃天賜也. 亦有意乎?" 生眤而笑曰 : "唯卿所命." 生母亦見女賢, 密諭媪, 欲爲生成之. 會生仍往茂苑, 尋丁外艱, 事遂寢.

居半載, 夫人乘間謂女曰 : "吾視汝德性貞醇, 體度莊雅, 雖名閨淑媛, 無以過之. 豈宜爲庸人婦? 吾郎君才品風流, 眞堪婿汝, 當以赤繩繫汝兩人. 幸事獲濟, 卽妹視汝, 汝盍早自決計?" 女沈吟未答, 旣而泣拜曰 : "妾惸惸母子, 困苦伶仃, 來托宇下. 夫人遇妾, 誼踰所生, 常恨碎骨粉身, 不足爲報. 生死禍福, 敢不唯命? 今所以不輕一諾者, 誠慮人心叵測, 事變難知, 三生緣淺, 好事多魔折耳. 幸辱夫人與郎君約, 郎君家世清華, 先業未竟, 當勉圖光大, 努力青雲, 愼無以兒女情長, 令英雄氣短. 且太夫人春秋高, 承歡養志, 端在郎君. 詎可牽懕閑情, 致乖色養? 一也. 郎君與夫人, 雞鳴戒旦, 鴻案相莊, 萬一割愛分寵, 遺刺「綠衣」, 妾罪大矣. 二也. 郎君外服未闋. 大節攸關, 妾當珍此女兒身, 俟除服後, 上啓高堂, 明成嘉禮. 倘稍逞情緣, 冒嫌涉疑, 妾不足惜, 人其謂郎君何? 三也. 誠知妾言, 妾無悔矣." 夫人笑曰: "固知汝有心人也. 好自愛." 因具以告生. 生驚喜曰: "安得此大學問語! 謹受教." 自是生必欲得女, 女一意以身委生. 而夫人亦唯恐不得當也.

大率女之爲人, 性殊靈警, 而嚴於擧止. 情極肫惻, 而簡於言笑. 居常女伴相徵逐, 女獨靚妝凝神, 蕭然自遠. 終日坐閣中, 專理刺繡, 影匿形藏. 非媼呼, 不入中堂. 間遇生, 輒遙引, 以故終歲同處室中, 絶未通一言. 生情不自禁, 欲得女一晤語, 倩夫人爲介. 女難之. 夫人固請曰: "郎君無他意, 第欲共汝作良友相酬對耳." 至則儼容端坐, 雙目瞪視而已. 然生亦以遠嫌, 不敢數請相見. 卽女見生, 必邀夫人與俱, 乍語乍默, 若近若遠. 間或並坐月中, 偕行花下, 各陳慰勉之辭, 半吐愁思之句. 雖情好愈摯, 而燕昵俱忘, 歷三年不及於亂. 夫人每從旁戲曰: "汝兩人內密外疏. 何乃無風月情?"

生臥室與女妝閣雖隔絶, 而室密邇. 生中夜朗吟, 與女刀尺聲, 時相答也. 女嘗謂生: "郎君驚才逸韻, 妾如獲侍巾幘, 永伴文人, 素願已愜. 第自恨未嫻翰墨, 他日香奩中, 弗克供捧硯役, 奈何?" 生笑曰: "以汝夙慧, 奚患不識字耶? 結褵之後, 汝備弟子禮奉余爲師. 燈前月下, 授汝『女論語』·『孝經』及古詩詞. 何如?" 女點首曰: "尙須教我『法華』·『多心』諸經也." 隨口授「關雎」數章, 幷解說意義. 女微笑覆之, 不失一字. 生出外, 女隨夫人過書齋. 視几硯上塵, 拂拭之, 圖籍縱橫者, 整齊之. 庭花色悴, 則汲水灌之.

性愛焚香, 竟體芬郁襲人. 雅好淡素妝, 荊叉裙布, 必整必潔, 泊如也. 生每遺以香鈿諸物, 必堅却之, 或以夫人命始受. 又常倩制一錦囊, 不可. 强之, 則云: "俟兩年後爲郎制之." 其謹愼識大體如此.

始女寄養某家時, 嫉女殊甚, 至是聞女美且賢, 乃大悔. 遂改養女爲養媳, 誘媼兄及侄, 坐侄主婚. 而以媒氏屬媼甥, 更爲流言以捍生曰: "女固某家婦也, 而生實圖之." 生有忤奴利其金, 因挾爲奇貨, 於媼前作楚歌. 而陰告某家, 且授之計. 生素以名義自持, 又見肘腋間多媒孼之者, 猶豫未決. 會以事遠出, 某家聞之, 疾令媼甥持五十金爲聘, 給媼兄劫媼使受. 約某日來娶. 生歸, 益錯愕, 不知所爲, 夜同夫人謂女曰: "吾向以汝爲囊中物, 今變起不測, 勢難復挽, 奈何?" 女曰: "妾計決矣! 倘事勢窮促, 以死繼之. 否則祝髮空門耳. 外此非妾所知." 生曰: "汝奈何輕言死哉? 余與汝纏綿情境, 三載於玆. 居恒晤對, 儼若賓師. 情固難拋, 義則可判. 今奸人逐影尋聲, 將甘心於汝. 萬一以余故輕生, 外間耳食, 其以女爲何如人? 殺身不足以雪恨, 祗增余悲耳. 且汝縱弗自惜, 獨不念汝母乎? 惟向空王乞命, 於計較可. 瓣香供佛, 余當一以資女. 然汝淒凉禪榻, 斷送青春, 余又不忍令汝出此也." 女欷歔久之, 曰: "嗟乎郎君! 今生已矣!" 面壁長號. 生頻呼之, 不復應. 時壬申正月十二夜也.

先是, 女密藏酖與剪於衽, 爲女件所覺, 搜去之. 至是乃手製女僧冠服, 促媼於試燈夕, 偕入尼菴. 臨行, 夫人持女痛哭, 不忍捨. 左右皆掩泣, 莫能仰視. 生但目送而已. 虞辭楚帳, 嬙離漢庭, 不足喩其悲也. 菴內老尼詰其事, 不肯爲女剃度. 哀懇再三, 終不許. 而某家偵知之, 懼有變, 急倩媼妯娌趨菴中, 防護甚嚴. 女自度不免, 中夜起, 呼媼哭曰: "母乎! 兒至此命也夫! 爲傳語." 語未畢, 氣結不能出聲. 媼急抱持之曰: "兒欲何言?" 女欲言, 復大哭暈絶, 如是三. 良久始曰: "兒與郎君, 跡若路人, 分踰知己. 生平志念, 皎如日星. 本期辦一死以報郎君, 今流離轉輾, 計無復之. 求死不得, 求爲尼又不得, 命之窮也, 一至於斯! 天實爲之, 其又何尤? 兒爲郎君, 澀眼全枯, 驚魂久散, 顧念死出無名, 徒令枉死城中, 增一業案耳. 今與郎君恩斷義絶矣, 天荒地老, 永無見期. 好謝夫人, 善慰郎君, 勿復以兒爲念, 卽視兒作已死觀可耳." 言訖, 母子相抱大慟, 仆佛前. 而某家人舟適至, 蜂擁入菴, 挾女而去.

生自與女訣別後, 心搖意亂, 忽忽如有失. 及媼歸述女言, 益狂惑失志, 觸目神傷. 夫人憂之, 且慰且讓曰: "吾本欲爲君締此良因, 不圖變出非常, 累君至是. 雖然, 君自與女無緣耳. 君向不早爲之所, 因循蹉跌, 坐失事機. 迨奸人計賺時, 以君之力, 猶足與爭. 挺身而前, 未必無濟, 乃袖手任其鼓弄. 今大事已去, 悔恨何及? 且天下豈少良女子, 而獨沾沾於是爲?" 生仰天太息曰 : "夫人休矣! 余非登徒子, 誓不效雜情奴態, 暮翠朝紅. 自見女後, 畢世惆忱, 無端傾倒. 試問遇合之奇, 有如此女者乎? 我見猶憐, 有如此女者乎? 兩心相得, 有如此女者乎? 乃婉孌一室之中, 荏苒三年之久, 余亦非魯男子也. 所以禁欲窒私, 坐懷不亂者, 亦冀正始要終, 各明本懷耳. 事幸垂成, 一朝雲散. 若以丹誠所感, 雖滅頂捐軀, 亦復奚恤! 顧乃咽淚呑聲, 甘爲奸人所賣, 誠欲以禮相終始也. 鼠牙雀角, 適足增羞, 抑豈令賣菜傭持我短長乎? 今而後, 余終當以情死耳! 血殷腸裂, 骨化形銷, 此恨綿綿, 寧有窮極! 卿勿復生別念. 縱使賢如絡秀, 麗若綠珠, 不能易此恨矣!" 自是益不自聊賴, 或竟日枯坐, 或徹夜悲歌, 積久遂成心疾.

余見且傷之, 乃作「咄咄吟」一卷, 「情懺詞」一卷, 以廣其意. 且生與女相愛憐若此, 而卒不相遇, 眞堪遺恨千古. 烏容秘而不傳? 而不知者, 反以女爲生口實, 因詳述之, 以告天上人間, 千秋萬世之情癡有如生者.

幻史氏曰 : 余觀生與女, 發乎情, 止乎禮義. 豈尋常兒女子所得儗乎? 當其適然相遭, 理旣允當, 於勢又便, 況有閫內以作之合, 如此而不遇, 豈人生快意之事, 造物者故厄之, 使弗克有終耶? 不然, 生與女命實不猶耶? 然跡其後先言行, 女非有意負生者, 形禁勢格, 變至無如何耳. 而生也寧守經, 毋達權, 事固弗易爲流俗道. 悲夫! 語云 : "未免有情, 誰能遣此?" 余又感夫以禮相閑者之情, 尤不能已已也.

張山來曰 : 吾不知太恨生守經之心爲何心. 不惟有負此女, 抑且負元女夫人矣!

수잔자를 묻고 새긴 묘지명[瘞水盞子誌石銘]

대가(大可) **모기령**(毛奇齡)

수잔자(水盞子)[1]는 월(越) 땅의 악기이다. 어느 시대에 만들어졌는지도 모르고 어떻게 제작되었는지도 고찰할 길 없다. 전하는 바에 따르면 수(隋)나라 때 만보상(萬寶常)[2]이란 자가 종률(鐘律)[3]을 분석하여 그릇을 두들

1 수잔자(水盞子) : 타악기 이름으로 십이음이 있었다. 옛날에는 질그릇으로 만들었으나 명나라 때 고소(姑蘇)의 악공이 철로 바꾸어보았다. 그러나 실패하자 식기 중에 음을 낼 수 있는 것을 사들이다가 내부감(內府監)에서 만든 성화자기(成化瓷器) 몇 점을 얻었는데, 물을 높낮이에 따라 높은 소리, 낮은 소리, 맑은 소리, 탁한 소리로 나누어졌다. 상아 젓가락으로 두들기니, 옛날의 질그릇보다 소리가 훨씬 빼어났다. 수잔이란 이름은 잔 안에 물을 부어 소리를 낸다하여 붙여졌다.

2 만보상(萬寶常 : ?~595?) : 수(隋)나라 때 음악가. 그의 부친인 만대통(萬大通)은 양(梁)나라 부장이었다가 북제(北齊)로 귀화했는데, 후에 모반에 가담하였다가 강남으로 도망 와 결국 발각되어 살해되었다. 만보상도 죄에 연루되어 악호(樂戶)로 충당되어 악공이 되었다. 만보상은 어려서 조탄(祖誕)에게서 음악을 배워 여러 가지 악기를 다룰 줄 알았으며, 궁정에 옥경(玉磬)을 제조해주기도 했다. 그는 청각이 특히 발달했다. 한번은 자리에서 음악에 대해 논하였는데, 자리에 악기가 없어 대젓가락으로 크고 작은 접시며 잔을 두들겼더니 매우 아름다운 곡조가 울려나와 '지음(知音)'이라는 명성을 널리 얻었다. 『수서(隋書)』·「경적지(經籍志)」에 그가 지은 것으

겨서 현의 소리에 맞출 수 있었다고 하는데, 후세 사람은 그릇에 물을 부어 음을 냈다. 혹자가 말하길, "옛날에 편경(編磬)이라는 것이 있는데, 이것이 바로 수잔과 같다. 옛날에는 종을 금(金)이라 하였지 징(鉦)을 금이라 하지 않았다. 그러나 지금에 와서는 징을 금이라 하고 있으니,[4] 운징(雲鉦)[5]이 바로 편종인 셈이다. 편종이 한번 변하여 방향(方響)[6]이 되고, 다시 변하여 징이 되었다"고 한다. 수잔자가 반드시 질그릇으로 되어있는 것은 아니지만 변화의 추이로 미루어볼 때 질그릇으로 돌을 대신하였을 터, 그 또한 그럴 법한 말이로다! 『시경 · 진풍(陳風)』에서 이르기를 "질장구[缶]를 둥둥 치며"[7]라고 하였고 『사기』에서는 진왕(秦王)이 조왕(趙王)을 위해 질그릇을 두들겼다고 했으며,[8] 장주(莊周)는 대야를 두드리며 노래

로 추정되는 『악보(樂譜)』 4권이 전하지만 작자가 기록되어 있지 않다.

3 종률(鐘律) : 원래는 편종의 십이음률을 가리키는데, 널리 음률을 지칭하기도 한다.

4 옛날에는 …… 하고 있으니 : 징은 금(金), 금라(金羅), 금정(金鉦), 대금(大金) 등으로 불리었다.

5 운징(雲鉦) : 중국 고대의 타악기로서 직경이 12센티미터나 되는 10개의 작은 징이 나무틀에 걸려 만들어졌다. 나무틀의 너비는 약 50센티미터이고 높이는 65센티미터이다. 이 악기는 자단나무로 된 받침대에 설치하여 책상에 놓고 연주할 수도 있고 자단목으로 손잡이를 만들어 한손에 징을 들고 한손으로 치며 연주할 수도 있다. 표면에 구름무늬가 새겨져있으며 행군이나 수렵할 때 사용되었다.

6 방향(方響) : 동경(銅磬)이라고도 불리는 타악기이다. 『구당서(舊唐書)』 「음악지(音樂志)」에 다음과 같은 기록이 보인다. "양나라 때 동경이라는 것이 있었으니, 지금의 방향과 비슷한 부류이다. 쇠로 만드는데, 길이는 8촌, 넓이는 2촌으로 위는 둥글고 아래는 네모나다. 악기걸이는 경(磬)과 비슷하지만 업(業), 즉 악기걸이 횡목 위에 놓는 커다란 나무판이 없다. 악기걸이 위에 기대놓아 종경을 대신하였다[梁有銅磬, 蓋今方響之類. 方響, 以鐵爲之, 修八寸, 廣二寸, 圓上方下. 架如磬而不設業. 倚于架上以代鐘磬]." 당나라 때 방향은 크기가 다 다른 16조각의 쇠조각으로 만들어졌으며, 궁정 연회석상에서 쓰였다.

7 질장구를 둥둥 치며 : 이는 『시경 · 진풍(陳風)』 「완구(宛丘)」에 나오는 대목이다. 원문은 '감기격부(坎其擊缶)'인데, '부(缶)'는 질그릇으로 만든 타악기의 이름이다. 당나라 공영달(孔穎達)은 소(疏)를 달아 "부는 질그릇으로 박자를 맞출 수 있으니, 지금의 격구와 비슷하다[缶是瓦器, 可以節樂, 若今擊甌]"라고 하였다.

8 『사기』에서는 …… 했으며 : 이 내용은 『사기』 「염파 · 인상여열전(廉頗藺相如列傳)」에 보인다. "이에 진왕이 달갑지 않은 빛으로 [조왕을] 위해 질장구를 쳤다. 그러자 인상여가 돌아보고 조나라 기록관을 불러 '아무 해 아무 달에 진왕이 조왕을 위해

를 불렀다고 했다.[9] 비록 박자를 맞추었을 뿐, 음에 맞춰 소리를 낸 것은 아니었지만 소리를 내어 연주했다는 점에서는 축(祝)과 같았다. 다만 여전히 질그릇으로 연주했다.

명나라 흥평백(興平伯)[10]의 종자(從子)인 고통(高通)의 집에 주자(住子)라는 하녀가 있었다. 그녀는 식기를 두들겨 「유주가(幽州歌)」를 연주할 수 있었는데, 쟁 타는 악사들이 옆에서 쟁을 타면 그 음률에 화음을 맞추었다. 고소(姑蘇 : 지금의 강소성 蘇州)의 악공이 쇠로 바꿔보려 했지만 성공하지 못했다. 이에 소리를 낼 수 있는 식기를 모조리 사들이다가 내부감(內府監)에서 만든 성화법기(成化法器)[11] 몇 점을 얻었다. 그때 얻은 수잔자는 물을 얼마큼 넣었는지 그 수위에 따라 음의 높고 낮음과 맑고 탁함이 그때그때 달랐다. 무소뿔로 만든 젓가락으로 두들겨 소리를 냈다. 그릇은 총 8개로, 모든 음을 두루 갖추고 있었기에 억지로 그 이름을 '수잔자'라 지었다. 순치(順治) 을유년(1645)에 청나라 군사가 안평(安平 : 지금의 河北省 安平縣)을 함락하자 강도(江都 : 揚州의 별칭)가 무너졌다. 문루(文樓)[12]에 있던 식구들도 모두 흩어졌고, 주자 또한 연못에 몸을 던져 죽었다.

질장구를 치다'라고 쓰게 했다[於是, 秦王不懌, 爲一擊缻. 相如顧召趙御史書曰 : '某年月日, 秦王爲趙王擊缻']."

9 장주(莊周)는 …… 했다 : 『장자(莊子)』「지락(至樂)」에 보인다. "장자의 아내가 죽자 혜시(惠施)가 조문을 왔는데, 장자는 두 다리를 쭉 뻗은 채 앉아 대야를 두드리며 노래를 부르고 있었다[莊子妻死, 惠子弔之, 莊子則方箕踞鼓盆而歌]."

10 흥평백(興平伯) : 남명(南明)의 장수 고걸(高傑)을 지칭한다. 남명 때에 강북(江北) 사진(四鎭)을 설치하였는데, 고걸이 서주(徐州)에 주둔하고, 유양좌(劉良佐)가 수주(壽州)에 주둔하였으며, 유택청(劉澤清)이 회안(淮安)에, 황득공(黃得功)이 여주(廬州)에 주둔하였다. 그들은 3만 병력을 지니고 있었다. 홍광황제(弘光皇帝) 즉위 후에 황득공을 정남후(靖南侯)에, 고걸을 흥평백(興平伯)에, 유택청을 동평백(東平伯)에, 유야좌를 광창백(廣昌伯)에 봉했다. 고걸은 자가 영오(英吾)이며 섬서성(陝西省) 미지(米脂) 사람이다.

11 성화법기(成化法器) : 성화는 명나라 때 연호이다. 법기는 절에서 종교의식을 거행할 때 사용하는 종(鍾)이나 고(鼓), 요(鐃)나 발(鈸), 인경(引磬)이나 목어(木魚) 등의 악기 및 병 · 바리때 · 지팡이 · 주미(麈尾) 등 기물을 가리키는 말이다.

12 문루(文樓) : 원래는 원나라 때 궁중에 설치되어 있던 종루(鐘樓)의 별칭인데, 여기서는 그냥 종을 걸어두던 누각의 의미로 쓰인 듯하다.

강희(康熙) 갑진년(1664)에 나는 회음성(淮陰城)에서 고통을 만났는데, 진회장군(鎭淮將軍)에게 부탁하여 함께 식사를 하게 되었다. 식사를 하다가 고통은 품에서 두 개의 잔을 꺼냈는데, 둘 다 공봉기(供奉器)였다. 잔속에 물을 따른 다음 두들겼더니 청아한 소리가 났다. 고통은 수잔자 이야기를 하며 길게 탄식했다. 진회장군은 회성(淮城) 동쪽 연못에 있는 정교금(程咬金)[13] 장군의 무덤 옆에 마치 주자를 묻어주듯 수잔자를 묻어주게 하고는 내게 비석에 새길 묘지명을 짓게 했다. 그 글은 다음과 같다.

대나무를 엮은 악기는 퉁소요
돌을 엮은 악기는 경(磬)이로다.
방향(方響)은 전해지지 않으나
수잔 소리는 들을 수 있구나.
열여섯 조각[十六葉][14]으로 나뉘었다가,
다시 여덟 개 사기그릇[八瓷][15]이 되었네.
그 안에 물을 많이 혹은 적게 부으면
그로 인해 소리의 높낮이가 정해졌다네.
옥저(玉邸)[16]가 점차 편안해지니,

---

13 정교금(程咬金) : 정지절(程知節 : 593~665)을 말한다. 제주(濟州) 동아(東阿 : 지금의 山東省 東阿 서남쪽) 사람이다. 원래 이름은 교금이었는데, 후에 지절로 바꾸었다. 자는 의정(義貞)이다. 수나라 말에 와강군(瓦崗軍)에 들어가 이밀(李密)에게 귀의했다가 나중에 당나라에 항복한 후 진왕(秦王) 이세민(李世民)의 심복이 되었다. 정관(貞觀) 17년(643)에 태종 이세민은 24명의 개국공신 초상화를 황궁 능연각(凌烟閣)에 그려 넣게 했는데, 정지절은 그 중 한 사람이다. 『수당연의(隋唐演義)』에서는 삼판부(三板斧)를 들고 활약하는 맹장으로 등장한다.

14 열여섯 조각[十六葉] : 방향을 지칭한다. 방향은 악기걸이 하나에 16개 쇳조각을 엮어 놓아 황종(黃鍾)과 대려(大呂)의 음을 갖추게 하였기에 열여섯 조각이라 표현한 것이다.

15 여덟 개 사기그릇[八瓷] : 후당(後唐)의 사마도(司馬滔)라는 사람이 여덟 개의 질그릇[八缶]을 만들었는데, 여덟 개의 그릇에 물을 담으면 물의 수위에 따라 상하청탁(上下清濁)의 음을 냈다고 한다. 이는 후대 수잔자의 시조라 할 수 있다.

16 옥저(玉邸) : 화려한 집이나 천자의 행궁(行宮)을 옥저라 한다.

무소뿔 젓가락[17] 절로 손에 잡히네.
처음 두들기매 그 소리 모호하지만
다시 한번 치면 부드러운 소리가 나네.
시험 삼아 녹주(淥酒)[18]를 부어보고
멀리서 소곡(素曲)을 연주하네.
비단 휘감긴 반소매에
옥을 깎은 듯한 다섯 손가락.
이미 유빈(蕤賓)[19]을 뛰어넘고,
치음(徵音)[20]으로 치닫네.
중간에 두들기는 그 소리는
사람의 영혼을 능히 움직일 수 있다네.
뿔피리를 불며 전장으로 나아가는가!
호가(胡笳)를 울리며 변방에 서있는가!
살기등등한 북방,
남풍은 일지 않네.
숲을 잃은 까마귀 우짖고
우박이 쏟아져 천지가 진동하네.
관도(官渡)의 전쟁[21]에서 패망하고,
안서(安西)의 군대[22]는 무너졌네.

---

17 무소뿔 젓가락 : 이는 타악기를 두드리는 채를 가리킨다. 무소뿔이나 상아로 만든 젓가락으로 그릇을 두들겨 소리를 냈다.

18 녹주(淥酒) : 좋은 술을 지칭한다. 녹(淥)은 녹(醁)과 통한다.

19 유빈(蕤賓) : 12율, 즉 황종(黃鍾)・대려(大呂)・태주(太簇)・협종(夾鍾)・고선(姑洗)・중려(仲呂)・유빈(蕤賓)・임종(林鍾)・이칙(夷則)・남려(南呂)・무역(無射)・응종(應鍾) 중 제7번째 음이다.

20 치음(徵音) : 5음, 즉 궁・상・각・치・우 중의 하나이다.

21 관도(官渡)의 전쟁 : 관도는 허창(許昌 : 지금의 河南省 許昌市) 북쪽, 황하 남쪽에 위치한 군사요지였다. 관도의 전쟁이라 함은 건안(建安) 4년(199)에 발생한 원소(袁紹)와 조조(曹操) 부대 사이에서 벌어졌던 커다란 전쟁을 가리킨다.

22 안서(安西)의 군대 : 당나라 때 서역의 구자(龜茲 : 지금의 쿠처)・소륵(疏勒 : 지금의

도위(都尉)를 이미 붙잡고,

장차 소비(昭妃)를 데려오려 하네.[23]

비단 수레에 비춰 휘장 치고,

말을 달려 무엇 하리.

옛날의 기량(杞梁)은

그 아내가 치수(淄水)에 몸을 던졌고,[24]

조선 땅의 아낙네도

강물에 빠져 죽었지.[25]

누구는 공후(箜篌)를 뜯고

누구는 금(琴)[26]을 펼쳐놓았지.

카슈가르)·오전(於闐 : 지금의 호탄)·언기(焉耆 : 碎葉이라고도 함, 지금의 발하슈 호수 남쪽) 네 곳에 설치한 중진(重鎭)을 '안서사진(安西四鎭)'이라 부른다. 장수(長壽) 원년(692), 당나라와 토번(吐蕃)과의 전쟁에서 당나라 장수 왕효걸(王孝傑)이 군대를 이끌고 토번군을 대파시키고 안서사진을 수복했다.

23 도위(都尉)를 …… 하네 : 여기서는 왕소군(王昭君)이 거기도위(車騎都尉) 한창(韓昌)의 호송을 받으며 흉노의 선우에게 시집가는 장면을 묘사한 듯하다.

24 옛날의 …… 던졌고 : 춘추시대 제(齊)나라의 대부(大夫) 기량(杞梁)의 아내는 제나라 장공(莊公) 4년에 남편이 전사하자 교외에서 관을 맞이하고는 슬피 울었다. 그 모습을 본 사람들은 모두 눈물을 흘렸고, 성이 그로 인해 무너졌다고 한다. 또 진(晉)나라 최표(崔豹)의 『고금주(古今注)』「음악(音樂)」에 따르면, 기량이 전사하자 그 아내가 탄식하면서 "위로는 아비가 없고, 가운데로는 지아비가 없으며, 아래로는 자식도 없구나. 산 사람의 고난치고는 가장 심한 것이로다[上則無父, 中則無夫, 下則無子. 生人之苦至矣]"라고 노래를 부른 다음, 통곡을 하고나서 물에 빠져 죽었는데, 그녀의 동생이 이를 기려 「기량처(杞梁妻)」라는 악곡을 지었다고 한다.

25 조선 땅의 …… 죽었지 : 「공무도하가(公無渡河歌)」의 고사를 인용했다. 늙고 미친 남편이 강물에 빠져 죽자 아내가 공후를 뜯으며 이 노래를 부르고 따라 죽었다고 한다.

26 금(琴) : 원문은 '조창(操暢)'인데, 금을 펼치는 모습을 말한다. 『문선(文選)』에 실린 매승(枚乘)의 「칠발(七發)」에 "사당에게 창을 뜯게 하고 백아가 그를 위해 노래를 불렀다[使師堂操暢, 伯子牙爲之歌]"라는 구절이 나오는데, 여향(呂向)은 주(注)에서, "조창이라 함은 금을 펼치는 것을 말한다. 일설에는 금을 뜯으면 통달한 의미를 이해할 수 있다고 해서 그리 말했다고 한다[操暢, 張琴也. 一說, 指操琴得堯暢達之意]"라고 하였다. 금을 '창(暢)'이라 하는 이유에 대해서 이선(李善)은 "『금도(琴道)』에서 말하기를, '창달의 뜻을 알면 천하를 선하게 만들 수 있고, 두루 통하지 못하는 것이 없어지므로 창이라고 한 것이다[堯暢達, 則兼善天下, 無不通暢, 故謂之暢]"고 하였다.

둘의 아름다운 마음씨

서로 마주하는구나.

몸뚱이는 맑은 물결 속에 흘러가버리고,

그 솜씨 더 이상 들을 수 없게 되었구나.

그러나 한 조각 쇠 끊어진 실에도

방촌(方寸)의 마음만은 사라지지 않았으니,

누런 흙속으로 돌아갔어도,

청대(靑臺)[27]에서 여전히 노래를 부르리.

영웅과 미인이

억겁의 세월에 같이 묻혔구나.

소화(昭華)의 관(琯),[28]

어둔 무덤에 묻혔고

원강(元康)[29] 시대의 완함(阮咸),[30]

---

27 청대(靑臺) : 원래는 푸른색을 입힌 누대를 말하지만, 기루(妓樓)라는 뜻도 있고, 저승이라는 뜻도 있다. 여기서는 저승의 뜻으로 쓰인 듯하다.

28 소화(昭華)의 관(琯) : 고대 관악기 이름. 『서경잡기(西京雜記)』 권3에 보면, "옥으로 만든 피리로, 길이가 2척3촌에 26개의 구멍이 있다. 이걸 불면 거마와 산림이 나타나 번갈아가며 은은히 소리를 내는데, 불기를 그치면 더 이상 나타나지 않는다. 피리 위에 '소화의 관'이라 새겨져 있다[玉管長二尺三寸, 二十六孔. 吹之則見車馬山林, 隱轔相次, 吹息亦不復見. 銘曰'昭華之琯']"라는 기록이 있다.

29 원강(元康) : 진(晉)나라의 연호로 291~299이다.

30 완함(阮咸) : 비파(琵琶)와 비슷하며 혜강(嵇康)·완적(阮籍)·산도(山濤)·상수(向秀)·유령(劉伶)·왕융(王戎)과 더불어 죽림칠현(竹林七賢)으로 불렸던 완함이 이 악기에 능했던 데서 붙여진 이름이다. 당나라의 것은 둥근 몸통에 긴 자루[棹]를 박았는데, 이 자루에는 14개의 프렛[柱]이 있고 줄감개에 네 줄을 매었다. 이 밖에도 8각의 몸통에 자루가 짧은 것도 만들어졌으며 명청에 이르러 월금(月琴)과 비슷해졌다. 『수당가화(隋唐嘉話)』 하(下)에 다음과 같은 기록이 있다. "빈객 원행충이 태상소경이 되었다. 어떤 사람이 고분에서 동으로 만든 물건 하나를 얻었는데, 비파 같았으나 몸통이 동그랬다. 아무도 알아보는 사람이 없었다. 그때 원행충이 그것을 보고는 '이게 바로 완함이 만든 악기요'라고 말했다. 장인을 시켜 나무로 만들어보게 했더니 그 소리가 매우 청아하였다. 지금 완함이라 부르는 악기가 바로 그것이다[元行沖賓客爲太常少卿. 有人於古墓中得銅物, 似琵琶而身正圓. 莫有識者. 元視之曰, '此阮咸所造樂具.' 乃令匠人改以木, 爲聲甚淸雅. 今呼爲'阮咸'是也]."

오랜 무덤에 간직되었네.
북과 질그릇 찾을 길 없으나
초혼(招魂)의 노래가 있네.
그 아름다움 남아있으니,
이와 같음을 우러르노라.

장산래가 말한다.

팔음(八音)[31] 중에 오직 흙에만 새로운 악기가 없다. 내 일찍이 자기(磁器)로 이를 보충해보고자 했는데, 지금 이 글을 읽고서 원래 [흙에도] 새로운 악기가 있었음을 알게 되었다.

水盞子者, 越器也. 其器不知造於何代, 亦莫按其製. 相傳隋萬寶常析鐘律, 能叩食器應絃, 後人卽以水盡入樂. 或曰 : "古有編磬, 與水盞同. 古金以鐘, 不以鉦. 今以鉦易金, 雲鉦卽編鐘也. 編鐘一變而爲方響, 再變爲鉦." 水盞子雖不必以瓦, 然由變而推, 則易石以瓦, 或亦非無然者與! 『陳詩』云 : "坎其擊缶." 『史記』秦王爲趙王擊瓦缶, 而莊周子乃鼓盆而歌. 雖或以節音, 非以倚音, 專聲赴奏, 有如祝然. 然而猶瓦爲之.

明興平伯從子高通, 蓄婢住子. 能叩食器爲「幽州歌」, 箏師搊箏在傍, 能曲折倚其聲. 姑蘇樂工謨易以鐵, 不成. 乃購食器之能聲者, 得內府監製成化法器若干. 則水盞深分下上淸濁. 叩以犀匙. 凡器八而音周, 强名曰'水盞子'. 順治乙酉, 王師陷安平, 江都隨破. 家人之在文樓者皆散去, 住子投射陂死.

康熙甲辰, 矛遇通於淮陰城, 託鎭淮將軍食. 食頃, 懷二盞出, 供奉器也. 中拉水級, 叩之泠泠然. 語其事而三歎. 鎭淮將軍命瘞之淮城東塘

31 팔음(八音) : 제작 재료로 분류한 중국 고대 악기의 종류. 즉, 쇠[金 : 종이나 방울], 돌[石 : 磬], 흙[土 : 塤], 가죽[革 : 북], 실[絲 : 琴], 나무[木 : 柷、敔], 박[匏 : 생황], 대나무[竹 : 피리].

程將軍咬金墓側, 如瘞仕子者, 而使予誌於石. 其文曰:

編竹爲簫, 編石成罄. 方響不傳, 水盞可聽. 破十六葉, 更爲八瓷. 中流深淺, 高下因之. 玉邸漸安, 犀搥自撚. 戞郎函胡, 挑將宛轉. 試斟淥酒, 遙倚素曲. 半袖縈錦, 五指琢玉. 旣越娶板, 亦邁徵弄. 中曲擗扑, 能使神動. 吹角出陣, 鳴笳在疆. 北鄙好殺, 南風不揚. 烏啼失林, 雹裂震地. 官渡戰亡, 安西軍潰. 已奪都尉, 將邀昭妃. 錦車翠幕, 驅馳何爲. 昔者杞梁, 妻赴淄水. 朝鮮有婦, 墮河而死. 或援箜篌, 或形操暢. 彼美善懷, 與之相向. 身同波澄, 技乃響絶. 殘金斷絲, 方寸不滅. 爰歸黃土, 仍歌靑臺. 英雄粉黛, 千秋同埋. 昭華之琯, 藏於幽隴. 元康阮咸, 乃闕古塚. 鼓缶無路, 招魂有詞. 彼美而在, 尙其依斯.

張山來曰: 八音中惟土無新製. 予嘗欲以磁器補之, 今讀此, 乃知素有其器也.

산산전(姍姍傳)

운손(雲孫) 황영(黃永)

산산은 자가 소산(小姍)이고 성은 주씨(周氏)로 대계(戴溪) 황부인(黃夫人)의 시녀였다. 산산의 어머니는 흰 구슬 하나를 삼키는 꿈을 꾸고는 깨어나서 바로 임신을 했다. 사람들이 점을 쳐보니 분명 남자일 것이라고 했는데, 막상 산산이 태어나자 모두들 축하하며, "이 아이가 비록 딸이긴 해도 복과 지혜를 타고났을 것이요"라고 말했다.

산산이 겨우 몇 살밖에 안 되었을 때 마당에서 놀고 있었는데, 마침 황부인이 은을 다루는 장인에게 비녀를 만들라고 명령하면서, "편지 모양으로 [네모나게] 만들라"고 하자 산산이 바로 이어받아서 "편지 한 통이 오니 바로 군사를 일으키네"[1]라고 말했다. 부인은 그 소리를 듣고 이를 하얗게 드러내며 웃더니, 그때부터 산산을 무척 어여삐 여기면서 직접 머리를 잘라주고 전족을 해주었다. 그리고 자기 딸과 함께 글방에서 공

1 편지 한 통이 …… 일으키네 : 이는 『서상기(西廂記)』 중 「곤강룡(混江龍)」에 나오는 구절이다.

부를 하게 해주어서 산산은 필묵을 가까이 접할 수 있었다. 조금 자라서는 수놓기를 배웠는데, 금침(金針)이든 원앙보(鴛鴦譜)든 한번만 보고서도 모두 빼어나게 잘 해냈다. 타고난 성품이 부드럽고 온순하였으며, 부인의 뜻을 잘 살폈기에 일을 시키기에 앞서 먼저 의중을 알아채곤 했다. 그래서 부인은 매번 "너는 나의 여의주(如意珠)로구나"라고 말했다. 하지만 어려서부터 결벽증이 있어서 향 쐬고 옷 빠는 일을 미처 하지 못할까 봐 늘 전전긍긍했으며 자신이 사용하는 의복이나 기물들은 같이 있는 사람들도 절대 근접하지 못하게 했다. 낮에는 옆에서 바느질을 배우고 밤에는 부인을 따라 해남대사(海南大士)에게 합장했다. 물러난 뒤에도 방문을 걸어 잠근 채 자거나 앉아있을 뿐, 말소리를 들을 수 없었다. 마음이 조용하기가 이와 같았다.

정해년(1647)에 산산의 나이 열다섯이 되자 부인은 산산을 시집보내주려고 했다. 그때 자가 운손(雲孫)인 효렴 출신 황영(黃永)이란 자가 과거에 낙방하여 고향으로 돌아왔다. 운손은 노니는 것에 지쳐있었으나, 문밖에 [그를 찾아온] 훌륭하신 분들의 수레가 끊이지 않고[2] 기이한 인재를 찾는 사람들로 가득했기에, 날마다 편지지를 자르고 먹을 가느라 정신이 없었다. 예쁜 여자를 하나 얻어 기실(記室)로 삼고자 했는데, 상부인(湘夫人)[3]과 잘 어울려야 하고 재주도 있으면서도 어진 여자를 얻고 싶었기에 사람들과 상의하며 말했다.

"내 곁에서 따라야 할 터인데, 번소(樊素)나 조운(朝雲)[4] 같은 사람이 세

---

2 문밖에 …… 끊이지 않고: 이는 『사기』「진승상세가(陳丞相世家)」에 나오는 말이다. "장부(張負)가 진평을 따라 그 집에 가보니, 집은 성 바깥 궁벽한 골목에 있었으며 돗자리로 문을 만들어 놓았으되, 문밖에는 대단한 사람들의 수레가 끊이지 않았다. 장부는 돌아와 그 아들 장중(張仲)에게 '내 손녀를 진평에게 시집보내고자 한다'고 말했다[負隨平至其家, 家乃負郭窮巷, 以席爲門, 然門外多長者車轍. 張負歸, 謂其子仲曰: '吾欲以女孫予陳平']."

3 상부인(湘夫人): 원래는 상수(湘水)의 신을 지칭하지만, 여기서는 황영의 본부인을 지칭하는 말로 쓰였다.

4 번소(樊素)나 조운(朝雲): 번소는 백거이(白居易)가 아끼던 기생이다. 춤과 노래에

상에 어디 있겠는가? 있다 하더라도 혼례를 치르고 데려와야겠지."

그러나 운손은 사마상여(司馬相如)가 앓았던 소갈증[5]이 있었고, 기호 또한 특이해서 매번 "투실투실 살찐 하녀는 못난 종놈하고나 짝이 되어야지. 소양(昭陽)[6]의 으뜸가는 여자는 어디 있는가? 차라리 피풍대(避風臺)[7]를 지어놓고 기다리리라"고 말했다. 그런 탓에 광릉(廣陵)과 고소(姑蘇) 일대를 그렇게 다니고 또 여자들이 떼를 지어 몰려들었지만 끝내 마음에 맞는 여자를 만나지 못했다.

하루는 황부인의 환갑날[8]이 되어, 조카뻘인 운손도 부인께 술잔을 올렸다. 산산이 평상시와 다름없는 복장에 평범한 화장을 하고서 부인을 모시고 천천히 앞으로 나왔는데, 구름 같은 귀밑머리며 눈처럼 흰 피부며 마치 뼈조차 없는 사람처럼 하늘거렸으며, 편안하고 고아한 자태와 청초하고 아름다운 모습은 옷조차 가누지 못할 것 같았다. 서서 바라보니 거의 선녀가 아닐까 싶었다. 운손은 산산을 얼핏 보고 그만 마음이 동하여 속으로 "길이 가까이에 있는데, 구하려니 아득하구나. 저 미인이야말로 천하에 둘도 없는 경국지색이로다"라고 되뇌었다. 그날 친척들이

능했고 특히 「양지(楊枝)」를 잘 불러서 백거이의 친구들은 그녀를 양지라고 불렀다. 그러나 후에 백거이가 늙고 병들자 번소는 그 곁을 떠나갔다. 조운은 소식(蘇軾)의 애첩이다. 그녀 또한 번소와 마찬가지로 기녀 출신이지만 소식을 따라 기꺼이 편벽한 혜주(惠州)까지 갔다. 이에 소식은 「조운(朝雲)」이라는 시를 지어 "양지처럼 백낙천을 떠나가지 않고, 통덕처럼 영원을 옆에서 모셨네[不似楊枝別樂天, 恰如通德伴伶元]"라고 하였으며 시 앞의 서(序)에서, "우리 집에 첩이 몇 있는데, 사오년 사이 잇달아 떠나가고 조운만이 나를 따라 남쪽으로 왔다. 이에 백낙천의 시를 읽다가 농삼아 이 시를 지어 조운에게 준다[予家有數妾, 四五年間相繼辭去, 獨朝雲隨予南遷. 因讀樂天詩, 戲作此贈之]"라고 했다.

5 사마상여(司馬相如)가 앓았던 소갈증 : 사마상여는 한나라의 대문호이다. 전하는 바에 따르면 사마상여는 소갈증, 즉 당뇨병을 앓았다고 한다.

6 소양(昭陽) : 한나라의 궁전 이름. 후에는 후비들에 사는 궁전을 두루 칭했다.

7 피풍대(避風臺) : 한나라 때 조비연(趙飛燕)은 몸이 바람조차 이기지 못할 만큼 가냘팠다고 하는데, 그녀를 위해 성제(成帝)는 칠보로 피풍대, 즉 바람을 피하는 누대를 만들어주었다고 한다.

8 환갑날 : 원문은 '육질초도(六袟初度)'. 육질은 60이고, 초도는 출생한 때를 가리키는데, 후에는 생일을 지칭하는 말로 쓰였다. 60세 생일이니 곧 환갑날인 셈이다.

모두 모여 무리지어 앞에 나아가 축수를 올렸는데, 산산이 자리에 오래도록 머물러 있던 덕택에 운손은 몇 차례 더 바라볼 수 있었다. 산산은 볼이 발그레해져서 그에게 한번 눈길을 주었을 뿐이다. 그러나 예를 마치고는 바로 부인을 따라 안으로 들어가 버렸다. 운손은 안타깝게 떠나와서는 「완계사(浣溪紗)」 한 편을 지었다.

운손은 매파를 불러 사정을 이야기하고 은근히 중매를 넣게 했다. 그러나 부인은 산산을 몹시 아꼈던 터라 첩[9]으로 보내고 싶지 않아 완강히 거절하며 허락하지 않았다. 운손은 하릴없이 허공에 글씨만 쓸 뿐,[10] 뾰족한 방도를 찾지 못하고 있었다. 부인의 장남인 내왕(來王)과 차남인 설인(雪茵)은 옛날부터 운손과 사이가 좋았는데, 그들이 힘껏 운손을 위해 부인께 부탁하자 부인이 말했다.

"손바닥 위에 올려놓은 구슬처럼 보듬어와서인지 차마 남의 첩이 되는 꼴은 볼 수가 없구나."

그러나 기필코 운손을 위해 청을 올리고자 한 사람이 있었으니, 바로 산산이었다. [운손이] 집안 할멈에게 시켜 몰래 물어보게 하였더니 산산은 대답하지 않았다. 할미가 말했다.

"지난번에 축수를 올렸던 얌전한[11] 젊은이 말이오. 듣자니 재주와 명성이 강남에서 으뜸이라 합디다. 벼루를 받치던 꽃을 들고 있던,[12] 당장

---

9 첩 : 원문은 '소성(小星)'. 원래는 『시경(詩經)』 「소남(召南)」의 편명이었는데, 서(序)에 "소성은 은혜가 아래로 미침을 읊고 있다. 부인이 투기하지 아니하면 그 은혜가 천첩에게까지 이른다[小星, 惠及下也. 夫人無妒忌之行, 惠及賤妾]"라고 하여 후에 '소성'은 첩을 지칭하는 용어로 쓰이게 되었다.

10 허공에 글씨만 쓸 뿐 : 원문은 '서공무료(書空無聊)'인데, '서공돌돌(書空咄咄)'과 같은 뜻으로 쓰인 듯하다. 『세설신어(世說新語)』 「출면(黜免)」에 보면 은중군(殷中軍 : 殷浩)이 파직된 후 신안(信安)에 살면서 하루 종일 허공에 대고 손가락으로 오로지 '돌돌괴사(咄咄怪事)' 넉 자만을 썼다고 한다. 은호가 허공에 글을 썼다는 뜻만을 취해 '서공(書空)'으로 줄여 쓰기도 한다.

11 얌전한 : 원문은 '순순(恂恂)'으로 조심스럽고 근엄한 모습을 형용한다.

12 벼루를 받치던 꽃을 들고 있던 : 원문은 '봉연사화(捧硯司花)'이다. 봉연은 벼루를 받치고 있다는 뜻으로 옆에서 시중드는 것을 말하는 듯하다. 사화(司花)에 대해서는

군(黨將軍)[13] 아래서 술시중이나 드는 것보단 훨씬 나을 게요. 그 젊은이가 몰래 자네를 흠모하고 있으나 혹여 온당치 못할까 걱정하고 있다 하오. 부인께서 그렇게 하라고 하시면 하시겠소?"

그러자 산산은 고개를 끄덕였다. 그전에도 부인과 외가 쪽 친척 되는 마을 부잣집 자제들은 모두 산산을 얻어 금으로 만든 집에 숨겨두고 싶어 했는데, 그런 말을 들을 때마다 번번이 크게 화를 내곤 하던 산산이 이번에는 노파의 말을 듣자마자 살포시 웃었으니, 이로써 산산이 속으로 운손을 받아드렸음을 알 수 있다. [산산이] 허락했다고 보고하자 운손은 뜻밖의 결과에 크게 기뻐하였고, 상부인은 사비를 들여서 예물을 보냈다.

이때는 마침 순치연간(順治年間) 무자년(1648) 시월이었다. 춘관(春官) 시험[14]에 응시하는 사람들이 모두 북쪽으로 올라갔다. 운손은 길일을 택해 산산과 혼례를 치르고 함께 떠나려고 하였으나 부친의 명령으로 그렇게 하지 못했다. 게다가 어서 길을 떠나라고 재촉하는 바람에 하는 수 없이 짐을 꾸려 떠나려고 했다. 그러던 중 갑자기 산산이 병에 걸렸다는 이야기를 듣고 운손은 한 달이나 머무르면서 의원을 모셔와 치료해주었다.

당나라 안사고(顏師古)의 『수유록(隋遺錄)』 권상에 다음과 같은 기록이 보인다. "장안 공어거의 딸 원보아는 나이 열다섯에 허리가 가늘고 자태가 아름다웠다. 황제는 그녀를 특히나 총애하셨다. 당시 낙양에 합체영련화를 들여왔는데, …… 황제는 원보아에게 그것을 들고 있게 하였다. 그래서 그녀를 '사화녀'라고 불렀다[長安貢御車女袁寶兒, 年十五腰肢纖墮騃冶多態. 帝寵愛之特厚. 時洛陽進合蒂迎輦花 …… 帝命寶兒持之. 號曰'司花女']." 즉 남의 첩이 되어 옆에서 시중든다는 뜻이다.

13 당장군(黨將軍) : 송나라 초기의 당진(黨進)을 가리킨다. 그는 당시 유명했던 일자무식 비루한 무인이었으나 군공(軍功)을 세워 태위(太尉) 벼슬에 올랐다. 『녹창신화(綠窗新話)』에 따르면 한림학사(翰林學士)를 역임했던 도곡(陶穀)이 당진의 첩을 사들였는데, 하루는 눈을 녹여 차를 끓이면서 그 첩에게 물었다. "당태위(黨太尉)도 이러한 정취를 아느냐?" 그러자 그 첩은 "그는 거친 사람일 뿐인데, 어찌 이런 정경을 알겠습니까? 그저 금실로 짠 휘장 안에서 노래나 부르면서, 양고주(羊羔酒) 마시는 것만 알 따름입니다"라고 대답했다.

14 춘관(春官) 시험 : 『주례(周禮)』에서는 천(天)·지(地)·춘(春)·하(夏)·추(秋)·동(冬)의 육관(六官)을 설치했는데, 춘관은 대종백(大宗伯)을 장관으로 삼아 예제와 제사, 역법 등을 관리했다. 당나라 때 예부를 춘관이라 고친 적이 있었기에 후세에도 춘관을 예부의 통칭으로 사용하곤 했다. 예부에서 주관하는 시험이란 과거시험을 뜻한다.

운손은 마음이 편치 않아 떠나고 싶지 않았으나 심부름꾼이 와서 다음과 같은 부인의 말을 전했다.

"아이가 아파도 내가 옆에 있다. 운손은 어찌하여 일개 아녀자의 병으로 인해 과시를 그만두려 하는가?"

운손은 하룻밤 뒤에 하인과 길을 떠났다. 운손의 벗 허성본(許聖本) 등이 교외에서 전별연을 벌여주었는데, 운손은 「감자목란화(減字木蘭花)」 한 수을 지어 이별의 마음을 적었다.

동군(東君)[15]께서 생각이 있어
매화꽃 피게 하였건만 꽃은 아니 피었네.
봄빛이 조금 새어나오기는 했으나
서풍에 하룻밤 서리를 어찌 막을 손가.
처연히 마주하고 앉아,
꽃 아래 따스한 기운에 꽃은 눈물 떨구려 하네.
활처럼 생긴 그믐달,
몇 번이고 심지를 잘라내니 새벽 알리는 종소리 또 울리네.

그리고는 떠나갔다. 산산은 병이 더욱 위독해졌으나 의원이 오면 억지로 일어나 머리를 감고 빗었다. 이미 뼈만 앙상하게 남아 지탱할 수조차 없는 몸으로 그래도 고개를 들어 금박 입힌 첩지[16]가 오기를 바랐다.

얼마 후 운손이 낙방했다는 이야기를 듣고는 수심에 겨워하다가 초췌한 모습으로 가슴을 부여잡고 울었다. 부인이 재삼 위로하고 달래며 "하

15 동군(東君) : 봄을 관장하는 신.

16 금박 입힌 첩지 : 진사 합격의 기쁨을 알리는 첩지를 뜻한다. 오대(五代) 때 왕인유(王仁裕)가 지은 『개원천보유사(開元天寶遺事)』「이금첩자(泥金帖子)」에, "막 진사에 급제하고 나면 금박을 입힌 첩자를 집으로 보내는 편지에 같이 보내 과거합격의 기쁨을 알렸다. 문종 때에 이르러 이러한 제도가 없어졌다[新進士才及第, 以泥金書帖子附家書中, 用報登科之喜. 至文宗朝, 遂寢削此儀也]"는 기록이 보인다.

고 싶은 말이 있느냐? 내게 알려만 다오"라고 하자 산산이 말했다.

"박복한 소첩 부인 슬하에서 사랑을 받아온 것이 어언 열여섯 해입니다. 그러나 복이 없어 세상을 일찍 떠나야 하니, 이젠 오래도록 어머님을 모실 수 없습니다. 그러니 무슨 말을 더 하겠습니까?"

부인이 한사코 물으면서 "혹 운손이 그리운 것이냐?"고 하자, 산산은 길게 탄식하고 멍하니 바라보더니, 좌우를 돌아보며 "저를 좀 부축해주세요!"라고 말했다. 일으켜 앉히자 머리를 조아리며 이렇게 말했다.

"낭군께서는 천하에 둘도 없는 재사(才士)이시며, 저를 두텁게 돌보아 주셨습니다. 지금 시험에서 낙방하신 것은 그분 탓이 아니라[17] 소첩 탓입니다. 소첩 간밤에 꿈을 꾸었는데, 격문(檄文)을 가지고 누군가가 저를 부르러 왔기에 천천히 구름 위로 올라가 떠나갔습니다. 생각건대 요지(瑤池)와 자부(紫府) 사이로 가야할 것 같습니다. 저 대신 낭군께 감사 말씀 드려주십시오. 생사의 길이 달라 이제 이별이라구요."

그리고는 베개를 어루만지며 주룩주룩 눈물을 흘렸다. 그 후로는 더 이상 약도 먹지 않더니 결국 며칠 만에 죽고 말았다.

산산이 죽고 사흘 뒤에 운손이 집에 당도했는데, 상부인은 그때까지도 눈물이 눈에 그렁그렁하였다. 운손이 말했다.

"'소첩 낭군 뵙기 부끄러운데, 왜 저녁도 되기 전에 오셨나요'[18]라고

---

17 그분 탓이 아니라: 원문은 '비전지죄(非戰之罪)'으로 중국의 오랜 속담이다. 어떤 일이 객관적 원인으로 인해 실패했거든 스스로를 탓할 필요가 없다는 뜻이다.

18 소첩 …… 오셨나요: 원문은 '첩면수랑, 내시미만(妾面羞郎, 來時未晚)'이다. 이와 관련하여 『당시기사(唐詩紀事)』에 다음과 같은 고사가 전한다. 두고(杜羔)가 과거에 떨어지자 아내 조씨(趙氏)가 먼저 다음과 같은 시를 부쳐왔다. "당신은 기이한 인재이거늘, 어찌하여 매년 쫓겨 돌아올까? 소첩 부끄러워 그대 얼굴 볼 수 없으니, 오시려거든 저녁 때 오세요[良人的的有奇才, 何事年年被放回. 如今妾面羞君面, 君若來時傍晚來]." 두고는 이 시를 읽고 집으로 돌아가지 않았다. 후에 두고가 급제하자 아내 조씨는 또 다음과 같은 시를 부쳐왔다. "장안은 여기서 얼마 멀지 않아 울울총총 아름다운 기운이 그 위로 떠오르네. 당신은 한창 나이에 뜻을 이루셨으니, 오늘 밤은 어느 기루에서 취해 주무시고 계신가요[長安此去無多地, 鬱鬱葱葱佳氣浮. 良人得意正年少, 今夜醉眠何處樓]?"

말할 셈인가?"

상부인이 말했다.

"그런 게 아니에요. 앉으셔요. 말씀 드릴게요."

하더니 탄식하며 "산산이 죽었습니다"라고 말했다. 운손은 산산 때문에 마음에 상처를 입어 늘 정신이 나간 듯 즐겁지 않았다. 깊은 생각과 숨겨진 아픔으로 인해 때때로 가슴에 멍울이 맺히기도 했다. 한번은 술잔을 들고 바람 맞으며 산산의 혼령에게 고했다.

"바다로 들어가 불사약이나 반혼향(返魂香)을 얻어다가 그대를 일으켜 세우고 싶지만 삼신산(三神山)[19]엔 인풍(人風)[20]이 있어 배를 끌고 갈 수가 없구려. 이소군(李少君)과 같은 방사의 술법을 얻어 위로 하늘에 오르고 아래로 땅에 들어가 두루 찾아다니고 싶지만, 칠석날 밤에 미처 나란히 있어보질 못해 추억할만한 맹서도 없소.[21] 가인을 다시 얻기 어려우니, 이 일을 어찌할꼬?"

그 후 산산이 여러 차례 꿈에 나타났긴 하였으나, 참인가 거짓인가? 가까이 다가갈 수가 없었다. 우린(于麟)의 「이부인 노래[李夫人歌]」에서 읊기를, "배회하는 그 발걸음 어찌 그리 어지러운가. 감싸 안은 발그레한

---

19 삼신산(三神山) : 동해에 있다는 전설 속의 영산으로 봉래(蓬萊)·방장(方丈)·영주(瀛洲)를 가리킨다.

20 인풍(人風) : 서인풍(庶人風). 비열하고 못된 바람을 뜻한다. 이 말은 송옥(宋玉)의 「풍부(風賦)」에서 나왔다.

21 이소군(李少君) …… 없소 : 한나라 무제(武帝)는 이부인(李夫人)을 몹시 사랑했다. 이부인이 죽고 난 뒤 무제는 그리움에 병이 다 생겼다. 이에 동방삭(東方朔)이 제(齊)나라의 방사(方士) 이소군을 추천했다. 이소군은 무제에게 이부인의 머리카락을 달라고 하더니 과연 이부인의 혼을 불러와 무제와 만나게 해주었다고 한다. 당나라 백거이(白居易)가 지은 「장한가(長恨歌)」에 보면, 현종(玄宗)은 양귀비(楊貴妃)가 죽고 난 뒤 그리움에 병을 얻었는데, 그때 자칭 이소군의 방술을 할 수 있다는 촉(蜀) 땅의 도사가 나타나 양귀비의 혼과 만났다는 고사가 있다. 시의 끝에는 양귀비와 현종이 칠석날 밤 주고받은 사랑의 맹서가 나온다. "칠월 칠석 날 장생전에서, 사람 아무도 없는 깊은 밤에 사사로이 나눈 말. 하늘에서는 비익조가 되기를, 땅에서는 연리지가 되기를 바랐지[七月七日長生殿, 夜半無人私語時. 在天願作比翼鳥, 在地願爲連理枝]."

얼굴 분명치 않네"라고 했는데,[22] 이 두 구절 모두가 분위기를 흡사하게 묘사해냈다. 혹자가 말하기를 "산산은 부인을 좇아 경건히 불법을 닦았다. 그러니 마땅히 육신을 먼저 깨끗이 한 다음 변화하여 떠나갔을 터, 양옥청(梁玉青)처럼 태백(太白)에게 누를 끼치지는 않았을 것이다"[23]라고 했는데, 그럴 법도 하다. 백골을 일어나게 하려거든 달 아래서 바람 앞에서 불러야 혹 나올 수 있을 것이다. 『모란정(牧丹亭)』을 탕약사(湯若士)[24]의 우언(寓言)이라고만 할 수는 없다. 산산이 죽은 지 이미 세 달이나 되었다. 같은 마을의 묵장서사(墨莊書史)가 그녀를 위해 전(傳)을 지었다.

논하여 말한다.

나는 산산이 남긴 일화에 관해 매우 상세하게 들었다. 오 땅 미녀 자옥(紫玉)[25]의 부류인가! 어떤 사람은 "세상에 많은 게 아름다운 부인인데 꼭

22 우린(于麟)의 …… 했는데 : 우린은 명나라 때 전칠자(前七子) 중 하나인 이반룡(李攀龍)의 자이다. 이 시는 『창명집(滄溟集)』 권1, 고악부(古樂府)에 실려 있다. "가는가, 오는가, 다가가보니, 배회하는 발걸음 어찌 그리 분분한가[去邪來邪就而視之, 紛何被被其徘徊]. 꿈인가, 생시인가, 다가가보니, 발그레한 얼굴 싸여있어 분명치 않네[寤邪夢邪就而視之, 包紅顏其弗明]. 사뿐사뿐 걷는 자 누구인가, 다가가보니, 가려진 휘장으로 바람은 어찌 그리 소소히 부는가[步儺儺者誰邪, 就而視之, 風何蕭蕭其蔽帷]." 그 중 둘째 수는 『한서(漢書)』 「효무이부인전(孝武李夫人傳)」에 실려 있는 한무제의 「이부인을 애도하는 부[悼李夫人賦]」 중 "흐느끼며 마음만 좇아가노라니, 발그레한 얼굴 감싸 안아 분명치 않네[既激感而心逐兮, 包紅顏而弗明]"와 흡사하다.

23 양옥청(梁玉青) …… 것이다 : 이 고사는 『독이지(獨異志)』에 보인다. 원문에는 '양옥청(梁玉青)'이라 되어있으나 『독이지』에는 '양옥청(梁玉清)'이라 되어있다. "태백이 직녀의 시녀인 양옥청과 위승장을 훔쳐 달아나 아성의 소선동으로 도망쳤다. 태백성이 46일 동안 나오지 않자 천제께서 노하시어 오악신에게 명령하여 태백을 잡아다 원래 자리에 가져다 놓게 하였다. 위승장은 도망쳤다. 양옥청에게는 자휴라는 이름을 가진 아들이 있었다. 양옥청은 북두칠성 아래로 귀양 가서 방아를 찧었다. 그의 아들은 하백과 함께 마차를 몰고 다니며 비를 뿌렸는데, 소선동에만 이르면 어미가 음탕하게 도망쳤던 곳임을 부끄러이 여겨 말고삐를 돌려 돌아와버리곤 했다. 그래서 그 지방엔 늘 비가 적게 온다[太白星竊織女侍兒梁玉清衛承莊, 逃入衙城小仙洞. 四十六日不出, 天帝怒, 命五岳搜捕太白歸位, 衛承莊逃焉. 玉清有子, 名子休. 玉清謫於北斗下, 常舂. 其子乃配與河伯, 驂乘行雨, 子休每至小仙洞, 耻其母淫奔之所, 輒回馭不經, 故此地常少雨]."

24 탕약사(湯若士) : 『모란정』의 작가 탕현조(湯顯祖)이다.

이 사람이어야 하나"라고 말한다. 이런 무정한 사람의 말은 운손을 위해 해줄 바 못된다. 운손은 당(堂) 위에 올라 산산과 잠시 만났을 뿐, 그 후 다시 보지 못하였지만 사랑의 감정만은 매우 각별했다. 이 어찌 미색에만 빠져서였겠는가! 재주가 많은 탓에 화를 만난 자인지라 탄식할 만 하도다! 역사에서 말하길, 완사종(阮嗣宗)이 술에 취해 이웃 술집여자 옆에서 잠든 적이 있었는데, 그 여자가 죽자 다시 찾아가 곡을 했다고 한다.[26] 가히 호색하지만 음탕하지 않다고 이를 만하다. 운손 또한 이에 가깝다.

장산래가 말한다.

---

25 오 땅 미녀 자옥(紫玉): 원문은 '오와(吳娃)'이다. 『자치통감(資治通鑒)』「주난왕 27년(周赧王二十年)」에 "주보는 장자 장을 태자로 세우고 오와를 얻어 매우 사랑했다[主父初以長子章爲太子, 後得吳娃, 愛之]"라는 말이 나오는데 호삼성(胡三省)은 주에서 "오초지역에서는 미녀를 '와'라고 부른다[吳楚之間, 謂美女曰'娃']"라고 하였다. 오 땅의 미녀 자옥은 바로 춘추시대 오왕(吳王) 부차(夫差)의 어린 딸의 이름으로 소옥(小玉)이라고도 한다. 『수신기(搜神記)』에 따르면, "오왕 부차의 어린 딸 자옥은 열여덟에 한중이라는 젊은이를 사랑했다. 그에게 시집가고 싶었으나 아버지가 이를 막자 가슴에 맺혀 죽고 말았다. 한중은 공부를 마치고 돌아와 자옥의 무덤에서 목을 맸다. 그때 자옥이 모습을 드러내 한중에게 명주를 주었다. 그런 다음 부차의 꿈에 나타났다. 이 말을 들은 부인은 그녀의 시신을 꺼내 끌어안고 울었는데, 자옥은 연기처럼 사라지고 말았다[吳王夫差小女紫玉, 年十八, 悅童子韓重. 欲嫁而爲父所阻, 氣結而死. 重游學歸, 吊紫玉墓. 玉形現, 幷贈重明珠. 玉托夢于王, 夫人聞之, 出而抱之, 玉如烟而沒]"고 한다. 후에는 사랑에 연연하는 어린 소녀를 지칭하는 말로 쓰이고, 요절한 여자를 가리키는 말로도 사용되었다.

26 완사종(阮嗣宗)이 …… 한다: 완사종은 완적(阮籍)이다. 여기는 두 가지 고사가 섞여 있는 듯하다. 앞의 고사는 『세설신어(世說新語)』「임탄(任誕)」에 보인다. 완적의 이웃에 미모가 뛰어난 여자가 있었는데, 그녀는 주막을 하고 있었다. 완적은 왕융(王戎)과 함께 그 집에 자주 가서 술을 마셨다. 하루는 완적이 술에 취해 그 여자 옆에서 잠들었는데, 그 여자의 남편은 완적과 자기 아내 사이에 불륜이 있음에 분명하다고 의심했다. 그러나 아무리 찾아봐도 별다른 내막이 없었다[阮公隣家婦有美色, 當壚酤酒. 阮與王安豊常從婦飮酒. 阮醉便眠其婦側, 夫始殊疑之, 伺察, 終無他意]. 뒤의 이야기는 왕은(王隱)의 『진서(晉書)』에 나온다. "완적의 이웃에 재색을 겸비한 처자가 있었는데, 시집도 못하고 죽었다. 완적은 그 여자를 알지도 못했고 살아서 본 적도 없는데, 그 집을 찾아가 슬피 곡을 한 뒤 떠나왔다고 한다. 그가 아무런 구속 받지 않고 달관되게 살아온 것이 대략 이와 같다[籍隣家處子有才色, 未嫁而卒. 籍與無親, 生不相識, 往哭盡哀而去. 其達而無檢皆此類也]."

재원(才媛)이 투기하는 부인을 만나는 것을 나는 몹시 안타까워했다. 그러나 황부인[27]이 이처럼 어질고 덕성스러웠는데 산산이 수를 다하지 못하고 죽다니, 하늘도 질투를 하는 것인가?

姍姍者, 字小姍, 周姓, 戴溪黃夫人侍兒也. 母夢呑素珠一粒, 覺而娠. 群輩卜之, 宜男, 及姍姍生, 咸賀之曰 : "是雖女也, 當有福慧."

數歲戲於庭, 適夫人勑銀工製釵曰 : "如一封書式", 姍姍應聲曰 : "一封書到便興師." 夫人爲之發粲, 自是極憐愛之, 親爲剪髮裹足. 令從女塾學, 得近筆墨. 稍長, 課之繡, 金針鴛譜, 一見精絶. 稟性婉媚, 善伺夫人意, 先事卽得. 夫人每曰 : "此吾如意珠也." 幼有潔癖, 薰香浣衣, 惟恐弗及, 凡其服食器用, 卒不令諸同伴近之. 晝則旁習女紅, 夜則隨夫人合掌海南大士. 旣退, 但閉閣寢坐, 終不聞語聲. 其靜心類如此.

丁亥, 姍姍年十五, 夫人將爲之字. 而孝廉黃永雲孫者, 時以下第歸里. 雲孫故倦游, 然門外多長者車轍, 問奇履滿, 劈箋調墨, 日不暇給. 思得麗姝爲記室, 厥配湘夫人, 才而賢, 相與謀之曰 : "是欲副余, 天下豈有樊素朝雲其人者乎? 卽有之, 當以禮聘." 而雲孫負相如之渴, 所好又特異, 每曰 : "豊肌肥婢, 傭奴配耳. 昭陽第一安在? 吾寧築避風臺俟之." 以故薄游於廣陵姑蘇之間, 幾於紅粉成陣, 而卒無所遇.

一日爲黃夫人六袟初度, 雲孫以族之猶子, 從而捧觴焉. 姍姍侍夫人出, 常粧便服, 遲遲來前, 鬢雲膚雪, 柔若無骨, 而姿態閒逸, 娟娟楚楚, 如不勝衣. 立而望之, 殆神仙中人也. 雲孫瞥見心蕩, 私自念曰 : "其道在邇, 求之則遠. 彼美人者, 眞國色無雙矣." 時親族畢集, 群進而壽, 姍姍延佇旣久, 雲孫得數數目之. 姍姍面頰發赤, 爲一流盼而已. 禮畢, 遽隨夫人入. 雲孫悵然別去, 賦「浣溪紗」一闋.

---

27 황부인 : 본문의 내용으로 볼 때 이 부분은 문제가 있다. 황부인은 산산의 주인이고, 황영의 본부인은 상부인이다. 이로 볼 때 투기하는 부인이라는 표현과 황부인은 서로 맞지 않는다.

於是呼媒者告之故, 使通殷勤. 而夫人重惜之, 不欲以備小星之選, 固拒不許. 雲孫書空無聊, 計無所出. 乃夫人之長君來王, 次君雪茵, 固善雲孫, 力爲之請, 夫人曰 : "吾以掌上撫之, 極不忍使爲人作妾." 必欲爲雲孫請者, 有姍姍在. 命家媼以其私詢之, 姍姍不言. 媼曰 : "是前稱壽者, 恂恂少年. 吾聞其才名冠江南. 捧硯司花, 猶勝黨將軍羔酒. 其私心慕子, 惟恐不得當也. 唯夫人命, 可乎?" 姍姍首肯. 先是里中貴子弟, 爲夫人內姻者, 咸願以金屋貯姍姍, 姍姍聞之, 輒大恚, 至是聞媼言爲一破顔, 以是知其心許雲孫矣. 旣報可, 雲孫大喜過望, 湘夫人出私資聘之.

是時適當順治戊子十月. 諸應春官試者, 悉北上. 雲孫將諏吉娶之偕往, 以父命不果. 且促之駕, 不得已, 治裝將去. 而聞姍姍忽遘疾, 雲孫爲留竟月, 延醫治之. 意殊怏怏不欲行, 使者傳夫人語曰 : "兒疾在我. 雲孫豈以一女子病, 而輟試事?" 越夕, 僕夫趣行. 其友許聖本等, 餞之郊外, 雲孫賦「減字木蘭花」一闋, 志別曰 : "東君有意, 知許梅花花也未. 小漏春光, 怎禁西風一夜霜. 凄然相對, 花底溫存花欲淚. 殘月如弓, 幾剪燈花又曉鐘." 遂去. 而姍姍病益劇, 醫來, 猶强起櫛沐. 然已骨立不支, 似猶擧首盼泥金也.

旣又聞雲孫被放, 愁容憔悴, 捧心而泣. 夫人再三慰諭曰 : "若何所言? 但告我." 姍姍曰 : "妾命薄, 辱夫人膝下, 十六年於玆. 無祿早世, 不得長侍阿母. 夫復何言?" 夫人固問之曰 : "豈有思於雲孫耶?" 姍姍長吁瞪目, 顧左右曰 : "扶我扶我!" 起而頓首曰 : "郎君天下才, 睠我厚. 今試北, 非戰之罪, 乃以妾故也. 且妾夜者夢持檄召我, 冉冉登雲而去. 意者在瑤池紫府之間. 爲我謝郎君. 生死異路, 從此辭矣." 撫枕淚落如雨. 自後不復進藥, 數日竟死.

死之三日, 雲孫抵家, 湘夫人淚光瑩瑩然猶在目也. 雲孫曰 : "將無'妾面羞郎, 來時未晩'耶?" 湘夫人曰 : "不然. 坐定. 吾語若." 歎曰 : "吁姍姍死矣." 雲孫旣內傷姍姍, 居平忽忽不樂. 幽思隱慟, 時結於懷. 嘗以一杯臨風, 告於靈曰 : "吾將入海, 乞不死藥, 返魂香, 以起之, 則三神山有人風, 引舟不能到. 欲得少君方士之術, 上天入地求之遍, 而七夕夜半, 未及比肩, 無誓可憶. 佳人難再得, 當復奈何?" 然其後姍姍亦數入夢, 是耶非耶? 不可嚮邇. 于麟「李夫人歌」云 : "紛被被其徘徊, 包紅顏其弗明", 兩語俱神似. 或云 : "姍姍從夫人虔修彼法. 先以淨體化去, 不效梁玉靑累太白", 理或有之. 大要使白骨可起, 則月下風前, 呼之或出. 『牧丹亭』一書, 不得盡謂湯若士寓言也. 姍姍旣死, 三閱月. 同里墨莊書史爲之傳.

論曰 : 余聞姍姍遺事甚詳. 其吳娃紫玉之流與! 或曰 : "天下多美婦人, 何必是." 此負情儂之言, 不足爲雲孫道也. 雲孫登堂乍逅, 未得再顧, 而鍾情特甚. 豈冶色是溺! 蓋亦歎爲才難者乎! 史稱阮嗣宗醉眠鄰女壚側, 及其旣死, 又往哭之. 可謂好色不淫. 雲孫近之矣.

張山來曰 : 才媛遭妒婦, 吾甚恨之. 今黃夫人賢德如是, 而姍姍不克永年, 豈彼蒼亦妒之耶?

우초신지 권15

같이 꾼 꿈을 기록하다[記同夢]

재중규수(在中閨秀) 전의(錢宜)

갑술년(1694) 겨울 세모에 『모란정환혼기(牧丹亭還魂記)』[1]를 판각하고 나서 아들이 오자를 교정하기 시작해, 이듬해 정월에야 일을 마쳤다. 정월 대보름날 달이 떠오르자 정원에 깨끗한 탁자를 마련하고 장정한 책 한 권을 그 위에 바쳤다. 두여낭(杜麗娘) 아가씨의 신위(神位)를 마련하고, 홍

1 『모란정환혼기(牧丹亭還魂記)』: 원래 명칭은 『오오산의 세 부인이 함께 평주를 단 모란정환혼기[吳吳山三婦合評牡丹亭還魂記]』로, 전의(錢宜)·진동(陳同 : 1650~1665)·담칙(談則) 세 사람의 평을 모두 모아서 만든 책이다. 진동은 매일 서로 다른 판본의 『모란정(牡丹亭)』에 빠져 식음도 전폐했는데, 책을 읽다가 새로운 생각이 떠오르면 책 모서리에 적어 두었다. 그때 진동은 항주(杭州)의 오인(吳人)에게 시집가기로 되어 있었는데, 혼례를 올리기도 전에 죽었다. 진동 사후 오인은 진동의 『모란정』 수평본(手評本)을 구매했다. 얼마 뒤 오인은 또 다른 재녀 담칙을 신부로 맞아들였는데, 담칙 역시 진동이 남겨 놓은 평주(評注)에 빠져 책을 읽다가 그 사이에 많은 평어를 적어 넣었다. 그로부터 10년 뒤에 오인은 다시 전의라는 부인을 맞아 들였다. 전의는 밤새 『모란정』과 진동, 담칙이 써 놓은 평주를 읽으면서 다시 자기의 생각을 따로 기록했다. 1694년 전의의 주도하에 오인이 돈을 내어 세 부인의 이름으로 『오오산의 세 부인이 함께 평주를 단 모란정환혼기』를 출판했다.

매화 한 가지를 꺾어다 담병(膽瓶)[2]에 꽂은 뒤, 등불을 밝히고 술과 과일을 진설하여 제사를 지냈다. 그러자 남편이 흐뭇하게 웃으면서 말했다.

"너무 어리석은 짓 아니요! 탕현조(湯顯祖)[3]가 직접 쓴 글을 보면 두여낭은 그저 지어낸 이름에 불과하오. 그런 사람이 실제로 존재 하지도 않는데, 제사는 지내 무엇 하겠소?"

내가 말했다.

"비록 그렇다하더라도 대자연의 기운에는 모두 영혼이 깃들어 있습니다. 돌 하나에도 혼령이 붙어 있을 수 있고, 나무 한 그루에도 귀신이 깃들어 있을 수 있습니다. 굴원(屈原)이 노래했던 상군(湘君)이나 송옥(宋玉)이 읊었던 무산(巫山)의 신녀(神女)[4]도 애초에는 지어낸 것일지 모르나, 후에는 그들을 기리기 위해 사당[5]까지 지었습니다. 두여낭이 있고 없고를 당신과 내가 어찌 단정할 수 있겠습니까?"

남편이 말했다.

"당신 말이 맞구려. 내가 틀렸소."

한밤중에 잠자리에 들었다. 얼마 지나지 않아 남편은 나의 탄식 소리를 듣고 옷을 걸치고 일어나 나를 툭툭 치며 말했다.

"일어나 보시게! 방금 꿈에서 당신과 함께 어떤 정원에 갔는데, 흡사 홍매관(紅梅觀)[6]에 간 것만 같았소. 정자 앞에 모란이 활짝 피었는데, 오색

---

2 담병(膽瓶) : 목이 가늘며 몸이 둥근 꽃병으로, 그 모양이 매달아 놓은 담낭처럼 생긴데서 붙여진 이름이다.

3 탕현조(湯顯祖) : 명나라의 대표적 희극 작가. 『모란정』의 작가로, 자가 의잉(義仍)이고, 호는 해약(海若)·약사(若士)이며 임천(臨川 : 지금의 江西省 撫州市) 사람이다.

4 송옥(宋玉)이 …… 신녀(神女) : 송옥이 지은 「고당부(高唐賦)」에 나오는 신녀를 말한다. 전해오는 말에 따르면 적제(赤帝)의 딸인 요희(姚姬)가 시집도 가기 전에 죽어 무산(巫山)의 남쪽에 묻었다. 초나라의 회왕(懷王)이 고당(高唐)에 놀러가 밤에 잠을 자다가 꿈속에서 자칭 무산의 신녀라는 여자를 만나 즐겁게 놀았다. 후에 사람들이 그 상을 세우고는 무산신녀라고 불렀다.

5 사당 : 원문은 '총사(叢詞)'로 되어있으나 '총사(叢祠)'의 오기로 보인다. '총사'는 수풀 속에 지어진 사당을 가리킨다.

6 홍매관(紅梅觀) : 『모란정』에 나오는 누각 이름으로, 남주인공 유몽매(柳夢梅)가 꿈

빛깔이 섞여 있는 것이 기이하지 않은 것이 없었소. 잠시 뒤에 한 미인이 정자 뒤에서 나오는데, 눈이 휘둥그레질 정도로 아름다워서 꽃들조차 빛을 잃었소. 나는 속으로 혹 두여낭이 아닐까 생각했소. 당신이 미인에게 이름과 사는 곳을 물어보았지만, 미인은 아무 대답도 않고 몸을 돌려 청매(青梅) 한 알을 따서 만지작거렸소. 당신이 거듭 '정말 두여낭입니까?'라고 물었지만, 역시 아무런 대답도 않은 채 미소만 지을 뿐이었소. 순간 세찬 바람이 불어와 모란이 공중 가득 어지럽게 날리더니 나머지는 아무 것도 보이지 않았소. 당신이 계속 탄식하기에 나도 놀라 꿈에서 깨어났소."

남편이 해준 꿈 이야기가 대체로 내가 꾼 꿈과 같았기에 우리는 서로 기이한 일도 다 있다고 말했다. 남편이 말했다.

"옛날에 완첨(阮瞻)이 무귀론(無鬼論)을 주장하자[7] 귀신이 나타났다고 하더니, 두여낭이란 사람이 정말로 있어서 당신 말에 응답했는가 보오!"

누각에서 둥둥 오경을 알리는 북소리가 들려왔고, 벽을 향해 세워둔 등불은 아직 꺼지지 않고 있었다. 나는 자리에서 일어나 어린 계집종을 불러 불을 피우고 차를 끓이게 한 다음, 화장을 마치고 나서 급히 종이와 붓을 가져오라 해 그 일을 적었다. 이때 등잔 그림자가 희미하게 붉어오면서 아침 해가 이미 동쪽 창을 비추고 있었다. 남편이 말했다.

속에서 여주인공 두여낭을 만나 정분을 나눈 곳이다.

7 완첨(阮瞻)이 …… 주장하자 : 『유명록(幽明錄)』에 다음과 같은 기록이 보인다. "완첨은 본디 무귀론을 주장하였는데, 그를 당해낼 자가 없었다. 그는 늘 이치로써 저승과 이승을 판별해낼 수 있다고 말해왔다. 어느 날 갑자기 귀신이 완첨을 찾아와 손님이라 하면서 통성명했다. 인사를 마친 후에 명리(名理)를 논하기 시작했는데, 손님은 매우 재기가 뛰어났다. 마지막에 가서 귀신에 관한 이야기가 언급되었는데, 매우 힘겹게 논박을 주고받다가 끝내 말문이 막히자, 손님은 화를 내며 '귀신은 고금의 성현들이 모두 말해오고 있던 바이거늘, 그대만은 어찌하여 없다고 말하시오?'라고 하더니 땅에 엎어졌는데, 보았더니 바로 귀신이었다[阮瞻素秉無鬼論, 世莫能難. 每自謂理足可以辯正幽明. 忽有一鬼通姓名作客詣阮. 寒溫畢, 聊談名理, 客甚有才情. 末及鬼神事, 返覆甚苦, 遂屈, 乃作色曰:'鬼神古今聖賢所共傳, 君何獨言無?' 卽仆便是鬼]." 『진서(晋書)』「완첨전」에도 같은 내용이 보인다.

"우리가 아무 이유 없이 같은 꿈을 꾸었을 리 없소. 두여낭이 일부러 자신의 모습을 드러낸 것은 혹 인간 세상에 전해지고 싶어서가 아니었겠소? 당신은 이소고(李小姑)에게서 그림을 배우면서 특히 백묘법(白描法)을 열심히 배워왔으니, 한번 그려보는 것이 어떻겠소?"

내가 "혹여 느낌을 비슷하게 그려내지 못하면 어찌합니까?"라고 하는데도 남편은 어서 붓을 쥐고 그리라며 재촉했다. 그림을 그리고 나서 『모란정환혼기』 안에 있는 운(韻)을 차운(次韻)해서 다음과 같이 시를 지었다.

잠깐 동안 천상의 자태 만난 것이 어찌 우연이랴?
붓을 적셔 그 모습 그려내 선녀의 모습 남겨야 하겠네.
이제야 그녀의 얼굴 알게 되었건만,
나부(羅浮)[8]의 여인만 새벽 꿈 가를 맴도네!

그림을 남편에게 보여주자 남편이 "정말 똑같구려!"라고 하면서 다음과 같이 화답시를 지었다.

백묘로 그려낸 자태, 그 또한 천연이로세.
어디서 날아온 선녀냐고 물어 보고 싶네.
청매만 만지작거리면서 한 마디 말도 없더니,
흩어진 꽃잎 사이로 꿈의 잔영만 남아 나를 괴롭히네.

장차 뜻을 같이하는 사람이 있거든 이 시에 화답해주길 당부한다.

---

8 나부(羅浮) : 수(隋)나라 개황연간(開皇年間 : 581～600)에 조사웅(趙師雄)이 나부산(羅浮山)에서 한 여인을 만났는데, 그녀와 이야기를 나누노라니 온 몸에서 향기가 풍겨오고 말솜씨 또한 청아하였다. 이에 둘은 함께 술을 마시고 취했는데, 깨어보니 커다란 매화나무 아래에 와있었다. 이를 '나부몽(羅浮夢)'이라고 하는데, 이 고사를 염두에 두고 한 표현인 것 같다.

장산래가 말한다.

규수 고계희(顧啓姬)가 평하길, "두여낭이 꿈속에 모습을 드러낸 것은 어쩌면 작자의 화신일지도 모른다"라고 했는데, 가히 절묘한 평어라고 이를 만하다. 두 사람이 같은 꿈을 꾼 것은 더욱 기이하고도 기이하다. 오산(吳山)의 오자(吳子)가 『세 부인이 함께 평주(評注)를 단 모란정』[9]을 내게 보내주었다. 나는 세 부인의 평주를 아주 아끼는데, 훌륭하지 않은 것이 하나도 없어서 탕현조와 나란히 전해질만하다. 이에 「같이 꾼 꿈을 기록하다[記同夢]」을 수록하여 그 기이함을 드러낸다.

甲戌冬暮, 刻『牧丹亭還魂記』成, 兒子校讐譌字, 獻歲畢業. 元夜月上, 置淨几於庭, 裝潢一冊, 供之上方. 設杜小姐位, 折紅梅一枝, 貯膽瓶中, 然燈陳酒果爲奠. 夫子忻然笑曰 : "無乃大癡! 觀若士自題, 則麗娘其假托之名也. 且無其人, 奚以奠爲?" 予曰 : "雖然, 大塊之氣, 寄於靈者. 一石也, 物或憑之, 一木也, 神或依之. 屈歌湘君, 宋賦巫女, 其初未必非假託也, 後成叢詞. 麗娘之有無, 吾與子又安能定乎?" 夫子曰 : "汝言是也. 吾過矣."

夜分就寢. 未幾, 夫子聞予歎息聲, 披衣起, 肘予曰 : "醒醒! 適夢與爾同至一園, 彷彿如所謂紅梅觀者. 亭前牧丹盛開, 五色間錯, 無非異種. 俄而一美人從亭後出, 艷色眩人, 花光盡爲之奪. 意中私揣, 是得非杜麗娘乎. 汝叩其名氏居處, 皆不應, 廻身摘青梅一丸撚之. 爾又問'若果杜麗娘乎?', 亦不應, 銜笑而已. 須臾大風起, 吹牧丹花滿空飛攪, 餘無所見. 汝浩歎不已, 予遂驚寤." 所述夢蓋與予夢同, 因共詫爲奇異. 夫子曰 : "昔阮瞻論無鬼而鬼見, 然則麗娘之果有其人也, 應汝言矣!"

---

9 『세 부인이 함께 평주(評注)를 단 모란정』: 원문은 『삼귀합평모란정(三歸合評牧丹亭)』으로 되어 있으나, '귀(歸)'는 '부(婦)'의 오기로 보인다. 따라서 인민일보출판사(人民日報出版社)에서 출판된 『우초신지』에 근거해 「삼부합평모란정(三婦合評牧丹亭)」으로 고쳐 번역한다.

聽麗譙紞如打五鼓, 向壁停燈未滅. 予亦起, 呼小婢簇火瀹茗, 梳掃訖, 亟索楮筆紀其事. 時燈影微紅, 朝暾已射東牖. 夫子曰 : "與汝同夢, 是非無因. 麗娘故見此貌, 得無欲流傳人世邪? 汝從李小姑學, 尤求白描法, 盍想像圖之?" 予謂 : "恐不神似, 奈何?" 夫子乃强促握管. 寫成, 幷次記中韻, 繫以詩, 詩云 : "睯遇天姿豈偶然? 濡毫摹寫當留仙. 從今解識春風面, 腸斷羅浮曉夢邊!" 以示夫子, 夫子曰 : "似矣!" 遂和詩云 : "白描眞色亦天然. 欲問飛來何處仙. 閒弄青梅無一語, 惱人殘夢落花邊." 將屬同志者咸和焉.

張山來曰 : 閨秀顧啓姬評云"麗娘見形於夢, 疑是作者化身." 此語可云妙悟. 至二人同夢, 則尤奇之奇也. 吳山吳子以『三歸合評牧丹亭』見寄於予. 予愛其三評, 無一不佳, 直可與若士並傳. 姑錄其「記同夢」以誌異.

괴이한 이야기를 기록하다[述怪記]

가기(歌起) **무동**(繆彤)

내 동료 장부삼(蔣扶三)이 해준 이야기이다.

공부낭중(工部郎中) 정사직(鄭司直)은 집에 사나운 괴물이 나타나는 통에 살기가 몹시 불안했다. 정사직은 처음 그곳에 살게 되었을 때는 괴물의 존재를 믿지 않았다. 어느 날 시종이 병이 났는데도 정사직은 괴물의 존재를 믿지 않았다. 또 다른 날 부모가 병이 났어도 정사직은 여전히 괴물의 존재를 믿지 않았다. 그로부터 며칠이 지나지 않아 정사직이 병이 났는데, 갑자기 벽에서 머리가 말[斗]만한 괴물이 나타났다. 정사직이 손으로 괴물을 치자 괴물은 그 즉시 벽 사이로 들어갔다가 다시 벽 밖으로 나왔다. 그런데도 정사직은 "내 눈이 흐려 헛것이 보이는구나!" 하면서 여전히 그 사실을 믿지 않았다.

한밤중에 정사직이 끙끙대느라 잠을 이루지 못하고 있을 때 갑자기 웬 하인 두 명이 침상에 올라오더니 "왕께서 곧 도착하실 것입니다"라고 말했다. 잠시 후 창문 밖으로 "전임 어사 아무개 납시오!" 하는 소리가 쩌렁쩌렁 들리더니, 인마(人馬)가 일제히 그를 옹위해 안으로 모시고 들어왔다. 두 하인은 처음에는 약간 두려워하는 것 같더니 곧이어 선물을 바치는 동작을 했다. 아무개 어사라는 자가 휙 나가고 잠시 뒤에 왕이 도착했다. 정사직이 머리를 베개에 박고 보았더니 남녀노소 할 것 없이 모두 나가 어가를 맞이했다. 의장대가 번쩍번쩍하고 말몰이꾼들이 왕을 호위하여 밖에서 안으로 들어오는데, 벽에 마치 계단이 있는 듯 인마가 층층이 올라왔고, 왕은 황금 관에 자색 도포 차림으로 위풍당당하게 들어왔다. 수십 무리의 가동(歌童)과 무희들이 차례로 음악을 연주하는 사이 진수성찬이 차려졌는데, 빈객들은 서로 술잔을 주고받았고 왕은 직접 잔을 씻어 술잔을 들었다. 좌중에 있던 사람들은 대부분 정사직의 동료들이어서 정사직을 잔치자리에 불러들이려고 했다. 정사직이 정중한 말로 사양하고 있을 때 갑자기 옥황상제의 칙지가 내려와 왕에게 무위(武闈)[1]로 들 것을 명했다. 왕이 옥황상제의 칙지를 받고 의식에 맞춰 무릎 꿇고 절하자, 시종들이 왕을 옹위해 떠나갔다. 남아 있던 하인 두 명이 비단 두 필을 정사직에게 주며 말했다.

"왕께서 떠나시면서 공은 존귀하신 분이니 특별히 드리라고 하셨습니다."

정사직이 비단을 받으려 하자 하인들이 무릎 꿇고 간청했다.

"저희에게 비단을 하사하여 주십시오!"

정사직이 말했다.

"왕께서 내게 은혜를 베푸신 것인데, 왜 너희들에게 하사하라는 것이냐?"

하인들이 거듭 청하며 말했다.

"저희들이 이곳에 머문 지 이미 오래이거늘, 나리께서는 무슨 이유로 이곳에 들이닥치셨습니까? 청컨대 속히 다른 곳으로 가주십시오."

---

1 무위(武闈) : 궁궐 내의 작은 문을 말한다.

정사직은 알겠다고 하면서 다시 이렇게 물었다.

"너희 왕께서 무위로 드신 것으로 보아, 나는 틀림없이 무위동고관(武闈同考官)이 될 것이다. 너희들은 그 사실을 알고 있느냐?"

하인들이 말했다.

"나리께서는 그 자리에 오르지 못할 것입니다."

그리고는 인사하고 떠나갔다. 정사직이 고함쳤지만 사람들은 모두 깊이 잠들어 있었다. 며칠 후 정사직은 병이 나았다. 병부(兵部)에서 동고관을 의정(議定)했는데, 정사직은 이름이 들어가긴 했지만 끝내 임용되지는 못했다.

정사직은 이름이 단(端)이고 기해년(1659)에 진사(進士)에 급제했다. 북직예(北直隸) 조강현(棗强縣) 사람인데 지금은 검중(黔中)의 학사자(學使者)로 있다. 장부삼에게서 이런 말을 듣고 훗날 정사직에게 물어보았더니 정말 그러한 일이 있었다고 하기에 이 일을 기록한다.

장산래가 말한다.

왕이 정사직에게 비단 두 필을 주라고 했는데, 하인들은 도리어 정사직에게 비단을 달라고 요구했다. 귀신조차도 뇌물을 요구하는 추한 관습을 금할 수 없는 것인가?

予同官蔣扶三言. 工部郎中鄭司直, 寓中有物怪憑戾, 居多不寧. 司直始居之, 不信. 一日從者病, 司直亦不之信. 又一日, 其親者病矣, 司直不信如故. 不數日, 司直病作, 焂見一物, 頭大如斗, 在壁間. 司直以手擊之, 隨手入壁, 亦隨手出. 司直曰: "吾目炫也!" 猶不之信.

夜旣半, 司直呻吟不得臥, 忽有兩青衣登司直牀曰: "王將至." 未幾, 聞戶外傳呼甚厲, 云: "故御史某來!", 人馬齊擁而入. 二青衣始若懼, 繼作餽送狀. 某御史者焂然去, 少頃, 王至. 司直伏枕上, 見男女大小出迎駕. 旌旗閃爍, 騶從呼擁, 從外而入, 壁上若有堦級, 人馬層累而登, 王金冠紫袍, 軒軒而至. 歌童舞女數十輩, 次第奏樂, 珍饈羅列, 賓客酬酢, 王親自灌洗擧觴. 座中大半皆司直同官, 旣欲邀司直赴宴. 司直正辭讓間, 忽傳玉帝旨, 勑王入臨武闈. 王受旨, 拜跪如儀, 左右擁王去. 留二靑衣, 以二幣餽司直曰 : "吾王且去, 以公長者, 特以奉公." 司直欲受之, 靑衣跪而請曰 : "願拜君賜!" 司直曰 : "王之惠也, 何故賜汝?" 靑衣請之再, 又曰 : "吾等居此已久, 公何實逼處此? 願公早移他所." 司直曰 : "諾." 又問曰 : "汝王入武闈, 我當爲武闈同考. 汝知否?" 靑衣曰 : "君不得與." 遂謝去. 司直大呼, 左右皆熟睡. 不數日, 司直病愈. 兵部題同考官, 列司直名, 竟不得與.

司直名端, 己亥進士. 北直棗强人, 今爲黔中學使者. 予聞扶三言如此, 異日質之司直, 曰良然. 故記之.

張山來曰 : 王以二幣奉司直, 而靑衣索之. 豈鬼神亦不能禁需索陋規也耶?

벙어리 효자 이야기[啞孝子傳]

급공(汲公) **왕결**(王潔)

최장생(崔長生)은 비주(邳州 : 江蘇省 邳州市) 사람이다. 태어날 때부터 벙어리였지만 천성이 효자라 사람들은 그를 '벙어리 효자'라고 불렀다. 효자는 벙어리인데다가 손까지 곱았지만 날품을 팔아 부모를 모셨으며, 외출할 때나 돌아올 때나 반드시 부모님을 뵙고 아뢰었다. 기해년(1659)에 양회(兩淮) 일대와 서주(徐州 : 江蘇省 西北部에 위치)에 기근[1]이 들자 효자는 밖으로 나가 저자거리에서 구걸했다. 사람들이 가엾게 여겨 술지게미와 쌀을 주면 그것을 받아 대광주리에 넣고는, 자신은 나물을 캐거나 나무껍질[2]을 벗겨 먹었다. 돌아와서는 초가집에 계시는 절름발이 부친과 병

1 기근 : 원문은 '대침(大祲)'으로 '대침(大侵)'이라고도 한다. 『곡량전(穀梁傳)』 「양공(襄公) 24년」에 보면, "오곡이 자라지 않는 것을 대침이라고 한다[五穀不升謂之大侵]"고 되어 있고, 범녕(范寧)은 주석에서 "'침'은 '상'이다['侵', '傷']"라고 하였고, 양사훈(楊士勳)은 소(疏)에서 "대침은 큰 기근의 다른 이름이다[大侵者, 大饑之異名]"라고 했다.

2 나무껍질 : 원문은 '목과(木瓜)'인데 '목피(木皮)'의 오기로 보인다.

든 노모를 부축해 광주리 안에 있는 음식을 모두 꺼내 기쁜 맘으로 드렸다. 광주리가 날마다 비지 않은 덕분에 양친은 목숨을 부지할 수 있었다. 길에서 글씨 적힌 종이를 보면 반드시 주어다가 매월 초하루와 보름 때 공자를 모신 사당 외문(外門)[3] 아래에서 절을 하고 사른 뒤 그 재를 황하에 뿌렸다.

하루는 길에서 주운 낡은 종이에서 금이 나왔는데, 지키고 서서 잃어버린 사람을 기다렸지만 끝내 만나지 못했다. 그로부터 한 달 후에 금을 팔아 암돼지를 사다가 길렀는데, 암돼지가 잘 자라 새끼를 치자 그것으로 부모님의 수의와 관을 마련했다. 이 일이 있기 전에 지주사(知州事) 손현(孫賢)[4]이 임지에서 죽어 그 운구를 고향으로 돌려보내야 했으나 친구들이 한 명도 오지 않았다. 효자는 혼자서 상여에 절하고 맨발로 운구를 메고는 100리 길을 갔다가 돌아왔다. 양친이 돌아가자 사흘 동안 아무것도 먹지 않고 통곡한 후에 운구를 메고 나가 황야에 묻었다. 그 후에 어떻게 되었는지는 아무도 모른다.

외사씨(外史氏) 유반(洧盤)[5]이 말한다.

나는 만파노포(幔坡老圃)[6]에게서 "효자가 태어날 때 그 모친이 덮개 달린 수레를 탄 사람이 집에 오는 꿈을 꾸었다"는 말을 들었다. 그런데 효자는 끝내 빈천하게 살았으며 벙어리인데다가 손까지 곱았다. 그래서 사람들은 이 말을 믿지 못한다. 하지만 나는 효자가 더할 나위 없이 존귀한 하늘의 벼슬을 받았으리라 굳게 믿는다. 지금 사대부들은 날마다 시서(詩書)를 외고 인의(仁義)에 대해서 이야기하지만, 아침저녁으로 부모님

---

3 사당 외문(外門) : 원문은 '영성문(櫺星門)'이나 원래의 명칭은 '영성문(靈星門)'이다. 각 부현(府縣)에 있는 공묘의 바깥쪽에 있는 외문을 말한다.

4 손현(孫賢) : 자는 박원(朴園)이며 오(吳 : 지금의 江蘇省 蘇州) 땅 사람이다. 새와 꽃을 잘 그렸다.

5 유반(洧盤) : 이 글의 작자인 왕결(王潔)의 호다.

6 만파노포(幔坡老圃) : 전육선(田六善 : 1621~1691)을 가리키는 듯하다. 자는 겸산(兼山)이며 산서(山西) 양성(陽城) 사람이다. 순치 3년(1646)에 진사에 급제해 호부시랑(戶部侍郞)을 역임했다. 저서에 『초서만파집(鷦栖幔坡集)』이 있다.

께 문안을 여쭙는 것을 보면 저 벙어리 효자와 비교할 때 과연 어떠할지 모르겠구나. 오호라! 가히 탄식할 만하도다!

장산래가 말한다.
마지막의 [외사씨] 찬(贊)은 태사공(太史公)의 필법을 깊이 터득했다.

崔長生, 邳州人. 生而瘖, 性至孝, 人呼爲'啞孝子'云. 孝子旣啞, 手復攣, 傭工養其父母, 出入必面. 歲己亥, 淮徐大祲, 孝子出, 行丐於市. 人憐之, 予以糟糠糁糈, 受而納諸簞, 自掘野草, 剝木瓜以食. 歸則扶其跛父病母於茅簷, 盡傾簞中物, 懽然進. 簞日不空, 父母竟賴以不死. 途見字蹟必拾, 朔望拜燬於先聖櫺星門下, 而歛其燼於黃河.

一日於故紙中得遺金, 守待失者不得. 匝月, 乃易母彘飼之, 茁壯蕃息, 遂爲父母治衣棺. 先是知州事孫侯賢, 卒於官, 歸葬, 交游一無至. 孝子獨拜靈輀, 徒跣送百里乃返. 及其父母歿, 哭之慟, 三日不食, 舁柩葬於中野. 遂不知所終.

洧盤外史曰 : 予聞諸幔坡老圃曰, "孝子之生也, 母夢輿蓋者至門." 而孝子終貧賤, 瘖復攣. 人疑之, 余固信其天爵之至貴而無復加矣. 今士大夫日誦詩書, 稱說仁義, 而晨昏內省, 不知於啞孝子何如也. 嗚呼! 可勝歎哉!

張山來曰 : 一贊深得史公遺法.

거지 효자 이야기[孝丐傳]

단록(丹麓) 왕탁(王晫)

거지는 고향이 어딘지 알 수 없지만, 명나라 효종(孝宗) 때 오(吳) 땅 저자거리에서 구걸하며 살았다. 그는 구걸해온 음식들을 대부분 먹지 않고 늘 대광주리에 나누어 담아두었다. 그 모습을 본 사람들은 매우 이상하게 생각했다. 한참 뒤에 그 까닭을 물어보았더니 거지는 "아직 어머니께서 살아계셔서 갖다 드리려고 그럽니다"라고 대답했다. 호사가들이 그의 말이 사실인지 알아보기 위해 뒤따라 가보았다. 1리 남짓 가서 강 언덕 옆의 대나무가 우거진 곳에 이르렀더니, 부서진 배 한 척이 버드나무 그늘 아래에 묶여 있었다. 배는 낡고 부서져 있었지만 아주 깨끗했는데, 그 안에 한 노파가 앉아 있었다. 거지는 땅에 앉아서 가져온 음식을 꺼내 정리하더니, 두 손으로 받쳐 들고 배에 올라가 음식을 차리고 술을 따른 다음 어머니 앞에 꿇어앉아 음식을 올렸다. 어머니가 술잔을 들자 거지는 자리에서 일어나 노래를 부르면서 아이처럼 장난치며 어머니를 즐겁게 해드렸다. 어머니의 모습은 몹시 편안해보였다. 어머니가 음식을 다

드시면 그는 다른 음식을 구하러 갔다.

하루는 길에서 구걸을 했으나 아무 것도 얻지 못한 채 몹시 지쳐 있었다. 이 모습을 본 은군(隱君) 심맹연(沈孟淵)[1]이 불쌍한 마음에 그에게 음식을 주고 잠시 그 옆에서 지켜보았는데, 거지는 배고픔을 참아가면서 끝내 어머니보다 먼저 먹지 않았다. 거지는 몇 년 동안을 이렇게 했으나, 어머니가 돌아가신 후 종적을 알 수 없었다. 거지는 자기의 성이 심씨(沈氏)라고 말했으며 나이는 서른 남짓이었다. 장주(長洲)의 축윤명(祝允明)[2]이 이 일을 기록했다.

논하여 말한다.

세도(世道)가 흐려지면서 사람들은 자기가 사랑하는 사람에게 잔치 열어주는 일 등에 대해서는 지극히 사치를 부린다. 또한 존귀한 사람이 앞에 있으면 말술로 축수하고, 굽실굽실 아첨하면서 늘 그 안색을 살펴 기뻐했다 두려워했다 한다. 그러나 막상 부모를 대함에 있어서는 무덤덤하다. 간혹 스스로 부모 공양을 잘한다고 여기는 자도 있겠으나, 어쩌면 개나 말처럼 마음 없이 음식만 드리는 것과 진배없을지도 모른다.[3] 게다가 부모 공양 따위에는 관심도 없는 많은 사람들을 이 거지와 비교하면 과연 어떠한가?

---

1 심맹연(沈孟淵) : 정확한 일생은 알 수 없으나 1493년에 당인(唐寅 : 唐伯虎)이 그를 위해 「심은군묘갈문(沈隱君墓碣文)」을 지어 준 바 있다.

2 축윤명(祝允明 : 1460~1527) : 장주(長洲 : 지금의 蘇州) 사람으로 자는 희철(希哲), 호는 지산(枝山)이다. 오른 손가락이 여섯 개라 하여 '지지생(枝指生)'이라는 자호를 썼고, 지산노초(枝山老樵) 혹은 지지산인(枝指山人) 등의 호칭도 썼다. 시문에 능했고 글씨도 잘 썼다. 특히 광초(狂草)로 유명하여, "당백호의 그림, 축지산의 글씨"라는 말이 전해지기도 했다. 당인(唐寅) · 문징명(文徵明) · 서정경(徐禎卿)과 '오중사재자(吳中四才子)'로 일컬어졌다.

3 개나 말처럼 …… 모른다 : 『논어』 「위정(爲政)」에 나오는 말로, 원래 문장은 "자유가 효를 묻자 공자께서 말씀하셨다. '지금의 효라는 것은 [물질적으로] 잘 봉양한다고 이를 수 있다. 그러나 개나 말에게도 모두 봉양함이 있으니, 공경하지 않으면 무엇으로 구별하겠는가?'[子游問孝, 子曰 : '今之孝者, 是謂能養, 至於犬馬, 皆能有養, 不敬, 何以別乎?']"이다.

장산래가 말한다.

옛날에 노래자(老萊子)가 색동비단 옷을 입고 부모를 즐겁게 해드렸다고 하더니,[4] 지금 효성스런 거지의 행동을 보니 옛사람이나 지금 사람이나 크게 다르지 않음을 알겠구나.

丐不知其邑里, 明孝宗時, 嘗行乞於吳市. 凡丐所得食, 多不食, 每分貯之筒籭中. 見者以爲異. 久之, 詰其故, 曰 : "吾有母在, 將以遺之耳." 好事者欲窮其說, 跡之行. 行里許, 至岸傍, 竹樹扶疎, 一敝舟繫柳陰下. 舟故敝, 頗潔, 有老媼坐其中. 丐坐地, 出所貯飮食整理之, 捧以登舟, 陳食傾酒, 跽奉母前. 伺母擧杯, 乃起唱歌, 爲兒戱以娛母. 觀其母意, 殊安之也. 母食盡, 然後他求.

一日乞道上, 無所得, 憊甚. 有沈隱君孟淵者, 哀而與之食, 且少周之, 丐寧忍餓, 終不先母食也. 如是者數年, 母死, 丐遂不知所終. 丐自言沈姓, 年可三十許. 長洲祝允明紀其事.

論曰 : 世衰道微, 人於所暱愛, 讌飮務極華侈. 尊貴在前, 斗酒爲壽, 傴僂罄折, 每伺其顔色以爲喜懼. 至於父母, 則泊然也. 間有自謂能養, 或亦等於犬馬. 且多不顧父母之養者, 以視斯丐何如耶?

張山來曰 : 古之老萊子, 以戱綵娛其親, 今觀孝丐所爲, 知古今人不甚相遠.

---

4 옛날에 …… 하더니 : 『예문유취(藝文類聚)』 권20에 보면 다음 내용이 있다. "노래자는 양친을 효로서 봉양했는데, 나이 칠십에 색동옷을 입고 아이 같이 재롱을 부렸다. 한번은 미음을 들고 당에 오르다가 넘어지자, 아예 땅에 드러누워 아이처럼 울었다[老萊子孝養二親, 行年七十, 嬰兒自娛, 著五色采衣. 嘗取漿上堂, 跌仆, 因臥地爲小兒啼]."

계선기(乩仙記)

우린(虞鄰) 홍약고(洪若皐)

'계(乩)'는 '계(卟)'라고도 하는데 '계(稽)'와 마찬가지로 점을 쳐서 의심나는 것을 물어보는 것을 말한다. 후세 사람들은 신선이 내려오는 것을 '점에 대한 비답'이라 여겼고, 내려온 신선을 일러 '계선(乩仙)' 혹은 '기선(箕仙)'[1]이라 했으며, 그러한 행위를 가리켜 '부란(扶鸞)'[2]이라고 했다. 계선들은 대부분 스스로를 여조(呂祖)라고 칭했다. 살펴보건대 여조는 이름이 암(巖)이고 자가 동빈(洞賓)이다. 면주(沔州 : 지금의 湖北省에 위치) 사람으로, 당나라 때 예부시랑(禮部侍郎)을 지낸 여위(呂渭)의 손자다. 그는 회창

1 기선(箕仙) : 술사가 붉은 모래가 담긴 쟁반에 정(丁) 자 모양의 나무틀을 만들어 놓고 꼭대기에 추를 매달아 놓은 뒤, 두 사람이 좌우에서 이것을 잡고 부적을 태우면 신이 내려와 글씨를 써 답을 내려주는데, 그 신을 일러 '기선'이라 한다.

2 부란(扶鸞) : 부계(扶乩). 나무신선이 올 때는 난새를 타고 온다고 해서 붙은 이름이다. 이것은 점치는 방법 중 하나인데, 정(丁) 자 모양의 나무틀을 만들어놓고 꼭대기에서 수직으로 추를 내린다. 이 나무틀을 모래 위에 세워놓은 다음 두 사람이 손가락으로 횡목의 양 끝을 잡고 신을 부르면 나무에 움직이는 대로 모래 위에 글자 모양이 생겨나는데, 이것을 신의 계시라 여기고 화복을 점친다.

연간(會昌年間 : 841~846)에 두 번 진사시(進士試)에 응시했으나 낙방한 뒤 여산(廬山)으로 유람갔다가 이인(異人)을 만나 불로장생의 비결을 얻고 마침내 신선이 되었다. 그래서 계선은 시 짓기를 제일 잘하고 서생들과 함께 과거 시험에 대해 이야기하기를 좋아했는데, 예언을 하면 매우 잘 들어맞았다.

우리 마을에 한 제생(諸生)이 있었는데, 장씨(張氏) 성에 이름은 보한(報韓)이고 자는 원진(元振)이었다. 그는 여조를 내려오게 하는 일에 능했는데, 그 비법은 금단(金壇 : 江蘇省 남부에 위치)의 한 귀족 자제로부터 전수받았고 주술은 여조에게서 직접 받았다고 했다. 주술을 줄줄 외워 내려가다가 내키는 대로 부적을 적어 여조를 청하면 그 즉시 응답이 오지 않는 적이 없었다. 당시 상생(庠生)[3] 주일창(朱日昌)·동만헌(董萬憲)·왕인옥(王人玉)과 우리 형제는 모두 사람들에게 부적과 주술을 전해주어 그 당시 대선제자(大仙弟子)라고 불렸다. 신선이 내려올 때는 먼저 시를 지었으며, 술 마시고 주령(酒令) 놀이 하며 옛 사람들의 시구를 찾아내는 것을 즐겼다. 여기서 진 사람은 벌로 큰 술잔에 술을 마시거나 혹은 무릎을 꿇어야 했다. 신선은 매달 24일에 시제를 주면서 글을 짓게 했다. 군(郡)의 성읍에 백운산(白雲山)이 있었는데, 글을 다 짓고 나면 신선은 그 글을 산 속의 아무 바위 굴 안에 갖다 놓으라고 했다. 다음날 가지러 가보면 신선이 친필로 평을 달아 놓았다. 물건을 하사할 때도 "아무 바위 굴 안에 있으니 가져가라"고 비답을 내려 주었다. 대선제자들은 신선이 직접 그린 여순양(呂純陽)[4] 초상 한 폭씩을 하사받아 각자 집에 걸어놓고 받들었다. 하루는 백운산 서원 누각에서 신선의 비답을 한참 듣느라 아무도 식사를 못하고 있었다. 그때 신선이 "모두들 배가 고픈가?"라고 말했다. 모두 "그렇다"고 하자 "내 너희들을 위해 음식을 얻어오겠다"고 말했다.

---

3 상생(庠生) : 이전 시대에는 부(府)·주(州)·현학(縣學)의 생원을 지칭했으나, 명청 시대에 와서는 수재(秀才)의 다른 이름으로 사용되었다.

4 여순양(呂純陽) : 여동빈(呂洞賓)의 또 다른 호이다.

점치기를 멈춘 지 몇 시각 뒤에 신선이 다시 비답을 내렸다.

"창 앞에 있는 것을 가져다가 나누어 먹어라."

보았더니 대나무 소반에 송화 가루로 만든 떡 수십 개가 담겨져 있었다. 어디서 가져왔냐고 묻자, "너희들에게 주려고 천태산(天台山) 국청사(國淸寺) 스님께 가서 얻어왔다"고 말했다. 사람들이 이것을 먹었더니 참으로 배가 불렀다. 또 다른 날 모두에게 각각 호로병 하나와 선도(仙桃) 몇 개를 주었다. 호로병은 오색 비단실을 이어서 만들었으며 안에 적성산(赤城山)에서 나는 주사(硃砂) 몇 알이 들어 있었다. 선도도 그다지 크지 않았으며 맛도 일반 복숭아와 다르지 않았다.

그리고 한참 뒤에 우리 집 누각에서 신선을 청했다. 신선을 청할 때면 반드시 누각에서 했으니, 이른바 "선인은 누각에 거하기를 좋아한다"는 말은 바로 이것을 두고 한 말이다. 내가 열세 살[5] 때 누각에 올라가 예를 갖춰 참배하자 신선은 곧 "이 아이는 가르쳐볼 만하구나"라고 비답을 내리더니 곧이어 약고(若皐)라는 이름을 내렸다. 신선의 제자 된 사람에게는 신선이 모두 이름을 내려주셨다. 그리고는 내게 문우들과 함께 글을 지어보라 하면서 "질투하지 않고 해치지 않는다면[不忮不求]"에서부터 "어찌 훌륭하다 하겠는가[何足以臧]?"[6]까지 적었는데, 글재주 겨루기가 끝나자 그것을 백운산 향로 아래에 가져다 놓으라고 명했다. 다음날 일찍 가지러 가보았더니 유독 내 글만 가져다가 여기 저기 권점을 덧붙여 놓고는 온갖 칭찬을 다 해놓았다. 권점은 자주색 주사로 찍었고 필법은 현

5 열세 살: 원문은 '무작(舞勺)'으로, 고대 아동들이 문무를 배우는 것을 말한다. 『예기』「내칙(內則)」에 보면 "열셋이면 음악을 배우고 시를 외우며 악무(樂舞)를 춘다. 열다섯이면 무무(武舞)를 추고, 활쏘기와 말 몰기를 배운다[十有三年, 學樂, 誦詩, 舞勺. 成童, 舞象, 學射御]"라는 말이 나오는데, 후에는 유년시절을 가리키는 말로 사용되었다.

6 "질투하지 않고 …… 하겠는가?": 『논어』「자한(子罕)」에 나오는 구절이다. "『시경』에 '질투하지 않고 해치지 않는다면 어찌 좋지 않겠는가?'란 말이 있다. 자로가 종신토록 이 구절을 외우려고 하자 공자께서 말씀하셨다. '이러한 도리만으로 어찌 훌륭하다 하겠는가?'[子曰: '不忮不求, 何用不臧?' 子路終身誦之. 子曰: '是道也, 何足以臧?']"

침전(懸針篆)[7] · 도해전(倒薤篆)[8] 같았으며, 자법(字法)은 사마귀가 무릎을 피는 법[螳螂張膝法] · 잠자리가 물을 찍는 법[蜻蜓點水法][9]과 아주 흡사한 것이 인간세상에서 볼 수 있는 종류가 아니었다. 맨 끝에는 "3천 6백 90일 뒤에 내 말이 비로소 증명될 것이다"라고 적혀 있었다. 나는 결코 그 말을 믿지 않았다.

선친께서도 신선을 매우 존경하셔서 신선을 청할 때면 반드시 누각에 올라가 예를 갖춰 네 번 절하였으며, 술을 마실 때도 반드시 실컷 즐겁게 해 드린 연후에야 헤어졌다. 이때 선친은 예순을 바라보고 계셨다. 선친은 이듬해에 우연히 시골에 갔다가 돌림병에 걸려 돌아오셨는데, 사흘 동안 열만 날 뿐 땀이 나지 않았다. 선친께서 엿새 동안 고열에 시달리며 헛소리를 해대는 통에 의원들도 모두 물러나 돌아가고 손 써볼 도리가 없었다. 그때 어떤 사람이 신선에게 빌어보라고 했다. 막 부적을 펼치고 부계를 하자 나무가 솟아올랐다가 땅에 박혔다. 다시 나무를 일으켜 세우자 나무가 좌우로 어지럽게 흔들리기 시작했는데, 나무를 잡은 사람의 손이 터져 피가 흘렀으며 모래쟁반도 산산조각이 났다. 우리들이 땅에 엎드려 살려달라고 애걸하자 비로소 큰 글씨로 이렇게 썼다.

"아비의 병이 이토록 위급한데, 어찌하여 진작부터 나를 청하지 않았느냐?"

우리들이 다시 엎드려 사죄하자 곧 이어 이렇게 썼다.

"얼른 사다리를 가져 와 누각 처마의 몇째 줄 기와 속에 있는 내 약방문을 가져오너라."

---

7 현침전(懸針篆) : 전서(篆書)의 한 서법이다. 내리긋는 획의 끝을 바늘 끝처럼 뾰족하게 하는 방법이다

8 도해전(倒薤篆) : 역시 전서(篆書)의 한 서법이다. 염교의 잎은 길고 끝이 뾰족한데, 세로획이 가늘고 길며 윗부분이 힘이 있고 뾰족한 것이 염교의 잎처럼 생겼다고 해서 '도해전'이라 부른다.

9 잠자리가 물을 찍는 법[蜻蜓點水法] : 잠자리가 수면을 건드리고 날아오르듯 필체가 가벼운 것을 말한다.

신선이 시키는 대로 바로 가서 누런 두루마리 하나, 약방문 하나, 부적 세 개를 가져와서 보았더니, 모두 자주색으로 적혀 있었는데, 지난번 내 문장에 비답을 달아주었던 필적과 다르지 않았다. 약재들은 모두 사람들이 평소에 복용하는 것들이었다. 신령은 얼른 베껴가지고 가게로 가 약을 사오라고 하더니 원래의 약방문은 태워 버렸다. 또 물 한 사발을 가져다가 복숭아 씨앗 일곱 개를 빻은 것과 섞으라고 했다. 그 안에다 신령한 부적 세 개를 태워 선친께 드리라고 했다. 선친이 그 물을 다 마시고 나면 나무 몽둥이를 들고 가서 침상을 향해 사방을 내리치라고 시켰다. 우리들은 그 물을 들고 침상 앞으로 갔다. 선친께서는 평소부터 신선을 믿어왔던 터라 단숨에 그 물을 들이켰다. 우리는 다시 신선의 말대로 몽둥이를 잡고 전후좌우를 내리쳤다. 신선은 비답 내리기를 멈추고 기다리다가 "땀이 났느냐?"고 물었다. 보았더니 선친께서는 정말 비 오듯 땀을 흘리고 계셨다. 곧이어 탕약을 드시게 하라고 명했다. 선친께서 탕약을 다 드시자 신선은 또 비답 내리기를 멈추고 기다리다가 "주무시느냐?"고 물었다. 보았더니 선친께서 주무시고 계셨다. 신선은 쌀을 가져다가 죽을 끓여 놓고 기다리라고 했다. 잠시 후 다시 "잠에서 깨어나셨는가?"라고 적었다. 우리가 선친을 살펴보고 나서 "이미 깨셨습니다"라고 하자 신선은 "급히 미음을 올려라. 부친의 병은 다 나았다"고 적었다. 내가 물러나자 신선은 벽도자(碧桃子)에게 우리 집을 지키라고 명했다. 그리하여 우리 집에서는 벽도선(碧桃仙)을 받들게 되었다. 벽도선은 물을 좋아해서 아침저녁으로 물 한 대접씩 바쳤을 뿐 다른 것은 바치지 않았다. 그로부터 사흘도 채 안 되어 선친께서는 마치 전혀 아팠던 적이 없는 사람처럼 평상시와 마찬 가지로 식사를 하셨다. 다른 날 술과 음식을 마련해 신선에게 감사의 절을 올릴 때, 선친께서는 땅에 엎드려 감격해 우셨다. 그로부터 얼마 지나지 않아 신선이 선친께 초상화 하나를 주셨는데, 먹 흔적이 아주 옅은 것이 마치 그림자 같았으나 모습은 선친과 매우 흡사했다. 그 위에 "구천자부(九天紫府)[10]의 순양도인이 드리다"라고 적혀 있었다. 다음과 같은 사(詞)도 적혀 있었다.

신령한 비에 옷자락 나부끼고,
맑은 노래 소리 골짜기에 가득하다.
학은 구름을 먹고,
사슴은 달을 삼킨다.
선생은 봉래산(蓬萊山)의 객으로
인간 세상에 귀양 내려온 신선인가?
지금 그 모습 잠깐 보았을 뿐이지만,
속마음을 깊이 헤아릴 수 있네.
그러나 이 마음을 형용하기 어려워,
이 짧은 글을 적어,
그대에게 주노라.

찬(贊)은 다음과 같다.

얼굴은 여위었지만 마음은 풍요롭고,
행동거지는 매화처럼 고결하네.
말은 화려함을 벗고 신실함에 힘쓰니,
만물을 대함에 너그럽고도 관대하구나.
온화하고,
후덕하니,
자손들 번성하고
높은 곳까지 점차 오르리.
천자를 가까이서 볼 수 있는 자리에 오르고,

---

10 구천자부(九天紫府) : 구천은 하늘나라이며 자부는 도교의 신선들이 산다는 곳이다.

나라에 경사스런 영광을 보태리.
얼굴은 여유롭고,
모습은 어리석어 보이네.
무성(武城)의 선비가
외진 곳에서 금 뜯으며 노래를 부르는가?[11]
아니면 서하(西河) 선생[12]이
고인의 책을 가르치는가?
사행(泗杏)[13]의 통유(通儒)라 이를 만하니,
아! 훌륭하구나!

부친은 이것을 겹겹이 싸서 소중하게 보관하면서 가볍게 여기지 않았다. 세월이 흘러 장생(張生 : 張報韓)이 죽고 왕생(王生 : 王人玉)과 동생(董生 : 董萬憲)도 잇달아 세상을 떠나 오랫동안 신선을 청하지 못했다. 순치(順治) 무자년(1643)에 나는 향시에 합격했다.[14] 임진년(1652) 회시(會試) 때 나의 형이 다시 신선을 청해 이렇게 물었다.

"예부(禮部)에서 치르는 회시에 합격할 수 있겠습니까?"

이때 신선이 내려오긴 했으나 영험했던 예전의 신선과는 달랐으며,

---

11 무성(武城)의 …… 부르는가 : 『논어』 「양화(陽貨)」에 "공자께서 무성에 가서 예악이 울리는 소리를 들었다[子之武城, 聞弦歌之聲]"라는 구절이 나온다. 이 구절을 주희(朱熹)는 『집주』에서 "현은 바로 금슬(琴瑟)이다. 당시 자유(子遊)가 무성 수령으로 있었는데, 예악을 가르쳐 마을사람들이 모두 예악을 알게 되었다[弦, 琴瑟也. 時子遊爲武城宰, 以禮樂爲教, 故邑人皆弦歌也]"라고 해석하였다. 즉 어진 수령이 된 자유를 상징하는 구절이다.

12 서하(西河) 선생 : 서하는 청나라 학자 모기령(毛奇齡)의 자이다.

13 사행(泗杏) : 사(泗)는 지금의 산동성(山東省) 사수현(泗水縣) 동쪽에서 시작되는 물 이름이다. 이곳에서 공자가 제자들을 가르쳤다고 한다. 행(杏)은 행단(杏亶)이다. 역시 공자가 제자들에게 학문을 가르친 곳이다.

14 향시에 합격했다 : 원문은 '등현서(登賢書)'로, 『주례(周禮) · 지관(地官)』 「향대부(鄉大夫)」에 보면 다음 글이 있다. "마을의 향리와 사대부가 글에 현능한 사람의 명부를 왕에게 바쳤다[鄉老及鄉大夫群吏獻賢能之書於王]." 원래 '현서'는 현명하고 유능하다고 추천된 사람들의 명단으로, 후에 향시에 합격하는 것을 '등현서'라고 했다.

단지 '중아(中阿)' 두 글자만 썼을 뿐이다. 그래서 다시 물어보았지만 아무 대답도 하지 않았다. 그 해 과시에서 나는 낙방하고 나의 이웃인 하굉도(何紘度)와 진황(陳璜)은 합격했다. 아마도 '하(何)' 자와 '진(陳)' 자의 성 반반을 나누어 '아(阿)'라고 한 것 같다.[15] 을미년(1655) 회시 때 이전처럼 다시 물어보았더니 다음 시로 대답했다.

> 저 우뚝한 대고산(大固山)[16]에 깃발이 펼쳐져 있으니,
> 일렁이는 봄빛이 먼 앞날을 기약하네.
> 당신 집안의 복 낮지 않으니,
> 경림(瓊林)[17]의 첫 번째 가지로 먼저 보답할 것이네.

그 해 회시에 나는 과연 합격했다. 형들이 또 내가 전시(殿試)의 몇 번째 갑(甲)에 합격할 것인지 물어보았더니 '리(里)' 자 한 글자만 썼다. 이에 다시 물어보았더니 이렇게 썼다.

"이십 이십 또 2리[二十二十又二里]."

후에 통보를 받고 보니 이갑(二甲)[18]의 42번째였다. 아마도 '리(里)'자의 두 획을 위로 옮겨 이갑이 된 것 같다. 그 해 3월 아무 날, 합격 방이 붙던 날부터 거꾸로 세어 올라가 신선이 말했던 '3천 6백 90일'과 맞춰 보았더니, 한 시각도 틀리지 않았다. 진실로 기이하지 않은가!

생각건대, 계선이 영험했던 경우는 많았으나 일찍이 직접 물건을 주

---

15 '하(何)' 자와 …… 같다 : '하(何)' 자의 반인 '가(可)'와 '진(陳)' 자의 반인 '좌부방(阝)'을 합하면 '아(阿)' 자가 된다.

16 대고산(大固山) : 일명 용고산(龍顧山)으로, 지금의 절강성(浙江省) 태주(台州)에 있다.

17 경림(瓊林) : 경림원(瓊林苑)을 가리킨다. 송나라 때 천자는 경림원에서 신진 진사에게 잔치를 열어주어 이를 축하해주었는데, 후대에는 경림원에서 축하연이 벌어지지는 않았지만, 이런 풍습이 계속 행해졌다고 한다.

18 이갑(二甲) : 과거 시험의 최종시험인 전시(殿試)에서 제1등부터 3등까지는 제1조(組)인 제1갑(甲)이라 불렀으며, 급제의 은전(恩典)이 대단했다. 제4등 이하를 제2조 즉 제2갑(甲)이라 불렀는데, 성적이 우수하다는 점 이외에 별다른 특전이 없다.

고받는 경우는 없었다. 호로병 · 선도 · 초상화 같은 것은 미리 동굴에 숨겨두었다고 하면 할 말이 없다. 그러나 예컨대 창 앞의 송화 가루 떡이나 처마의 약방문은 누가 가져다 놓았단 말인가? 허공에서 날아 왔단 말인가? 비평한 문장이나 필묵은 어디서 절로 왔단 말인가? 설마하니 천상에도 문방사우가 있단 말인가?

어떤 사람이 말했다.

"필선(筆仙)[19]과 묵선(墨仙)[20]은 모두 필묵을 만드는 데 뛰어나, 문장을 쓰는 데 도움을 주었소. 그 둘이 모두 신선이 되어 떠나갔으니, 천상엔들 왜 필묵이 없겠소? 하물며 여조는 상수(湘水)와 악악(鄂岳)[21] 일대를 노닐면서 주로 저자거리에서 지묵을 팔며 사람들 사이에 섞여 살았으니, 지묵이 있다면야 다른 물건들도 대략 짐작할 수 있지 않겠소."

내가 말했다.

"그렇다면 정말로 신선이란 말이오?"

그러자 그 사람이 말했다.

"그대의 선친이 병들어 죽게 되었다가 순식간에 똑바로 일어났는데, 신선이 아니면 어떻게 그런 일을 할 수 있었겠소?"

혹자의 말이 비록 이와 같긴 하지만, 나는 선도를 먹은 사람은 백세 이상 살 수 있다고 들었거늘, 장생 · 왕생 · 동생은 모두 선도를 먹고도

---

19 필선(筆仙) : 후진(後晉) 때 이름을 알 수 없는 한 고사(高士)가 있었는데, 붓을 잘 만들었기 때문에 사람들은 그를 '필선(筆仙)'이라 불렀다. 『유설(類說)』 권59에 보면 송(宋)나라 소이간(蘇易簡)의 『문방사보』 「필선(筆仙)」을 다음과 같이 인용하고 있다. "후진 말년에 여주(汝州)의 한 고사가 매일 밤 열 자루의 붓을 만들어 새벽이 되면 팔았다. 후에 이사를 가 어떻게 되었는지 아무도 몰랐다. 수십 년 뒤에 어떤 사람이 보았는데, 얼굴이 옛날 그대로였기에 그를 일러 '필선'이라고 했다[石晉末, 汝州高士每夜作筆十管, 至曉賣之. 後徙居, 不知所終. 數十年, 人復見, 顏色如故, 謂之'筆仙']."

20 묵선(墨仙) : 송나라 하원(何薳)의 『춘저기문(春渚紀聞)』 「반곡묵선췌낭지묵(潘谷墨仙揣囊知墨)」에 보면, 반곡(潘谷)은 묵을 정교하게 잘 만들었다고 한다. 그는 교외에서 술을 마시고 취해 돌아오는 길에 우물에 미끄러져서 죽었는데, 세상에서는 그를 '묵선(墨仙)'이라고 불렀다.

21 악악(鄂岳) : 호북성(湖北省)에 있는 황학산(黃鶴山)을 가리키는 듯 하다.

환갑을 넘기지 못했으니, 정말로 신선인지 아닌지 판단하지 못하겠다. 나는 끝내 판단을 내릴 수 없어 잠시 이를 기록해 두었다가 훗날 이를 판단할 수 있는 사람을 기다리고자 한다.

장산래가 말한다.

여조는 시도 잘 짓고 글도 잘 썼으며 술도 잘 마시고 주령 놀이도 잘했으니, 이런 것들은 모두 능숙하게 할 수 있었을 것이다. 하지만 팔고문(八股文)을 대체 무슨 수로 읽고 비평할 수 있었는지 도무지 모르겠구나! 혹 하나를 잘하면 못하는 것이 없는 것일까?

'乩'或作'卟', 與'稽'同, 卜以問疑也. 後人以仙降爲'扶乩', 名之曰'乩仙', 亦謂'箕仙', 又謂之'扶鸞'云. 凡乩仙多自稱呂祖. 按呂祖名巖, 字洞賓. 汭州人, 唐禮部侍郎渭之孫. 會昌中, 兩擧進士不第, 去游廬山, 遇異人, 得長生訣, 遂仙去. 故乩仙最善賦詩, 喜與讀書子言科場事, 甚驗.

予邑有諸生, 姓張名報韓, 字元振. 善請呂祖, 云傳自金壇貴遊子, 其咒乃呂祖親授. 持咒極熟, 隨意寫符請之, 無不立應. 同時有庠生朱日昌・董萬憲・王人玉暨予兄弟, 咸傳符咒, 稱大仙弟子. 凡仙降, 先賦詩, 喜飮酒行令索句. 輸者罰巨觥, 或罰跪. 月三八, 命題作文. 郡城有白雲山, 文畢, 仙命送置山中某巖穴處. 次日往攜, 咸仙親筆所評者. 凡有所遺贈, 悉批示"取於某巖某穴中." 仙弟子各贈以自寫呂純陽小像一幅, 懸奉於家. 一日於白雲山書院樓中, 批旣久, 咸未食. 仙曰: "汝輩餓乎?" 羣曰: "然", 曰: "予爲汝輩乞之." 停乩數刻, 復批曰: "可於窗前取而分啖之." 視之, 蓋竹箬盤貯松花餠數十枚也. 叩其由來, 曰: "予適向天台國淸寺僧處乞與之耳." 羣食之, 腹殊飽暢. 復一日, 各予以葫蘆一, 仙桃數枚. 其葫蘆皆五色綵紬拈成者, 內銜赤城山硃砂數粒. 桃亦不甚大, 味與凡桃等.

久之, 請於予家樓上. 凡請仙, 必須樓, 所謂"仙人好樓居"者也. 予年方舞勻, 登樓禮謁, 批云 : "此子可敎", 隨命予名若皐. 凡爲仙弟子者, 其名咸仙所命云. 因令予同會文, 題"不忮不求"至"何足以臧?" 藝完, 命送置於白雲山土地香爐下. 次早往領, 獨取予文, 圈點疊加, 備極褒美. 其硃紫色, 其筆如懸針·倒薤, 字法絶似螳螂張膝·蜻蜓點水, 不類人間所爲. 末注 : "三千六百九十日予言始驗." 予絶不之信.

先君極敬重之, 每仙降, 先君必登樓禮四拜, 飮酒必令盡歡而散. 是時先君年望六. 次年偶往鄕, 染時疫歸, 發熱三日, 不汗. 六日熱甚, 發譫, 醫人咸却走, 計無所施. 或言祈之仙. 符方發, 扶乩, 乩躍入地. 再持起, 縱橫亂擊, 持者手破流血, 沙盤皆碎裂. 予輩俯伏哀求, 方大批云 : "爾父病亟, 何不早請我?" 予輩復俯伏謝過, 隨批云 : "急取梯來, 向樓簷某行瓦中, 取予藥方下." 卽如言取下黃紙一卷, 藥方一道, 靈符三道, 皆紫硃所書, 與前批評文章筆跡無異. 其藥件皆人所常服者. 隨令抄謄, 赴坊取藥, 原方焚之. 復命取水一碗, 用桃仁七枚, 搗碎和之. 焚三靈符於其內, 飮父. 囑飮後, 手持木杵, 向牀中四旁擊之. 予輩捧水至牀前. 父素信仙, 一吸而盡. 復如言, 持杵左右前後擊. 仙停乩以待, 曰 : "汗乎?" 視之, 果大汗如雨. 隨命服湯藥. 旣服, 復停乩以待, 曰 : "睡乎?" 視之果睡. 卽命取白米煮粥以俟. 少頃, 擧乩曰 : "睡覺乎?" 視之, 復曰 : "睡已覺", 曰 : "急進粥. 爾父病瘳矣." 予退, 命碧桃子守爾家. 因供碧桃仙於家. 碧桃嗜水, 朝夕奉水一大碗, 無他供也. 未三日, 而父服食如平時, 一似未嘗病者. 他日設酒食酬謝仙, 父伏地, 感而且泣. 未幾, 仙贈父小像, 墨跡甚淡, 視之如影, 然酷肖父狀. 上書"九天紫府純陽道人贈." 其詞曰 : "靈雨飄衣, 淸歌滿谷. 鶴之餐雲, 鹿之咽月. 先生一蓬萊客, 爲人間謫仙耶? 今少炙其貌, 深測其衷. 若難以形容, 隻譜片詞, 爲君售也." 贊曰 : "臉臞而衷腴, 所擧又若梅. 其語言落華而務實, 至接物宏以寬. 溫溫安安, 渾渾漫漫, 繼繁蘭桂, 鴻漸於磐. 近天子之龍飛, 慶上國光輝. 其容舒舒, 其象如愚. 是武城墨士, 絃歌片隅? 抑西河先生, 課古人書? 稱泗杏之通儒, 盛哉猗與!"

父什襲之不輕褻. 迨滄桑之會, 張生旣物故, 王生・董生亦相繼亡, 仙久不請. 順治戊子, 予登賢書. 壬辰會試, 予兄復請, 問 : "予捷與南宮否?" 仙亦降, 但不似向者之靈顯也, 但批'中阿'二字. 再叩, 並不答. 是科予落第, 予鄰何公紘度・陳公璜中式. 蓋析何與陳姓之半, 而成'阿'字也. 乙未會試, 予問如前, 批詩云 : "大固崔巍正展旗, 春光逗發遠爲期. 君家福分非輕淺, 先報瓊林第一枝." 是科, 予果雋南宮. 兄輩又請問予殿試某甲, 則批一'里'字. 再問, 則云 : "二十二十又二里." 及聞報, 則二甲四十二名也. 蓋'里'字移兩畫於上成二甲. 更逆數是年三月某日揭曉之期, 以驗仙之所云"三千六百九十日"者, 殆晷刻不爽云. 誠足奇哉!

予思乩仙靈驗者亦多矣, 未有親能以物相授受者也. 夫葫蘆・仙桃・小像之類, 藏之巖穴中, 無論已. 若窗前松餠, 簷上藥方, 有人挾之而至乎? 抑凌空而飛至乎? 且評閱文章, 其筆墨奚自而來也? 豈天上亦有文房乎?

或曰 : "筆仙墨仙, 類工於筆墨, 有資於文章之用. 其人咸仙去, 則天上安得無筆墨? 況呂祖游湘潭・鄂岳間, 多賣紙墨於市以混迹, 紙墨有, 則他物可概知矣." 予曰 : "然則誠仙乎?" 或曰 : "以子之大人病且踣, 呼吸之間, 能令立起, 非仙而能若是乎?" 或之言雖如此, 然予聞食仙桃者, 可百歲而上之, 張生・王生・董生, 咸食桃者也, 均不能週甲子, 則仙不仙又未可必也. 是予終不能辨, 姑記之以俟後之辨之者.

張山來曰 : 呂祖能詩, 能書, 能飮, 能行觴政, 皆所優爲. 獨是'八股'一道, 不識何以亦能評閱! 豈一能則無所不能耶?

중령천기(中泠泉記)

유석(幼石) **반개**(潘介)

중령천[1]은 유백추(劉伯芻)[2]가 말한 '천하제일의 샘물'이다. 옛 사람이 금산(金山 : 江蘇省 鎭江市 서북쪽에 위치)을 노닐다가 우연히 중령천의 물을 마시고서 가슴과 겨드랑이에 온통 신선의 향기가 감돌았다고 하는데, 그는 물맛을 아는 자였던가? 경진년(1640) 봄 정월에 나는 징강(澄江 : 江蘇省 江陰市의 별칭) 여행길에 올랐다. 초나흘에 진주(眞州)를 출발해 윤주(潤州)에 도착했다. 배 안에서 금산을 바라보니 물결 속 봉우리가 구름 밖으로 우뚝 솟아 있었고 나는 듯한 전각은 물 위로 붉은 단청을 드리우고 있었으며, 석양은 자주 빛으로 물들어 있었다. 나는 주저주저하면서 차마 산

1 중령천 : 강소성 진강(鎭江) 금산(金山) 서쪽에 있는 석탄산(石彈山) 아래에 위치해 있으며, 중령천(中零泉) · 중유천(中濡泉) · 중령수(中泠水) · 남령수(南零水)라고도 한다.

2 유백추(劉伯芻) : 당나라 장우신(張又新)이 쓴 『전차수기(煎茶水記)』에 따르면, 유백추는 다성(茶聖) 육우(陸羽)와 동시대의 인물로, 찻물로 적합한 물을 7등급으로 분류했는데, 남령수(南零水)를 천하제일의 물로 꼽았다고 한다. 남령수는 바로 중령천이다.

기슭에 배를 대지 못했다. 그러나 그들이 떠먹었다는 한 국자의 중령천, 그 맑은 물이 어디에 있는지는 찾지 못했다.

다음날 작은 배를 구해 물살을 가르고 산에 올랐다. 돌난간 주위를 한 바퀴 돌자 우렁찬 물살이 돌에 부딪쳐 포효하는 소리가 들렸다. 구불구불 돌다리를 따라 이층에 오르고, 찻집이 늘어선 거리 여러 곳을 통과한 후에야 세간에서 말하는 이른바 중령천을 만나볼 수 있었다. 우물 위에는 기와 정자가 세워져 있고 우물난간에는 돌로 만든 용이 똬리를 틀고 앉아 있었는데, 비늘이 살아 움직이는 것 같았다. 스님들이 다투어 우물물을 길어서는 찻집으로 들어갔다. 이 날은 오(吳) 땅 사람들이 말하는 '돈의 신 탄신일[錢神誕]'이라, 사람들은 다투어 절을 찾아가 축수했다. 어깨가 부딪치고 옷깃이 맞닿을 정도로 수 만 명은 족히 넘을 사람들이 몰려드는 바람에, 찻집은 사람들로 꽉 차 더 이상 손님을 들일 수 없는 지경이었다. 나는 세 번 그곳에 가보았는데, 기회만 있으면 차를 몇 잔 얻어 마셔보았으나 자세히 음미해 보아도 물맛이 여느 강물과 별반 차이가 없었다. 나는 속으로 의심하면서 묵묵히 일어나 가파르고 험한 산을 올라가 금산의 절경을 모조리 찾아다녔다. 그러다 지쳐 잠시 쉬면서 문득 바위 위를 쳐다보았는데, 이끼가 떨어져 나간 곳에 글자 몇 줄이 희미하게 보였다. 손으로 이끼를 털어내고 문질러 낸 다음 확인해보니, 옛 사람이 맛보았다는 물은 곽박(郭璞)의 무덤 사이에 따로 있다는 내용이었다. 물을 얻는 방법에 대해서는, 자시와 오시 두 시진에 구리병과 긴 두레박줄을 석굴 안으로 집어넣고 몇 척(尺) 정도 찾아 내려가면 비로소 진짜 샘물을 얻을 수 있으나, 깊이와 앞뒤가 조금이라도 법식에서 벗어나면 중령천의 진정한 물맛을 맛볼 수 없다고 적혀 있었다. [이것을 보니] 나도 모르게 가슴이 탁 트이면서 땀이 등줄기를 타고 흘러내렸다. 그러나 옛 사람이 정해놓은 법식처럼 구리병과 긴 두레박줄을 구해 중령천의 물을 길어 맛볼 방법이 없었다. 곽공(郭公 : 郭璞)의 유해는 본래 금산 기슭 서남쪽 모퉁이의 물결치는 큰 파도 속에 있는데, 돌이 어지럽게 삐쭉삐

쭉 솟아 있어 그 모습이 마치 괴이한 귀신이나 짐승처럼 으스스했다. 금산과의 거리는 불과 몇 걸음 밖에 안 되었지만, 주저하고 머뭇거리면서 하염없이 바다만 바라볼 뿐, 너무도 아득하여 다가갈 수 없을 것만 같았다. 날이 저물어 배로 돌아오는데 마치 무엇인가를 잃어버린 것처럼 마음이 불편했으며 옛 사람을 따라하지 못하는 자신이 원망스러웠다. 불인(佛印)이 선(禪)을 이야기하고 파공(坡公 : 蘇東坡)이 허리띠를 풀고 듣고 있을 때[3] 술동이와 차 주전자에서는 모두 중령천의 향기가 넘쳐났을 텐데, 나는 어찌하여 직접 보지도 못한단 말인가!

며칠 뒤 배를 타고 징강에서 돌아오는데, 같은 배에 타고 있던 어수룩해 보이는 한 도인(道人)의 해진 장삼 안에서 무엇인가가 댕그랑! 하는 맑은 소리를 냈다. 달라고 해서 보았더니 다름 아닌 호로병이었다. 속은 붉고 겉은 누랬는데, 직경은 5촌 남짓이고 높이는 1척이 채 되지 않았다. 옆에 귀가 세 개 달려 있고 구리 징을 박은 쇠사슬이 한 장 남짓 둘러져 있었으며 쇠사슬의 3푼 가량은 고리 안으로 들어가 있었다. 귀 안의 끈 한 가닥이 뚜껑 위의 구리 고리에 묶여 있어서 아래위로 두레박 장치를

3 불인(佛印)이 …… 있을 때 : 불인은 송나라 때 승려로, 이름은 요원(了元)이고, 자는 각로(覺老)이다. 소식(蘇軾)과 사이가 각별했다고 하는데, 둘 사이에 다음과 같은 일화가 전한다. 한번은 불인과 동파가 백룡동(白龍洞) 앞을 거닐었는데, 동파가 "경치 좋다!" 하더니 허리띠를 풀고 시를 읊었다. 순간 풍덩 하는 소리가 들리면서 동파의 옥대(玉帶)가 냇물에 빠졌다. 이를 본 불인은 맨발로 물에 뛰어들어 옥대를 건져 나왔다. 둘은 불인의 방장실(方丈室)로 돌아왔다. 불인이 동파에게 "여긴 자네가 앉을 자리가 없네!"라고 하자 동파는 "그렇다면 방장의 사대(四大)를 빌려 앉아야겠군"이라고 응수했다. 사대란 불가용어로 사람의 몸을 가리킨다. 불인이 말했다. "거사(居士), 사람들이 모두 말하길 거사께서 말 응수에 능하다고 하니, 우리 내기를 합시다. 만일 답을 맞히면 앉을 자리를 드릴 것이고, 답을 맞히지 못하면 거사의 옥대를 내가 가지겠소. 어떻소?" 동파가 말했다. "좋소. 문제를 내시오." 불인이 웃으며 말했다. "출가한 사람들은 사대가 모두 비어있고 오온(五蘊 : 불가에서 말하는 色・受・想・行・識 다섯 가지 성분)을 가지고 있지 않습니다. 묻건대, 거사께서는 어디 앉으시렵니까?" 동파는 온갖 궁리를 다했지만 끝내 답을 찾지 못하고 옥대를 불인에게 주고 말았다. 지금까지도 '동파옥대(東坡玉帶)'는 금산(金山) 사보(四寶) 중 하나로 일컬어진다.

따라 움직였다. 또한 구리 구슬 하나가 호로병 옆에 묶여 있었고 줄의 한쪽이 뚜껑 위에 묶여져 있었다. 기이하다 생각되어 물어보았더니 비밀이라며 다른 사람에게 말해 주지 않았다. 그러다가 한참 뒤에 내게 이렇게 말했다.

"나를 따라 오시겠소? 중령천의 물 일 곡(斛 : 10말)을 나눠드리리다."

그 말에 나는 벌떡 일어나 두 손을 모으고 감사를 표했다. 마침내 나는 다른 사람들과 헤어져 도인을 따라 밤배에 올라탔다.

이틀 뒤 윤주(潤州)에 도착했을 때, 초루(譙樓)에서 북소리가 울려 퍼졌다.[4] 그날은 음력 정월 대보름날이었지만 비 온 뒤라 달이 뜨지 않았다. 그러나 하늘빛이 어슴푸레하여 그다지 어둡지는 않았다. 북이 세 번 울린 뒤에 작은 배는 곧장 곽박의 묘를 향해 갔다. 그러나 바위가 가파르고 물결이 사나워 배를 댈 수가 없었다. 손을 잡고 천천히 걸으면서 강 한 가운데에 놓인 돌을 밟고 대여섯 걸음 가니 석굴이 훤히 뚫려 있었다. 도인이 말했다.

"여기가 바로 중령천의 굴입니다."

그리고는 호로병을 꺼내 석굴 안으로 내렸다. 쇠구슬이 호로병의 옆을 누르자 호로병이 옆으로 기울더니 그 상태로 1장 정도 내려갔다. 도인이 두레박줄 위의 장치를 움직이자 구리 구슬이 호로병의 가운데를 눌렀고, 호로병이 위를 향하면서 물이 가득 찼다. 도인이 다시 두 번째 장치를 누르자 이번에는 뚜껑이 내려가서 닫혔고 뚜껑 부분이 마치 아교 칠을 한 듯 열리지 않았다. 천천히 구리 구슬과 두레박줄을 거둬들인 다음 뚜껑을 열고 보았더니, 안에 물이 가득 차 있었다. 우리는 곧장 배를 돌려 강기슭으로 돌아온 다음 자기로 빚은 솥에다 그 물을 끓였다. 순식간에 물이 끓어오르자 도인은 영목(瘿木) 바가지를 가져다가 물을 약간 떠마셨다. 순간 맑은 향기가 입안에서부터 심장까지 스며드는 것처럼

---

4 초루(譙樓)에서 …… 울려 퍼졌다 : 원문은 '초고(譙鼓)'로, 개장(開場)이나 폐장(閉場)을 알리기 위해 높다란 대 위에서 치는 북을 말한다.

느껴졌다. 물을 두세 잔 마시자 좋은 향기가 양쪽 겨드랑이에 가득차면서 순식간에 더러운 마음이 씻겨나가는 듯했다. 나는 탄성을 지르며 말했다.

"아, 이 물이구나! 이 물! 옛날 사람이 정말로 나를 속이지 않았구나! 아, 천지의 신령한 기운이 응집되려면 반드시 감춰진 곳이 있어야 한다. 우뚝 솟아오르면 산이 되고 움푹 꺼지면 샘이 되지만 산도 그저 산이 아니라 강 한 가운데 우뚝 솟아오른 산이요, 샘도 그냥 샘이 아니라 첩첩 쌓인 강물 밑에서 솟아나는 그런 샘이다. 비록 개장수, 물장수, 야채장수, 촌뜨기라 할지라도 이 산을 느끼고 이 샘의 물맛을 보면 누구나 신선의 기운을 느낄 것이다. 고금 이래로 진정한 재인은 파묻히고 가짜 유물[5]들은 다투어 전해졌으니, 어찌 중령천만 그런 대접을 받았겠는가?"

다음날 진시(辰時 : 오전 7시에서 9시 사이)에 도인은 떠나가고 나도 노를 저어 강을 건넜다. 이웃 배에 한 고귀한 사람이 타고 있었는데, 여우 가죽옷을 입고 다리를 쭉 뻗은 채 동자를 시켜 불을 피워 우물에서 퍼온 중령천의 물을 끓이고 있었으나 물은 아직 끓어오르지 않았다. 도인은 성이 장씨(張氏)이며, 조상은 민(閩) 땅 사람이라고 했다.

장산래가 말한다.

내 고향의 조환부(趙桓夫) 선생은 금산의 강 한 복판 물이 곽박 무덤 사이의 물과 다르지 않다고 말했다. 그리하여 2척 정도의 거리를 유지한 채 큰 배 두 척을 나란히 띄우고, 다시 2척 정도의 공간을 두고 양쪽 배 위에 큰 나무 판자를 올려놓아 우물 정(井) 자처럼 만들었다. 뚜껑 달린 주석 항아리를 가져다 윗부분에는 크고 긴 새끼줄을 묶고, 작고 긴 새끼줄

5 가짜 유물 : 『한비자(韓非子)』 「설림하(說林下)」에 보면, "제나라가 노나라를 정벌한 뒤 참정(讒鼎)을 요구했다. 이에 노나라에서 가짜 물건을 가지고 가자, 제나라 사람이 가짜라고 말했다. 그러자 노나라 사람이 진짜라고 말했다[齊伐魯, 索讒鼎. 魯以其鴈往, 齊人曰 : '鴈也.' 魯人曰 : '眞也']"는 말이 있다. 후에 '안정(贋鼎)'은 모방해서 만든 가짜 물건을 가리키는 말로 사용되었다.

을 따로 뚜껑에 매달았다. 1장 정도 되는 길이의 새끼줄을 우물로 내렸다. 새끼줄을 다 내리면 먼저 작은 새끼줄을 당겨 뚜껑을 열고 물이 항아리에 가득 다 차면 천천히 큰 새끼줄을 당겼는데, 이렇게 하면 강 한 복판의 물만 길어 올릴 수 있었다. 생각건대 조환부 선생은 곽박 무덤에 있는 물을 어떻게 길어 올려야 하는지 그 방법을 몰랐던 것 같다. 만약 이 도인을 만나 그 방법을 배웠다면 훨씬 좋았을 것을.

中泠, 伯芻所謂'第一泉'也. 昔人遊金山, 吸中泠, 胸腋皆有仙氣, 其知味者乎? 庚辰春正月, 予將有澄江之行. 初四日, 自眞州抵潤州. 舟中望金山, 波心一峰, 突兀雲表, 飛閣流丹, 夕陽映紫. 躊躇不肯艤岸. 但不知中泠一勺, 淸澈何所耳.

次日覓小舟, 破浪登山. 周石廊一匝, 聽濤聲噌吰, 激石哮吼. 迤邐從石磴陟第二層, 穿茶肆中數圻, 得見世所謂中泠者. 瓦亭覆井, 石龍蟠井闌, 鱗甲飛動. 寺僧爭汲井水入肆. 是日也, 吳人謂錢神誕, 爭詣寺中爲壽. 摩肩連袵, 不下數萬人, 茶坊滿不納客. 凡三往, 得伺便飮數甌, 細啜之, 味與江水無異. 予心竊疑之, 默然起, 履巉陟險, 窮盡金山之勝. 力疲小憩, 仰觀石上, 蒼苔剝蝕中依稀數行. 磨刷認之, 乃知古人所品, 別在郭璞墓間. 其法於子午二辰, 用銅瓶長綆入石窟中, 尋若干尺, 始得眞泉, 若淺深先後, 少不如法, 卽非中泠正味. 不禁爽然, 汗下浹背. 然亦無從得銅瓶長綆如古人法, 而吸之而飮之也. 郭公爪髮, 故在山足西南隅洪濤巨浪中, 亂石峋嶙, 森森若奇鬼異獸. 去金山數武, 而徘徊躑躅, 空復望洋, 蓋杳乎不可卽矣. 日暮歸舟, 悒怏若有所失, 自恨不逮古人. 佛印談禪, 坡公解帶, 爾時酒甕茶鐺, 皆挾中泠香氣, 奈何不獲親見之也!

越數日, 舟自澄江還, 同舟憨道人者, 有物藏破衲中, 琅琅有聲. 索視之, 則水葫蘆也. 朱中黃外, 徑五寸許, 高不盈尺. 傍三耳, 銅紐連環, 亘丈餘, 三分入環. 耳中一縷, 勾蓋上銅圈, 上下隨綆機轉動. 銅丸一枚, 繫葫蘆傍, 其一綰蓋上. 怪問之, 秘不告人. 良久, 謂余曰 : "能從我乎? 願分中泠一斛." 予躍然起, 拱手敬謝. 遂別諸子, 從道人上夜行船.

兩日抵潤州, 則譙鼓鳴矣. 是夕上元節, 雨後遲月出不見. 然天光初霽, 不甚晦冥. 鼓三下, 小舟直向郭墓. 石峻水怒, 舟不得泊. 攜手彳亍, 躡江心石五六步, 石竅洞洞然. 道人曰 : "此中泠泉窟也." 取葫蘆沉石窟中. 銅丸傍鎮, 葫蘆橫側, 下約丈許. 道人發綆上機, 則銅丸中鎮, 葫蘆仰盛. 又發第二機, 則蓋下覆之, 笱闔若膠漆不可解. 乃徐徐收銅綆, 啓視之, 水盎然滿. 亟旋舟就岸, 烹以瓦鐺. 須臾沸起, 就道人瘿瓢微吸之. 但覺淸香一片, 從齒頰間沁人心胃. 二三盞後, 則薰風滿兩腋, 頓覺塵襟滌淨. 乃喟然曰 : "水哉! 水哉! 古人誠不我欺也! 嗟乎, 天地之靈秀, 有所聚必有所藏. 乃至拔而爲山, 穴而爲泉. 山不徒山, 而峙於江心, 泉不徒泉, 而巽乎江水層疊之下. 而顧令屠狗賣漿, 茱傭傖父, 皆得領玆山, 味玆泉, 則人人皆有仙氣矣. 今古以來, 眞才埋沒, 贋鼎爭傳, 獨中泠泉也乎哉?"

次日辰刻, 道人別去, 予亦發棹渡江. 而鄰舟一貴介, 方狐裘箕踞, 命俊童敲火, 煮井上中泠, 未熟也. 道人姓張, 其先蓋閩人云.

張山來曰 : 吾鄕趙桓夫先生, 謂金山江心水, 與郭璞墓無異. 因以兩巨舟相並, 中離二尺許, 以大木橫絙其上, 中亦空二尺許, 如井狀. 以有蓋錫罌一, 上繫大長繩, 別一小長繩繫其蓋. 繩之長, 凡若干丈, 縋於井. 繩盡, 先曳小繩起其蓋, 而水已滿罌, 徐曳大繩, 則所汲皆江心水矣. 想以郭璞墓不得其汲之之法耳. 若遇此道人, 效其製, 當更佳也.

염참군전(髥參軍傳)

천벽(天璧) 서요(徐瑤)

장옹(蔣翁)은 술을 좋아했는데, 집이 가난해 술을 구할 방도가 없으면 나를 찾아와 술을 내놓으라 했다. 그때 간간이 젊은 시절에 보고 들었던 일을 이야기해주었는데, 신기하고 재미난 이야기가 많았다. 그 중에서도 염참군 이야기가 특히 기이해 「염참군전」을 짓는다.

명나라 사종(思宗)[1] 때 아무개 공자(公子)가 있었는데, 그 성씨는 기록하지 않겠다. 장옹은 아무개 공자의 아들과 친구였기 때문에, 공자가 염참군을 만났던 일을 잘 알고 있다고 했다.

전에 공자는 아무개 상국(相國)의 집에서 일했는데, 한번은 도성에서 돈 3천 냥을 가지고 돌아오는 도중에 어떤 중을 만났다. 중은 모습이 흉악했고, 어깨에는 짐 꾸러미와 아주 무거워 보이는 검은 빛의 쇠몽둥이

1 사종(思宗) : 명나라 숭정제(崇禎帝) 주유검(朱由檢 : 1611~1644)의 묘호(廟號)이다. 청나라 초에 묘호가 회종(懷宗)으로 바뀌었다가 다시 의종(毅宗)으로 바뀌었다.

를 메고 있었다. 중이 이삼일 동안 공자를 엿보았지만 공자는 전혀 신경 쓰지 않았다. 둘은 한 여관에 당도했다. 공자가 먼저 달려가 오른쪽 곁채에 머물렀다. 곧이어 중이 도착해 오른쪽 곁채 온돌 위에 드러누웠다. 여관 주인이 공자를 몰래 불러내 이렇게 말했다.

"손님께서는 필시 도성에서 오시는 길이며 보따리 속에는 필시 돈이 들어 있을 게요. 그렇지 않고서야 뭣 때문에 따라왔겠소?"

공자는 그제야 가슴이 두근두근하면서 당황스러워 어찌할 바를 몰라 했다. 여관 주인은 공자에게 돈에 연연해하지 말고 술이나 한잔 하자고 권했다.

공자가 막 자리를 잡고 앉자마자 구레나룻을 기른 사내가 들어왔다. 사내는 8척 남짓한 키에 허리둘레가 열 아름이나 되었고, 온통 시뻘건 수염이 고슴도치처럼 삐죽하게 뻗쳐있었다. 그는 곧장 자리에다 활과 칼을 던져 놓더니 다급하게 술과 음식을 가져오라고 고함쳤는데, 그 소리가 마치 천둥 같았다. 공자는 더욱 공포에 질려 다리를 후들후들 떨며 넘어질 판이었다. 구레나룻 사내가 얼핏 공자를 보고는 말했다.

"공자의 안색이 남다른 것이 뭔가 다급한 일이 있는 것 같은데, 한번 말해보지 그러시오?"

공자가 벙어리처럼 숨죽이고 있자 여관 주인이 공자를 대신해 공자가 돈을 가지고 오는 길에 중을 만난 정황을 말해주었다. 구레나룻 사내가 말했다.

"중은 지금 어디에 있소?"

여관주인이 오른쪽 곁채 온돌 위에 누워 있는 사람을 가리켰다. 구레나룻 사내는 공자가 미동도 않는 것을 보고 곧장 칼을 들고 문을 밀고 들어가 꾸짖으며 말했다.

"미련한 도적 놈 같으니! 길에서 똥이나 줍지 않고 강도짓을 하느냐?"

그리고는 쇠몽둥이를 둥근 고리처럼 휘더니 온돌 위에 던지며 말했다.

"네가 이것을 펼 수 있으면 손님 돈을 마음대로 가져가도 좋다! 그러나 펴지 못하면 목을 내밀고 내 칼을 받아야 할 것이다!”

중은 뻣뻣이 누워 꼼짝도 않고 있다가 한참 뒤에 겨우 기어 내려와 죽여 달라고 간청했다. 쇠몽둥이가 완전히 휘어져 있는 것을 보고는 눈물을 흘리며 더욱 간절히 애걸했다. 구레나룻 사내가 웃으면서 말했다.

“이것을 펴지 못할 것임을 내 진작부터 알고 있었다. 너를 위해 다시 펴주마. 꺼져라! 이 어르신의 칼을 더럽히지 말고!”

공자와 여관 주인은 모두 혀를 내두르고 문 밖에서 구경하다가 바로 달려 들어와 구레나룻 사내를 에워싸고 절을 하며 이름을 물었다. 그러나 구레나룻 사내는 대답하지 않고 웃으면서 모두 들어가 자라고 했다.

다음날 구레나룻 사내가 공자를 호위하겠다고 청하자 공자는 크게 기뻐했다. 양주(揚州)에 도착하자 구레나룻 사내가 공자에게 말했다.

“이제 가더라도 아무 걱정 없으니, 나는 가보겠소.”

공자가 머리를 조아려 감사의 인사를 하며 말했다.

“제가 큰 은혜를 입었으나, 달리 보답할 길이 없어 수고비로 300냥을 드리고자 합니다. 여기서부터 저희 집까지 나흘이면 당도하니, 함께 강을 건너 남쪽으로 가시는 것이 어떻겠습니까?”

구레나룻 사내가 웃으면서 말했다.

“나는 군인 출신이데, 지금 이렇게 혼자 다니는 것은 막부의 일 때문에 출장 나온 것이오.[2] 만약 돈을 탐냈다면 어찌 300냥에 그치겠소? 시일에 쫓기고 있어 따라갈 수 없소. 혹 후에 공무로 강을 건너게 되면 공자를 찾아가겠소. 그때 내게 밀가루 15근, 살아있는 돼지 두 마리, 술 열 섬만 주시오.”

공자는 어쩔 수 없이 구레나룻 사내와 헤어졌다.

---

2 막부의 …… 것이오 : 명나라 때는 변방을 진수하던 통병관(統兵官)으로 진표(鎭標)와 부진표(副鎭標)를 두었다. 진표관은 본래 밖으로 내보내 업무를 처리하게 하는 관리를 가리키는 말이었으며, 품계도 없었다. 청나라 때는 진표관을 녹영병정(綠營兵正)이라 하여 2품 벼슬을 주었다. 여기서 표관(標官)이라 한 것은 진표관을 뜻하며, 막부를 위해 밖에서 업무를 처리하고 있음을 가리킨다.

몇 개월 뒤에 구레나룻 사내가 정말로 찾아와서 공자를 부르며 "배가 몹시 고프다!"고 했다. 공자는 급히 지난날의 약속대로 밀가루와 살아 있는 돼지와 술을 올렸다. 구레나룻 사내는 곧바로 술을 다 비우더니, 차고 있던 칼로 돼지를 잡고, 손수 밀가루를 반죽해 떡을 만들었다. 그리고는 익혀가면서 바로 바로 먹었는데, 앉은 자리에서 반이나 먹어 치웠다. 공자가 말했다.

"참군(參軍)의 주량으로 보아 기운이 산이라도 뽑을 듯한데, 대체 몇 백 균(鈞)[3]이나 들어 올리실 수 있습니까?"

구레나룻 사내가 말했다.

"나도 몇 백 균이나 들 수 있을지 모르겠소. 그렇긴 하지만 한번 시험이나 해봅시다."

그리고는 바로 뜰 난간 위에 서서 수십 명의 사람들에게 달려와 부딪치게 했는데, 산같이 우뚝 서서 끄떡도 하지 않더니 "아직 부족해"라고 말했다. 다시 손가락 두 개를 세워 1촌 가량 벌리더니, 끈으로 한번 감은 뒤 몇 명의 장정들에게 힘을 다해 양쪽으로 끌어당기게 했는데, 쇠처럼 힘이 세서 반 푼도 움직일 수 없었다. 그러자 공자가 나서며 말했다.

"지금 천하에는 역적이 벌떼같이 일어나 조정에서는 다급하게 전쟁에 임하고 있습니다. 참군의 위용이면 중원에서 역적들을 잡아 죽이는 것은 썩은 나무 뽑는 것처럼 쉬울 것입니다. 지금 수보(首輔)로 계신 분은 제 스승인지라, 제가 급히 서신 한 통을 보내면 바로 대장군의 인(印)을 목에 걸 수 있을 텐데, 어찌하여 저 역적 휘하에서 부림을 당하고 계십니까?"

구레나룻 사내는 하늘을 향해 호탕하게 웃더니 천천히 공자에게 말했다.

"그대가 아무개 상국 문하의 선비였소? 나는 가겠소!"

---

3 균(鈞) : 고대 무게를 세던 단위. 『율력지(律曆志)』에 따르면, "24수가 한 냥이고, 16냥이 한 근이며, 36근이 한 균이며, 4균이 한 섬이다[二十四銖爲兩, 十六兩爲斤, 三十斤爲鈞, 四鈞爲石]"라고 한다.

논하여 말한다.

장옹이 이야기해준 염참군이야말로 진정 기이하고 빼어난 선비가 아닌가? 사종 때에는 참군 같은 사람들이 적지 않았다. 이와 같은 사람 수십 명을 얻어 대장군으로 삼고, 의로운 깃발을 세워 자유자재로 진격하고 물러났다면, 저 역적들은 평정할 것조차 없었을 것이다. 그러나 당시 병권을 장악한 자들은 하나같이 유약하고[4] 용렬해 물러나기만 하고 진격하지 못했으니, [저들 중에] 참군 같은 사람이 어쩌면 단 한 명도 없었더란 말인가? 설령 적의 선봉을 꺾어 진지를 함락한 자가 한두 명 있었다 하더라도, 조정에서는 도리어 그들을 속박해 공명(功名)을 세우지 못하게 했고, 결국에는 앉은 채로 천하가 유린되고 혼란에 빠져 망할 지경에 이르렀다. 오호라! 이것이 누구의 죄인가? 이것이 누구의 죄인가?

장산래가 말한다.

당주만(唐鑄萬)[5] 선생은 이렇게 평했다.

"구구절절 염참군을 묘사하고 있지만, 사실 이야기의 주안점은 공자와 상국에게 가있다. 대단한 실력이다."

당주만 선생의 평이 이미 이 작품의 묘미를 모두 드러내고 있기 때문에 내가 굳이 더 이야기할 필요 없겠다.

---

4 유약하고 : 원문은 '선연(選軟)'으로 유약해서 진격하지 못하는 것을 나타낸다. '선연(選耎)'이라고도 쓴다.

5 당주만(唐鑄萬) : 사천(四川) 달주(達州) 사람으로 순치연간(順治年間 : 1644~1662)에 과거에 급제해 산서(山西) 자장현(子長縣)의 지현(知縣)을 역임했다. 그러나 곧 사직하고 돌아가 중년과 말년에는 소주(蘇州)에서 살았다. 그는 매우 가난하게 살았지만 천하의 고통을 잊지 않으면서 군주의 전제정치를 비판하는 책을 저술했다. 동시대의 학자 위빙숙(魏冰叔 : 魏禧)은 당주만이 지은 『잠서(潛書)』를 본 후에 "주진(周秦) 때 제자(諸子)의 책과 같구나. 지금도 이런 사람이 있었다니?[此周秦之書也. 今猶有此人乎]"라고 말했다. 당주만은 "진나라 이래로 제왕의 자리에 오른 자들은 모두 역적이다[自秦以來, 凡爲帝王者皆賊也]"라고 비판하면서, 군주는 천하의 부를 강도질한 약탈자라고 했다.

蔣翁性好酒, 家貧無所得酒, 輒過余索飮. 間說少時所見聞事, 多新奇可喜. 而髯參軍尤奇, 作「髯參軍傳」.

明思宗時, 公子某, 不著其姓氏. 云公子之子, 與蔣翁友, 因悉公子遇髯參軍事.

先是公子奔走某相國門, 從京師持三千金歸, 道遇一僧. 狀猙獰, 所肩行李, 鐵扁拐, 光黑甚重. 伺公子信宿, 公子初弗介意也. 會抵一旅舍. 公子先驅入, 止右廂. 僧繼至, 就右廂炕上臥. 旅舍主人密呼公子告曰 : "客必從京師來, 囊中必有金. 不則若奚俱至?" 公子始心動, 倉皇失措. 主人勸公子勿戀金飮酒.

坐甫定, 忽一虬髯. 身長八尺餘, 腰大十圍, 鬚盡赤, 激張如蝟. 卽座上擲弓刀, 呼酒食甚急, 叱叱作雷聲. 公子益驚怖, 股栗欲仆. 髯微顧曰 : "君神色俱殊, 度有急, 盍言之?" 公子屛息若瘖, 主人乃爲述持金遇僧狀. 髯曰 : "僧今安在?" 則指右廂臥炕上者. 顧公子無動, 直提刀排闥入, 罵曰 : "鈍賊! 胡不拾糞道上, 而行劫耶?" 因弄其鐵扁拐, 屈之成環, 擲炕上曰 : "若直此, 聽若取客金! 不直, 則亟引項就刃!" 僧僵臥不動, 良久, 始匍匐下地, 請死. 顧視扁拐成環, 泣下, 請益哀. 髯笑曰 : "故料若不能直此. 聊爲若直之. 去! 無汚乃公刃!" 公子主人皆咋舌, 從門外觀, 已復趨前羅拜, 請姓名. 髯笑不答, 令俱就寢.

旦日, 請護公子行, 公子大喜. 至揚州, 謂公子曰 : "君今但去無患, 吾行矣." 公子叩頭謝曰 : "某受客大恩, 無以報, 願進三百金爲壽. 且從此抵某家, 計四日耳, 盍俱渡江而南?" 髯笑曰 : "吾起家行陣, 今隻身來, 爲幕府標官. 設貪金, 豈止三百哉? 吾憑限迫, 不能從. 或緣公事過江, 則訪君. 幸爲我具麪十五斤, 生彘二口, 酒一石." 公子不得已與別.

居數月而髯果至, 呼公子曰 : "饑甚!" 公子亟進麪・生彘・酒, 如前約. 髯立飮至盡, 卽所佩刀, 刺殺生彘, 而手自揉麪作餠. 且炙且啖, 盡其半. 公子曰 : "參軍酒力可拔山, 度擧幾百鈞?" 髯曰 : "吾亦不自料擧幾百鈞. 雖然, 請試之." 乃站庭檻上, 而令數十人撞之, 屹立不少動, 曰:"未盡也!" 復豎二指, 中開一寸, 以繩繞一匝, 數健兒迸力曳兩頭, 倔强如鐵, 不能動半分. 於是公子進曰:"今天下盜賊蠭起, 朝廷亟用兵. 以參軍威武, 殺賊中原, 如拉朽耳. 今首相某, 吾師也, 吾馳一紙書, 旦夕且掛大將軍印, 烏用隷人麾下爲?" 髥仰天大笑, 徐謂公子曰:"君顧某相國門下士耶? 吾行矣!"

論曰: 蔣翁所稱髥參軍, 殆眞奇傑非常之士矣乎? 當思宗時, 如參軍者, 自不乏人. 誠得十數輩爲大將, 建義旗, 進止自如, 賊固不足平. 乃當日握重兵者, 率皆選軟凡庸, 退爾不前, 何無一人類參軍也? 即有一二摧鋒陷陣之士, 而朝廷之上, 顧束縛之, 不克以功名終, 坐使天下流離, 輾轉以至於亡. 嗚呼! 是誰之過歟? 是誰之過歟?

張山來曰: 唐鑄萬先生評云, "句句爲髥寫生, 而着眼全在公子·相國. 此絶頂識力也." 此評已盡此文之勝, 予不必再措一辭矣.

거지 이씨 이야기[李乞傳]

학방(鶴舫) 모제가(毛際可)

거지 이씨는 강서(江西) 사람으로, 고향이나 이름은 고증할 길 없다. 장강(長江)과 한수(漢水) 일대를 왕래한 지 30년이 되었으나 언제 봐도 쉰 몇 살처럼 보였다. 몸에는 달랑 표주박 하나만 들고 다닐 뿐 다른 물건은 없었다. 매번 소고기나 돼지기름을 구걸하기도 하고, 쥐를 잡아 날것으로 먹기도 했다. 남은 음식은 해진 웃옷 안에 넣어 두었는데, 한여름에도 맛이나 색깔이 변하지 않았다. 종이와 붓을 발견하면 곧바로 글을 썼는데, 말에 두서가 없었고 간혹 부록(符籙) 같이 생긴 글자가 한두 개 섞여 있었다. 어쩌다 내가 짐짓 떠보면 그제야 시를 짓곤 하였으나 다른 사람이 말을 걸면 일체 대답하지 않았다. 군승(郡丞) 아무개가 강 건너로 사람을 보내 억지로 그를 관아로 데려왔더니, 며칠 동안 머물다가 떠나겠다고 했다. 군승 아무개가 그에게 가벼운 갈옷과 무늬 신발을 주었더니 그는 머리 가득 꽃을 꽂고 미친 척 저자거리를 돌아다녔다. 아이들이 다투어 꽃을 빼앗으려 하자, 그때마다 머리를 감싸 쥐고 웃음을 참으면서 주지 않았다. 얼마 지나지 않아 갈옷이 해어졌는데도 눈보라가 흩뿌리는 중에 태연자약하기만 했다. 어떤 사람이 말했다.

"거지 이씨는 옛날에 제생(諸生)으로 명성도 있었다. 여러 차례 과거에 낙방하자 품은 뜻이 있어서 세상을 등졌다."

그러나 그의 시를 읽어보면 깊은 산중의 고승 같지 미친 척하면서 세상을 비웃는 사람과는 달랐으니, 그가 대체 어떤 사람인지는 끝내 모르겠다. 나는 친구의 집에서 수소문 끝에 그를 만났는데, 그는 내게 부채에다 글을 써 주고는 하루 종일 마주앉아 있으면서도 끝내 다른 말은 하지 않았다.

장산래가 말한다.

옛날의 이인(異人)들은 백정이나 낚시하는 사람들 틈 사이에 숨어 있었으나,[1] 지금의 이인들은 거지들 사이에 숨어 지낸다. 앞으로 이와 같은 사람들 가운데 조금이라도 기이한 사람이 있으면 반드시 수소문해 보겠다.

거지 이씨의 시가 이 정도만 있는 것은 아니지만, 지금은 일단 그 가운

---

1 옛날의 …… 숨어 있었으나:『사기』「자객열전(刺客列傳)」을 보면 지(軹) 땅 사람 섭정(聶政)은 사람을 죽이고 원수를 피해서 백정일을 하며 살고, 위(衛)나라 사람인 형가(荊軻)는 연(燕)나라로 도망쳐 개백정들과 어울리며 살았다.『전국책(戰國策)』「진책삼(秦策三)」에 보면 "신 범수(范睢)가 듣건대, 여상(呂尙)이 문왕을 만나기 전에 위양(渭陽) 물가에서 낚시를 하고 있었다고 하였습니다[臣聞, 始時呂尙之遇文王也, 身爲漁父而釣于渭陽之濱耳]"라는 기록이 나온다.「진책오(秦策五)」에 "강태공은 제나라에서 도망간 사람이자 조가의 백정이었다[太公望, 齊之逐夫, 朝歌之廢屠]"라는 말이 나오고,『한시외전(韓詩外傳)』권7에는 "여망은 나이 쉰에 극진에서 구걸했고, 나이 칠십에 조가에서 백정 노릇을 했으며, 나이 구십에 천자의 스승이 되어 문왕을 만났다[呂望行年五十, 賣食棘津, 年七十屠于朝歌, 九十乃爲天子師, 則遇文王也]"는 기록과 "[태공망(太公望)은] 조가에서 소를 잡았고 극진에서 품팔이노릇을 했으며, 번계에서 낚시를 했다. 후에 문왕이 그를 등용해 제나라에 봉했다[屠牛朝歌, 賃于棘津, 釣于磻溪. 文王擧而用之, 封于齊]"는 기록이 보인다. 즉 난세에는 영웅이 백정이나 개장수 사이에서 숨어 지내거나 낚시하는 사람들 사이에서 숨어 지내기 때문에 이렇게 말한 것이다.

데 뛰어난 것을 골라 기록해둔다.

李匄, 江西人, 邑里名字無可考. 往來江漢三十載, 常如五十許人. 隨身一瓢外無長物. 每乞牛肉羹膏, 並捕鼠生啖之. 餘納諸散襖中, 盛暑色味不變. 遇紙筆卽書, 語無倫次, 或雜一二字如符籙. 余間以意測之, 始成詩, 人與之語, 皆不答. 某郡丞使人渡江, 强邀之署中, 留數日, 辭出. 郡丞與以輕葛文舃, 揷花滿頭, 徜徉過市. 兒童競奪之, 輒抱頭匿笑, 不予. 未幾, 葛敝, 縷縷風雪中自若. 或曰: "李匄向爲諸生, 有聲. 屢試不第, 有所託而逃." 然讀其詩, 似深山高衲, 不與陽狂玩世者比, 終不測其何如人也. 余於友人邸舍中, 物色得之, 爲余書扇, 相對竟日, 卒無他語.

張山來曰: 昔之異人, 隱於屠釣, 今之異人, 隱於乞匄. 自後遇若輩中有稍異者, 便當物色之.

李匄詩不止於此, 今姑擇其尤者錄之.

부록 시를 덧붙여 기록하다[詩附錄]

폭포는 예나 지금이나 여산(廬山)의 관경정(觀景亭)[1]을 이야기하면서,
갑자기 구름 머무는 저 산꼭대기에서 내려오네.
깊은 못은 오룡(五龍)을 건드려 때때로 사납게 울고,
세찬 물살은 삼협(三峽)에 부딪쳐 더욱 요란하게 울어대네.

달 속으로 치닫는 천 겹의 물보라,[2]
은하로 쏟아지는 만 가닥의 벼락.
쇠사슬도 끊긴 구봉(鷗峰)엔 흰 비단 매달려있고,
멀리 보이는 주망(珠網)엔 층층 누대 걸려있네.

---

1 여산(廬山)의 관경정(觀景亭): 원문은 '여대(廬台)'로, 강서성(江西省) 여산(廬山)의 관경정(觀景亭)을 가리킨다.

2 천 겹의 물보라: 소식(蘇軾)의 「적벽회고사(赤壁懷古詞)」에 보면 다음과 같은 구절이 나온다. "어지러운 돌들은 하늘을 뚫고, 성난 파도는 둑을 할퀴며 천 겹 눈보라를 일으키네[亂石崩雲, 驚濤裂岸, 卷起千堆雪]."

일렁이는 호수빛 몇 이랑에 걸쳐 넘실넘실,
누가 알았겠는가? 소용돌이치는 물결이 만산 봉우리에 있을 줄.
광활한 옛 전각 달을 마주하니,
텅 빈 산에 쏟아진 달빛이 끊임없이 흐르네.

달그림자 호수에 일렁이고,
어룡(魚龍)은 광한루(廣寒樓)[3] 깊이 숨었네.
둥그런 바퀴 하나 조계(曹溪) 길에 잇닿아 있고,
흰 물결이 일으킨 바람 온천지에 퍼져 있네.

언제 놓은 무지개다리인가?
하늘엔 문이 없어도 닿을 수 있겠네.
일찍이 사람이 바람타고 떠나간 뒤로,
험한 산길[4]만 남아 허공을 가로막고 있네.

은대(銀臺) 금전(金殿)의 그림자 얽히니,
곳곳이 밝은 빛이요 보화(寶華)가 휘황하네.
가업을 이루고 이제 돌아가게 되었는데,
천애 먼 곳에서 이제야 두려움 생기네.

구름 헤치고 달 아래에 앉아 호사를 누리다가,
이내 맑은 샘 길어와 쓴 차 마시네.
무심한 산행에 눈앞의 것은 모두 사라지고,
짚신 뒤꿈치 찢어져 다시 집으로 돌아가네.

---

3 광한루(廣寒樓) : 원문은 '광한추(廣寒秋)'로, 달 속의 궁전을 가리킨다.
4 험한 산길 : 원문은 '조도(鳥道)'로 좁고 험한 산길을 말한다.

향과 꽃 늘어져 있는 백보대(百寶臺),
백보대 안에는 진흙으로 빚은 여래불상.
겹겹의 아름다운 그림자 그때그때 드러남에,
세상의 모든 중생들은 마음의 문을 여네.

천 길 벼랑에 비 스며드니 소나무는 더욱 늙고,
한결같은 가을 소리에 국화꽃은 더욱 산뜻하네.
산중에 세월없다고 말하지 마시오.
흰 구슬 한 알 한 알이 시간을 기록하고 있다네.

높고 우뚝한 바위 위에 절문 하나 가로 놓여 있고,
평평한 물결은 하염없이 맑네.
갈라진 자라 등에 나한사(羅漢寺)가 보이고,
용 비늘과 어른거리는 돌 사이로 범천성(梵天城)이 보이네.

瀑泉古今說廬台, 頓向雲居絶頂來. 潭逼五龍時怒吼, 勢摧三峽更喧豗.
橫奔月窟千堆雪, 倒瀉銀河萬道雷. 鎖斷鷗峰懸白練, 遙看珠網掛層臺.
瀲灩湖光數頃浮, 誰知曲湧萬峰頭. 豁開古殿當前月, 散作空山不盡流.
金壁影搖冰鏡裏, 魚龍深在廣寒秋. 一輪直接曹溪路, 白浪家風遍大洲.
何年鞭石架長虹? 碧落無門却許通. 曾是御風人去後, 故留鳥道礙虛空.
銀臺金殿影交加, 處處晴光映寶華. 家業現成歸便得, 纔生疑慮隔天涯.
披雲坐月太奢華, 旋汲淸泉吃苦茶. 無事山行空眼底, 草鞋跟斷又歸家.
羅列香花百寶臺, 臺中泥塑佛如來. 重重妙影隨機現, 都在衆生心地開.
千崖雨濕松添老, 一味秋聲菊轉新. 莫謂山中無甲子, 素珠粒粒紀時辰.
嶒崚高石寺門橫, 面面波光一泒淸. 鼇背鑿開羅漢寺, 龍鱗幻石梵天城.

전각여사의 도장 앞에 적다[書鈿閣女子圖章前]

감재(減齋) 주양공(周亮工)

전각(鈿閣) 한약소(韓約素)[1]는 양천추(梁千秋)[2]의 첩으로 지혜로운 여자였다. 막 양천추에게 시집왔을 때부터 글자를 알았고, 완(阮)[3]을 타면서 노래도 잘했으며 금(琴)도 다룰 줄 알았다. 양천추가 도장 만드는 것을 보고 처음에는 그를 위해 돌을 다듬었는데, 그 손을 거치면 돌들이 옥처럼 맑고 깨끗해졌다. 그 다음으로 전서(篆書)를 공부하고 나서 돌에 글자를 새길 수 있게 되자, 양씨(梁氏 : 梁千秋)의 솜씨를 제법 전수받을 수 있었다. 그러나 팔목 힘이 약한 것을 늘 안타깝게 생각하여 아무 때나 남을 위해

1 전각(鈿閣) 한약소(韓約素) : 청나라 초기 전각가인 양천추(梁千秋)의 첩으로 호는 전각(鈿閣) 혹은 전각여사(鈿閣女士)이다. 도장을 잘 팠으며, 특히 창화석(昌化石 : 凍石. 浙江省 창화현에서 나는 도장 돌로 매우 진귀함)을 이용해 작은 도장 만들기를 좋아했다고 한다.

2 양천추(梁千秋) : 청나라 초의 전각가 양질(梁袠). 강소성(江蘇省) 양주(揚州) 사람으로, 인장학으로 유명하다. 저서로는 『인준(印雋)』이 있다.

3 완(阮) : 완은 완함(阮咸)이 만들었다는 현악기(弦樂器)로 '월금(月琴)'과 비슷하며 품에 안고 두 손으로 연주한다.

도장을 만들어주지는 않았다. 도장 하나도 여러 달을 거치지 않으면 얻을 수 없었다. 천성적으로 아름다운 동석(凍石)[4]에 도장을 새기는 것을 좋아해, 동석보다 조금 못한 돌을 가지고 찾아가면 "나더러 바위를 뚫으란 말씀입니까? 나쁜 사람도 아닌 것 같은데, 어찌 이런 못된 장난을 치십니까?"라고 말했다. 또 큰 도장 만드는 것을 좋아하지 않아, 큰 돌을 가지고 가면 "108개 구슬이 손목을 누르는 것도 싫은데, 제가 어찌 이것을 감당할 수 있겠습니까! 꼭 하셔야 한다면 제 남편께 부탁하세요"라고 말했다. 그래서인지 전각이 만든 작고 작은 도장을 보면 커다란 도장들은 한갓 사람의 두 눈을 가리는 장애물처럼 느껴졌다.

나는 양대년(梁大年 : 梁千秋의 동생)에게 부탁해서 전각이 만든 도장 서너 개를 얻었는데, 전각의 모습과 분내가 작은 전서 사이에 맴도는 것 같아 자못 소중하게 간직했다. 하차덕(何次德)[5]이 전각이 만든 도장 하나를 얻었고, 두다촌(杜茶邨)[6]이 양천추의 명을 받아 전각의 초상화에 제발(題跋)을 써주자 전각이 기뻐하면서 도장 하나를 만들어 보답했다. 이것들 모두 『뇌고당인보(賴古堂印譜)』[7]에 들어있지만, [그녀가 남긴 도장은] 채 열 개도 안 된다. 우담바라가 어쩌다 그 모습을 한번 드러내었으면 되었지 아쉬울 것 뭐 있겠는가? 전각과 동시대 사람인 왕수미(王修微)[8] · 양완

---

4 동석(凍石) : 창화석(昌化石)이라고도 하며, 절강성 창화현에서 생산되는 도장 돌로 매우 진귀하다.

5 하차덕(何次德) : 명말청초 사람으로, 이름은 고(杲)이고 동성(桐城) 사람이다.

6 두다촌(杜茶邨 : 1611~1687) : 청나라 문인 두준(杜濬)을 말한다. 자는 우황(于皇)이고 다촌은 그의 호이다. 호북성(湖北省) 황강(黃岡) 사람으로 시로 명망이 높았으나 명나라가 망하자 금릉(金陵)으로 피해들어가 계명산(鷄鳴山)에 우거했다. 몹시 가난하여 죽은 후에 장례조차 치르지 못했는데, 진붕년(陳鵬年)이 지강녕부(知江寧府)로 부임하면서 겨우 장산(蔣山) 북쪽 매화촌(梅花邨)에 묻어주었다. 『변아당집(變雅堂集)』이 전한다.

7 『뇌고당인보(賴古堂印譜)』 : 이 글의 작자인 주양공(周亮工)의 저서이다.

8 왕수미(王修微 : 1597?~1647?) : 이름은 미(微)이고, 자는 수미(修微)이며, 자는 초의도인(草衣道人)으로, 명나라 말기 광릉(廣陵 : 지금의 揚州)의 유명한 시기(詩妓)이다. 7세 때 부친이 돌아가신 뒤 집안이 가난하고 의지할 데가 없어 기생집에 팔리게 되는데, 장성한 뒤 배 가득 책을 싣고 다니면서 오회(吳會) 지역을 돌아다녔다. 재주

숙(楊宛叔)[9] · 유여시(柳如是)[10] 등이 모두 시(詩)로 이름을 날렸으나 실상은 당시 유명인사에게 시집간 덕에 명성을 얻었다 할 수 있다. 그러나 전각은 연약한 여자로서 오직 도장 파는 것만 잘했다. 게다가 그 남편은 늙고 가난한 선비로 대단할 것이라곤 없었다. 그런데도 전각이 만든 작고 작은 도장을 얻은 사람들은 지금까지도 금이야 옥이야 보배로 간직하고 있으니, 전각은 바로 도장으로 세상에 이름을 전한 것이다. 아, 작은 재주 하나로도 이렇게 세상에 전해질 수 있다니!

나는 오래전부터 소장해온 수정 · 옥 · 무소 뿔 · 동석 등으로 만든 도장을 늘 수십 개의 함에 가득 넣어 두고는 때때로 꺼내 보면서 감상하곤 했다. 오직 죽은 시첩 아무개[11]만이 도장 하나하나를 원래의 위치로 넣어둘 수 있었을 뿐, 다른 사람에게 시키면 온종일 해도 뒤죽박죽이었다. 후에 도장들은 모두 다른 사람 손에 넘어갔다. 나는 장안(長安)에 있을 때 「도장을 그리워하며[憶圖章]」[12]라는 시를 지었다.

가 출중해 전겸익(錢謙益) · 동기창(董其昌) · 진계유(陳繼儒) 및 경릉파(竟陵派) 시인 종성(鐘惺) · 담원춘(譚元春) 등 당시의 유명 문인들과 빈번한 교류를 했지만, 기생의 신분에서 벗어나지는 못했다. 생전에 『명산기(名山記)』 · 『완재편(宛在篇)』 · 『원유편선(遠游篇選)』 · 『부산정초(浮山亭草)』와 같은 시문집을 남겼다.

9 양완숙(楊宛叔) : 양완(楊宛). 명나라 말 금릉 진회(秦淮) 지역 명기(名妓) 중 한 사람이다. 모원의(茅元儀 : 자는 止生으로, 崇禎 때 副總兵을 역임)의 첩이 되었다. 시사에 능하고 글씨와 그림을 잘 그렸으며, 특히 초서에 능했는데, 당시 서법의 대가인 동기창과 당시의 명사들에게도 칭찬을 받았다. 숭정(崇禎) 말년에 외척 전홍(田弘)의 손에 의해 진원원(陳圓圓) 등의 미녀들과 함께 숭정제에게 바쳐졌다. 그러나 숭정제의 무관심으로 다시 전홍의 집으로 돌아왔다가 훗날 장헌충의 무리들에게 죽임을 당했다.

10 유여시(柳如是) : 본명은 양애아(楊愛兒)였으나, 후에 유은(柳隱)이라 개명했다. 자가 여시이고, 호는 미무군(蘼蕪君)이었으나, 세상에서는 그녀를 유하동(柳河東)이라 불렀다. 가흥(嘉興) 사람으로 집안이 가난하여 어려서 몸종으로 팔려 갔으며 후에 기루에 들어가 뛰어난 외모와 재주로 곧 금릉 진회의 유명한 기녀가 되었다. 복사(復社) 출신의 유명한 문인들과 왕래했고 숭정 14년(1641) 스무살 때 반백이 넘은 전겸익(錢謙益)의 애첩이 되었다.

11 죽은 시첩 아무개 : 주양공의 시첩 홍아(紅兒)를 가리킨다.

12 「도장을 그리워하며[憶圖章]」 : 원래 시의 제목은 「구도장(九圖章)」이다.

도장을 얻으면 자주 자주 꺼내보며,
비싼 것이나 싼 것이나 모두 흡족해했네.
작은 글씨의 복두뉴(覆斗鈕),[13]
소전(小篆)으로 새긴 반리뉴(盤螭鈕).[14]
동석은 잔설처럼 아름답고,
수정은 살결처럼 매끄럽네.
홍아(紅兒)는 정리도 잘 했지.
사람 마음을 잘도 헤아렸건만.

전각이 만든 도장들을 보니 시첩이 막 죽었을 때처럼 애통하다.

장산래가 말한다.
내가 만약 양천추였다면 전각에게 그저 '원앙' 두 글자만을 새기게 할 뿐[15] 더 이상 다른 도장을 파게 하지는 않았을 텐데.

鈿閣韓約素, 梁千秋之侍姬, 慧心女子也. 初歸千秋, 即能識字, 能擘阮度曲, 兼知琴. 嘗見千秋作圖章, 初爲治石, 石經其手, 輒瑩如玉. 次學篆, 已遂能鐫, 頗得梁氏傳. 然自憐弱腕, 不恒爲人作. 一章非歷歲月不能得. 性惟喜鐫佳凍, 以石之小遜於凍者往, 輒曰 : "欲儂鑿山骨耶? 生幸不頑, 奈何作此惡謔?" 又不喜作巨章, 以巨者往, 又曰 : "百八珠尚嫌壓腕, 兒家詎勝此耶! 無已, 有家公在." 然得鈿閣小小章, 覺它巨鋟, 徒障人雙眸耳.

---

13 복두뉴(覆斗鈕) : 뉴(鈕)는 도장의 코부분을 말한다. 인뉴가 엎어놓은 말[斗]처럼 생겼다 하여 '복두뉴'라고 한다.

14 반리뉴(盤螭鈕) : 도장의 코부분이 똬리 틀고 있는 교룡처럼 생긴 인장.

15 '원앙' 두 글자만을 새기게 할 뿐 : 원문은 '전도원앙(顚倒鴛鴦)'이라고 되어 있는데, 도장을 팔 때에는 거꾸로 글자를 써야 하기 때문에 '전도[거꾸로]'라는 말을 넣은 것이다.

余倩大年得其三數章, 粉影脂香, 猶繚繞小篆間, 頗珍秘之. 何次德得其一章, 杜茶邨曾應千秋命, 爲鈿閣題小照, 鈿閣喜, 以一章報之. 今並入譜, 然終不滿十也. 優鉢羅花, 偶一示現足矣, 夫何憾? 與鈿閣同時者, 爲王修微·楊宛叔·柳如是, 皆以詩稱, 然實倚所歸名流巨公, 以取聲聞. 鈿閣弱女子耳, 僅工圖章. 所歸又老寒士, 無足爲重. 而得鈿閣小小圖章者, 至今尙寶如散金碎璧, 則鈿閣亦竟以此傳矣. 嗟夫! 一技之微, 亦足傳人如此哉!

予舊藏晶玉犀凍諸章, 恒滿數十函, 時時翻動. 惟亡姬某能一一歸原所, 命他人, 竟日參差矣. 後盡歸之他氏. 在長安, 作「憶圖章」詩 : "得款頻相就, 低祟愜所宜. 微名空覆斗, 小篆憶盤螭. 凍老䑛留雪, 氷奇膩染脂. 紅兒參錯好, 慧意足人思." 見鈿閣諸章, 痛亡姬如初沒也.

張山來曰 : 我若爲梁千秋, 止令鈿閣鐫顚倒'鴛鴦', 不復爲他篆矣.

왕안절과 왕복초의 『인보』 앞에 적다[書王安節王宓草印譜前]

감재(減齋) 주양공(周亮工)

안절(安節) 왕개(王槪)[1]는 조상 대대로 취리(醉李)[2]에 살았으나, 그는 오랫동안 백하(白下 : 南京의 다른 이름)에서 살았다. 왕안절은 동생인 복초(宓草) 왕시(王蓍)[3]와 함께 부친 좌거선생(左車先生)로부터 가르침을 받았다. 좌거선생은 기이한 것을 좋아해서 왕안절에게는 '개(匃)'이라는 이름을 지어주고 '동곽(東郭)'이라는 자를 지어주었으며 동생에게는 '시(尸)'라는 이름을 붙여 주고 '제위(弟爲)'라는 자를 지어주었다. 왕안절은 한참 뒤에 지금의 이름으로 고치고 자를 '안절'이라 지었다. 그는 어렸을 때 병약했으

---

1 왕개(王槪) : 청나라 사람으로, 어릴 때 이름은 왕개(王匃) 또는 왕개(王改) · 왕개(王丐)라고도 한다. 자는 동곽(東郭) 혹은 안절(安節)이다. 수수(秀水 : 지금의 浙江省 嘉興) 사람으로, 집은 강녕(江寧 : 지금의 南京)에 있었다.

2 취리(醉李) : 가흥(嘉興)은 자두 생산으로 유명해서 '취리'라는 이름을 얻었다.

3 왕시(王蓍) : 원문에는 '왕저(王著)'로 되어 있으나 '왕시(王蓍)'의 오기이다. 왕시의 본명은 왕시(王尸)이고, 자는 복초(宓草)이며 수수(秀水) 사람으로, 집은 금릉(金陵 : 지금의 南京)에 있었다.

나, 자라서는 수염과 눈썹이 창끝처럼 삐쭉삐쭉했다. 영특하고 뛰어난 자질을 타고나, 시사(詩詞)나 고문 및 과거 공부 모두 마음먹은 대로 되었다. 사람들을 피해 서쪽 성곽 밖 막수호(莫愁湖)[4]에 살면서 사람과 만나는 일이 드물었다. 그러나 천하의 술이나 문장을 즐기는 호탕한 선비들은 금릉(金陵 : 지금의 南京)을 찾아왔다 하면 갖은 수를 동원해 그를 만나고 싶어 했다.

왕안절은 시문 이외에 그림도 잘 그렸는데, 수석과 인물, 화초와 금수에 이르기까지, 붓을 들었다 하면 묘미 그 밖의 더한 묘미가 있었다. 일찍이 나를 위해 두 번이나 「예탑도(禮塔圖)」를 그려주고 두 번이나 「욕불도(浴佛圖)」를 그려주었는데, 그 모습이 예스럽고 기이하여 요즘 사람들의 곱상한 자태라곤 찾아볼 수 없었으니, 진실로 즐겨 감상할 만했다. 왕안절은 그림을 다 그리고 나면 매번 직접 그림에 글씨를 썼다. 나는 사람들에게 늘 이렇게 말했다.

"왕안절은 이제 겨우 스물 남짓인데, 그 재주를 가늠해 보건대 몇 명은 감당해 낼만하니, 십년 후면 아무도 서청등(徐青藤)[5]을 말하지 않을 것이오."

그의 도장은 곧장 진(秦)·한(漢)을 따라잡을 만했다. 그가 기꺼이 나를

---

4 막수호(莫愁湖) : 남경 수서문(水西門) 밖에 있는 호수로, 전하는 말에 따르면 남제(南齊) 때 낙양(洛陽)의 노막수(盧莫愁)라는 여자가 이 호숫가에 살았다고 해서 붙여진 이름이다.

5 서청등(徐青藤) : 원문에는 '서청등(徐青滕)'으로 되어 있으나 '서청등(徐青藤)'의 오기이다. 서청등은 명나라 화가 서위(徐渭 : 1521~1593)를 가리킨다. 산음(山陰 : 지금의 浙江省 紹興) 사람으로, 소흥성 내에 그가 머물렀던 일지당(一枝堂)·시엽당(柿葉堂)·청등서옥(青藤書屋) 등이 있다. 서위는 명나라 때 걸출한 화가이자 문학가로, 처음의 자는 문청(文淸)이었고, 다음으로 문장(文長)이라 고쳤으며 호는 천지(天池) 혹은 청등도인(青藤道人)이라 불렀다. 한때 감옥살이를 한 적도 있으나 광인처럼 행세해 풀려났다. 지독한 술꾼으로도 알려졌으며, 가난에 시달리다가 죽었다. 나중에 절파(浙派) 화가로 꼽혔는데, 대진(戴進)으로 대표되던 절파는 마원(馬遠)과 하규(夏珪)의 남송원체화(南宋院體畵) 전통을 이은 화파이다. 그러나 기질과 화풍면에서는 석도(石濤)라든가 팔대산인(八大山人) 같은 화가들에 더 가까웠다. 그의 화풍은 자유분방하면서도 때로는 폭발적이다.

위해 도장을 만들어 주었기에 지금 책 뒤에 부치겠다. 내 친구 방이지(方爾止)는 하나 있는 딸을 가벼이 다른 사람에게 시집보내지 않으려고 강남에서 사위를 찾았다. 얼마 뒤에 왕안절을 뛰어나다고 여겨 마침내 그 딸을 왕안절에게 시집보냈다. 방이지는 한 시대의 명망을 몸에 지고 남을 함부로 칭찬하지 않았는데, 왕안절을 한번 보고는 그길로 자신의 딸을 시집보냈으니, 왕안절이 어떤 사람인지 가히 알만하다.

왕복초 역시 도장을 만들었는데, 예스럽고 빼어나 근래의 습속에 젖지 않았기에 그것 역시 책 뒤에 부치겠다. 왕복초도 왕안절 못지않아 그림에 있어서 형과 이름을 나란히 했다. 동시대의 사람들은 모두 이렇게 말했다.

"진원방(陳元方)과 진계방(陳季方)[6] 형제처럼 난형난제로다."

왕안절의 조모와 양친 그리고 왕안절은 모두 날 때부터 육식을 하지 않았고, 오직 왕복초만이 말린 생선을 조금 먹을 수 있었기에 사람들은 이들을 '불자 집안'이라고 불렀다.

장산래가 말한다.

왕안절 삼형제는 모두 고결한 선비들이다. 나는 겨우 왕복초하고만 알고 지냈으나, 그래도 호형호제하는 사이였다. 그러니 이 또한 정신적 교류가 아니라고 할 수 없으며, 소단(蘇端)과 설복(薛復)[7]이 가졌던 교류에도 뒤지지 않는다.

---

6 진원방(陳元方)과 진계방(陳季方) : 동한(東漢)의 진원방과 진계방 형제는 비교하기 어려울 정도로 서로 어질었기 때문에 세상에서는 "원방을 형이라 하기도 어렵고, 계방을 동생이라 하기도 어렵다[元方難爲兄, 季方難爲弟]"고 하면서 '이난(二難)'이라고 했다.

7 소단(蘇端)과 설복(薛復) : 원문은 '단복(端復)'으로, 두보(杜甫)의 시 「소단과 설복이 잔치를 열고 설화의 취가를 듣다[蘇端薛復筵簡薛華醉歌]」에서 취해온 고사이다. 시의 첫머리에 "문장에는 정신적 교류가 있나니, 소단과 설복은 일찌감치 이로써 명성을 얻었네[文章有神交有道, 端復得之名譽早]"라는 구절이 보인다.

王安節槪, 其先醉李人, 久占籍白下. 與弟宓草著, 同受教於尊公左車先生. 左車好奇, 以'匃'名之, 字曰'東郭', 以'尸'名其弟, 字曰'弟爲'. 久之, 乃改今名, 字安節. 幼癯弱, 壯乃鬚眉如戟. 負穎異質, 詩古文詞及制擧業, 皆能孤行已意. 避人居西郭外莫愁湖畔, 罕與人接. 然四方丈酒跌宕之士至金陵者, 無不多方就見之.

安節以其詩文之餘, 旁及繪事, 水石・人物・花草・羽毛之屬, 動筆輒有味外之味. 曾爲余兩作「禮塔圖」, 兩作「浴佛圖」, 狀貌皆奇古, 略無近人秀媚之態, 眞足嘉賞. 畫成, 輒自題識. 予每謂人: "安節甫二十餘, 分其才藝, 便可了數輩, 使更十年, 世人不說徐青滕矣." 圖章直追秦漢人. 亦肯爲予作, 今銓次於後. 予友方爾止, 一女不輕字人, 覓婿於江南. 久之, 奇安節, 遂以女妻之. 爾止負一代名, 不妄許可, 至一見安節, 卽以女妻之, 安節可知矣.

宓草亦作印章, 古逸無近今餘習, 亦次於後. 宓草不亞安節, 繪事遂欲與兄並驅. 同人咸曰: "元方・季方, 難爲兄弟也." 安節王母與兩尊人及安節, 皆落地不任葷, 獨宓草微能食乾鮭, 人稱其爲'一門佛子'云.

張山來曰: 安節兄弟三人, 皆高士也. 予僅識宓草, 然阿兄阿弟. 亦莫非神交, 當不讓端復專得之耳.

강차생의 도장 앞에 적다[書姜次生印章前]

감재(減齋) **주양공**(周亮工)

차생(次生) 강정학(姜正學)은 절강성(浙江省) 난계(蘭谿) 사람으로, 성품이 곧았지만 그렇다고 외부와 부딪히지도 않았다. 늠생(廩生)의 신분으로 마을에서 돈과 양식을 지급받았으나,[1] 갑신년(1644) [명나라가 망한] 이후로는 이 모든 것을 내던지고 오로지 술에 빠져 살았다. 술 마시는 것을 빼고는 오직 도장 새기는 일에만 마음을 두었다. 그는 술을 마시면 취하였고, 취하면 원나라 사람이 지은 「회계태수사(會稽太守詞)」를 부르며 슬피 울었다. 또 긴 다리위에서 배를 두드리며 노래하기를 좋아했는데, 사람들이 빙 둘러 서서 들어도 쳐다보지도 않고 사람들을 향해 더욱 크게 노래 불렀다. 술에 취하면 노래를 불렀고, 노래를 부르면 오직 「회계태수사」 뿐, 다른 노래는 거들떠보지도 않았다.

1 늠생(廩生)의 …… 지급받았으나 : 명청시대에 과시를 거쳐 관가에서 지급하는 음식을 받던 생원을 늠생 혹은 늠선생(廩膳生)이라 불렀다. 원문에는 '식희(食餼)'라고 되어있는데 바로 늠생이 관가의 생활비를 받는 것을 가리킨다.

시어(侍御) 방소촌(方邵村)이 여수현령(麗水縣令)이 되었을 때 강차생이 찾아와 시어에게 말했다.

"공은 도장을 좋아하시고 저는 도장을 잘 만드니, 공을 위해 도장 몇 점을 만들어 드리고자 합니다. 저는 평생 청탁이라는 것을 모르고 살았으며, 그저 술을 좋아할 따름입니다. 공은 저를 취하게 해주고, 저는 공을 위해 도장을 만들면, 공도 흡족하시고 저 또한 흡족할 것입니다."

시어가 강차생과 더불어 술을 마시니, 강차생은 술에 취해 「회계태수사」를 불렀다. 그리하여 시어는 강차생에게서 도장을 가장 많이 얻은 사람이 되었고, 시어 관아의 술 또한 모두 강차생에 의해 동이 났다. 어느 날 저녁 물시계가 수십 각(刻)을 가리킬 때 관서 안의 사람들은 모두 깊이 잠들었는데, 갑자기 시끄럽게 문 두드리는 소리가 났다. 시어는 깜짝 놀라 일어나면서 반란이 일어났거나 아니면 어사대(御史臺)로부터 급한 공문이 왔을 거라 생각했다. 시어가 놀라 물어보았더니 "강생(姜生 : 姜次生)이 뵙기를 청합니다"라는 대답이 들려왔다. 시어는 사람을 보내 물리치며 말했다.

"지금은 야심하니 날이 밝으면 오시게."

강차생이 쩌렁쩌렁한 목소리로 말했다.

"일이 아주 급합니다!"

시어는 강차생이 뜻밖의 소식을 가져왔을 것이라 생각해 얼른 나가 그를 맞이하며 손을 잡고 찾아온 이유를 물었다. 그러자 강차생이 말했다.

"제가 방금 공을 위해 도장 하나를 만들었는데, 특별히 마음에 들어 차마 아침까지 기다리지 못하고 급히 공께 보여드리고 싶었습니다. 이것보다 급한 일이 또 어디에 있겠습니까?"

그리고는 손에 쥐고 있던 도장을 꺼내 보여주었다. [이것을 본] 시어가 박장대소하자 강차생이 다시 이렇게 말했다.

"이 정도 도장이라면 한번 취할 가치는 있지 않겠습니까?"

그리고는 실컷 술을 마시고 날이 밝은 뒤 떠나갔다. 떠나가서도 여전히 다리 위에서 「회계태수사」를 불렀는데, 유독 일찍 일어나는 다리 옆의 떡 장사와 두부 가게 주인이 다투어 나와 그 노래를 들으며, "저 양반 우리보다 더 일찍 일어나 벌써 술에 취했는가?"라고 말했다. 강차생은 기분이 상쾌해졌다.

강차생은 아내와 자식은 없었지만, 스스로 "술이 바로 나의 고향이요, 나의 도장이 반드시 세상에 전해지면 그것이 곧 나의 후사인 셈이니, 무얼 걱정하리요?"라고 말했다. 강차생은 시어에게 작별인사를 고하고 고향으로 돌아가 여든 살에 죽었다. 신해년(1671) 가을에 시어가 강차생이 만든 도장을 내게 보여주기에 『뇌고당인보(賴古堂印譜)』[2]에 수록하였다. 또한 누강태사(樓岡太史)[3]가 말해준 강차생의 일을 정리해서 그 앞에 기록했다. 시어가 말했다.

"매번 강차생의 도장을 감상하노라면 돌 사이에서 술 냄새가 풀풀 풍기는 것 같습니다. 강차생이 부르던 「회계태수사」도 아직 귓가에 아련히 들리는 듯 눈가에 [그 모습이] 보이는 듯합니다."

장산래가 말한다.

내 비록 강군(姜君 : 姜次生)을 모르지만 이 전기를 읽노라니 그가 부르던 「회계태수사」가 귓가에 들리고, 술 향기가 노랫가락에서 풀풀 풍겨져 나오는 것만 같다.

姜次生正學, 浙蘭谿人, 性孤介, 然於物無所忤. 食餼於邑, 甲申後, 棄去, 一縱於酒. 酒外惟寄意圖章. 得酒輒醉, 醉輒嗚嗚歌元人「會稽太守詞」. 又好於長橋上鼓腹歌, 衆環聽, 生目不見, 向人聲乃益高. 每醉輒歌, 歌文必「會稽太守詞」, 不屑他調也.

---

2 『뇌고당인보(賴古堂印譜)』 : 이 글의 작가인 주양공(周亮工)의 저서이다.

3 누강태사(樓岡太史) : 방소촌(方邵村)을 가리킨다.

方邵村侍御爲麗水令, 生來見, 謂侍御曰 : "公嗜圖章, 我製固佳, 願爲公製數章. 正學生平不知干謁, 但嗜飮耳. 公醉我, 我爲公製印, 公意得, 正學意得矣." 侍御乃與飮, 醉卽歌「會稽太守詞」. 於是侍御得生印最多, 侍御署中釀亦爲生罄矣. 一夕, 漏下數十刻, 署中盡熟寐, 忽剝啄甚. 侍御驚起, 以爲寇且發, 不則御史臺霹靂符也. 驚起詢, 則報曰 : "姜生見." 侍御遣人謝曰 : "夜分矣, 請以昧爽." 生訇訇曰 : "事甚急!" 侍御以生得他傳聞意外也, 急趨迎之, 執手問故. 曰 : "我適爲公成一印, 殊自滿志, 不及旦, 急欲令公見也. 事孰有急於此者乎?" 遂出掌中握視之. 侍御乃大笑, 復曰 : "如此印, 不直一醉耶?" 於是痛飮, 辨明而去. 去又於橋上歌「會稽太守詞」, 橋側餠師腐家起獨早, 競來聽之, 謂 : "此君起乃更早, 遂已醉耶?" 生意乃快甚.

生無妻, 無子女, 常自言曰 : "麯櫱吾鄕里, 吾印必傳, 吾之嗣續也, 吾何憂?" 別侍御返里, 年八十卒. 辛亥秋, 侍御以生所爲印示余, 予入之譜. 復檃括樓岡太史述生事, 錄之於前. 侍御曰 : "每展玩生印, 覺酒氣拂拂從石間出. 生歌「會稽太守詞」聲, 猶恍惚吾耳根目際也."

張山來曰 : 僕不識姜君, 然讀此傳時, 亦覺耳中如聽歌「會稽太守詞」, 酒氣拂拂從歌聲中出也.